Xpert.press

Die Reihe **Xpert.press** vermittelt Professionals in den Bereichen Softwareentwicklung, Internettechnologie und IT-Management aktuell und kompetent relevantes Fachwissen über Technologien und Produkte zur Entwicklung und Anwendung moderner Informationstechnologien.

Dieter Masak

Der Architekturreview

Vorgehensweise, Konzepte und Praktiken

Dr. Dieter Masak
plenum Management Consulting GmbH
Hagenauerstraße 53
65203 Wiesbaden
dieter.masak@plenum.de

ISSN 1439-5428
ISBN 978-3-642-01658-5 e-ISBN 978-3-642-01659-2
DOI 10.1007/978-3-642-01659-2
Springer Heidelberg Dordrecht London New York

Bibliografische Information der Deutschen Nationalbibliothek
Die Deutsche Nationalbibliothek verzeichnet diese Publikation in der Deutschen Nationalbibliografie; detaillierte bibliografische Daten sind im Internet über http://dnb.d-nb.de abrufbar.

Einbandgestaltung: KünkelLopka, Heidelberg

Gedruckt auf säurefreiem Papier

Springer ist Teil der Fachverlagsgruppe Springer Science+Business Media (www.springer.de)

Danksagung

...für Christiane...

Dr. Dieter Masak

Inhaltsverzeichnis

Kapitel 1
Hintergründe

Those who cannot remember the past are condemned to repeat it.

The Life of Reason
George Santayana (Jorge Augustín Nicolás Ruiz de Santayana)
1863–1952

Kein Unternehmen, keine Organisation agiert in einem Vakuum, alle sind miteinander verbunden. Viele Menschen, Kontexte, Technologien, Märkte üben Kräfte auf die Aktivitäten eines Unternehmens aus und beeinflussen dessen Systeme, speziell die Softwaresysteme und auch die Entwicklung dieser Systeme nachhaltig. Als Folge davon sind die Organisationen und – direkt oder indirekt – auch ihre Systeme einer großen Anzahl von spezifischen Faktoren ausgesetzt. Unter anderem sind dies:

- Globalisierung,
- konstanter Wandel,
- ressourcenbasierte Strategien,
- stetig wachsende Komplexität der IT-Systeme,
- Veränderung des Kundenverhaltens.

Damit eine Organisation diesen Herausforderungen begegnen kann, muss diese Organisation besondere Fähigkeiten entwickeln, damit durch die gewonnenen Fähigkeiten dem Wandel und der zunehmenden Komplexität begegnet werden kann. Die Fähigkeit System, Software und Architekturen zu verändern, zu steuern und zu beurteilen ist von zentraler Bedeutung für jedes Unternehmen, welches Software in großem Maßstab einsetzt. Dabei ist überhaupt nicht ausschlaggebend, ob das Unternehmen Software selbst entwickelt oder nicht, in beiden Fällen muss es in der Lage sein, seine Architekturen zu steuern. Mit dem Begriff Architektur wird die Abstraktion von Systemen belegt, dabei wurde das Konzept der Architektur der Konstruktion und Planung von Gebäuden entlehnt. Die Architektur von Gebäuden hat eine sehr lange Tradition und ist in unserer Kultur tief verankert. Diese Analogie ist zum einen hilfreich und zum anderen auch hinderlich: Eine Ähnlichkeit zwischen Gebäuden und Systemen wird durch diese Analogie impliziert, welche nicht vollständig gegeben ist, auf Grund der Tatsache, dass viele Systeme durch ihre Dynamik bestimmt sind, während bei Gebäuden die Architektur meist durch ihre Statik festgelegt wird. Auf der anderen Seite erleichtert diese Analogie auch den Einstieg und macht abstrakte Konzepte „fassbarer".

Heute ist die Software zu dem dominanten Träger von Information in allen Lebensbereichen des Menschen geworden. Diese Dominanz führt zu einer immer stär-

D. Masak, *Der Architekturreview*
DOI 10.1007/978-3-642-01659-2, © Springer 2010

keren Durchdringung der gesamten Lebens- und Arbeitswelt mit Software und damit zu immer größeren und komplexeren Systemen. Es gibt keine Unternehmen mehr, welche keine Software einsetzen, in der Praxis gilt die Faustformel: Je größer das Unternehmen, desto größer die Softwaresysteme. Diese großen Systeme sind fast immer dadurch gekennzeichnet, dass sie:

- sehr komplex sind,
- sich nichtdeterministisch verhalten,
- eine Mischung aus menschlichen Aktionen und Software darstellen.

Folglich wird es in der Zukunft nicht mehr ausreichen, allein die Softwareentwicklung zu betrachten. Auch andere Wissenszweige wie Psychologie, Soziologie und Systemwissenschaften müssen bei der Beurteilung von großen Softwaresystemen zu Rate gezogen werden.

Alle heutigen Unternehmen, welche sich mit der Erstellung oder dem Einsatz von Software befassen, werden bewusst oder unbewusst mit vielen architektonischen Fragen konfrontiert. Im Falle von Organisationen, die selbstständig Software entwickeln ist dies offensichtlich, aber auch solche, welche nur Software einsetzen werden mit einer Vielzahl von architektonischen Problemen konfrontiert, denn jede Software enthält eine Architektur oder lässt in ihrem Einsatz nur bestimmte Architekturformen zu. Insofern hat jede Software einen Einfluss auf die eingesetzte Architektur und umgekehrt haben aber auch organisatorische Merkmale einen Einfluss auf die Architektur der Software. Leider ist der Begriff der Architektur nicht eindeutig, sondern wird in diversen Kontexten inhaltlich unterschiedlich interpretiert, daher ist es wichtig zunächst einmal den Begriff der Architektur zu klären, bevor der Begriff Architekturreview in den Vordergrund gerückt werden kann.

Alle Systeme, unabhängig von der jeweiligen fachlichen Domäne, werden gebaut um eine Menge an fachlichen Funktionen für den Endbenutzer zu liefern. Ein Fundament für diese Fähigkeit ist die architektonische Integrität der Software, wobei Architektur innerhalb der Software viel mehr mit Nutzbarkeit zu tun hat als mit Ästhetik.[1] Zwar ist es möglich, dass ein schlecht gebautes Softwarepaket die momentanen fachlichen Anforderungen eines Benutzers erfüllt, es wird jedoch in Bezug auf Zuverlässigkeit, Verfügbarkeit und Performanz i. d. R. versagen. Obwohl in der Softwarearchitektur die nichtfunktionalen Aspekte im Vordergrund stehen, sind es die funktionalen Aspekte einer Software, die ihre Existenz überhaupt legitimieren.

Die Nutzung von Architekturen hat innerhalb von Organisationen drei elementare Aufgaben:

- Sie dienen als Vehikel für die Kommunikation zwischen den Stakeholdern. Da die Architektur stets eine Abstraktion eines Systems darstellt,[2] bildet sie eine Basis auf der gemeinsamer Konsens zwischen den diversen Stakeholdern erreicht werden kann. Eine Architektur ist immer eine Art abstrakte, mehr oder minder formale, Beschreibung eines Systems und die Auswirkungen dieser Architektur betreffen jeden, der Kontakt zum System hat.

[1] Im Gegensatz hierzu hat Architektur im Bauwesen sehr viel größere ästhetische Anteile.

[2] Dies geht so weit, dass es eigenständige Blueprints oder auch Marketecture (von **Marke**ting und Archi**tecture**) gibt, die zum „Verkaufen“ und Überzeugen dienen.

- Die Architektur eines Systems ist auch stets eine Manifestation der frühen Designentscheidungen und ermöglicht damit, die gewählten Kompromisse und Implementierungsstrategien aufzuzeigen. Die frühen Designentscheidungen determinieren i. d. R. die meisten der zukünftigen Qualitätsattribute (s. Kap. 2). Dadurch, dass es einen engen Zusammenhang zwischen Architektur und Organisation gibt[3], lässt sich an dieser Stelle auch viel über mögliche zukünftige Organisationen sagen, die diese Software einsetzen können. Außerdem produzieren die meisten der frühen Designentscheidungen eine Reihe von „Zwangsbedingungen" auf ein zukünftiges System, die meist architekturell verankert sind.
- Eine Architektur ist, theoretisch gesehen, eine wiederverwendbare übertragbare Abstraktion eines Systems.

Diese konstruktivistische Sicht auf die Architektur sollte aber mit einem gewissen Maß an Vorsicht gepaart werden, denn aus Sicht des Entwurfs ist eine Architektur auch immer eine Wette; eine Wette darauf, dass das System ein Erfolg wird.[4] Die Qualitäten oder Eigenschaften einer Architektur lassen sich in zwei unterschiedlichen Kategorien einteilen:

- Laufzeitqualitäten – Hier werden Anforderungen daran gestellt, wie gut ein System „das macht, was es tun soll". Dieses „wie gut" wird durch äußere mehr oder minder messbare Größen bestimmt. Typische Ursachen für nichtfunktionale Anforderungen in dieser Kategorie sind:
  - Zwangsbedingungen an das System, die durch die Umgebung bestimmt sind, so bspw. Aufbewahrungszeiten von Unterlagen oder vorgegebene Geschwindigkeiten.
  - Alle Größen, welche durch den Nutzer in seinem Umgang mit dem System bestimmt werden.
  - Produkt- oder Servicefeatures, welche mit anderen Produkten am Markt konkurrieren.
- Entwicklungszeitqualitäten – Solche Qualitäten beziehen sich stets auf die Erstellung oder Veränderung des Systems und versuchen neben rein ökonomischen Aspekten auch Fragen nach Veränderbarkeit und Flexibilität zu beantworten.

Die Einführung und Nutzung von Architekturen innerhalb von Organisationen läuft nicht ohne Probleme ab, denn die Nutzung von Architekturen zur Problemlösung schafft oft neue Probleme, daher auch der Wunsch nach Architekturreviews um den Status-Quo und die Zukunft besser beurteilen zu können. Zur Zeit existieren drei Basisansätze um die Übereinstimmung zwischen Architektur und Implementierung eines Systems zu erreichen, dabei versteht man unter dem Begriff Architekturrekonstruktion die Herstellung einer Architektur – sprich Abstraktion – auf der Grundlage des tatsächlich vorhandenen Systems:

- Konsistenz durch Konstruktion,
- Architekturrekonstruktion aus den statischen Artefakten,

[3] Das sogenannte Conwaysche Gesetz (s. S. 177).

[4] Software development is betting on the future.

- Architekturrekonstruktion aus der Beobachtung des Laufzeitverhaltens eines Systems.

Im ersten Fall wird versucht die Architekturartefakte in die Implementierungsartefakte einzubetten. Dies geschieht entweder durch explizite Nutzung eines Frameworks oder eines generativen Ansatzes wie z. B. MDA (**M**odel **D**riven **A**rchitecture). Speziell für Systeme, welche aus vielen unterschiedlichen Teilen bestehen, ist dies nur sehr schwer möglich. Im zweiten Fall wird primär Codeanalyse genutzt um die tatsächlich implementierte Architektur zu extrahieren, dies stellt damit eine Teilaufgabe des „klassischen" Reengineerings dar. Der dritte Fall ist methodisch der schwierigste, stellt jedoch auch den allgemeinsten Fall – im Sinne der Anwendbarkeit – dar und ist auch auf nichtsoftwarebasierte Systeme anwendbar.

Ein System hat nicht ein einziges Architekturmodell, sondern simultan multiple Architekturmodelle,[5] angefangen von der Laufzeitarchitektur über die Datenfluss- oder die Sicherheits- bis hin zur Codearchitektur. Alle diese Teile können Betrachtungsgegenstand eines Architekturreviews sein. Eines der Ziele eines Architekturreviews zur Bestimmung der Qualitätsattribute kann auch die Evaluierung des Potentials einer Architektur für die tatsächliche Erfüllung der benötigten Eigenschaften sein. Obwohl der Schwerpunkt dieses Buchs auf der Betrachtung von Softwarearchitekturen liegt, lassen sich große Teile der Methodiken und Erfahrungen auch auf nichtsoftwaredominierte Systeme (von denen es in unserer hochtechnisierten Welt kaum noch welche gibt)[6] übertragen, diese Übertragung ist außerdem auf alle Teile einer Enterprise Architektur machbar. Wo dies direkt möglich ist, wird im nachfolgenden stets Bezug auf die Enterprise Architektur (s. Anhang C) genommen und in anderen Fällen wird sich auf die Untermenge der Softwarearchitektur beschränkt.

Im Grunde existieren zwei unterschiedliche Klassen von Architekturreviews (s. Tabelle 3.3–3.4):

- metrikbasierte,
- interviewbasierte.

Beim ersten Typ wird versucht die Artefakte zu messen und so Aussagen über Qualitätsattribute der Architektur zu erhalten, der zweite Typ ist meist qualitativer Natur. Im Bereich der interviewbasierten Architekturreviews werden meist Szenarien (s. Abschn. 3.2) eingesetzt. Qualitative Vorgehensweisen stützen sich sehr stark auf subjektive Interpretationen und sind daher nur bedingt wiederholbar. Unternehmen versuchen sich oft dadurch zu beruhigen, dass sie den Architekturreview von Experten durchführen lassen um somit eine Objektivierbarkeit zu erreichen. Dies ist aber nicht möglich, das Ergebnis ist immer die subjektive Einschätzung des Experten.[7, 8]

---

[5] Im Sinne von Sichten

[6] Brücken, Gebäude oder die Maschine zum Ziehen der Lottozahlen sind i. d. R. softwarefrei, nicht so jedoch Glücksspielautomaten, diese sind voller Software und nicht wirklich zufällig.

[7] Besonders auffällig sind hierbei einige Unternehmensberatungen, die ihre Juniorberater (wenig Erfahrung) mit ausgefeilten Spreadsheets versehen um diesen den Flair eines Experten zu verleihen oder quantitative Messbarkeit vorzutäuschen (s. S. 261).

[8] Alle sogenannten Reifegradmodelle sind subjektiv-qualitative Verfahren.

Quantitative Verfahren beziehen sich immer auf messbare und wiederholbare formale Metriken und versuchen durch die Messung bestimmte Aspekte zu analysieren. Beide Verfahrenstypen komplementieren sich in der Praxis gegenseitig und werden meist zusammen eingesetzt.

Bewertungen und Messungen durchdringen faktisch jeden Aspekt unseres Lebens und unserer täglichen Aktivitäten. Man misst und bewertet täglich eine ganze Reihe von verschiedenen Dingen angefangen von Gewicht über Zeiten oder Entfernungen, aber auch Dinge wie Blutdruck und Temperatur oder Luftfeuchtigkeit. Viele der Entscheidungen, die man trifft, basieren auf dem Ergebnis einer vorangegangenen Messung oder Bewertung. Dabei werden die Bewertungen aus diversen Gründen durchgeführt, unter anderem:

- um festzustellen, wie gut oder schlecht etwas ist, sei es ein Prozess, ein Service oder ein Produkt,
- zur Kontrolle, ob Projekte oder Menschen das „Richtige" tun,
- zur Bestimmung des notwendigen Budgets,
- zur Vertriebsunterstützung, mit der Frage, ob die gewünschte Zielgruppe auch erreicht wird,
- zum Lernen,
- zur Verbesserung.

Alle diese diversen Zielrichtungen werden durch eine Bewertung unterstützt bzw. erst ermöglicht, wobei sich der Begriff Bewertung noch genauer fassen lässt:

Unter dem Begriff der Bewertung versteht man die Einschätzung des Wertes oder der Bedeutung eines Sachverhaltes oder Gegenstandes.

Eigentlich kann man jederzeit einen Architekturreview durchführen, obwohl der „klassische" Zeitpunkt für einen Architekturreview nach dem Design und vor der Implementierung des jeweiligen Systems ist. Dieser Zeitpunkt verliert jedoch zunehmend an Bedeutung, da:

- Ein solcher fester Zeitpunkt zwischen Design und Implementierung in der Reinform nur im Wasserfallmodell existiert, bei allen zyklischen Modellen oder auch agilen Vorgehensweisen es einen solchen, singulären Zeitpunkt nicht mehr gibt.
- Im Rahmen von Maintenance es einen solchen Zeitpunkt nicht gibt, denn die Maintenance stellt fast immer eine Art Kontinuum dar.
- Der starke Einsatz von COTS-Software (s. Abschn. 4.4) oft eine Änderung von der intendierten Architektur im Rahmen einer Systemimplementierung erzwingt.
- Aus dem Blickwinkel der Enterprise Architekturen (s. Anhang C) sich auch andere Architektur- oder Softwaresichten bewerten lassen.

Trotzdem kann man Architekturreviews im Rahmen von Projekten in zwei Typen klassifizieren: Zum einen frühe und zum anderen späte Architekturreviews. Charakteristisch für frühe Architekturreviews ist die Tatsache, dass die Architektur noch nicht vollständig spezifiziert ist. Bei frühen Architekturreviews kann noch ein starker Einfluss auf die zukünftige Architektur genommen werden, dafür ist aber die Bewertung nicht vollständig; man spricht hier oft von einer „Protoarchitektur".

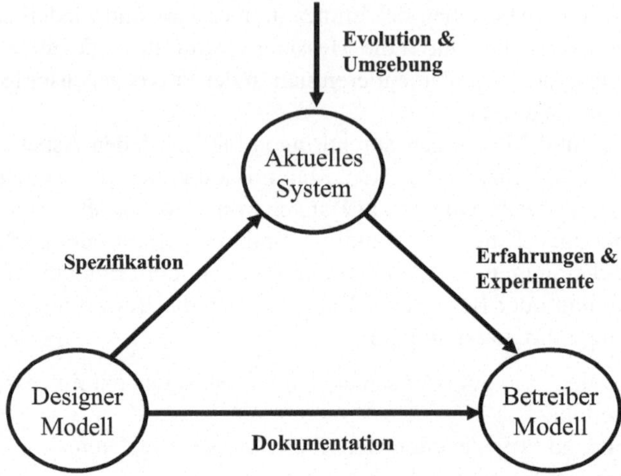

Abb. 1.1 Die unterschiedlichen mentalen Modelle von Designer, tatsächlichem System und dem Modell der Betreiber

1.1 Architekturdefinition

Was ist eine Architektur?[9] Der Begriff der Architektur wird oft, genau wie der Begriff des Architekten, sehr unscharf benutzt, quasi für jede Form der Abstraktion eines Systems. Das vorliegende Buch lehnt sich stark an die ISO[10]/IEC[11] 42010:2007 Norm an:

> Eine Architektur ist: *The fundamental organization of a system. embodied in its components, their relationships to each other and the environment, and the principles governing its design and evolution.*

Eine solche Definition ist sehr gut anwendbar aus systemtheoretischer Sicht (s. Kap. 5 und Anhang B) und damit auch für alle Formen oder Sichten auf eine Architektur. Wird der Begriff der Architektur aus dem konstruktiven Blickwinkel des Designs heraus betrachten, dann lässt sich eine Architektur auch anders definieren:

> *Eine Architektur ist die Menge an grundsätzlichen Designentscheidungen, welche über ein System gemacht werden oder wurden.*

Wird diese Definition gewählt, so kann man jede Menge an Designentscheidungen als eine Architektur betrachten, mit der Konsequenz, dass sich über die gesamte Lebensdauer eines Systems hinweg diese Menge und damit auch die Architektur ändern kann. Folglich hat eine Architektur auch immer einen temporalen Aspekt.

---

[9] Aus dem Griechischen: *αρχιτεκτονικη*, abgeleitet von Baumeister oder Gärtner. Der Begriff Architekt wird jedoch erst seit dem Ende der Renaissance im Bauwesen in seiner heutigen Form benutzt.

[10] **I**nternational **O**rganization for **S**tandardization

[11] **I**nternational **E**lectrotechnical **C**ommission

Die meisten praktischen Systeme sind so groß und so komplex, dass sie nie vollständig dokumentiert oder erfassbar sind, außerdem unterliegen sie einem permanenten Wandel, der auch als Evolution bezeichnet wird (s. Abschn. 6.3), so dass es faktisch nie eine feste Architektur gibt. Daher sind in den Fällen großer Systeme meist nur zwei mentale Modelle zugänglich (s. Abb. 1.1):

- Designermodell – Das Designermodell ist eine Idealisierung, welche vor der Implementierung entstanden ist und oft wenig mit der konkreten Ausführung zu tun hat. Zusätzliche Veränderungen, im Allgemeinen als Maintenance bezeichnet, verstärken noch den Unterschied zwischen dem tatsächlichen System und dem Designermodell. Eine andere Form der Idealisierung ist der Sourcecode eines Softwaresystems, der Sourcecode ist im Grunde auch ein Designermodell und muss nicht exakt dem tatsächlichen System entsprechen.[12]
- Betreibermodell – Das Betreibermodell basiert zum einen auf Ausbildungen oder Schulungen am System, meist durch die Designer, und zum anderen auf den „experimentellen" Erfahrungen Einzelner mit der Nutzung des Systems bzw. dessen semantischer Reinterpretation. Hierbei lassen sich deutlich drei Gruppen unterscheiden:

  - Endbenutzer,
  - Systemadministratoren,
  - Systemintegratoren und Operateure.

  Die beiden ersten Gruppen sind im Grunde sehr ähnlich, allerdings mit dem Unterschied, dass sie andere Interfaces nutzen und andere Machtverhältnisse widerspiegeln. Die letzte Gruppe hat die meiste Erfahrung darin, wie das System aus architektureller Sicht auf Veränderung oder auf den Kontakt mit anderen Systemen reagiert.

1.2 Anforderungen

Die Anforderungen an ein System gehören mit zu den wichtigsten Bestandteilen der System- und speziell der Softwareentwicklung überhaupt, schließlich legen sie das Verhalten und die Arbeitsweise des Systems und der Software fest. Obwohl Anforderungen die zentrale Rolle in der Softwareentwicklung spielen, gehört das Anforderungsmanagement zu den Herausforderungen einer jeden Entwicklung. Anforderungen sind Spezifikationen darüber, was gebaut werden soll; sie beschreiben, wie das System oder Teile des Systems sich zur Laufzeit verhalten sollen.

Die Anforderungen werden üblicherweise in eine Reihe von unterschiedlichen Kategorien unterteilt (s. Abb. 1.2). Die bekanntesten Kategorien sind:

---

[12] Allerdings liegt der Sourcecode dem System meist näher als die ursprüngliche Designdokumentation, was Softwareentwickler mit folgendem Bonmot ausdrücken:

Im Code liegt die Wahrheit...

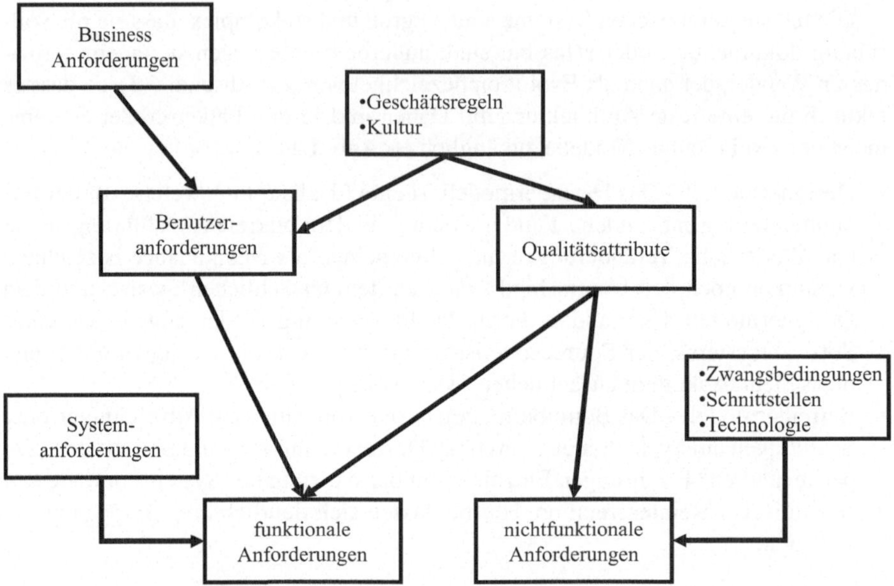

Abb. 1.2 Die Anforderungstypen und ihre Hauptbeziehungen

- Business Anforderungen – Diese Kategorie beschreibt, warum ein Unternehmen ein bestimmtes System oder eine bestimmte Software benötigt. Dabei werden i. d. R. die Vorteile aufgezeigt, die durch den Einsatz des Systems oder der Software erwartet werden.
- Benutzeranforderungen – Diese Anforderungen der Benutzer sind vom Typ des „Was soll geliefert werden?", wobei beschrieben wird, was der Benutzer mit der Software machen kann, welche Aufgaben und Ziele er durch die Software erfüllen kann. Den verbreitetsten Einsatz finden hier Use Cases, User Stories und Ereignistabellen als Hilfsmittel zur Dokumentation von Benutzeranforderungen.
- Geschäftsregeln und kulturelle Übereinkünfte – Zu dieser Kategorie zählen neben den gesetzlichen Regularien und Regelwerken auch die Übereinkünfte, die in bestimmten Domänen getroffen werden oder durch die kulturelle Erfahrungen[13] gesetzt sind. Zum größten Teil sind diese Anforderungen überhaupt nicht explizit dokumentiert, sondern werden implizit angenommen (s. S. 12).[14]
- Qualitätsattribute – (s. Abschn. 2.2).
- Systemanforderungen – Hierunter wird i. d. R. die Anforderung an das Gesamtsystem verstanden. Die meisten neueren Systeme sind nicht monolithisch, sondern aus einer Reihe von Subsystemen mit dedizierten Aufgaben aufgebaut. In

---

[13] So ist bspw. die Farbe Schwarz nur im europäisch-amerikanischen Kontext eine Trauerfarbe. Auch Piktogramme oder Leserichtungen, Datumsformate und Kalenderformen zählen zu den kulturellen Übereinkünften.

[14] ... das weiß doch jeder...
... das machen wir schon immer so...

einem solchen Fall gibt es Anforderungen, die sich auf das Gesamtsystem beziehen. Im Fall von COTS-Systemen (s. Abschn. 4.4) werden diese Anforderungen meist als Produkteigenschaften oder Features bezeichnet.
- funktionale Anforderungen – Diese Anforderungen werden manchmal auch „Behavioural Requirements“ genannt. Sie beschreiben, was der Entwickler bauen sollte und sind meist aus den Benutzeranforderungen abgeleitet.
- nichtfunktionale Anforderungen – Das Hauptgebiet der Anforderungen an die Architektur, z. T. deckungsgleich mit den Qualitätsattributen.
- Zwangsbedingungen – Durch die Wahl bestimmter Implementierungstechnologien oder dem Vorhandensein von Schnittstellen zu anderen Systemen ist jede Software und jedes System einer Reihe von externen Zwangsbedingungen ausgesetzt.

Im Umgang mit Anforderungen zeigt sich in der Praxis eine Reihe von Problemen, die eine große Auswirkung auf das entstehende System haben können. Da die Anforderungen das Fundament für jede Form der Software- und Systementwicklung sind, spielt es keine Rolle, wie gut ein Projektprozess ausgeführt wird oder welche Werkzeuge eingesetzt werden, wenn die Anforderungen nicht richtig sind, ist das System ein Fehlschlag. Daher sollte man den Prozess zur Bestimmung der Anforderungen auch als eine Form des Entdeckungsprozesses sehen und nicht als das bloße „Einsammeln“ von Anforderungen. Außerdem sollte man stets berücksichtigen, dass sich Anforderungen verändern. Diese Veränderung ist recht rapide, im Schnitt verändern sich ca. 2% aller Anforderungen pro Monat. Diese Zahl hört sich zunächst klein an, aber nach 24 Monaten haben sich dann schon über 50% aller Anforderungen geändert, d. h. so etwas wie permanente Stabilität ist nichtexistent.[15] Was das ganze Problem noch verstärkt, ist die Tatsache, dass Anforderungen nie perfekt spezifiziert werden.

Die entstehenden Systeme setzen sich folglich einer gewissen Unschärfe bezüglich der formulierten und antizipierten Erwartungen durch die Benutzer und andere Stakeholder aus. Aber nicht nur der fachliche (funktionale) Aspekt des Systems ist hiervon betroffen sondern auch dessen Architektur.

1.3 Stakeholder und Qualität

Die Zahl der an einer technischen Architektur und damit an einem entsprechenden Architekturreview interessierten Gruppen kann durchaus sehr hoch sein. Diese diversen Gruppen haben im Rahmen einer Organisation durchaus multiple und auch widersprüchliche Interessen, trotzdem lassen sie sich bei Softwaresystemen in drei einfache Kategorien einteilen:

- Softwareerzeuger:
  - IT-Architekt –
  - Softwareentwickler –

[15] Es gibt Ausnahmen, mathematische Algorithmen sind sehr stabil.

  - Tester –
  - Integrator –
  - Maintenanceentwickler –
  - Projektleiter –
  - CIO[16] –
- Softwarenutzer:
  - CSO[17] –
  - Businessmanager –
  - Businessanalyst –
  - Endbenutzer –
- Provider:
  - Systemadministrator –
  - Netzwerkadministrator –
  - Datenbankadministrator –
  - Support und Hotline –

Ein Qualitätsattribut ist eine Eigenschaft einer Architektur, durch die ein Stakeholder in die Lage versetzt werden kann, die Qualität des betrachteten Systems zu beurteilen. Zu den typischen Größen für Qualitätsattribute zählen:

- Performanz,
- Sicherheit,
- Zuverlässigkeit,
- Veränderbarkeit,
- Nutzbarkeit,
- Portabilität,
- Rückwärtskompatibilität,
- Skalierbarkeit,
- Interoperabilität.

Bei den Qualitätsattributen handelt es sich um nichtfunktionale Anforderungen an ein System und unter dem Begriff Qualität wird dann der Grad verstanden, mit dem ein vorhandenes System genau die geforderten Qualitätsattribute erfüllt. In aller Regel sind die einzelnen Attribute zueinander widersprüchlich, mit der Folge, dass nicht alle gleichzeitig erfüllt sein können. Design kann man daher auch als die Suche nach dem „optimalen" Kompromiss im Raum der Qualitätsattribute verstehen. Aus dieser Perspektive heraus betrachtet ist es die Aufgabe eines Architekturreviews festzustellen, ob die Attribute ausreichend erfüllt wurden, oder ob es das Potential zu einer Erfüllung beim gewählten Design gibt. Insofern lassen sich Architekturreviews nicht nur auf vorhandene Architekturen anwenden, sondern können auch während des Softwaredesignprozesses nutzbringend eingesetzt werden. Je früher ein solcher Architekturreview stattfindet, desto früher lassen sich Fehlentwicklungen vermeiden, daher ist ein frühzeitiger Einsatz eines Architekturreviews fast immer sinnvoll.[18]

---

[16] **C**hief **I**nformation **O**fficer. Spötter behaupten CIO sei die Abkürzung für *Career is over...*

[17] **C**hief **S**ecurity **O**fficer

[18] Pathologische Ausnahmen sind Entwicklungsprojekte, die exakt einer Referenzarchitektur folgen, wobei hier die Frage nach der Adäquatheit der Referenzarchitektur gestellt werden kann.

1.4 Architekturwissen

Das Konzept des Architekturwissens besteht aus vier verschiedenen Komponenten (s. Abb. 1.3), welche auch als die Kernkomponenten des Architekturwissens bezeichnet werden. Diese vier Kernkomponenten sind:

- Prozesse – Architekturen beeinflussen die Prozesse einer Organisation und umgekehrt werden die Architekturen durch die organisatorischen Prozesse beeinflusst. Der Zusammenhang zwischen Organisation und Architektur wird durch das Conwaysche Gesetz (s. S. 177) beschrieben.
- Personen – Viele verschiedene „Stakeholder" sind innerhalb von architekturalen Prozessen beteiligt bzw. haben ein valides Interesse an den eigentlichen Architekturen. Ein notwendiger Schritt ist es hier Kompromisse zwischen den verschiedenen Beteiligten zu etablieren.
- Entscheidungen – Damit man zu einem Architekturentwurf kommen kann, sind Entscheidungen notwendig. Diese benötigen oft die Kompromisse der Stakeholder, damit sie überhaupt stattfinden. Das Wissen über diese Entscheidungen ist wichtig, da sie Grundlagen für den Architekturentwurf bilden bzw. diesen bis zu einem gewissen Grad auch legitimieren.
- Design – Der eigentliche Architekturentwurf, das Design, wird meist als Diagramm dargestellt und bezeichnet einen Kulminationspunkt des Architekturwissens.

In Bezug auf die Architektur muss hinsichtlich des Wissens zwischen dem Problemraum und dem Lösungsraum unterschieden werden. Der Problemraum spannt die Menge der signifikanten Architekturanforderungen auf, während der Lösungsraum durch Referenzarchitekturen und Architekturentscheidungen immer stärker

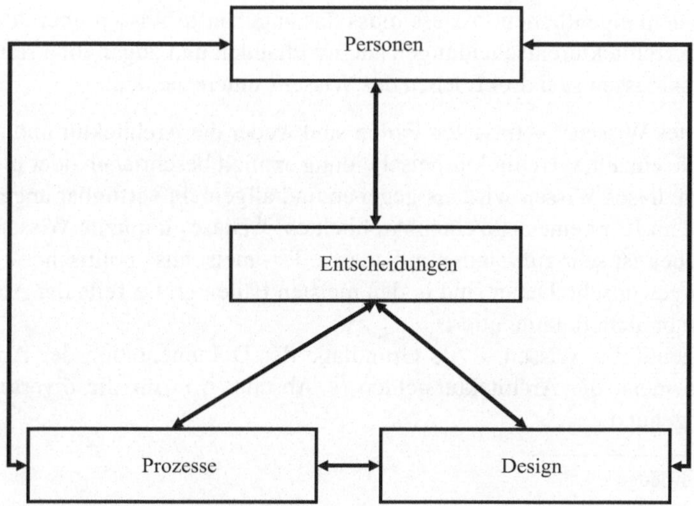

Abb. 1.3 Die vier Teile des Architekturwissens

Abb. 1.4 Die vier Dimensionen des Architekturwissens

eingeengt wird. Architekturentscheidungen überdecken stets sowohl Problem- als auch Lösungsraum, indem sie den Problemraum erweitern und den Lösungsraum verengen, da jede Architekturentscheidung Folgeanforderungen nach sich ziehen kann und gleichzeitig die Menge der möglichen Lösungen durch ihre Existenz einschränkt. Der Entscheidungsprozess als solcher läuft daher meist iterativ ab, bis eine hinreichend gute Lösung gefunden wurde, oder der momentane Zyklus als nicht zielführend verworfen wird.

Neben dem eigentlichen Prozess muss das angehäufte Wissen über Architektur bzw. über Architekturentscheidungen auch vorhanden und zugänglich sein. In diesem Kontext lassen sich drei Ebenen des Wissens unterscheiden:

- Implizites Wissen[19] – In vielen Fällen sind weder die Architektur und noch weniger die einzelne Architekturentscheidung explizit beschrieben oder modelliert, sondern dieses Wissen wird als gegeben und allgemein verfügbar angenommen – meist im Kopf eines einzelnen Architekten.[20] Dieses implizite Wissen explizit zu machen ist sehr aufwändig und auch z. T. – meist aus „politischen" Gründen – nicht gewünscht. Daher sind in den meisten Fällen große Teile der Architektur überhaupt nicht dokumentiert.
- Dokumentiertes Wissen – Als Grundlage der Dokumentation der Architektur werden meist die Architektursichten (s. Abschn. 6.1) für die diversen Stakeholder genutzt.

[19] Tacit Knowledge

[20] Geheimnisse für sich zu behalten kann auch die Machtposition des Architekten im Unternehmen stärken.

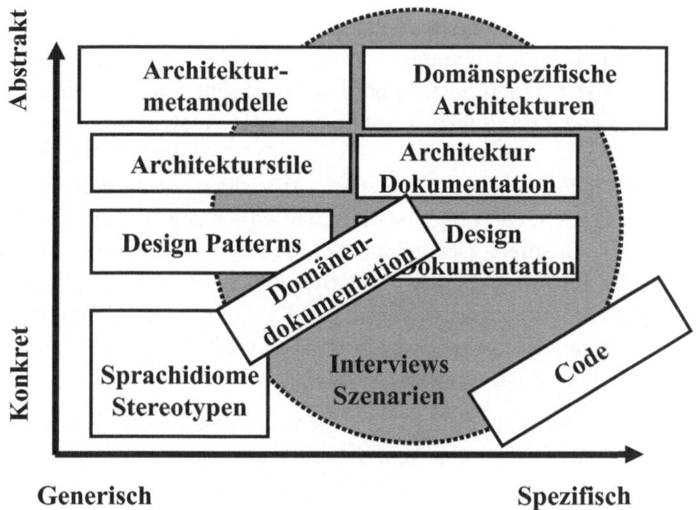

Abb. 1.5 Der Informationsraum, aus dem ein Architekturreview Kenntnisse über das System gewinnen kann

- Formalisiertes Wissen – Dies ist eine spezielle Form des dokumentierten Wissens, hierbei werden vorgeschriebene Diagramme und Sprachen (ADL)[21] zur Dokumentation eingesetzt (s. Abschn. 2.8).

Es ist sehr selten, dass sich eine Architektur in der Praxis vollständig dokumentiert und in sich konsistent vorfinden lässt; in den meisten Fällen ist die Dokumentation weder hinreichend gut noch vollständig oder aktuell, sondern geprägt durch folgende Phänomenologie:

- heterogen – Es existiert nicht „die Architekturdokumentation“, sondern die Architektur ist meist versteckt in diversen Dokumenten mit unterschiedlichster Notation und Syntax.
- unvollständig – Die meisten Dokumentationen, die im Laufe der Entwicklung eines Systems entstehen, sind geprägt vom Gedanken bestimmte Aspekte im nächsten Schritt der Entwicklung voranzutreiben, daher sind sie, im Sinne einer Überdeckung, meist unvollständig.
- verändernd – Alle realen Systeme verändern sich permanent, mit der Folge, dass auch die Dokumentation sich mit verändert – allerdings meist sehr zeitversetzt und a posteriori.

Die große Menge an implizitem Wissen im Bereich der Architektur führt zu Problemen im allgemeinen Design. Oft beobachtbare Effekte durch zu starkes implizites Wissen sind hier:

- Designentscheidungen – Die Designentscheidungen sind meist querschnittlich und stark untereinander verwoben. Typischerweise haben Designentscheidungen

[21] **A**rchitecture **D**escription **L**anguage

Auswirkungen auf viele Teile des entstehenden Systems; wenn diese nicht explizit in der Architektur dokumentiert werden, dann ist das architekturelle Wissen notwendigerweise fragmentiert. Außerdem ist es sehr schwer, einmal getroffene Entscheidungen nachträglich zu verändern, da die Auswirkungen oft unbekannt sind.
- Designregeln – Die Designregeln werden oft verletzt, wenn diese nicht explizit dokumentiert werden. Die Folge ist eine „Verwässerung" der Architektur.[22]
- Überflüssiges – Obsolete Designentscheidungen werden nicht eliminiert, dadurch steigt die Entropie innerhalb des Systems auf Dauer schneller an. In fast allen heutigen Designvorgehensweisen wird versucht die Rücknahme von Designentscheidungen zu vermeiden, da man sich über die Auswirkungen einer Rücknahme nicht klar ist.[23]

Eine langfristige Auswirkung dieser Phänomene ist, dass solche Systeme sehr teuer zu verändern sind und die Systeme sehr schnell fragil werden.

1.5 Architekturkompetenz

Für die Erstellung von Software ist eine Architekturkompetenz auf Seiten des Einzelnen, am Softwareprozess beteiligten Individuums und eine analoge Kompetenz auf Seiten der Organisation notwendig. Ohne diese beiden Formen der Architekturkompetenz ist eine zielgerichtete Softwareentwicklung nicht möglich. Im Bereich der Baubranche geht dies so weit, dass die entsprechende Kompetenz in den Berufsbezeichnungen verankert wird:

- Architekt als generischer Begriff,
- Innenarchitekt als eine Person, die nur das Innere von Häusern entwirft,
- Baustatiker als Zuständiger für das Qualitätsattribut Stabilität,
- Architekturbüro und Ingenieurbüro für die jeweiligen organisatorischen Kompetenzen.

Von einem solch hohen Grad an Spezialisierung und Verankerung in Rollen und Kompetenzen ist man in der Softwarebranche noch sehr weit entfernt. Aber trotz aller aktuellen Defizite muss man in der Lage sein, die Architekturkompetenz sowohl einzelner Personen als auch ganzer Organisationen messen zu können, um überhaupt die Fähigkeit zu haben, eine solche Kompetenz zu steuern. Beide Kompetenzformen sind jedoch eng miteinander verwoben, denn eine Organisation ist stets aus Individuen aufgebaut und erst diese ermöglichen eine Veränderung der Organisation selbst. Auf der anderen Seite existiert eine Organisation nicht in einem

[22] Besonders unangenehm ist dies im Fall der Verletzung von Frameworks. So ist zu beobachten, dass beim Wechsel eines Frameworks oder einer Plattform (z. B. von COBOL nach J2EE oder von einem Fat-Client nach einem Web-Client) die „alten" Designmaximen mitgenommen werden. Es entsteht dann der Eindruck, dass gegen das „neue" Framework angekämpft werden muss.

[23] EXtreme Programing ist trotz des angestrebten Refaktorings hierbei keine Ausnahme, da sich dieses meist auf lokale Strukturen bezieht. Auch im eXtreme Programing werden selten Entscheidungen mit systemweiter Durchdringung gefällt.

Vakuum, sondern sie ist stets in ein komplexes Geflecht aus anderen Organisationen, politischen, markttechnischen und soziologischen Strömungen eingebettet, welche wiederum Einfluss sowohl auf konkrete Architekturen als auch auf Kompetenzen haben. Insofern reicht eine alleinige Betrachtung eines fertigen Architekturartefakts nicht aus, um die Ursachen für Defizite aufzudecken, diese dienen i. d. R. als Symptome für ein viel tiefer liegendes Problem.[24]

Bei der Betrachtung der individuellen Architekturkompetenz wird recht schnell klar, dass für die Kompetenz des Individuums vier Eigenschaften eine wichtige Rolle spielen:

- Aufgaben,
- Fähigkeiten,
- Wissen,
- Performanz.

Ohne eine explizite Betrachtung aller dieser Eigenschaften lässt sich im Allgemeinen sehr wenig über die Kompetenz eines einzelnen Architekten aussagen. Für die Bedeutung der organisatorischen Aspekte der Architekturkompetenz stellt sich eine Reihe von Fragen:

- Wie sind die Tätigkeiten der Architekten in die Prozesse der Organisation eingebettet?
- Wie werden diese Architekturaktivitäten koordiniert?
- Wie wird das jeweilige individuelle und organisatorische Wissen vermittelt und weitergegeben?
- Wie werden die Artefakte des Architekturprozesses benutzt und verwaltet?

Zu den Faktoren, die auf Seiten der Organisation die meisten Limitierungen produzieren, gehört die Frage der Koordination von Prozessen. Mangelnde Koordinationsfähigkeit innerhalb der Prozesse äußert sich nicht nur bei der Architektur, sondern bei allen Produkten oder Services, die von solchen Organisationen erzeugt werden. Allerdings kann das Defizit bei der Architektur besonders stark auftreten. Dieses Phänomen beruht auf dem relativ jungen Alter expliziter Architekturtätigkeiten in der IT, in anderen Prozessbereichen gibt es innerhalb der Organisation meist eine Reihe von „Work-Arounds“ oder auch „Shortcuts“ um mit den Koordinationsdefiziten umgehen zu können. Je jünger eine Disziplin ist, desto geringer ist der Anteil an implizitem Wissen über diese Disziplin bei allen Beteiligten, mit der Folge, dass Defizite besonders transparent werden.

Auch die Organisation als Ganzes hat einen großen Einfluss auf die Architektur bzw. auf die gewählte Lösung, denn i. d. R. wurde in der Vergangenheit einer Organisation schon eine gewisse Menge an Investitionen in den Bereichen Ausbildung, Infrastruktur und Architektur vorgenommen. Diese wiederum erlaubt, bei endlichem Aufwand, oft nur eine beschränkte Menge an Architekturvarianten, daher macht die Aussage: „Dies ist eine gute Architektur“, wenn überhaupt, nur innerhalb eines bekannten organisatorischen Kontextes Sinn.

---

[24] Selbstverständlich gibt es hier auch Ausnahmen: Selbst der beste Architekt oder der beste Designer macht Fehler!

Die Softwarearchitektur als eine spezielle Architekturform liegt an einem Schnittpunkt zwischen Programmiersprachen auf der einen Seite und der menschlichen Gesellschaft auf der anderen. Programmiersprachen an sich sind präzise und formal, wohingegen Menschen durchgehend unpräzise und widersprüchlich erscheinen. Die größte Herausforderung ist es genau diese Ungenauigkeit zu modellieren und in ein exaktes Modell zu gießen. Man kann diese Situation mit der Physik vergleichen, bei der die vielfältige Natur in mathematisch mehr oder minder geschlossene Modelle abgebildet wird. In der Physik ist dieses Vorgehen sehr erfolgreich gewesen, ganz im Gegensatz zur Softwareentwicklung. Schon in den Siebzigerjahren des letzten Jahrhunderts war man der Ansicht dieses Problem gelöst zu haben, aber es wird heute immer noch diskutiert. Einer der Gründe für diese Diskrepanz ist, dass die Physik ein einzelnes System – die Natur – modelliert, während die Softwareentwicklung hingegen Methoden kreiert um Systeme zu modellieren. Als solches sollte eine gute Designmethode in der Lage sein, genau wie die Physik Systeme zu modellieren. Aber im Gegensatz dazu beschäftigt sich die Softwareentwicklung mit dem Entwurf neuer – bis dato unbekannter – Systeme.

Neben dem Wachstum in der Komplexität der Systeme und Software (s. Abschn. 6.3) werden Veränderungen an bestehenden Systemen sehr selten aufgezeichnet, mit der Folge, dass jede Form der Dokumentation auf Dauer von der eigentlichen Implementierung des Systems abweicht.[25, 26] Viele Softwareentwickler, welche mit der Maintenance beschäftigt sind, ignorieren jedwede Form der Dokumentation, da sie oft falsch oder unvollständig ist. Oft wird an dieser Stelle der feinsinnige Unterschied zwischen einer „As-Is“- und einer „As-Designed“-Architektur gemacht, ein solcher Unterschied ist jedoch irreführend und veranlasst die Beteiligten nur dazu in Legitimationsargumenten zu verharren. Viel wichtiger für die System- und Softwarearchitektur ist die Ist-Architektur! Falls jedoch der eigentliche Entwicklungsprozess hinterfragt werden soll, so kann obiger Vergleich herangezogen werden.

Trotz all dieser Überlegungen sollte eins beachtet werden: Die Erforschung von Legacysystemen oder von Frameworks erzeugt den Eindruck, dass Architektur als Phänomen gut verstanden ist. Dem ist nicht so! Die Techniken, die zum Bau von Software eingesetzt werden, unterliegen auch heute einer konstanten Evolution und Veränderung; mit der Evolution dieser Techniken muss sich ex- oder implizit auch der Einsatz und – vor allen Dingen – das Verständnis von Architektur verändern.

1.6 Instrumentalisierung

Wie jede andere Form des Gutachtens oder eines Qualitätssicherungsprozesses kann auch ein Architekturreview zur Durchsetzung organisatorischer oder persönlicher Ziele einzelner Führungskräfte instrumentalisiert werden. Meist wird für den Architekturreview ein externer „Experte“ eingesetzt, dessen Aussagen bei den Betrof-

[25] Ob die erstmalige Dokumentation je einem Zustand der Implementierung entsprochen hat, ist sowieso meist fraglich.

[26] Die meisten Programmierer hassen es Dokumentationen zu verfassen.

fenen ein gewisses Gewicht haben. Dies weckt, im schlimmsten Fall, das Interesse von Führungskräften einen „getürkten" Architekturreview zu initiieren oder die Ergebnisse eines zunächst objektiv verstandenen Architekturreviews als Mittel zur Unterstreichung ihrer Position einzusetzen. Diese beiden Formen der Motivation finden sich in der Praxis gar nicht so selten, allerdings nicht in Reinform, sondern meist als ein zusätzlicher Aspekt für einen angestrebten Architekturreview. Der Reviewexperte sollte sich dieser Problemlage stets bewusst sein – dies bedeutet nicht die Produktion von Gefälligkeitsreviews, sondern des aktiven Umgangs mit einer „hidden Agenda" auf Seiten des Auftraggebers. In den meisten Fällen wird jedoch erst das Ergebnis eines Architekturreviews reinterpretiert und für organisatorische Zwecke unausgesprochen und oft zeitversetzt genutzt. Dieser zweite Fall lässt sich a priori nicht verhindern und muss als solcher leider hingenommen werden. Ein mit der Instrumentalisierung verwandtes Phänomen bezüglich des Ergebnisses eines Architekturreviews bzw. der Findung von Ergebnissen ist die menschliche Eigenschaft, die eigenen Vorurteile bestätigen zu wollen. Der Empfänger eines Reviewergebnisses tendiert dazu, seine eigenen Vermutungen über die Qualitäten und Eigenschaften der reviewten Architektur besonders intensiv wahrzunehmen und andere Ergebnisse zu unterdrücken. In anschließenden Diskussionen werden dann diese Teilergebnisse selektiv genutzt um bestimmte Positionen zu unterstreichen, ohne dass ihr jeweiliger Kontext berücksichtigt wird. Solche Mechanismen lassen sich nicht verhindern! Viel problematischer sind jedoch die Vorurteile des Reviewexperten, denn auch dieser versucht seine Vorurteile bestätigt zu bekommen. Gegenüber diesem Phänomen helfen nur folgende Maßnahmen, wenn sie zusammen eingesetzt werden:

- Einsatz mehrerer Reviewexperten simultan oder sequenziell,
- Nutzung eines Architekturreviewmodells,
- Quantifizierung von Architektureigenschaften.

Eine andere Form der Instrumentalisierung ist ein zertifikationsorientierter Architekturreview. Typischerweise wird eine Zertifizierung von Dritten vorgenommen, so z. B. TÜV[27] oder ISO-9000-Zertifizierer. Diese Form der Architekturreviews dient i. d. R. zur Absicherung Dritter, nicht zur eigentlichen Qualitätssicherung des Herstellers. So zertifiziert *Microsoft* die Fähigkeit einer Software zur Laufzeit unter der *Windows*-Plattform laufen zu können oder das CMMI-Modell[28] zertifiziert den Reifegrad einer Softwareentwicklungsorganisation, damit diese Aufträge vom amerikanischen Verteidigungsministerium erhalten kann und ähnliches mehr. Grundlage solcher Formen von Zertifikationen ist die Existenz eines „anerkannten" Standards.[29]

---

[27] **T**echnischer **Ü**berwachungs-**V**erein, entstand in Deutschland aus den lokal organisierten Dampfkessel-Überwachungs- und Revisions-Vereinen.

[28] **C**apability **M**aturity **M**odel **I**ntegration

[29] Viele Menschen empfinden Standards als etwas „Gottgebenes", auf das man nur begrenzt Einfluss nehmen kann. Dabei sind die meisten Standards sehr wohl aktiv von einzelnen Akteuren gesteuert worden. Betrachtet man die vergangenen Jahre, dann versuchen immer wieder einzelne Unternehmen, Standards vorzugeben. Der Grund dafür liegt meist im eigenen ökonomischen Nutzen. Was als Standards bezeichnet wird, ist für die großen Unternehmen ein „Machtmittel".

Ein anderer möglicher Grund für ein Architekturreview ist die Tatsache, dass Fehler im Design und in der Architektur sehr kostspielig sind, da typischerweise 50–70% aller Kosten durch die Wahl der Architektur bedingt sind. Außerdem wachsen die Kosten für die Fehlerbeseitigung pro Entwicklungsphase um jeweils eine Größenordnung an.[30] Mögliche Architekturdefizite sind i. d. R. sehr kostspielig, da dieser Fehler in der Architektur sich mit den diversen fachlichen Implementierungen multipliziert und daher um Größenordnungen in den Kosten anwachsen kann. Zusätzliche Steigerungen der Kosten können sich im Falle von Architekturfamilien (s. S. 152) ergeben, da sich dann diese fehlerhaften Strukturen in einer ganzen Reihe von implementierten Architekturen wiederfinden lassen.

In vielen Disziplinen der exakten Wissenschaften beeinflusst der Beobachter durch seine Beobachtung das Phänomen an sich. Besonders in der Quantenmechanik ist dies ersichtlich, wo die Beobachtung eines Teilchens zur Fixierung seines quantenmechanischen Zustands führt. In den Sozialwissenschaften ist dies unter dem *Hawthorne*-Effekt[31] bekannt. Aber auch auf dem Gebiet der Softwareentwicklung existieren solche Beobachtereffekte:[32]

- Dadurch, dass Benutzer beobachtet werden oder die Software zu deren Beobachtung instrumentiert wird, wirkt die zu untersuchende Software weniger „reaktiv" bzw. der Benutzer reagiert bewusster, mit der Folge, dass das tatsächlich ausgeführte Szenario nicht dem „üblichen" Szenario entspricht.
- Tracing-Operationen, speziell durch Debugger, können die Ausführungsreihenfolgen in Programmen verändern und so zu falschen Schlüssen führen.
- Die vermeintliche Architektur des Systems dient als Strukturierungshilfsmittel des Beobachters, so dass am Ende diese auch als erreicht gilt.[33]

1.7 Gute Architekturen

Was bedeutet es, wenn eine Architektur gut genannt wird? In einigen Fällen ist dies eine sehr subjektive Bewertung des Designers, welcher damit zum Ausdruck bringt, dass er das Ergebnis seiner Tätigkeit bewundert haben möchte. In anderen Fällen löst eine Architektur Probleme, welche der Betrachter, der dieses Werturteil abgibt, schon lange in einem anderen Kontext hatte, und erzeugt somit das Bild einer guten Lösung; ob diese Architektur allerdings die Probleme löst, für die sie angetreten ist, sei dahingestellt. Für einen künstlerischen Zugang mag dies ausreichen, für einen wissenschaftlichen auf gar keinen Fall.[34]

[30] Faustregel: Ein Fehler, der in der Architektur einen Beseitigungspreis von 1 hat, erzielt in der Produktion einen Preis von 100.

[31] Benannt nach den *Hawthorne Works* in Chicago, einer Firma für elektronische Geräte. Hier wurden Produktivitätsstudien durchgeführt, bei denen es sich herausstellte, dass die Probanden sehr stark darauf reagierten Teil einer Studie zu sein und nicht auf die Parameter der Studie.

[32] ... obwohl die wenigsten dies gerne zugeben.

[33] If you got a hammer, everything looks like a nail.

[34] In gewisser Weise spiegelt sich hier das veränderte Selbstbild von Softwaredesignern oder -architekten wider: Auf der einen Seite empfinden sie sich als „Künstler", auf der anderen Seite würden sie gerne als Ingenieure wahrgenommen werden.

Die Frage ob eine gegebene Architektur gut oder schlecht ist, lässt sich nicht direkt beantworten. Gut oder schlecht sind absolute Bewertungen, die für Architekturen sowieso nicht möglich sind.[35] Eine Architektur lässt sich nur in einem festgelegten Kontext beurteilen, d. h.: Wie gut löst eine Architektur ein vorgegebenes Problem? Selbst diese eingeschränkte Frage lässt sich nicht mit gut oder schlecht beantworten! Für diese Beobachtung gibt es diverse Gründe:

- Es existiert keine singuläre, allgemein akzeptierte Metrik um eine Architektur zu beurteilen. Selbst wenn man in der Lage ist metrische Größen einer gegebenen Architektur zu bestimmen, so ist die Bewertung des Ergebnisses meist sehr unklar.
- In fast allen Fällen sind die Anforderungen an die Architektur grob und z. T. nur schwer zu fassen.
- Die Anforderungen sind vielfältig und – i. d. R. – nicht widerspruchsfrei, mit der Folge, dass die Architektur einen Kompromiss aus diesen Widersprüchen bilden muss.
- Die Zielsetzungen einer Architektur sind heute noch nicht quantifizierbar, was sie explizit nicht messbar macht (s. Anhang A).
- Viele Zielsetzungen beziehen sich auf ein langfristiges Ziel, welches in der Zukunft liegt und dessen Erreichung von vielen Faktoren außerhalb der Architektur abhängt. Hier kann eine Bewertung nur eine subjektive Extrapolation darstellen.[36]

Trotz aller Einschränkungen lassen sich dennoch eine Reihe von Eigenschaften für die Architektur fordern, die zumindest ein Indiz über die Adäquatheit einer gewählten Architektur liefern. Solche Eigenschaften werden als Qualitäten (s. Abschn. 2.1) bezeichnet. Allerdings beschränken diese Qualitäten sich auf die nichtfunktionalen Aspekte einer Architektur, so dass die Angemessenheit gegenüber dem fachlichen Problem zusätzlich in Betracht gezogen werden muss.

Eine Architektur ist immer das Ergebnis einer Reihe von geschäftlichen und technischen Entscheidungen, sie entsteht daher nicht im luftleeren Raum, sondern wird durch diverse Faktoren und Kräfte beeinflusst. Eine der Schwierigkeiten hinter der Entwicklung einer Architektur ist die Tatsache, dass die Summe der Anforderungen an ein System eine Menge an Eigenschaften des Systems explizit macht, aber eben auch nicht alle. Die Nichterfüllung der impliziten Eigenschaften macht ein System genauso wenig nutzbar wie die Verletzung von expliziten Anforderungen. Eine der großen Herausforderungen für einen Architekten ist das „Explizitmachen" der impliziten Anforderungen. Doch nicht nur die Anforderungen sind unterschiedlich, auch die Personengruppen, die diese Anforderungen stellen, sind dies (s. Abschn. 1.3). Ohne dass jedoch die entsprechenden Stakeholder bekannt sind, lässt sich eine Architektur nur sehr beschränkt begutachten oder beurteilen.

Im Gegensatz zu der Lehrmeinung, die in Seminaren und Vorlesungen vermittelt wird, ist die Softwareentwicklung und damit das Softwareprodukt nicht mit

[35] Selbst im Bauwesen, wo man über eine dreitausendjährige kulturelle Tradition hat, lässt sich die Bewertung gut oder schlecht nicht absolut anwenden. Ein Parkhaus mag für einen Autofahrer sehr gut sein, wohingegen es als Wohnraum denkbar ungeeignet ist.

[36] Software development is betting on the future.

dem ersten Release beendet. Ganz im Gegenteil, alle ernstzunehmenden Softwareprodukte durchlaufen eine Anzahl von Releases, Versionen und Bugfixes. Dies bedeutet, dass der initiale Entwurf zwar relevant, aber aus ökonomischer Perspektive nicht unbedingt der wichtigste Fokus ist. Auf Dauer stellt sich der Maintenanceprozess als ein besonders wichtiger Prozess für den Lebenszyklus von Software dar.

Was kann man von einem Architekturreview als Ergebnis erwarten? Die Architekturreviews produzieren zunächst einfach Informationen, aber im Besonderen versuchen sie zwei Fragetypen (oft in leicht abgewandelter Form) zu beantworten:

- Ist eine gewählte Architektur geeignet für ein bestimmtes Zielsystem?
- Welcher von mehreren konkurrierenden Architekturvorschlägen passt am besten auf die Aufgabenstellung?

In beiden Fragetypen stellt sich die Schlüsselfrage danach, wie gut eine Architektur „passt". Passen in diesem Kontext bedeutet, dass:

- das entstehende oder vorhandene System den geforderten[37] Qualitäten entspricht, und
- das entstehende oder vorhandene System bau- oder veränderbar ist.[38]

Eine Antwort auf solche Fragetypen kann nicht eine einfache Zahl sein,[39] sondern nur qualitativ in der Form, dass Risiken, Stärken, Schwächen oder Chancen einer oder mehrerer Architekturen aufgezeigt werden.

Es gibt eine Reihe von typischen Fragen, die man sich in Bezug auf Architektur und Architekturstil stellen kann. Folgende Fragestellungen sind hier nur exemplarisch aufgeführt:

- Passt der Architekturstil zur Applikationsdomäne?
  Einfach einen Architekturstil zu benutzen, weil er momentan Mode ist, ist der falsche Weg, obwohl dies recht häufig vorkommt. So sollte man sich Fragen, ob eine Verteilung überhaupt Sinn macht oder ob Services bzw. eine SOA (Service Oriented Architecture) immer die adäquate Antworten auf eine fachliche Problemstellung darstellen.
- Liefert der Architekturstil die benötigten Qualitätsattribute bzw. unterstützt er sie?
  Architekturstile versuchen stets bestimmte Qualitätsattribute zu verstärken, dies geht jedoch nicht ohne eine Form des Kompromisses bei anderen Attributen, mit der Folge, dass nicht jede Fähigkeit gleich gut durch jeden Architekturstil unterstützt wird.

---

[37] Wenn es keine Forderungen an das System gibt, ist jede Architektur a priori gleich gut oder gleich schlecht.

[38] Insbesondere wenn die Veränderungen in einen vernünftigen Kosten- und Zeitrahmen fallen.

[39] *The Answer to Life, the Universe and Everything is 42.*

The Hitchhiker's Guide to the Galaxy
Douglas Adams, 11.3.1952–11.5.2001

- Hat das Entwicklungsteam überhaupt Erfahrung im Umgang mit einem spezifischen Architekturstil?
- Liefert die Architektur die gewünschten Fähigkeiten?
- Wie einfach oder wie komplex ist die Architektur?

Die Fragestellung, ob eine Architektur gut oder schlecht ist, lässt sich nicht wirklich beantworten, da sich Architekturen einer solchen Form der Bewertung entziehen. Man sollte viel eher fragen, ob eine Architektur adäquat zu ihren diversen und widersprüchlichen Anforderungen ist!

1.8 Herausforderungen, Ergebnisse und Auswirkungen

Es gibt im Rahmen eines Architekturreviews auch eine Reihe von Nebenwirkungen, die eine Organisation oder ein Projekt positiv beeinflussen können:

- Die Stakeholder reden miteinander. Der Architekturreview ist oftmals die erste Chance, bei der sich alle am System interessierten Stakeholder treffen und sich gegenseitig als das wahrnehmen, was sie sind: Eine Gruppe von Menschen, die am Erfolg eines Systems interessiert sind.[40] Im Rahmen das Architekturreviews wird ein Forum geschaffen, in dem die unterschiedlichen Interessen und Motivationen erläutert und legitimiert werden. In einer solchen Umgebung lässt sich ein Kompromiss oft leichter erreichen als über den Austausch von Anforderungsdokumenten oder elektronischen Mails.
- Die Stakeholder werden gezwungen ihre Ziele und Qualitätsansprüche zu definieren. Durch einen Dialog entsteht die Möglichkeit, die geforderten Qualitäten in gewisser Weise „messbar" oder zumindest operationalisierbar zu machen und so ein besseres Verständnis für die tatsächlich geforderten Qualitäten zu haben.[41] Die Beziehungen zwischen Stakeholdern sind typischerweise komplex und dynamisch, oft werden Entscheidungen indirekt durch Beeinflussung gefällt und die eigentliche Machtstruktur ist nicht offensichtlich.[42]
- Eine Priorisierung von Zielen inklusive widersprüchlichen Zielen kann vorgenommen werden.
- Die Architektur wird in der bestehenden Form dokumentiert. Diese Form der Explizitmachung reduziert daher auch den Anteil, der sich auf „tacit Knowledge" (s. S. 12) verlässt und führt alleine durch den Zwang, es einem Dritten gegenüber

[40] Auch hier gibt es pathologische Ausnahmen. Von Zeit zu Zeit sind Stakeholder anzutreffen, denen das entstehende System völlig egal ist.

[41] Die Formulierung: *95% aller Transaktionen müssen innerhalb von 5 Sekunden abgeschlossen sein*, ist deutlich präziser als: *Das System soll so schnell wie möglich sein.* oder: *Das System soll in der Lage sein auch andere relationale ANSI-Datenbanken zu unterstützen*, ist deutlich präziser als: *Das System soll so flexibel wie möglich sein.*

[42] Die Sicht des Autors ist hier eine pessimistische: Die allermeisten Entscheidungen werden aufgrund von Machtstrukturen bzw. Machterhalt oder -gewinn gefällt, die dann zitierten „objektiven" Kriterien wie Geld, Ressourcen, Budget oder Funktionalität sind sehr oft der Versuch einer nachträglichen Legitimation der einmal getroffenen Entscheidung.

zu formulieren, zu einer erhöhten Klarheit bei den Stakeholdern, indem diese explizit lernen.
- Die Organisation kann auf Dauer ein höheres Maß an Architekturreife gewinnen.

Jede Form des Architekturreviews muss eine Reihe von Ergebnissen liefern, sonst fehlt ihr die Sinnhaftigkeit. Besonders wichtig ist es, frühzeitig in der Lage zu sein Architekturen zu bewerten. Zu den zu leistenden Zielen einer Methode der Architekturbewertung gehören:

- die Fähigkeit sinnvolle Vorhersagen ohne Zugriff oder Existenz von Sourcecode zu treffen,
- die Fähigkeit sinnvolle Vorhersagen zu treffen ohne die COTS-Komponenten[43] erworben oder einen entsprechenden Geschäftsprozess implementiert zu haben,
- die Bestimmung des „Werts" eines Designs,
- Vorhersagen auf hoher Abstraktionsebene über Aufwand, Kosten oder Maintenance treffen zu können,
- Design- und modellbasierte Bewertungen,
- Vorhersagen über die Nutzung und den Wert für den Endbenutzer,
- die Kosten und der Nutzen für die Endnutzer wie auch die Fähigkeiten des Systems,
- ein jederzeit einsetzbarer Architekturreview, obwohl die Einsparpotenziale zu Beginn der Entwicklung eines Systems am größten sind.

Ein Architekturreview ist ein flexibler Weg frühzeitig Probleme aufzudecken, trotzdem gibt es bei den Architekturreviews einige Probleme:

- Eine Architekturbewertung benötigt ein Team von Experten um in der Lage zu sein, unvorhergesehene Risiken neben antizipierten Risiken aufzudecken.
- Bei einem sehr abstrakten Design kann es zu Missverständnissen kommen, da Architekten i. d. R. nicht die Gründe für ein Design dokumentieren.
- Die Qualitätsanforderungen sind oft weder explizit formuliert, noch vollständig geklärt, wenn das Design der Architektur schon abgeschlossen ist.

Manche Projekte oder Systeme entstehen nicht aus offensichtlichen und nachvollziehbaren Gründen oder stiften einen Mehrwert für ein Unternehmen, sondern sie entstehen, weil die Beteiligten es unbedingt so wollen. Die Gründe reichen dann von Langeweile,[44] über den Versuch des Arbeitsplatzerhalts bis hin zu einem blanken Machtkampf im Unternehmen. Solche Projekte werden dann durch eine oder mehrere typische Taktiken zur Bewilligung freigegeben. Die hierfür verwendeten Taktiken sind meist:

- Das Projekt oder System wird als „strategisch" bezeichnet. Durch den angeblich strategischen Status wird versucht den Nachweis über die Sinnhaftigkeit des Vorhabens auszuhebeln und die möglichen Gewinne als nicht vorhersagbar de-

---

[43] s. Abschn. 4.4

[44] Entwickler, die sich langweilen, erfinden neue Projekte. Nicht genug damit – da diese neuen Projekte meist sehr technisch orientiert sind, brauchen sie noch zusätzliche Unterstützung von externen Experten.

klarieren zu können. Ein Abgleich mit der Facharchitektur kann schnell zeigen, ob das betreffende System wirklich strategisch ist.
- Das System ist angeblich lebensnotwendig oder das Projekt muss gemacht werden. Hier wird dann eine Reihe von externen Bedrohungsszenarien aufgeführt.[45] Oft haben dann die Vorschläge einen sehr technischen Charakter, der nur wenigen Spezialisten zugänglich ist.
- Salamitaktik – Das Projekt wird in viele kleine Teilprojekte zerlegt, die unterhalb der Aufmerksamkeitsschwelle liegen.
- Kreative Kosten-, Nutzen- oder Risikoanalyse.
- Keine Zeit für eine vernünftige Evaluation, da das Projekt schon begonnen wurde.

Diese „politischen“ Durchsetzungstaktiken finden dann als Randbedingungen eines Architekturreviews ihren Niederschlag und schränken dadurch sehr oft die möglichen Bewertungsräume eines Architekturreviews ein.

Es gibt eine Reihe von Phänomenen, bei denen jeder Reviewexperte „hellhörig“ werden sollte, da diese i. d. R. Indizien für tiefer liegende architekturelle Probleme darstellen. Dazu zählen:

- Exakte Übereinstimmung zwischen der Architektur und der Organisation des Endanwenders – Zwar gilt das Conwaysche Gesetz (s. S. 177), welches den Einfluss der Organisation auf die Software beschreibt, aber eine direkte Isomorphie zwischen beiden ist ein Indiz für ein „Alignmentparadoxon“: Ist nämlich die Koppelung zwischen der Architektur und der Organisation zu stark, so ist die Architektur zwar momentan effizient, aber hat einen Großteil ihrer Flexibilität verloren.
- Zu viele Komponenten auf jeder Ebene der Abstraktion – Dies ist ein Indiz für eine zu hohe Komplexität bzw. einen falschen Abstraktionsgrad in der Architekturbetrachtung.
- Deutliche Schieflage bei den Anforderungen – Im Rahmen von Anforderungen lässt sich oft beobachten, dass bestimmte Teile besonders gut herausgearbeitet wurden, während andere nur oberflächlich gestreift werden.[46]
- Die Architektur hängt von den Eigenschaften eines Betriebs- oder eines Persistenzsystems (Datenbank) ab.
- Standards werden verletzt.
- Die Architektur hängt von der Hardware ab.
- Eventuelle Redundanz wird eingesetzt um nicht getroffene Entscheidungen zu überdecken.
- Die Architektur wird durch Ausnahmen getrieben.
- Stakeholder sind nicht eindeutig identifizierbar.
- Die beteiligten Entwickler und Architekten nehmen die Architektur sehr unterschiedlich wahr.

Im Bereich der Architekten ist ein weit verbreitetes Phänomen die Befangenheit, insofern, dass Architekten meist Szenarien bezüglich Änderungen konstruieren, die

[45] Die Euro-Einführung und das Jahr-2000-Problem waren bekannte Anlässe zur Legitimation.

[46] Häufig tendieren Menschen, die Konzepte schreiben, dazu, nicht ihr Nichtwissen zu verbessern, sondern ihr Wissen zu erwähnen.

sie schon antizipiert haben, als die Architektur ursprünglich entwickelt wurde. Das ist keine große Überraschung, da ein guter Architekt die wahrscheinlichste Veränderung des Systems ab initio antizipiert. Ein mögliche andere Ursache für dieses Verhalten könnte eine Form der kognitiven Dissonanz[47] sein, da abweichende Szenarien die einmal getroffene Entscheidung in Frage stellen, schließlich ist es ja die Aufgabe des Architekten sich auf mögliche Veränderungen einzustellen. In einer solchen Situation ist der Architekt ungeeignet, das von ihm gebaute System zu beurteilen.[48]

Das Ziel eines Architekturreviews ist eine Momentaufnahme der Architektur, eine Analyse der Problemstellung und keine Lösung derselben! Insofern muss ein Architekturreview primär durch analytische Verfahren geprägt sein. Selbstverständlich taucht bei den Beteiligten immer die Frage auf: Wie konnte es soweit kommen?

Diese Frage lässt sich streng genommen nicht wirklich klären und es existiert wissenschaftlich gesehen bisher nur wenig Material hierüber, aber eine Reihe von Mutmaßungen gibt Indizien für die eigentliche Kausalität und kann oft die konkreten Fehlentwicklungen aufdecken. Häufige Gründe für Fehlentwicklungen im Bereich von Architekturen sind, neben der Unfähigkeit des Managements und der Projektleitung wirklich ziel- und teamorientiert zu führen, Divergenzen in den Zielsetzungen, Kompetenzen, Vorkenntnissen und Fähigkeiten der Beteiligten am Entwicklungsprozess des Systems.

[47] Das Phänomen der kognitiven Dissonanz, d. h. der verzerrten Wahrnehmung, lässt sich oft bei Managern in Stresssituationen beobachten. Dem Autor wurde von einem Vorstand während einer Besprechung über Maßnahmen einmal gesagt:„*... bitte bringen Sie mich nicht mit Tatsachen durcheinander!*“

[48] Die Situation ähnelt dem Versuch eines Programmierers seinen eigenen Code zu testen...

Kapitel 2
Grundlagen

So, there goes our protector in a rage.
'Tis known to you he is mine enemy,
Nay, more, an enemy unto you all,
And no great friend, I fear me, to the king.
Consider, lords, he is the next of blood,
And heir apparent to the English crown:
Had Henry got an empire by his marriage,
And all the wealthy kingdoms of the west,
There's reason he should be displeased at it.
Look to it, lords! let not his smoothing words
Bewitch your hearts; be wise and circumspect.
What though the common people favour him,
Calling him 'Humphrey, the good Duke of Gloucester,'
Clapping their hands, and crying with loud voice,
'Jesu maintain your royal excellence!'
With 'God preserve the good Duke Humphrey!'
I fear me, lords, for all this flattering gloss,
He will be found a dangerous protector.

King Henry VI
William Shakespeare
1564–1616

Ein Architekturreview soll Informationen und Bewertungen über eine Architektur liefern und benötigt daher eine Möglichkeit zur Quantifizierung von Eigenschaften der betrachteten Architektur. Neben rein subjektiven Aussagen über eine Architektur, welche sehr stark von Beobachter geprägt sind und meist seiner Motivation entsprechen, muss es jedoch auch möglich sein nachvollziehbare und wiederholbare Eigenschaften einer Architektur zu identifizieren. Solche speziellen Eigenschaften werden als Qualitäten bezeichnet.

Neben den Eigenschaften muss jedoch ein Architekturreview auch als ein Prozess betrachtet einige Charakteristika aufweisen, so sollte er wiederholbar, definiert und vorhersagbar sein, sonst bleibt sein Ergebnis rein zufällig und das Subjektivitätsproblem der Eigenschaften einer Architektur findet sich in den prozessuralen Eigenschaften des Architekturreviews wieder.

Die Qualitäten (s. Abb. 2.1) formen die eigentliche Basis einer Architekturbetrachtung, wobei man in den meisten Fällen eher weiß, wenn eine Qualität fehlt, dass dies drastische Auswirkungen hat, wohingegen die Anwesenheit einer Qualität als gegeben hingenommen wird. Die drei bekanntesten Qualitätsmodelle in der Literatur sind:

- McCall-Modell,
- Boehm-Modell,
- ISO-9126-Modell.

D. Masak, *Der Architekturreview*
DOI 10.1007/978-3-642-01659-2, © Springer 2010

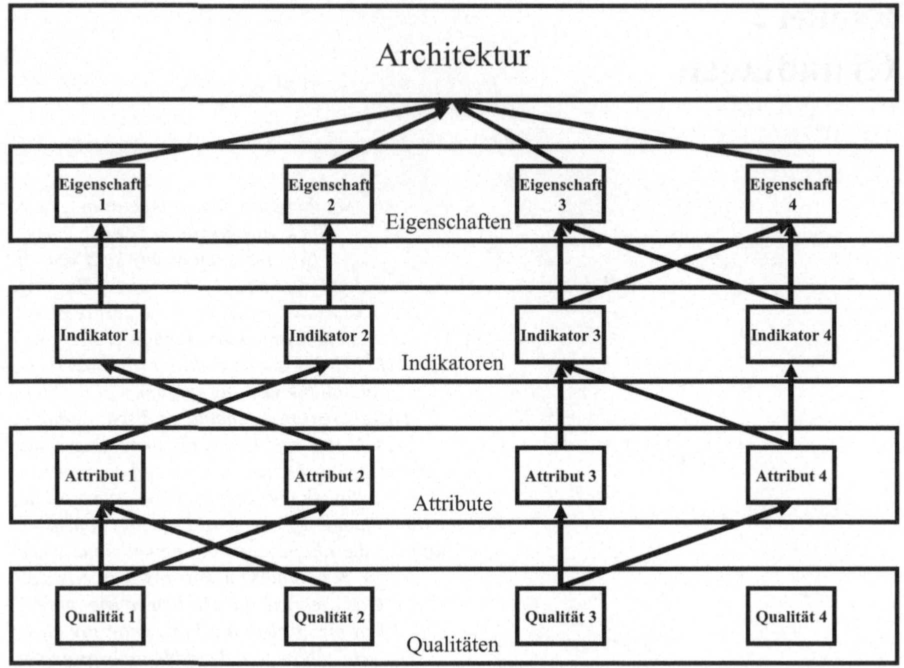

Abb. 2.1 Zusammenspiel von Attributen, Qualitäten, Eigenschaften und Indikatoren

Alle diese Modelle gehen von einer endlichen Anzahl von Qualitäten aus, die es jeweils zu betrachten gilt. Diese Qualitäten basieren auf einer Reihe von abstrakten Attributen (auch Faktoren genannt), dabei wird angenommen, dass es einfacher ist die Attribute zu messen als die eigentlichen Qualitäten. Aber auch diese Qualitätsattribute sind oft nicht direkt greifbar oder das jeweilige Messverfahren (s. Anhang A) variiert von System zu System, so dass es viel sinnvoller ist, sich system- oder applikationsspezifische Indikatoren zu betrachten.

Umgekehrt betrachtet bilden die Eigenschaften ein Wirkmodell für die Qualitätsattribute auf die Architektur ab und stellen insofern einen gewissen Grad an Willkürlichkeit dar.[1]

Dabei sind die Qualitäten meist nicht direkt messbar, sondern sie werden anhand von Attributen, den Qualitätsattributen, aufgebaut. Meist sind auch diese nicht direkt beobachtbar und können nur durch sogenannte Indikatoren eingegrenzt oder bestimmt werden. Diese Indikatoren sind notwendig um überhaupt Aussagen über die „Größe“ von Qualitätsattributen und somit über Qualitäten treffen zu können.

[1] Bei der Formulierung von Wirkmodellen spielen Vorurteile und „Lieblingsspielzeuge“ eine sehr große Rolle.

2.1 Qualitätsframeworks

Ursprünglich wurde das McCall-Modell für die Betrachtung von Softwareprodukten erstellt und reicht bis in die 1970er-Jahre zurück. Es lässt sich jedoch recht leicht auf beliebige Systeme verallgemeinern. Das McCall-Modell benutzt drei sogenannte Hauptperspektiven auf ein System, um dieses zu beurteilen:

- Revisionsperspektive – Die Perspektive auf die Fähigkeit das System zu verändern. Besonders die Qualitäten wie Wartbarkeit, Flexibilität und Testbarkeit gehören zu dieser Perspektive.
- Transitionsperspektive – Hier wird die Fähigkeit des Systems betrachtet, sich an eine neue oder veränderte Umgebung anzupassen. Qualitäten wie Portabilität, Wiederverwendbarkeit und Interoperabilität sind die Schlüsselattribute für die Fähigkeit zur Transition eines Systems.
- Operationsperspektive – Im Fokus stehen hierbei die spezifischen Operationen des Systems, z. T. die Fachlichkeit. Die Qualitätsattribute Korrektheit, Effizienz, Zuverlässigkeit, Benutzbarkeit und Integrität sind maßgeblich in dieser Perspektive.

Die Idee hinter dem McCall-Modell ist es, dass die Synthese der einzelnen Attribute ein vollständiges Qualitätsbild abliefert. Dabei hat jedes der Attribute des Modells nur zwei mögliche Zustände: *erfüllt* oder *nicht erfüllt*. Insofern resultiert aus dem McCall-Modell eine spezielle Form einer Metrik, indem ein Binärbaum aus den Zuständen aufgebaut wird.

In den späten 1970er-Jahren wurde das McCall-Modell von *Boehm* verändert und es entstand die Urform des heutigen Attributsmodells (s. Abschn. 2.2). Das Boehmsche Modell strebt im Gegensatz zum McCall-Modell auch gar keine Verdichtung auf einen einzelnen Wert an,[2] sondern bleibt per se multidimensional.

Nach der ISO 9126-1 Norm ist die Qualität definiert als eine Menge an Charakteristika und Eigenschaften eines Produkts oder Services, welche Einfluss auf die Fähigkeit haben, angegebene oder implizite Bedürfnisse zu befriedigen. Da diverse Stakeholder auch diverse und unterschiedliche Bedürfnisse haben, folgt daraus, dass diese unterschiedliche Anforderungen oder ein anderes Verständnis für Qualität besitzen. Die Gesamtqualität einer Architektur kann als eine Kombination der Architektursichten der verschiedenen Stakeholder auf das jeweilige Objekt verstanden werden und wird typischerweise baumartig dargestellt. Die einzelnen Qualitäten werden in Subcharakteristika zerlegt und diese dann durch eine Metrik (s. Anhang A) gemessen.

2.2 Qualitätsattribute

Der Begriff Qualität wird von den meisten Menschen unbewusst als ein Merkmal für die „Güte" eines Betrachtungsgegenstands genutzt, so auch bei Architekturen. Aber eine solche intuitive Nutzung ist sehr stark subjektiv geprägt und erschwert die Operationalisierung von Qualität.

---

[2] s. Fußnote 39 S. 20

Unter dem Begriff Softwarequalität wird laut DIN[3] 66272 Folgendes verstanden:

Softwarequalität ist die Gesamtheit der Merkmale eines Softwareproduktes, die sich auf dessen Eignung beziehen, festgelegte oder vorausgesetzte Erfordernisse zu erfüllen.

Leider ist die gängige Praxis in der Architekturentwicklung oft eine andere, denn die Stakeholder tendieren dazu entweder eine Art „tacit Knowledge" (s. S. 12) zu verwenden oder in ihren Anforderungen recht unspezifisch zu sein. Typische Formulierungen von Stakeholdern sind:

- Das System soll robust sein.
- Das System soll hochgradig veränderbar sein.
- Die Architektur soll korrekt sein.
- Die Architektur soll „state of the art" sein.

Solche unspezifischen Anforderungen lassen sich überhaupt nicht erfüllen, denn die Qualitätsattribute sind keine absoluten Größen, sie existieren nur innerhalb eines spezifischen Kontexts und können daher auch nur in diesem spezifischen Kontext gemessen und interpretiert werden.

Nach der Norm EN[4] ISO 9000:2005 ist die Qualität der Grad, mit dem ein Satz inhärenter Merkmale vorgegebene Anforderungen erfüllt. Der Ausdruck Qualität gibt dabei an, in welchem Maße ein Produkt (Ware oder Service) den bestehenden Anforderungen entspricht. Die Benennung Qualität kann zusammen mit Adjektiven wie schlecht, gut oder ausgezeichnet verwendet werden.[5]

Die Norm ISO/IEC 9126 stellt eines von vielen Modellen dar, um Softwarequalität sicherzustellen. Es bezieht sich ausschließlich auf die Produktqualität und nicht auf die Prozessqualität. Diese ISO-Norm ist in der Norm ISO/IEC 25000 aufgegangen und wird durch die neue Norm ersetzt. Qualität besteht dabei baumartig aus einer Reihe von Qualitätsmerkmalen. Ein Qualitätsmerkmal ist die Eigenschaft einer Funktionseinheit, anhand derer ihre Qualität beschrieben und beurteilt wird, die jedoch keine Aussage über den Grad der Ausprägung enthält. Parallel dazu existiert der Begriff der Qualitätsanforderung, den man wie folgt definieren kann:

Eine Qualitätsanforderung legt fest, welche Qualitätsmerkmale im konkreten Fall als relevant erachtet werden und in welcher Ausprägung sie erreicht werden sollen.

Folgende Qualitätsmerkmale werden explizit in der ISO-Norm ISO/IEC 9126 aufgeführt:[6]

---

[3] **D**eutsches **I**nstitut für **N**ormung

[4] **E**uropäische **N**orm

[5] Inhärent bedeutet im Gegensatz zu „zugeordnet" einer Einheit innewohnend, insbesondere als ständiges Merkmal. Damit sind objektiv messbare Merkmale wie Länge, Breite, Gewicht oder Materialspezifikationen gemeint.

[6] Auch als FURPS bezeichnet nach:

- **F**unctionality (Funktionalität),
- **U**sability (Benutzbarkeit),
- **R**eliability (Zuverlässigkeit),
- **P**erformance (Effizienz),
- **S**upportability (Änderbarkeit).

- Funktionalität: Inwieweit stellt das betrachtete System die a priori geforderten Funktionen zur Verfügung? – Das Vorhandensein von Funktionen mit festgelegten Eigenschaften. Diese Funktionen erfüllen die definierten Anforderungen.
  - Angemessenheit: Eignung von Funktionen für spezifizierte Aufgaben, z. B. aufgabenorientierte Zusammensetzung von Funktionen aus Teilfunktionen.
  - Richtigkeit: Liefern der richtigen oder vereinbarten Ergebnisse oder Wirkungen, z. B. die benötigte Genauigkeit von berechneten Werten.
  - Interoperabilität: Die Fähigkeit, mit vorgegebenen Systemen zusammenzuwirken.
  - Sicherheit: Die Fähigkeit, unberechtigten Zugriff, sowohl versehentlich als auch vorsätzlich, auf Programme und Daten zu verhindern.
  - Ordnungsmäßigkeit: Merkmale von Systemen, die bewirken, dass die Systeme anwendungsspezifische Normen oder Vereinbarungen oder gesetzliche Bestimmungen und ähnliche Vorschriften erfüllen.
- Zuverlässigkeit: Kann das System ein bestimmtes Leistungsniveau unter bestimmten Bedingungen über einen bestimmten Zeitraum aufrechterhalten? – Die Fähigkeit des Systems, sein Leistungsniveau unter festgelegten Bedingungen über einen festgelegten Zeitraum zu bewahren.
  - Reife: Geringe Versagenshäufigkeit durch Fehlerzustände.
  - Fehlertoleranz: Die Fähigkeit, ein spezifiziertes Leistungsniveau bei Systemfehlern oder Nichteinhaltung von spezifizierten Schnittstellen zu bewahren.
  - Robustheit: Die Fähigkeit, ein stabiles System bei Eingaben zu gewährleisten, die gar nicht vorgesehen sind. Das System hält auch unvorhergesehenen Nutzungen stand.
  - Wiederherstellbarkeit: Die Fähigkeit, bei einem Versagen das Leistungsniveau wiederherzustellen und die direkt betroffenen Daten wiederzugewinnen. Zu berücksichtigen sind die dafür benötigte Zeit und der benötigte Aufwand.
  - Konformität: Grad, in dem das System Normen oder Vereinbarungen zur Zuverlässigkeit erfüllt.
- Benutzbarkeit: Welchen Aufwand fordert der Einsatz des Systems von den Benutzern und wie wird es von diesen beurteilt? – Der Aufwand, der zur Benutzung des Systems erforderlich ist, und die individuelle Beurteilung der Benutzung durch eine festgelegte oder vorausgesetzte Benutzergruppe.
  - Verständlichkeit: Der Aufwand für den Benutzer, das Konzept und das System zu verstehen.
  - Erlernbarkeit: Der Aufwand für den Benutzer, das System zu erlernen (z. B.: Bedienung, Ein- und Ausgabe).
  - Bedienbarkeit: Der Aufwand für den Benutzer, das System zu bedienen.
  - Attraktivität: Die Anziehungskraft des Systems gegenüber dem Benutzer.
  - Konformität: Der Grad, in dem das System Normen oder Vereinbarungen zur Benutzbarkeit erfüllt.

Unabhängig von den einzelnen Attributen einer Architekturbetrachtung steht hinter der Benutzbarkeit einer Architektur eine Reihe von gewünschten Eigenschaften:

 - Feedback: Das eingesetzte System sollte dem Benutzer jederzeit eine Rückmeldung über den aktuellen Zustand des Systems und des momentanen Prozesses geben.
 - Fehlerbehandlung: Die Fehler müssen vorbeugend vermieden werden bzw., wenn dies nicht möglich ist, muss das System sich von Fehlern selbstständig erholen können.[7]
 - Konsistenz: Sowohl die Benutzerschnittstelle als auch das eigentliche System sollten stets konsistent sein, zeitlich sowie aufgabenbezogen.
 - Benutzerführung: Das System sollte Benutzer mit geringeren Kenntnissen führen können.
 - geringe kognitive Last: Das System sollte den Benutzer in seinen kognitiven Fähigkeiten nicht überfordern.
 - Domänenabbildung: Die Sprache und die Metaphern sollten der Benutzerdomäne entlehnt sein und verständlich bleiben.[8]
 - Accessability: Das System muss zugänglich sein, auch für Menschen, welche in ihrer Wahrnehmung oder ihren Bewegungsabläufen eingeschränkt sind.

- Effizienz: Wie ist das Verhältnis zwischen Leistungsniveau des Systems und eingesetzten Betriebsmitteln? – Das Verhältnis zwischen dem Leistungsniveau des Systems und dem Umfang der eingesetzten Betriebsmittel unter festgelegten Bedingungen.
 - Zeitverhalten: Die Antwort- und Verarbeitungszeiten sowie Durchsatz bei der Funktionsausführung.
 - Verbrauchsverhalten: Anzahl und Dauer der benötigten Betriebsmittel bei der Erfüllung der Funktionen. Ressourcenverbrauch wie CPU-Zeit, Festplattenzugriffe usw.
 - Konformität: Der Grad, in dem das System Normen oder Vereinbarungen zur Effizienz erfüllt.

- Änderbarkeit: Welchen Aufwand erfordert die Durchführung vorgegebener Änderungen an das System? – Der Aufwand, der zur Durchführung vorgegebener Änderungen notwendig ist. Die Änderungen können Korrekturen, Verbesserungen oder Anpassungen an Änderungen der Umgebung, der Anforderungen oder der funktionalen Spezifikationen einschließen.
 - Analysierbarkeit: Der Aufwand, um Mängel oder Ursachen von Versagen zu diagnostizieren oder um änderungsbedürftige Teile zu bestimmen.
 - Modifizierbarkeit: Der Aufwand zur Ausführung von Verbesserungen, zur Fehlerbeseitigung oder Anpassung an Umgebungsänderungen.

---

[7] Der ominöse „Blue Screen" von *Microsoft Windows* zählt nicht zu den „guten" Fehlerbehandlungsformen.

[8] Dies ist bei internationaler Software, die nicht besonders domänenspezifisch ist (Editoren, Wordprozessoren...), sehr schwer kulturübergreifend sicherzustellen.

  - Stabilität: Die Wahrscheinlichkeit des Auftretens unerwarteter Wirkungen von Änderungen.
  - Testbarkeit: Der Aufwand, der zur Prüfung des geänderten Systems notwendig ist.

- Übertragbarkeit: Wie leicht lässt sich das System in eine andere Umgebung übertragen? – Die Eignung des Systems, von der vorhandenen Umgebung in eine andere Umgebung übertragen werden zu können. Die Umgebung kann organisatorische Umgebung, Hardware- oder Softwareumgebung sein.

  - Anpassbarkeit: Die Fähigkeit des Systems, diese an verschiedene Umgebungen anzupassen.
  - Installierbarkeit: Der Aufwand, der zum Installieren des Systems in einer festgelegten Umgebung notwendig ist.
  - Koexistenz: Die Fähigkeit des Systems, neben einer anderen mit ähnlichen oder gleichen Funktionen zu arbeiten.
  - Austauschbarkeit: Die Möglichkeit, dieses System anstelle eines spezifizierten anderen Systems in der Umgebung jenes anderen Systems zu verwenden, sowie der dafür notwendige Aufwand.
  - Konformität: Der Grad, in dem das System Normen oder Vereinbarungen zur Übertragbarkeit erfüllt.

Aus Sicht der Architektur eines Systems sind die Qualitätsattribute und die Funktionalität, das primäre Ziel von Anforderungsspezifikationen, orthogonal zueinander, denn wenn beide nicht orthogonal zueinander wären, würde die Wahl der Funktionalität die Qualitätsattribute wie Performanz oder Skalierbarkeit bestimmen. Die Funktionalität selbst lässt sich immer auf unterschiedliche Art und Weise abbilden, so dass die Funktionalität sich zwar innerhalb bestimmter Architekturstile einfacher abbilden lässt, aber grundsätzlich bestimmt die Funktionalität nicht die Qualitätsattribute. Folglich bestimmt die Funktionalität im Rahmen der Enterprise-Architektur primär die Geschäftsprozess- und Informationsarchitektur und nicht die Eigenschaften der Applikations- und Technologiearchitektur. Dies ist zwar prinzipiell richtig, jedoch zeigt die Praxis, dass bestimmte Funktionalitäten in bestimmten Technologien einfacher, d. h. kostengünstiger und schneller, implementierbar sind.[9] Insofern bilden die Technologie- und Applikationsarchitekturen eine Menge von Zwangsbedingungen zur Implementierung von Funktionalitäten im System.

Das große Interesse an den Architekturevaluationen ist darauf zurückzuführen, dass die Qualitätsattribute durch die Architektur des Systems bestimmt werden; die Architektur ist der Dreh- und Angelpunkt zur Erreichung bestimmter Qualitäten innerhalb eines Systems, daher sind die Qualitäten i. d. R. auch der Fokus einer solchen Architekturevaluation. Aus diesem Grund ist es sinnvoll, die Beziehung zwischen der Architektur und den Qualitätsattributen zu bestimmen. Erfahrene Designer begehen diesen Schritt meist intuitiv, aber selbst diese können von einer expliziten Dokumentation einer solchen Beziehung in ihrem Systemen profitieren.

[9] Für detaillierte grafische Darstellungen sind GUIs eine Voraussetzung. Betriebswirtschaftliche Rechnungen sind in COBOL einfacher als in C# oder Java...

Auf der anderen Seite sind nicht nur die Qualitätsattribute und die Funktionalitäten orthogonal, auch die Architektur und die Qualitätsattribute müssen nicht per se deckungsgleich sein:

- Eine Architektur ist kritisch dafür, dass viele der benötigten Qualitäten überhaupt in Kraft treten können. Diese Qualitäten müssen entworfen werden und auf dem Niveau der Architektur auch bewertet werden können.
- Eine Architektur selbst ist nicht in der Lage Qualitäten zu erreichen, sie liefert die mögliche Basis, aber nicht die Implementierung der Qualitäten, denn jede Implementierung kann durch eventuelle Fehler die vorgegebenen Qualitäten verfehlen.
- In einem komplexen System kann eines der Qualitätsattribute nie in vollständiger Isolation erreicht werden, denn alle Qualitätsattribute haben direkte oder indirekte Beziehungen zueinander, daher kann eine Architektur immer nur einen Kompromiss zwischen den unterschiedlichen Qualitätsattributen liefern.

Die hier aufgeführten Qualitäten sind bis zu einem gewissen Grad „universell", d. h., man kann viele Fragen eines Architekturreviews anhand der Messung dieser Attribute beantworten. Für weitergehende spezifischere Fragestellungen sind jedoch andere Eigenschaften in den Mittelpunkt der Betrachtungen zu stellen.

2.3 Architekturzyklus

Auf einer abstrakten Ebene betrachtet bedingen sich Architekturen und Organisationen in gewisser Weise gegenseitig, denn die Architekturen beeinflussen die Struktur der Entwicklungsorganisation. Dies geschieht primär durch die in der Architektur vorgegebene Modularisierung und den jeweiligen Integrationsformen. Die Entwicklungsorganisation wiederum strukturiert einen Teil ihrer Projekte nach der durch die Architektur vorgegebenen Einheiten, da eine andere Form der Strukturierung zu großen Problemen im Laufe der Entwicklung führt. Dies betrifft nicht nur Applikationsarchitekturen, sondern de facto alle Teile der Enterprise-Architektur. Die Technologie- oder Infrastrukturarchitektur ist in den meisten Fällen als Gan-

Tabelle 2.1 Beziehungen zwischen den Attributen (✓) für gegenseitige Unterstützung und (✠) für einen Widerspruch

	Veränderbarkeit	Portierbarkeit	Interoperabilität	Sicherheit	Performanz	Usabilität
Veränderbarkeit	✓	✓	✓		✠	
Portierbarkeit	✓	✓		✠	✠	
Interoperabilität	✓		✓		✠	
Sicherheit		✠		✓	✠	
Performanz	✠	✠	✠	✠	✓	✓
Usabilität					✓	✓

zes ein Teil einer mehr oder minder eigenständigen Organisation und intern in klar getrennte Segmente unterteilt, meist mit den Bereichen Datenbanken, Transaktionsmonitore, Datenspeicherung, Serversysteme und Entwicklungsumgebungen. Insofern präjudiziert eine gegebene Architektur eine gewisse Menge an möglichen organisatorischen Strukturen. Wird umgekehrt betrachtet eine Organisation gezwungen eine Enterprise-Architektur zu definieren, so wird diese mittels ihrer Geschäftsprozessarchitektur und Informationsarchitektur ein Abbild der Organisation sein müssen.[10] Die so entstehende Architektur ermöglicht nun ihrerseits nur eine endliche Menge von möglichen Veränderungen.

Aber die Architektur kann auch dadurch, dass sie überhaupt erst ein sehr erfolgreiches System ermöglicht, die Ziele einer Organisation implizit verändern und sich somit „weitervererben", denn ein erfolgreiches System wird mehr Aufmerksamkeit erhalten als ein anderes und es werden sich größere Teile um das System herum organisieren und es damit perpetuieren. Diese Form des Feedbacks verstärkt auf Dauer beide, die Organisation und die Architektur. Auf der anderen Seite findet auch ein Selektionsprozess statt: Waren bestimmte Variationsformen in der Architektur nicht erfolgreich, so „erinnert" die Organisation sich daran und verfolgt diese Variationen nicht mehr weiter. In ganz seltenen Fällen können neue Technologien zu einem Durchbrechen dieses Zyklus führen.[11]

Die konkrete Erzeugung oder Veränderung einer Architektur kann als ein zyklischer Prozess verstanden werden. Eine Architekturentscheidung ist das Ergebnis eines Entscheidungsprozesses, welcher während des Aufbaus oder der Veränderung der Architektur stattfindet. Der Prozess der Architekturfindung unterscheidet sich stark vom reinen Anforderungsmanagement, da dieses primär im Problemraum angesiedelt ist, während der Architekturprozess primär im Lösungsraum operiert. Trotz dieser Unterschiede sind beide miteinander zyklisch verknüpft: Die Anforderungen schränken den möglichen Lösungsraum ein und gewählte Lösungen (sprich Design) erzeugen wieder neue Eigenschaften des Problemraums, auf die dann wieder mit Anforderungen reagiert wird. Daher besteht der eigentliche Architekturfindungsprozess aus mehreren sich zyklisch wiederholenden Schritten (s. Abb. 2.2):

- Anforderungsmanagement – Obwohl das Anforderungsmanagement kein originärer Bestandteil des Architekturprozesses ist, interagiert es doch sehr eng mit ihm; wobei es den eigentlichen Architekturprozess aus Richtung des Problemraums treibt. Umgekehrt ermöglicht es das Anforderungsmanagement auch, den Architekturprozess gut zu gestalten, da das Anforderungsmanagement dem Architekturprozess die Eingrenzung des Problemraums liefert.
- Eingrenzung des Problemraums[12] – Basierend auf den Anforderungen des Problemraums wird durch die Eingrenzung im Rahmen des Architekturprozesses eine Priorisierung der unterschiedlichen Anforderungen durchgeführt.

[10] Schließlich dient Organisation dazu, dass ein Geschäftsprozess hinreichend gut unterstützt werden kann.

[11] So das World Wide Web, J2EE oder die relationalen Datenbanken.

[12] Scoping

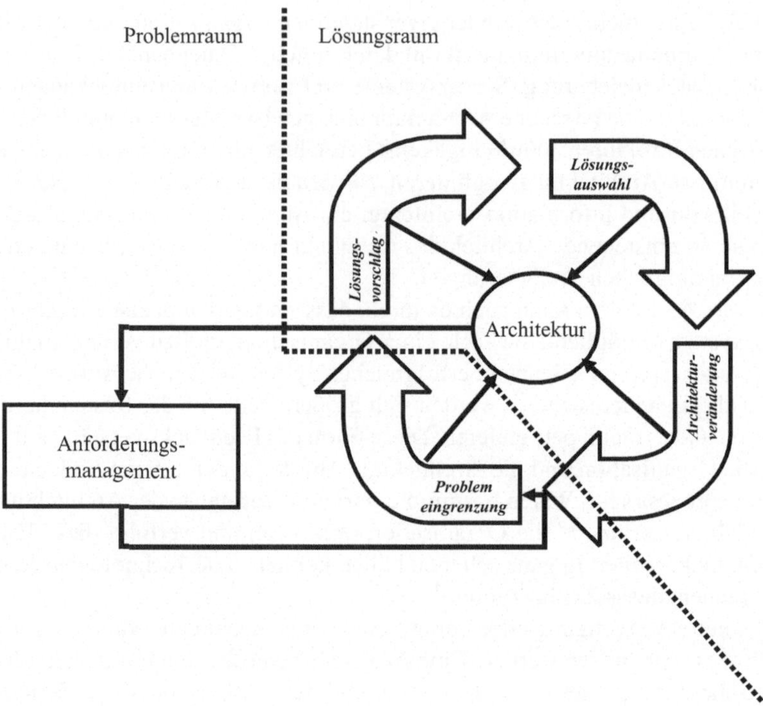

Abb. 2.2 Architektur als zyklischer Prozess

- Lösungsvorschläge – Die existierende Architekturbeschreibung und das eingegrenzte Problem des vorhergehenden Schritts bilden einen Startpunkt für eine Menge an möglichen Lösungen, welche das gegebene Problem vollständig oder zumindest partiell adressieren.
- Lösungsauswahl – Bei der Lösungsauswahl wird einer der im vorhergehenden Schritt erarbeiteten Vorschläge ausgewählt. Diese Auswahl bedeutet meist die Wahl eines Kompromisses zwischen konkurrierenden Anforderungen.
- Veränderung und Beschreibung der Architektur – Wurde eine Lösung gewählt, so muss die Architektur aktualisiert und verändert werden um so den neuen Zustand zu reflektieren.

Aus dem Blickwinkel eines einzelnen Systems muss man konstatieren, dass jedes System eine Architektur besitzt und dass das Finden einer Architektur oder deren Veränderung nicht irgendeine Phase im Entwicklungszyklus von Systemen ist.[13]

[13] Softwareentwickler denken sehr gerne in abgeschlossenen Phasen, deren Ergebnisse nachträglich eingefroren werden. Eine solche Denkweise ist jedoch in Bezug auf Architektur eines Systems völlig fehl am Platz.

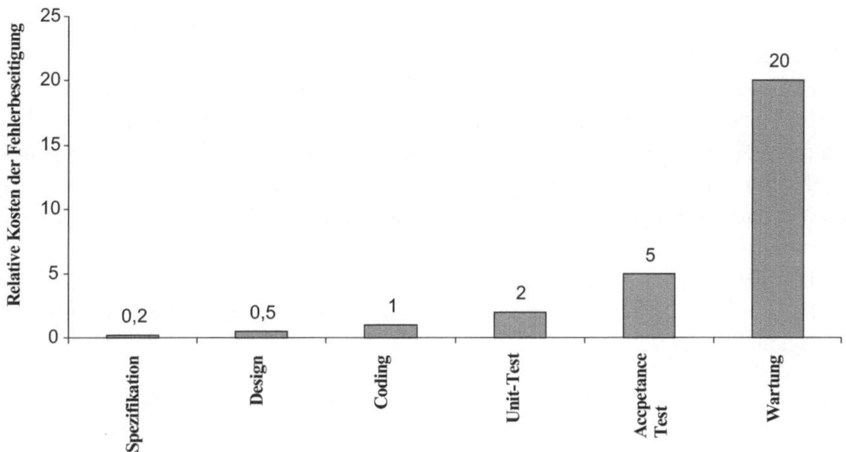

Abb. 2.3 Die relativen Kosten zur Beseitigung eines Fehlers in der Software, Fehler im Coding sind willkürlich auf 1 gesetzt. Nach *Leffingwell und Widrig, 2000*

2.4 Einsparungen

Eine der häufig zitierten Ursachen für einen Architekturreview ist die Tatsache, dass sich damit Entwicklungskosten (in der Gesamtsicht) senken und Entwicklungsproduktivitäten steigern lassen. Dabei ist diese Tatsache meist nicht direkt einleuchtend, aber Architekturreviews dienen dazu Fehler zu verhindern bzw. ihre Anzahl zu reduzieren. Fehler, die erst spät entdeckt werden, sind i. d. R. sehr teuer (s. Abb. 2.3). Die traditionelle Art Fehler in Produkten oder Softwaresystemen zu finden konzentriert sich auf die Testphase, welche im Rahmen der Software- und Produktentwicklung sehr spät angesiedelt ist, mit der Folge, dass die Fehlerbeseitigung sehr teuer wird. Außerdem verleitet die Fehlerfindung während der Testphase zu einer Form der Ad-hoc-Fehlerbeseitigung,[14] was zu erhöhten Maintenanceaufwänden und Verwässerung von Architekturprinzipien führen kann.

Obwohl viele Entwickler der Ansicht sind, dass Architekturreviews nur Geld und Zeit kosten, zeigen neuere Untersuchungen, dass Reviews, speziell der Software und der Architektur, viel Geld einsparen können, insofern sind frühe Reviews und hierbei speziell Architekturreviews eine der kosteneffektivsten Maßnahmen für die Steigerung der System- und Softwarequalität, sowie eine Risikoreduktion während den frühen Phasen der System- und Softwareentwicklung. Zwar ist der Einsparungseffekt zu möglichst frühen Zeitpunkten am höchsten, trotzdem lassen sich Architekturreviews zu jedem Zeitpunkt durchführen, wobei sich naturgegeben zu einem späten Zeitpunkt die Architektur nur noch sehr geringfügig ändern lässt, ohne das sehr große Aufwände produziert werden.

Es gibt auch in den späteren Lebensphasen eines Systems (s. Abschn. 6.3) einen sinnvollen Einsatz für Architekturreviews: zum einen bei einer Software, welche

[14] Meist ist zu diesem Zeitpunkt das Auslieferungsdatum schon sehr nahe.

sich in der Maintenance befindet – hier kann der Architekturreview aufzeigen, was die Kostentreiber bzw. die größten Maintenancerisiken sind; zum anderen, wenn versucht wird, Software von außerhalb der Organisation[15] einzukaufen. Neben der Wirkung auf die Architektur an sich hat allein die Ankündigung eines anstehenden Architekturreviews eine positive Auswirkung auf jedes Projekt, da die Projektmitarbeiter dazu gezwungen werden, sowohl ihre Artefakte als auch ihre Arbeit zu reflektieren und soweit vom Tagesgeschäft zu abstrahieren, dass dieses Außenstehenden vermittelbar wird. Diese Herausforderung hilft oft schon, ein „stecken gebliebenes" Projekt mit neuem Schwung zu versehen. An dieser Stelle sei allerdings davor gewarnt einen Architekturreview als Drohung oder Disziplinierungsmaßnahme einzusetzen. Eine solche Vorgehensweise ist kontraproduktiv (s. S. 16).

2.5 Reviewterminologie

In den meisten Fällen wird die Terminologie des Begriffs Review nicht präzise benutzt, mit der Folge, dass es öfters zu Missverständnissen und fehlgeleiteten Erwartungshaltungen bei Auftraggebern und Beteiligten kommt. Trotz aller Unterschiede haben Reviews stets ein gemeinsames Ziel: Defekte zu finden und den vorliegenden Gegenstand zu bewerten. Nach der Norm IEEE[16] 1028-1998 existieren folgende Reviewformen:

- Review – Ein Prozess oder ein Meeting, während dessen ein System oder ein Softwareprodukt diversen Stakeholdern[17] (s. Abschn. 1.3) vorgestellt wird.
- Managementreview – Hierunter versteht man eine systematische Bewertung von:
  - Software- oder Systemakquise,
  - Software- oder Systementwicklung,
  - Support,
  - Betrieb,
  - Maintenance.

  Diese Bewertung wird für oder durch das Management durchgeführt, dabei werden aktueller Zustand, Fortschritte, Pläne und Zielsetzungen oder Managementmethoden zum Erreichen dieser Ziele begutachtet. Generell gesehen befasst sich dieser Typus sehr stark mit der Managementsicht auf die Organisation, Systeme und Software und weniger mit der funktionalen oder „klassischen" architekturalen Sicht.
- Technischer Review – Eine systematische Bewertung eines Produkts oder Systems durch ein qualifiziertes Team, dass die Nutzbarkeit des Systems für die

[15] COTS-Software (s. S. 103)

[16] Institute of Electrical and Electronics Engineers, Incorporated

[17] Hierzu zählen u. a.: Projektmitarbeiter, Maintenanceentwickler, Manager, Nutzer, Nutzergruppen, Kunden, Geldgeber.

geplanten Aufgaben betrachtet und dabei Differenzen bezüglich der Spezifikation und eventuellen Standards aufzeigt. Oft werden hier auch Empfehlungen für Veränderungen gemacht.[18]

- Inspektion – Die visuelle Begutachtung eines Produkts oder Systems um Fehler und Anomalien zu entdecken. Typischerweise werden diese in Form von Peerreviews durch andere qualifizierte Entwickler durchgeführt. Bei einer Softwareinspektion liegt das Auffinden von Fehlern im Sourcecode oder anomalem Verhalten der Programme im Fokus der Betrachtung.
- Walkthrough – Beim Walkthrough führt ein Softwareentwickler durch die Software oder den Code und zeigt dabei die Nutzung oder Struktur auf. In den meisten Fällen wird hierbei dem intendierten Softwareablauf gefolgt.

2.6 Reviewprozess

Die ursprüngliche Struktur des Reviewprozesses im Softwareumfeld geht auf *Fagan* im Jahr 1972 zurück. Alle heutigen Reviewprozesse entsprechen in ihrer Abfolge mehr oder minder dem Faganschen Prozess (s. Abb. 2.4). Die einzelnen Stufen dieses Prozesses sind:

- Planung – Im Rahmen der Planung wird der Reviewprozess organisiert. Dazu zählen das Planen der Meetings, die Auswahl der Beteiligten, das zu begutachtende Material und eine Zuordnung der Rollen zu den Teilnehmern. Im Rahmen von Projekten ist es nicht unüblich, dass Mitarbeiter multiple Rollen simultan oder sequenziell einnehmen.
- Übersicht – In dieser Phase wird den Reviewteilnehmern ein Überblick über die zu beurteilenden Artefakte und die Zielsetzung sowie den Umfang des Reviews gegeben. Im Vorfeld wird auch dem Entwicklungsteam die Aufgabenstellung des Reviewteams erklärt. Diese Phase erlaubt es den Reviewteilnehmern, sich in die Thematik einzuarbeiten, und den Entwicklungsbeteiligten, sich auf den Review-

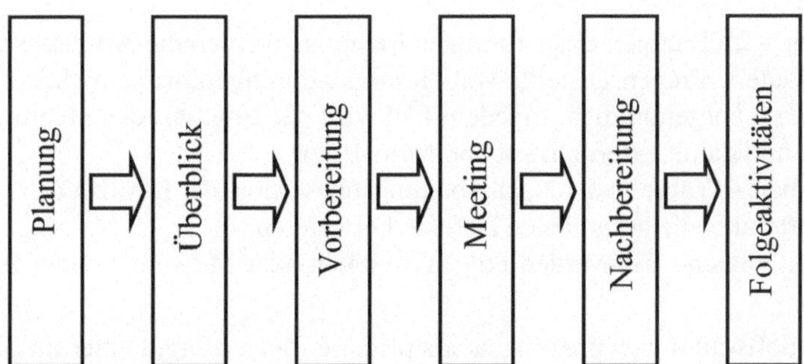

Abb. 2.4 Der sechsstufige Standardreviewprozess nach *Fagan*

[18] Der technische Review ist die „Mutter" des Architekturreviews.

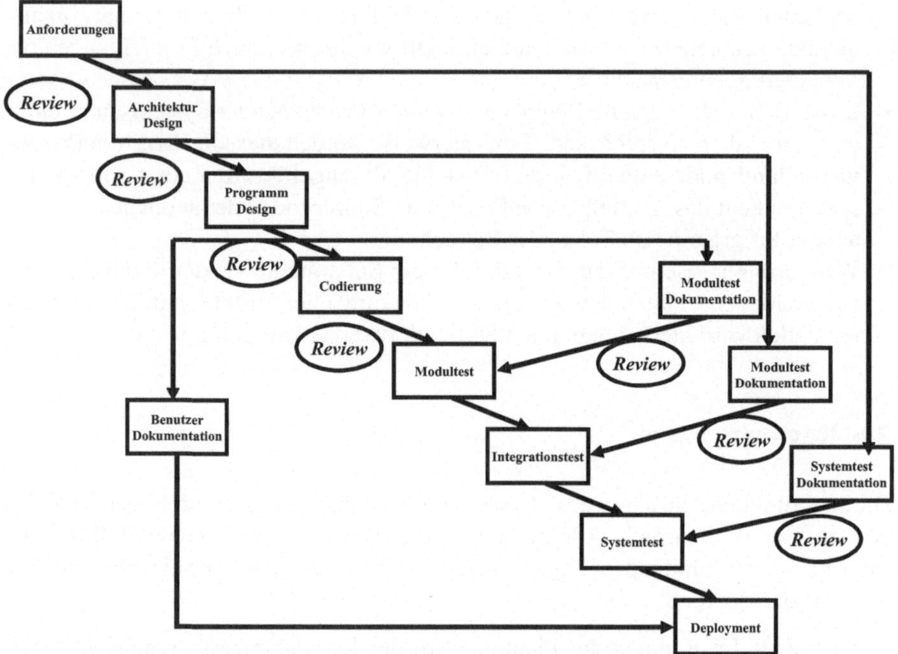

Abb. 2.5 Klassische Punkte für einen Review im Wasserfallmodell der Softwareentwicklung

prozess einzustellen. Im Allgemeinen wird ein solcher Schritt nur bei „großen" Reviews vollzogen.

- Vorbereitung – In dieser Stufe bereitet sich der einzelne Reviewteilnehmer auf seine Rolle und verwiesenen Aufgaben vor, indem er die ihm zugeordneten Artefakte studiert. In der Praxis kann es sinnvoll sein, diesen Schritt direkt mit einer Person zu vollziehen, die tiefe Kenntnisse oder Autorschaft bezüglich der Artefakte hat, da direkte Rückfragen das Verfahren deutlich beschleunigen können.
- Meeting – Im Rahmen eines formalen Meetings werden die Artefakte noch einmal erläutert, Fragen gestellt, Walkthroughs durchgeführt oder direkt Codeinspektionen vorgenommen. In jedem Fall wird das Ergebnis des Meetings protokolliert und damit externalisiert und formalisiert.
- Nacharbeit – Während der Nacharbeitungsphase kann der Besitzer des begutachteten Artefakts die gefundenen Defekte korrigieren.
- Folgeaktivitäten – Es werden Folgeaktivitäten oder Messungen oder Ähnliches geplant.

Dieser Softwarereviewprozess hat als primäre Zielsetzung, Fehler im Sourcecode oder in den Anforderungen zu finden, er kann jedoch in etwas abgewandelter Form auch auf einen Architekturreview angewandt werden, wobei hier die Phasen identisch bleiben, jedoch die Ausprägungen der Phasen sich verändert haben. Die ersten beiden Phasen bleiben auch in ihren Ausprägungen identisch. Die Vorbereitungsphase ändert sich jedoch. Hier müssen im Rahmen eines Architekturreviews drei neue Subaktivitäten durchgeführt werden:

- Isolation der Architekturartefakte – Meist existieren keine einzelnen dedizierten Architekturdokumente, sondern die Informationen über die Architektur sind auf diverse Dokumente verstreut. In diesem Fall ist eine Isolation und damit auch neue Bündelung der architekturrelevanten Informationen notwendig. Hier gilt es nur die Informationen aufzunehmen, die tatsächlich dokumentiert wurden.[19]
- Implementierte Architektur – Liegen Sourcecodeartefakte oder Laufzeitinformationen für die Systeme vor, so kann der Reviewexperte versuchen über Methoden der Architekturrekonstruktion (s. Abschn. 4.5) die tatsächlich implementierte Architektur zu ermitteln[20] und diese in den Gegensatz zur dokumentierten Architektur zu stellen.
- Alternative Architektur – Ein sehr wichtiger Schritt für den Reviewexperten ist es, sich von der Implementierung und der jeweiligen Architekturdokumentation zu lösen und anhand der vorliegenden nichtfunktionalen Anforderungen selbst einen Architekturentwurf zu fertigen,[21] welchen er anschließend in Kontrast zu den beiden anderen Architekturen setzt.

Diese drei unterschiedlichen Architekturentwürfe werden in nachfolgenden Meetings diskutiert und näher beleuchtet, wobei die Nacharbeiten und Folgeaktivitäten einen sehr breiten Rahmen mit höchst unterschiedlichen Maßnahmen und Aktivitäten einnehmen können, je nach Zielsetzung und Ergebnis des jeweiligen Architekturreviews.

Neben den dem Reviewteam zur Verfügung gestellten Dokumenten existieren i. d. R. noch eine Reihe impliziter Inputs, meist aus dem Bereich des Tacit Knowledge (s. S. 12), die einen großen Einfluss auf die Durchführung und das Ergebnis des Architekturreviews haben können. Besonders wichtig sind hierbei die Fähigkeiten und Fertigkeiten der Reviewexperten sowie deren Erfahrungen und Expertisen. Generell scheint zu gelten, dass die meisten Experten eine Minimalzeit von etwa 10 Jahren als Erfahrungshorizont benötigen um ein Leistungsmaximum im Bereich Architekturen zu erreichen, auch besonders begabte Individuen brauchen diese Zeit zu lernen. Diese Beobachtung schließt den Einsatz von frischen Universitätsabgängern, wie bei vielen Unternehmensberatungen üblich, faktisch aus.

2.7 Bestehende Systeme

Außer den Architekturreviews von zukünftigen geplanten Systemen, bei denen der Fokus primär auf dem Design liegt, ist es oft auch wichtig bestehende Systeme zu begutachten. Bei real existierenden Systemen ist die Zahl der Datenquellen für ein Architekturreview größer als in den frühen Designphasen. Für bestehende Systeme

[19] Architecture as documented.

[20] Architecture as implemented.

[21] Architecture as it should be.

bieten sich vier unterschiedliche Quellen zur Analyse der Architektur an, besonders wichtig sind solche Reviewformen, wenn es sich um Architekturreviews mit dem Schwerpunkt Nutzbarkeit des Systems handelt. Die vier möglichen Informationsquellen in solchen Systemen sind:

- Benutzerwahrnehmung,
- Benutzerinteraktionen,
- Systemimplementierung,
- Systemdokumentation.

Alle diese Bestandteile lassen sich einsetzen um mehr über das System zu erfahren und dann Modelle, sprich Architekturen, aus den jeweiligen Quellen abzuleiten. Interessant ist die Tatsache, dass manchmal diese Modelle untereinander nicht deckungsgleich sind. Diese unterschiedlichen Quellen liefern ein großes Maß an Informationen über das System, dabei kann speziell die Benutzerwahrnehmung auch explizite Szenarien von Stakeholdern (s. Abschn. 1.3) ideal ergänzen.

Trotz aller Fortschritte in der Systematik von Architekturreviews (s. Kap. 3 und 5) bleibt die Betrachtung eines bestehenden Systems immer eine Art „Abenteuer“ und benötigt i. d. R. Mechanismen aus dem Bereich der Rekonstruktion (s. Kap. 4). Ein besonderer Fall taucht hierbei immer wieder auf: Der Architekturreview von Systemen aus kommerziellen Softwarekomponenten (s. Abschn. 4.4), welche eigenständige Schwierigkeiten aufweisen.

2.8 Architektursprachen

Damit man in der Lage ist eine Architektur zu beschreiben, wird ein Modell, eine Repräsentation der Architektur, benötigt. Ein Architekturmodell lässt sich wie folgt definieren:

Ein Architekturmodell ist ein Artefakt, der einen Teil oder alle Designentscheidungen beschreibt, die zu einer Architektur des betrachteten Systems führen.

Die Entstehung eines solchen Modells geschieht in einer bestimmten Notation, welche man als Architektursprache bezeichnet. Mittlerweile existieren diverse Sprachen zur Beschreibung von Architekturen, alle haben ihren Ursprung im Versuch ein Design zu formulieren, nicht darin ein gegebenes System zu analysieren. Insofern werden diese Sprachen meist während der Designphase eingesetzt um ein Modell für die Implementierung zu haben. Dies kann soweit gehen, dass die Implementierung aus diesem Modell generiert wird.[22] Die nachfolgende Aufzählung ist keineswegs vollständig, sondern gibt nur einen Eindruck über die verbreitetsten Sprachen zur Architekturbeschreibung wieder:

- Pattern Language – Die Nutzung von Patterns, speziell von Designpatterns, geht auf die Wiederverwendung von Designlösungen zurück. Patterns sind abstrakte Lösungsmuster für immer wiederkehrende Probleme in Systemen. Typische Patterns sind (s. Abschn. 6.6):

[22] So z. B. in einer MDA, s. S. 42

- MVC – Beim **M**odel **V**iew **C**ontroller werden drei unterschiedliche Rollen physisch getrennt implementiert:
  · das *Model*, welches eine Abbildung des Datenhaushalts der Domäne darstellt, inklusive aller fachlicher Regeln;
  · der *View*, welcher eine Sicht auf die Daten zur Verfügung stellt;
  · der *Controller*, welcher den Dialog steuert.
- Façade – Die Façade stellt ein Interface für ein Subsystem, Service oder Objekt zur Verfügung und „versteckt" damit die Implementierung und das Originalinterface.
- Schichtenarchitektur – Ein Muster, bei dem verschiedene Zuständigkeiten innerhalb der Architektur auf logische Schichten abgebildet werden.[23, 24]
- Service Layer – Hierbei werden innerhalb der Domäne eine Reihe von Services definiert, welche das System zur Verfügung stellt (s. Kap. 9).
- Data Mapper – Ein Pattern, bei dem Objekte zwischen der Datenbank und dem System oder zwischen Systemen bewegt werden können, so dass diese transparent von allen Beteiligten genutzt werden können.
- Lazy Evaluation – Hierbei werden Daten nur dann zur Verfügung gestellt, wenn sie aktuell gebraucht werden.

Alle diese Muster haben die Eigenschaften, dass damit bekannte Lösungsansätze auf neue Domänen oder Implementierungen übertragen werden können. Auf der anderen Seite liefern Patterns keine formale Sprache und können auch nicht eingesetzt werden um ein Gesamtsystem zu modellieren, sie dienen dazu, spezifische immer wiederkehrende Teilprobleme mit Designlösungen anzugehen.

• System Description Language – Die Systembeschreibungssprachen liefern jeweils eine Menge von syntaktischen Regeln und semantischen Definitionen um dem Designer Werkzeuge an die Hand zu geben, konkrete Bausteine des Systems der realen Welt zu spezifizieren. Diese Sprachen gibt es sehr gut dokumentiert und auch in großer Zahl, hier sollen nur zwei von ihnen kurz angerissen werden:

  - **E**ntity **R**elationship Model – Die ER-Modellierung wird extensiv genutzt um Datenstrukturen zu repräsentieren und hat drei Grundprinzipien:
    · Die ER-Modellierung sieht die Welt als eine Kollektion von Entitäten (Dingen) und Relationen zwischen diesen Entitäten an.
    · Es nutzt Teile der semantischen Information der realen Welt.
    · Es basiert auf der Mengentheorie.

    Allerdings beschränkt sich die ER-Modellierung darauf die statischen Strukturen eines Systems zu beschreiben.
  - **U**nified **M**odeling **L**anguage – Der Focus der UML liegt auf der Softwareentwicklung, denn sie ist konzipiert als eine Sprache für die Visualisierung, Spezifikation, Konstruktion und Dokumentation von softwareintensiven Systemen. Ihre primären funktionalen Sichten zielen darauf ab, die Struktur, das

[23] Bekanntester Vertreter ist hier das OSI/ISO-Schichtenmodell.

[24] Ein Layer stellt im Sprachgebrauch dieses Buchs eine vertikal logische Unterteilung, eine Schicht, eine tatsächliche vertikal physische Trennung der Software dar, d. h. ein Layer kann durchaus mehrere Schichten überdecken und eine Schicht kann aus vielen Layern bestehen.

Verhalten, das Deployment und das Konzept eines zu bauenden Systems zu verstehen. Hierfür werden im Rahmen der UML folgende Sichten genutzt:

· Use Case View,
· Structure View,
· Behaviour View,
· Implementation View.

Jede dieser Sichten nutzt mehrere Diagrammtypen um die Beziehungen innerhalb des Systems zu visualisieren. Mittlerweile hat die UML jedoch einen Komplexitätsgrad erreicht, der den eindeutigen Umgang (wann wird was genutzt) deutlich erschwert.

- Generative Sprachen – Viele generative Sprachen haben ihren Ursprung in der MDA (**M**odel **D**riven **A**rchitecture), dabei wird ein Modell spezifiziert und aus diesem Modell das Softwaresystem generiert. Die hier verwendeten Sprachen sind sehr eng an den Generierungsprozess geknüpft bzw. an das eingesetzte Werkzeug gebunden, daher hat sich hier noch kein vergleichbarer Standard wie ER oder UML durchgesetzt.
- Simulationssprachen – Zu den Simulationssprachen gehören Wahrscheinlichkeitsgraphen und Petrinetze, aber auch eine „alte" Sprache wie SIMULA. Ziel aller dieser Architektursprachen ist es stets, ein System zu simulieren und damit Erkenntnisse über das zukünftige Verhalten des Systems zu gewinnen.

2.9 Psychologische Phänomene

Alle Menschen, auch sogenannte Experten mit großem technischen Hintergrund, sind nicht frei von ihren mentalen Einstellungen. Speziell die Durchführung von Architekturreviews kann Probleme aufwerfen, denn ein Review stellt für Menschen meist eine Bedrohung und keine Chance dar.

Der Begriff des Reviews beinhaltet Bewertung, Begutachtung und Vergleich von Ergebnissen. Für die Beteiligten ist es aber sehr schwer, die Kritik an ihren Arbeitsergebnissen von einer Kritik an ihrer Person zu unterscheiden, daher werden Reviews unbewusst als eine Art Bedrohung des Egos wahrgenommen. Manchmal kann die bloße Ankündigung von Architekturreviews für ein Entwicklungsprojekt zu negativen Auswirkungen führen. Die beiden offensichtlichsten Wirkungen auf die Projekte sind:

- Einige Mitarbeiter entwickeln eine laxe Attitüde bezüglich der Qualität ihrer Arbeit, denn es existiert ja ein Architekturreview, der eventuelle Fehler aufdecken und beseitigen kann. Diese Einstellung ähnelt in den Auswirkungen dem Antipattern „Myoptic Delivery" – hier steht der Lieferzeitpunkt so stark im Vordergrund, dass er mit Gewalt, irrespektive Qualität und Leistungsumfang eingehalten wird. Aber es sollte stets berücksichtigt werden, dass letztlich jeder selbst für die Ergebnisse seiner Arbeit verantwortlich ist. Außerdem führt eine solche Denkweise recht rasch dazu, dass selbst gute Reviewexperten sehr schnell unwirsch werden und die entsprechenden Artefakte überhaupt nicht mehr analysieren, sondern diese sofort ablehnen. Deshalb sollte einem solchen Verhaltensmuster rasch Einhalt geboten werden.

- Ein anderes, manchmal beobachtbares, Phänomen ist der Hang zur Perfektion. Da viele Menschen Kritik an ihren Arbeitsergebnissen als eine Kritik an sich selbst empfinden, versuchen sie ihr Ego zu schützen und wollen nur perfekte Ergebnisse abliefern. Dieses Verhaltensmuster führt dazu, dass erst dann einen Architekturreview durchgeführt werden kann, wenn alles vollständig fertig ist – das Produkt ausgeliefert oder das Projekt abgeschlossen werden kann. Nur, dann ist es für eine Architekturreview zu spät! Wenn einmal eine hinreichend große Menge an Artefakten vorhanden ist, ist die Hemmschwelle diese Menge über Bord zu werfen[25] und neu anzufangen oder große Teile abzuändern sehr hoch, so dass der Architekturreview für das konkret vorliegende Produkt oder Projekt sinnlos ist. Auf der anderen Seite kann das Streben nach Perfektion, wenn es gut gesteuert und kanalisiert wird, auch sehr positive Effekte im Rahmen der Entwicklung produzieren.

Die Dynamik in der Beziehung zwischen den Entwicklern oder Architekten auf der einen und den Reviewexperten auf der anderen Seite ist kritisch. Der einzelne Entwickler muss dem Reviewexperten hinreichend vertrauen und ihn respektieren um die Anmerkungen und Bewertungen des jeweiligen Reviewexperten zu akzeptieren und umsetzen zu können. Umgekehrt muss der Reviewexperte konstruktiv sein, da ein Entwickler oder Architekt sich in die Defensive gedrängt fühlen kann und dann für weitere Auskünfte nicht mehr zur Verfügung stehen wird.

Die Einstellung des Managements eines Unternehmens bezüglich Architekturreviews ist eines der Schlüsselelemente für erfolgreiche Architekturreviews innerhalb von Organisationen. In den meisten Fällen ist das Verständnis für Architekturreviews innerhalb des Managements gering, denn ein Architekturreview scheint vordergründig den Projektfortschritt aufzuhalten. Falls ein solcher Architekturreview Defekte und Ineffizienzen zu Tage fördert, stellt sich für das Management sofort die Frage nach der Verantwortung für diese Unzulänglichkeiten, mit der Folge, dass nicht jeder Manager unbedingt an einem Architekturreview interessiert ist.[26]

Erst wenn klar wird, dass Architekturreviews für Organisation eine effektive Art und Weise zum Lernen sind und man durch solche Reviews die Qualität der Produkte und Services schnell und effizient erhöhen kann, interessiert sich ein Manager für Architekturreviews. Aber ohne die Unterstützung des Managements machen Architekturreviews wenig Sinn, denn viele der wirklichen Ursachen für Probleme lassen sich ursächlich bei den Beteiligten in der Entwicklung oder innerhalb der Organisation bzw. deren Prozesse verorten, während die konkret extrahierten Defekte nur symptomatisch zu werten sind. Insofern ist eine Unterstützung durch das Manage-

[25] Wenn mehr als 17% aller Codezeilen eines Moduls angepasst werden müssen, ist es billiger ein Modul vollständig neu zu codieren. Dies zeigen Untersuchungen im Bereich der Legacysoftware, relativ unabhängig von der genutzten Programmiersprache. Unglücklicherweise liegt die subjektive Schwelle bei den meisten Entwicklern deutlich höher, i. d. R. jenseits der 40%.

[26] Schließlich trägt der Manager die Verantwortung für die Defekte.

ment eine der Grundvoraussetzungen für einen erfolgreichen[27] Architekturreview. Anzeichen für eine Managementunterstützung sind die folgenden:

- Ressourcen und Zeit, einen effektiven Architekturreviewprozess durchzuführen, werden zur Verfügung gestellt.
- Policies, Erwartungen und Ziele für die anstehenden Architekturreviews werden organisationsweit geteilt.
- Architekturreviews werden auch während der kritischen Projektphasen durchgeführt.
- Architekturreviews werden in die Projektabläufe mit eingeplant.
- Architekturreviews werden nicht zur Mitarbeiterbeurteilung genutzt.
- Die Teilnahme an Architekturreviews wird explizit befürwortet und unterstützt.
- Das Architekturreviewergebnis wird respektiert.
- Die angesprochenen Maßnahmen werden evaluiert und ggf. in die Projekte oder die Organisation übernommen.
- Architekturreviews werden nicht für eine überflüssige Pflichtübung gehalten.

Speziell eine Nutzung des Architekturreviewergebnisses für die Bewertung einzelner Personen ist auf Dauer hochgradig kontraproduktiv, da eine solche Verwendung von Reviewergebnissen zu einer breiten Palette von Nebeneffekten führen kann:

- Um einer gefühlten „Bestrafung“ zu entgehen, werden Artefakte erst gar nicht zur Verfügung gestellt.
- Der Reviewexperte gibt das Feedback nur mündlich weiter, um zu verhindern, dass dieses gegen den Entwickler eingesetzt wird.
- Entwickler führen „Vorreviews“ durch, um Defekte ab initio herauszufiltern.
- Die Reviewbewertung wird in Frage gestellt.
- Die Reviewkultur kann dazu tendieren keine Defekte zu finden, sondern nur nachzuweisen, dass alles in Ordnung ist.
- Der Scope des Architekturreviews wird so klein gehalten, dass niemand etwaige negative Auswirkungen zu befürchten hat.[28]

Alle diese Effekte sind Resultate einer missbräuchlichen Nutzung von Architekturreviews als Machtinstrument und führen zu einer Ablehnung von Architekturreviews. Unter solchen organisatorischen Randbedingungen ist es de facto unmöglich einen sinnvollen Architekturreview durchzuführen.

---

[27] Erfolg wird in diesem Fall durch die nach dem Architekturreview stattfindenden Veränderungen gemessen.

[28] Speziell systemtheoretische Architekturreviews (s. Kap. 5) sind in der Lage, dieses Defizit aufzuzeigen.

Kapitel 3
Frameworks

...Such creatures as men doubt; but do not stain
The even virtue of our enterprise,
Nor the insuppressive mettle of our spirits,
To think that or our cause or our performance
Did need an oath; when every drop of blood
That every Roman bears, and nobly bears,
Is guilty of a several bastardy,
If he do break the smallest particle
Of any promise that hath pass'd from him.

Julius Caesar
William Shakespeare
1564–1616

Die Bewertung einer Architektur an sich muss auf eine solide wissenschaftliche Basis gestellt werden. Als diese Basis dient eine Reihe von Frameworks, die in diesem Kapitel näher beleuchtet werden. Eine der Grundlagen muss eine prozedurale Quelle sein, da Architekturreviews auch immer Prozesse sind, eine andere Basis muss in dem Wissen über Architekturen an sich (s. Kap. 6) liegen. Zum dritten müssen Bewertungen vorgenommen werden, außerdem sollte man auch in der Lage sein, eine Analyse der Architektur (s. Kap. 4 und 5) durchzuführen. Daher liegt es nahe sich die Theorien und Frameworks hinter diesen Grundlagen für die Architekturreviews näher zu betrachten.

3.1 Bewertungstheorie

Der Prozess der Bewertung, genauer gesagt einer Bewertung im Rahmen eines Prozesses, taucht überall im menschlichen Leben auf,[1] nicht nur auf dem Gebiet der Architektur; mannigfaltige Bewertungsprozesse werden in den unterschiedlichsten Disziplinen genutzt. Die große Verbreitung von Bewertungen in diversen Gebieten legt es nahe, die Existenz einer fundamentalen interdisziplinären Bewertungstheorie anzunehmen. Diese existiert jedoch leider nicht! Aber allen bekannten Formen der Bewertung liegt die Idee zugrunde, dass die Objekte der Bewertung bestimmten Kriterien und Vorgehensweisen unterliegen, und dass die Bewertung den Bewer-

[1] Von der Notengebung in der Schule über die Einhaltung von Qualitätsstandards bis hin zu Sternen im Gault-Millau und Oscars in Hollywood.

DOI 10.1007/978-3-642-01659-2, © Springer 2010

tungsgegenstand unverändert lässt.[2] Zu einer Bewertung gehören immer folgende Teile:

- Bewertungsgegenstand – das zu betrachtende Objekt, welches durchaus abstrakt (z. B. ein Prozess) sein kann.
- Kriterien – die Charakteristika des Bewertungsgegenstands, die zu beurteilen sind. Für die Bewertung sind die Kriterien willkürlich von außen vorgegeben.
- Metrik oder Standard – eine Idealvorstellung, der gegenüber der Bewertungsgegenstand verglichen wird (s. Anhang A).
- Datenerhebung – eine Methodik quantifizierbare Daten für die einzelnen Kriterien zu sammeln (s. Anhang A).
- Synthesetechnik – eine Methodik die einzelnen Daten zu einem Gesamtbild zusammenzufassen.
- Bewertungsprozess – eine Serie von Aktivitäten, durch die die Bewertung operationalisiert wird.

Für jede Methode, welche im Rahmen einer Bewertung angewendet wird, müssen alle obigen Komponenten explizit definiert sein. Dies bedeutet, dass der Bewertungsprozess weiß, warum eine bestimmte Aktivität zu einem bestimmten Zeitpunkt durchgeführt werden muss. Das Wissen über diese Zusammenhänge vereinfacht die kritische Anwendung von Bewertungen.[3]

Die Anwendung dieser einzelnen Komponenten auf eine konkrete Bewertung beinhaltet zunächst, die am besten geeignete Methodik für den Untersuchungsgegenstand zu wählen. Neben der Methodik ist häufig nicht klar, welcher Bewertungsgegenstand eigentlich beurteilt werden soll. Hier ist es wichtig zunächst einmal die Systemgrenzen klar zu ziehen um den eigentlichen Bewertungsgegenstand einzugrenzen.

Die Situation ist nicht ganz so einfach, wie man zunächst vermutet, denn die reine Softwarearchitektur eines Systems lässt sich nur indirekt als Gegenstand wahrnehmen, schließlich ist jede Architektur eine Form der Abstraktion des Systems. Außerdem sollte man berücksichtigen, dass oft die Ursache für ein bestimmtes Erscheinungsbild der Architektur nicht in der Architektur oder dem System selbst liegt, sondern seinen tieferen Grund im Entwicklungsprozess des Systems hat. Daher sollte man für den Fall, dass zukünftige Fehler vermieden werden sollen, die Architektur nie unabhängig von ihrem Entstehungsprozess oder ihrer jeweiligen Entwicklungsorganisation bzw. Entwicklungshistorie sehen.[4] Neben dem eigentlichen Gegenstand, sprich dem zu beurteilenden System, ist es wichtig den Kontext, in dem das System existiert, zu beurteilen.

---

[2] Dass der Bewertungsprozess das Objekt unverändert lässt, ist nicht immer gegeben, da es auch destruktive Formen des Messens gibt, hier wird jedoch meist die Reproduzierbarkeit des Objekts angenommen (Materialprüfung). Allerdings sollte beachtet werden, dass in der Quantenmechanik Messungen existieren, die nicht zerstörungsfrei ablaufen können.

[3] Daher sind öffentliche Benchmarks (s. S. 260) nur mit sehr großer Vorsicht, wenn überhaupt, auf konkrete Situationen übertragbar.

[4] Ein anderer Grund ist das Conwaysche Gesetz (s. S. 177).

3.2 Reasoningframeworks

Ein sogenanntes Reasoningframework gibt seinen Benutzern die spezielle Fähigkeit spezifische Qualitätsattribute einer Architektur vorherzusagen oder zu analysieren, dabei bedient sich ein solches Reasoningframework analytischer Theorien. Eine analytische Theorie benutzt eine formale Repräsentation der Architektur um auf abstrakter Ebene die Eigenschaften zu beschreiben, welche deduziert werden sollen. Hierfür müssen stets eine Menge an Annahmen[5] über die Architektur getroffen werden, allerdings wird bei der Anwendung eines Frameworks oft das Vorhandensein der impliziten Annahmen als Vorbedingung ignoriert und das analytische Modell munter angewandt. Die Abbildung der konkret vorhandenen Architektur in das formale Modell wird oft auch als Interpretation bezeichnet. Die Nutzung und Anwendung eines Reasoningframeworks durchläuft üblicherweise sechs Schritte:

- Problembeschreibung – In diesem ersten Schritt werden die Attribute, auf die das Reasoningframework angewandt wird, identifiziert. Nicht nur die Namen und die Bedeutung der Attribute, sondern auch das Messverfahren und die Skalen müssen in diesem Schritt eindeutig festgelegt werden.
- Analytische Theorie – Die eigentliche Theorie, auf der die durchzuführende Analyse basiert. In den meisten Fällen wird man hier eine allgemein akzeptierte Theorie benutzen.[6]
- Annahmen – Die Formulierung der aus der Theorie entstehenden Annahmen über die Basisvoraussetzung des Systems, auf das diese jeweilige Theorie angewandt wird.
- Modellrepräsentation – Ein Modell der Aspekte des Systems, welche relevant für die analytische Theorie sind, wird aufgebaut. Die Modelle können durchaus auch widersprüchlich[7] sein, da oft keine vollständig geschlossene Theorie vorliegt.
- Interpretation – Die Architektur wird als Modellrepräsentation dargestellt und dadurch interpretiert.
- Bewertungsprozess – Berechnung der spezifischen Metriken der analytischen Theorie als Maß für die Qualitäten einer Architektur. Oft sind diese Maße nicht absolut, sondern nur relativ im Sinne von besser oder schlechter als eine gegebene Referenz.

Im Rahmen der Anwendung eines solchen Reasoningframeworks finden zwei Transformationen statt:

- Die Architekturbeschreibung wird durch die Interpretation in eine Modellrepräsentation umgewandelt.
- Der Bewertungsprozess nutzt die Modellrepräsentation um ein quantifizierbares Maß zu berechnen.

Jedes Reasoningframework wird entworfen um ganz spezifische Fragen, die in ihrem Entwurf verankert sind – im Sinne einer generischen Architektur – zu be-

---

[5] Viele Annahmen werden nicht explizit formuliert, sondern nur implizit getroffen.

[6] So z. B. Queuing Theorien, Zustandsautomaten...

[7] So z. B. der Welle-Teilchen-Dualismus des Lichts.

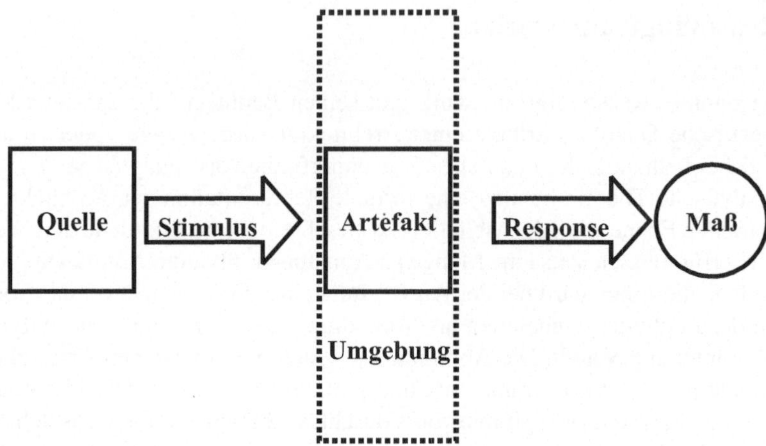

Abb. 3.1 Das Stimulus-Response-Szenario

antworten, nicht um eine einzelne Architektur isoliert zu betrachten. Insofern kann ein Reasoningframework auch nur architekturübergreifend entweder induktiv oder deduktiv aus diversen Architekturen oder allgemeinen Überlegungen entstehen. Im Rahmen der Problembeschreibung wird aufgezeigt, welche spezifischen Fragestellungen ein gewähltes Reasoningframework überhaupt beantworten kann, mit der Folge, dass ein Nutzer befähigt wird ein für seine Problemstellung adäquates Framework zu nutzen.[8,9]

Im Rahmen der Problembeschreibung wird i. d. R. neben den Attributen auch die Notation dieser gewählten Attribute der Architektur festgelegt, in der Art und Weise, wie sie ein zukünftiger Anwender des Frameworks erfahren kann. Am effektivsten haben sich Szenarien zur Beschreibung der Problemstellung erwiesen. Ein solches Szenario enthält i. d. R. sechs Teile (s. Abb. 3.1):

- Stimulus – Eine Bedingung, welche a priori gegeben sein muss, um in dem zu betrachtenden System etwas auszulösen.
- Quelle – Die für den Stimulus verantwortliche Quelle.
- Umgebung – Die Umgebungsbedingungen, unter denen der Stimulus auftreten kann.
- Artefakt – Der Teil des Systems, welcher durch den Stimulus betroffen ist.
- Response – Die Reaktion des Artefakts auf den Stimulus.
- Responsemaß – Die Metrik (s. Anhang A), mit der der Response gemessen wird.

Eine Bewertung, die auf Szenarien basiert, versucht eine Architektur anhand von einer Menge an möglichen oder interessanten Veränderungen der Umgebung zu analysieren. Ein Szenario ist dabei immer die Interaktion des Systems mit einem

[8] Besonders fragwürdig ist die kritiklose Nutzung bestimmter „Zahlen", welche von einigen Werkzeugen produziert werden, da hier die Problemstellung des impliziten Reasoningframeworks als auch eine sinnvolle Interpretation fast gar nicht möglich ist.

[9] Was sagt schon ein Halstead-Wert $V = 25$ aus?

Stakeholder oder mit der Umwelt. Dabei fokussiert das Szenario meist auf ein spezifisches Qualitätsattribut um dessen Verhalten bei einer Wechselwirkung zu beobachten. Diese Vorgehensweise geht implizit von einer Isolation der Wirkung eines Stimulus aus und versucht im Rahmen von Gedankenexperimenten die Effekte des Systems vorwegzunehmen. Damit steht die Qualitätsattributsszenariomethodik in der Tradition der Newtonschen Mechanik einfacher Maschinen. Genau diese Tradition ist jedoch ihr größtes Problem, denn reale Systeme sind sehr komplex und haben eine Art Gedächtnis,[10] daher ist es oft günstiger, eine systemtheoretische Architekturanalyse (s. Kap. 5) durchzuführen.

Jedes Reasoningframework muss auf einer oder mehreren analytischen Theorien basieren. Diese Theorien stellen die Referenz für das Verhalten der entsprechenden Attribute der zu begutachtenden Architektur dar. Außerdem lassen sich nur innerhalb einer solchen Theorie logische Schlüsse ziehen. Ein typisches Beispiel für eine solche analytische Theorie ist die Queuing-Theorie, bei der das Verhalten von Queues im Sinne von Durchsatz und Antwortzeiten betrachtet wird. Ohne eine entsprechende analytische Theorie kann ein Reasoningframework weder entstehen noch sinnvoll genutzt werden.

Trotz des breiten theoretischen Unterbaus ist ein Reasoningframework nicht in der Lage ein beliebiges Design zu bewerten, da in jedem Framework explizite und implizite Annahmen über Anwendbarkeit, Gültigkeitsbereiche und Voraussetzungen getroffen werden, damit die analytische Theorie überhaupt anwendbar ist. Interessanterweise werden die analytischen Theorien meist in breiteren mathematischen Kontexten als nur Architekturen eingesetzt, folglich beinhalten sie oft eigene Notationen und spezifische Definitionen. Dabei nutzt das Reasoningframework diese Modelle, indem es auch deren Notationen einsetzt um die Elemente und Relationen der betrachteten Architektur zu kodieren (s. Abschn. 2.8). Erst diese Form der Codierung macht eine Messung und Auswertung überhaupt möglich. Die konkrete Natur der Elemente, Relationen und Eigenschaften sind spezifisch für jedes einzelne Reasoningframework, werden aber aus der entsprechenden analytischen Theorie abgeleitet. Neben reinen Zahlen stellen auch grafische Konventionen eine spezielle Notationsform bzw. Codierung dar.

Einer der schwierigsten Teile des Einsatzes von Reasoningframeworks ist die Interpretation, da diese eine Abstraktion und Transformation zugleich darstellt: Eine Abstraktion, da nur bestimmte (durch das Reasoningframework vordefinierte) Aspekte der Architektur betrachtet werden und eine Transformation, da die Elemente der Architektur auf die Elemente des Frameworks abgebildet werden müssen. Diese Transformation innerhalb des Reasoningframeworks muss in drei Schritten ablaufen:

- Klärung des Kontextes – Anhand des Architekturkontextes muss geklärt werden, ob alle Voraussetzungen des Reasoningframeworks erfüllt sind.
- Semantische Abbildung – Die Semantik der Architektur muss auf die Semantik der dem Reasoningframework unterliegenden analytischen Theorie abgebil-

[10] Dadurch, dass das System bei der Wiederholung eines Stimulus anders reagiert, sieht es so aus, als ob das System sich erinnern würde, denn ein System ohne Gedächtnis würde stets identisch zum ersten Mal auf den Stimulus reagieren.

det werden. Diese Abbildung geschieht in beiden Richtungen! Begriffe aus der Architektur müssen ihre Entsprechung im Framework finden und umgekehrt. Insofern wird hier nach Vollständigkeit und Überdeckung gesucht.

- Syntaktische Abbildung – Die semantischen Abbildungen werden auf der Ebene der Notation in syntaktische Regelwerke umgewandelt.

Bei der anschließenden Evaluation werden dann die syntaktischen Abbildungen genutzt um Werte für die Metriken zu erhalten.

Da es sich bei einem Architekturreview auch immer um einen Prozess der Abstraktion, Modellbildung und Interpretation handelt bzw. Schlussfolgerungen aus den Architekturen gezogen werden müssen, braucht jede Architekturreviewmethodik einen Rückgriff auf ein oder mehrere fundamentalere Reasoningframeworks. Ohne eine solche methodische Absicherung mangelt es einem Architekturreview an der notwendigen wissenschaftlichen Fundierung.

3.3 Decisionframeworks

Die Entscheidungsfindung ist ein Prozess, bei dem diverse Alternativen vorgeschlagen, anschließend bewertet werden und die mit dem höchsten Wert selektiert wird. Dies ist eine sehr formale Sicht, im realen Leben funktioniert es ähnlich, allerdings wird hier der „Wert" meist nicht transparent gemacht. Menschen leben simultan sowohl in einer sozialen als auch ökonomischen Welt, dabei lassen sich die Werte der sozialen Welt[11] nicht in einfacher Weise quantifizieren oder als monetäre Größe bestimmen. Trotzdem findet auch hier eine Entscheidung und ein Abwägen statt.[12]

Wenn keinerlei Alternativen existieren oder bekannt sind, gibt es auch keine Entscheidung! Die Wahl der Alternative ist die Entscheidung. Die Alternativen, die betrachtet werden, müssen auch den Entscheidungstopos betreffen, sonst sind sie sinnlos. So allgemein dies klingt, Entscheidungen sind einer der Kernpunkte innerhalb jeder Architekturentwicklung.

Im Rahmen von Architekturentscheidungen betrachtet man meistens folgende Begriffe:

- Epitom – Die Architekturentscheidung selbst, meist in einfacher textueller Form (z. B.: J2EE).
- Rational – Als das Rational bezeichnet man die Begründung oder Legitimation hinter dem Epitom, welches durch die Bewertung der Alternativen produziert wird.
- Kategorie – Unter der Kategorie versteht man die Menge an Designentscheidungen, die bestimmte Qualitätsattribute betreffen (s. S. 6 und Abschn. 2.2).

[11] Emotionale Größen wie Freundschaft, Mitleid, Empathie, Familiensinn, Liebe ...

[12] Das lähmende „Sich-nicht-entscheiden-Können" ist bei vielen Menschen auf den Unwillen zurückzuführen Verluste zu erleiden, denn durch eine Entscheidung wird eine Option genommen, was anschließend als ein subjektiver Verlust empfunden wird.

- Kosten und Risiken – Da Architekturen auch immer ökonomische Interessen berühren, sind dies wichtige Größen. Hierzu zählen auch die Opportunitätskosten.
- Scope – Der Scope ist eine der Entscheidung innewohnende Eigenschaft, welche die Durchsetzung der Entscheidung beeinflusst.

Wenn eine Auswahl zwischen mehreren Architekturen im Rahmen eines Architekturreviews getroffen werden muss – was den Regelfall darstellt – so muss auch immer eine Entscheidung getroffen werden. Daher ist es notwendig, dass die Reviewmethodik, welche in solchen Fällen eingesetzt wird, auch die Charakteristika eines Decisionframeworks zeigt.

3.4 Ökonomische Sicht

Die Entwicklung von Systemen und speziell von Softwaresystemen ist auch immer eine ökonomische Aktivität, daher macht es Sinn, eine Architektur auch aus der wirtschaftlichen Perspektive zu beurteilen bzw. Mechanismen der Ökonomie zur Veränderung oder Bewertung von Architekturen zu nutzen – schließlich werden Systeme primär aus einem ökonomischen Interesse[13] heraus entwickelt. Rein ökonomisch betrachtet ist der Nutzen eines Systems der Nettoprofit, welcher nach den Kosten bleibt. Der Wert, der Nutzen und die Kosten, die ein System für einen bestimmten Stakeholder hat, können stark variieren.[14] Da es das Ziel jedes Unternehmens ist Gewinne zu machen, gibt es diverse Möglichkeiten die Systementwicklung zu beeinflussen. Typischerweise haben Unternehmen das Ziel, die Differenz zwischen Umsatz und Kosten zu minimieren:[15]

$$P = \max\left[R(|z\rangle) - C(|y\rangle)\right] \qquad \wedge \qquad \widehat{F}(|y\rangle\,, |z\rangle) \leq 0\,, \tag{3.1}$$

hierbei stellt das Vektorelement $z_j = \langle j|z\rangle$ die Menge an verkauften Produkten oder Services vom Typ j dar. Die Größe $R(|z\rangle)$ ist der Gesamtumsatz, $y_i = \langle i|y\rangle$ die Menge an verbrauchten Ressourcen der Sorte i, $C(|y\rangle)$ die Gesamtkosten für alle Ressourcen und die Nebenbedingung $|F\rangle(|y\rangle, |z\rangle) \leq 0$ ist ein Gleichungssystem aus Zwangsbedingungen.

In vielen Fällen (konstanter Preis oder lineare Kosten) können R und C zu $R = \langle \boldsymbol{p}|z\rangle\,, C = \langle \boldsymbol{c}|y\rangle$ vereinfacht werden ($|\boldsymbol{c}\rangle, |\boldsymbol{p}\rangle$ sind konstante Vektoren). Viel schwieriger als so eine einfache Näherung ist die Verknüpfung zwischen $|z\rangle$ und

[13] Dies gilt auch für Open-Source-Software. Open-Source weist auch „quasi ökonomische" Mechanismen auf, ist allerdings in seiner Wertbeurteilung stärker in der Werteskala der sozialen Welt angesiedelt.

[14] Einem einfachen Endbenutzer einer Software sind vermutlich die Maintenancekosten egal, zumindest nimmt er an, dass diese durch die Lizenzen und Gebühren gedeckt sind.

[15] Die meisten Unternehmen reden viel über Verantwortung und soziale Gerechtigkeit, wenn sie nahe am Optimum sind oder wenn ihre Marketingstrategie dies so vorsieht. Entfernen sie sich von diesem Optimum – ihre wirtschaftliche Lage verschlechtert sich – so treten diese Werte schnell in den Hintergrund.

$|y\rangle$, welche auch als Produktfunktion bezeichnet wird. Eine grobe Vereinfachung ist hier die *Cobb-Douglas*-Produktfunktion[16] der Form:

$$\langle j|z\rangle = \prod_i y_{ij}^{\alpha_{ij}},$$
$$\langle i|y\rangle = \sum_j y_{ij},$$

hierbei ist y_{ij} die Menge an Ressourcen (Input), die genutzt wird um das Produkt j zu produzieren. Die Matrixelemente α_{ij} nehmen nur reale Werte zwischen 0 und 1 an; α wird auch als Elastizität bezeichnet. Durch diese Näherungen reduziert sich das Optimierungsproblem (Gl. 3.1) auf:

$$P = \max\left[\sum_j p_j \prod_i y_{ij}^{\alpha_{ij}} - \sum_j c_j \sum_i y_{ij}\right] \quad \wedge \quad \widehat{F}(|y\rangle, |z\rangle) \leq 0. \tag{3.2}$$

Das Ungleichungssystem der Nebenbedingungen $\widehat{F}(|y\rangle, |z\rangle) \leq 0$ stellt die Menge aller Zwangsbedingungen in Form eines Ungleichungssystems dar. I. d. R. lassen sich diese wie folgt darstellen:

- Eine Ressource kann nicht negativ sein: $-y_{ij} \leq 0$.
- Die Menge an Ressourcen ist limitiert: $\langle i|y\rangle \leq \langle i|q\rangle$.

Solche Nebenbedingungen werden typischerweise durch Lagrangemultiplikatoren[17, 18] gelöst, so dass sich das Optimierungsproblem (Gl. 3.1 und 3.2) zu Gl. 3.3 ergibt:

$$P = \max_{y_{ij},\lambda_{ij},\mu_i}\left[\sum_j p_j \prod_i y_{ij}^{\alpha_{ij}} - \sum_j c_j \sum_i y_{ij} + \sum_{ij} \lambda_{ij} y_{ij} + \sum_i \mu_i \left(-q_i + \sum_j y_{ij}\right)\right]. \tag{3.3}$$

---

[16] Benannt nach den amerikanischen Ökonomen *Paul Howard Douglas* und *Charles Wiggins Cobb*.

[17] Eine Extremalproblem der Form:

$$h(|x\rangle, |\lambda\rangle) = f(|x\rangle) + \sum_{k=1}^{n} \lambda_k g_k(|x\rangle) = \text{Extremum} \quad \wedge \quad g_i(|x\rangle) = 0$$

kann durch

$$\frac{\partial f}{\partial x_i} = -\sum_{k=1}^{n} \lambda_k \frac{\partial g_k}{\partial x_i}$$

gelöst werden.

[18] *Joseph-Louis de Lagrange* (eigentlich Giuseppe Lodovico Lagrangia (1736–1813)), italienischer Mathematiker und Astronom.

Das Optimierungsproblem (Gl. 3.3) ist zwar nur eine sehr grobe Vereinfachung, sie kann jedoch zur Illustration der Wirkung von ökonomischen Überlegungen in Bezug auf eine Architektur dienen, denn analog zu direkten monetären Werten kann eine Architektur auch die Möglichkeiten oder die Einsetzbarkeiten für den Endbenutzer maximieren (anstelle des Profits bei der „üblichen" betriebswirtschaftlichen Betrachtung).

Ein solches Modell der Bewertung der betreffenden Architektur eines Systems muss mehrere Bestandteile miteinander verknüpfen:

- das Design der Architektur $\mathfrak{d}$ aus der Menge des möglichen Designs $\mathfrak{D}$. ($\mathfrak{d} \in \mathfrak{D}$),
- die gewünschten Eigenschaften ϑ aus Sicht der Stakeholder oder Endbenutzer, wobei zwei Stakeholder mit gleichem ϑ für dieses Modell identisch sind aus der Menge aller Eigenschaften Θ. ($\vartheta \in \Theta$),
- der Wertevektor $|\boldsymbol{v}\rangle \in \mathfrak{V}^n$, eine mehrdimensionale Größe, welche den Wert für einen Stakeholder wiedergibt, wobei der Begriff Wert durchaus auch von einer monetären Bewertung verschieden sein kann,[19]
- der Eigenschaftsvektor $|\boldsymbol{x}\rangle \in \mathfrak{A}^n$ ist Teil eines mehrdimensionalen Raums, der die Menge aller Attribute des Systems wiedergibt. I. d. R. sollte $|\boldsymbol{x}\rangle$ nur von einer Untermenge $\mathfrak{A}^m$ aller beobachtbarer Attribute $\mathfrak{A}^n$ eine Rolle spielen ($|\boldsymbol{x}\rangle \in \mathfrak{A}^m \subset \mathfrak{A}^n$),
- eine Entwicklungsmethodik $\mathfrak{m}$ aus der Menge der möglichen Methodiken $\mathfrak{M}$ ($\mathfrak{m} \in \mathfrak{M}$).

Zu diesen Basisgrößen müssen dann noch eine Reihe von Abbildungen (Funktionen) analog der Produktfunktion existieren:

- Eine Gewinnfunktion $\mathcal{B}$ der Form:

$$\mathcal{B} : \Theta \times \mathfrak{A}^n \mapsto \mathfrak{V}^n .$$

  Die Gewinnfunktion sagt den „Wert" des Eigenschaftsvektors $|\boldsymbol{x}\rangle \in \mathfrak{A}^m$ vorher und muss, ggf. mehrfach, reevaluiert werden. Die Gewinnfunktion $\mathcal{B}$ beschreibt die Wünsche und den Wert, den der Stakeholder diesen Wünschen zumisst, daher ist $\mathcal{B}$ keine Funktion der Entwicklungsmethodik $\mathfrak{m} \in \mathfrak{M}$.
- Eine Kostenfunktion der Form:

$$\mathcal{C} : \mathfrak{D} \times \mathfrak{M} \times \mathfrak{A}^n \mapsto \mathfrak{V}^n .$$

  Die Kostenfunktion $\mathcal{C}$ versucht, die Kosten der eingesetzten Ressourcen zu beschreiben.
- Eine Vorhersagefunktion bezüglich des Designs der Form:

$$\mathcal{P} : \mathfrak{D} \times \mathfrak{M} \mapsto \mathfrak{A}^n .$$

  Diese Funktion versucht zu beschreiben, wie mit Hilfe der gegebenen Methodik $\mathfrak{m}$ eine Implementierung des Designs entsteht.

[19] Oft hat sogenanntes Retrodesign einen Nostalgiewert, aber keinen direkten monetären.

- Eine Machbarkeitsfunktion der Form:

$$\mathcal{F} : \mathfrak{D} \times \mathfrak{M} \times \mathfrak{A}^n \mapsto \{\text{true}, \text{false}\}\,.$$

Hiermit wird versucht zu beschreiben, inwieweit die gegebene Kombination aus Design und Entwicklungsmethodik in der Lage ist ein geeignetes System zu produzieren.

- Eine Wertefunktion der Form:

$$\mathcal{U} : \mathfrak{D} \times \mathfrak{d} \mapsto \mathfrak{V}^n\,.$$

Die Funktion $\mathcal{U}$ sagt den „Wert“ vorher. Der Einfachheit halber kann auch die Näherung:

$$\mathcal{U} = \mathcal{B} - \mathcal{C}$$

verwendet werden.

Mit Hilfe der obigen Größen lässt sich der Designwert $\mathcal{U}$ auch formulieren als:

$$\begin{aligned} \mathcal{U}(\mathfrak{d}, \vartheta) &= \mathcal{B}(|x\rangle, \vartheta) - \mathcal{C}(\mathfrak{d}, |\boldsymbol{x}\rangle, \mathfrak{m}), \\ \wedge\ |\boldsymbol{x}\rangle &\in \{|\boldsymbol{x}\rangle : \mathcal{F}(\mathfrak{d}, |x\rangle, \mathfrak{m}) = \text{true}\}, \\ \wedge\ |\boldsymbol{x}\rangle &= \mathcal{P}(\mathfrak{d}, \mathfrak{m}). \end{aligned} \tag{3.4}$$

Besonders einfach wird die obige Designwertgleichung Gl. 3.4, wenn nur eine Eigenschaft vorhanden ist und sowohl die Kosten als auch die Gewinnfunktionen eindimensional sind.

Eine besonders einfache Form der Anwendung von Gl. 3.4 sind Modelle wie COCOMO II, welche anhand von Function-Points[20] versuchen den Aufwand für Software zu berechnen. Im Fall von COTS-Software (s. Abschn. 4.4) ist $\mathfrak{m}$ einfach nur der Kauf und die Installation. Alle kostenbasierten Verfahren des Architekturreviews basieren letzten Endes auf Gl. 3.4.

3.5 Real Options Theory

Ein völlig anderer Ansatz im Rahmen der ökonomischen Betrachtung kann gewählt werden, wenn man sich vor Augen führt, dass das Ziel einer Architektur die Steuerung der Evolution des Systems ist. Unter dieser Annahme, kann Evolution eines Systems als eine wertschaffende und wertmaximierende Aktivität eines Unternehmens verstanden werden. In dieser Interpretation ist die Systemevolution ein Prozess, bei dem das System sich verändert und dabei versucht Wert zu schaffen. Der entstehende Mehrwert wird primär durch die Flexibilität und die Optionen, die diese

[20] Function-Points werden ermittelt, indem man Applikationssysteme in Elementarprozesse und logische Datenbestände zerlegt. Anschließend ordnet man diesen Komplexitätsgrade (einfach, mittel, komplex) zu und vergibt die Werte in Function-Points. Die Addition der einzelnen Function-Point-Werte ergibt ungewichtete Function-Points. Als letztes gewichtet man diese mit Bewertungsfaktoren, die technische Einflussfaktoren widerspiegeln.

Flexibilität kreiert, bestimmt. Dabei ist der Mehrwert strategischer Natur und muss nicht sofort realisierbar sein, trotzdem ist er dadurch merklich, dass gilt:

- Es kommt zu Einsparungen während der Systemveränderung, ohne die Architektur zu zerstören.
- Architekturen helfen die Time-to-Market-Zeiten zu verkürzen, indem sie schnelle Anpassungen an neue Features ermöglichen, was zur erhöhten Wettbewerbsfähigkeit des Unternehmens beiträgt.
- Eine Architektur kann Einsparungen durch mögliche Wiederverwendung[21] bestehender Teile liefern, für den Fall, dass die Architektur ein solches Vorgehen explizit unterstützt.
- Es tritt eine Verstärkung der Opportunitäten für strategisches Wachstum auf, in dem Sinne, dass eine Architektur ein „Asset" ist und damit auch für neue Produkte oder Services einsetzbar wird (Scope-Ökonomie, s. S. 153).
- Ein Wettbewerbsvorteil wird geschaffen durch Aktivierung der Architekturen als Investitionsgut.[22]

Im Rahmen der ROT (**R**eal **O**ptions **T**heory) wird versucht, die Auswirkungen von Entscheidungen quantitativ zu fassen, dabei stellt eine Option eine Möglichkeit und nicht eine Verpflichtung dar, etwas in der Zukunft auszuführen. Unter dem Begriff „Real Option" versteht man die Menge aller Möglichkeiten, die nichtfinanzielle Güter (Gegenstände) betreffen. Eine solche Betrachtung wird besonders wichtig, wenn Informationen fehlen oder die Zukunft inhärent unsicher ist. In diesen Situationen wird die ROT angewandt, da das Management von Unsicherheit ein hohes Maß an Flexibilität in Bezug auf Investitionsentscheidungen benötigt, wenn es mehrere Möglichkeiten für zukünftige Richtungen gibt – oft auch als multiple Lösungstrajektorien bezeichnet. In einigen Fällen kann sogar das Abwarten und später entscheiden die beste Strategie sein.[23] Um eine Option zu beschreiben sollte man sie nach drei formalen Kriterien betrachten:

- die zu treffende Entscheidung,
- eine Charakterisierung der Unsicherheit,
- eine Entscheidungsregel.

Für die Bestimmung des Werts der Real-Option bieten sich drei Verfahren an:

- Black-Scholes,[24]
- Net Option Value,
- Binärbaumanalyse.

Das Black-Scholes-Modell geht davon aus, dass sich die Menge der Architekturentscheidungen wie ein Portfolio aus Aktienoptionen verhält, die zu einem be-

[21] In gewisser Weise ist die Wiederverwendung der „Heilige Gral" der Softwareentwickler, sie wird immer wieder beschworen um ein Projekt durchzusetzen, erweist sich aber hinterher meist als nicht erreichbar.

[22] Die buchhalterische Lösung

[23] Dieses Abwarten ist dann ein bewusster Prozess und hat nichts mit der Unfähigkeit Entscheidungen zu fällen zu tun.

[24] Nach *Fischer Black* und *Myron Samuel Scholes*, 1973

stimmten Stichtag fällig werden. Insofern ist es nicht geeignet für eine langfristige Betrachtung, wie bspw. Maintenanceaktivitäten. Wohingegen die „klassische Softwareentwicklung“ mit einem festen finalen Datum einem Aktienoptionsportfolio schon näher kommt. Aktienportfolios setzen freie Handelbarkeit und geringe Kovarianz der Portfolioelemente voraus, damit sie sinnvoll eingesetzt werden können. Beide Annahmen sind in Bezug auf Architekturen z. T. sehr fragwürdig.[25, 26, 27] Beim originären Black-Scholes-Modell gibt es fünf Parameter, die einen Optionspreis bestimmen: Momentaner Aktienpreis S, Kaufpreis X, Gültigkeitsdauer T, Volatilität des Aktienpreises ς und Zinssatz r. Der Call-Option-Preis C ist dann nach Black-Scholes[28] bestimmt durch die Formel:

$$C(t) = \exp\left(-r(T-t)\overline{[\max(S(t)-X,0)]}\right),$$

hierbei ist der Erwartungswert der Call-Option durch einen Faktor im Exponenten gegeben: $\overline{[\max(S(t)-X,0]}$. In einer risikofreien Welt hätte der Aktienpreis $S(t)$ eine Wahrscheinlichkeitsverteilung der Form:

$$\ln S(t) \sim \Phi\left(\ln S + \frac{r-\varsigma^2/2}{\varsigma\sqrt{T-t}}\right),$$

was dazu führt, dass sich der Call-Option-Preis C durch eine Wahrscheinlichkeitsverteilung der Form:

$$C = S\Gamma(d_1) - X\,\mathrm{e}^{-r(T-t)}\Gamma(d_2) \qquad (3.5)$$

ausdrücken lässt. Dabei ist

$$\Gamma(x) = \frac{1}{\sqrt{2\pi}} \int_{-\infty}^{x} \mathrm{e}^{-\frac{z^2}{2}}\,\mathrm{d}z$$

die kumulative Normalverteilung und die beiden Argumente sind durch:

$$d_2 = d_1 - \varsigma\sqrt{T-t},$$

$$d_1 = \frac{\ln\left(\frac{S}{X}\right) + \left(r + \frac{\varsigma^2}{2}\right)(T-t)}{\varsigma\sqrt{T-t}}$$

definiert.

[25] Viele Systeme sind so eng mit dem Unternehmen verknüpft, dass diese Systeme nicht in einem anderen eingesetzt werden können.

[26] Es existiert de facto kein wirklicher Markt für „alte“ Software.

[27] Der Versuch, ein österreichisches Softwaresystem für eine Gemeindeverwaltung in der Volksrepublik China zu verkaufen, dürfte schnell scheitern.

[28] Das Black-Scholes Modell geht auf eine Differentialgleichung der Form:

$$\frac{\partial V}{\partial t} + rS\frac{\partial V}{\partial S} + \frac{\varsigma^2 S2}{2}\frac{\partial^2 V}{\partial S^2} = rV$$

zurück.

Tabelle 3.1 Die Analogien zwischen Aktienoptionen, Projekten und Architekturen

Aktienpreis S	Wert des erwarteten Cashflows	Wert des Architekturpotenzials durch Veränderungen der Anforderungen $x_i V$
Ausführungspreis X	Investmentkosten	Schätzwert für die wahrscheinlichsten Kosten der Änderung C_i^e
Ablaufzeit T	Zeit, bis die Chance verschwindet	Zeit bis zur Entscheidung die Änderung zu implementieren
Volatilität ς	Unschärfe im Projektwert	Fluktuation im Wert von $x_i V$ für eine spezifizierte Zeitperiode ς
Zinssatz r	Zinssatz	Zinssatz relativ zu Budget und Zeitplan

Wird dieses Modell auf eine Architektur oder ein Projekt angewandt, so müssen die einzelnen Größen neu interpretiert werden (s. Tabelle 3.1). Wenn das Potenzial eines Systems durch V gegeben ist, dann kann eine Evolution der Software durch eine zukünftige Änderung i interpretiert werden, als ob man $x_i\%$ des Architekturpotenzials mit einem nachfolgendem Investment von C_i^e kaufen würde, dies ist ähnlich einer Call-Option $x_i\%$ des Basisprojekts zu einem Ausführungspreis von C_i^e zu kaufen. Das Gesamtsystem kann betrachtet werden als die Summe der ursprünglichen Entwicklungskosten V_D und weiteren Call-Optionen auf zukünftige Opportunitäten. Daher ergibt der Wert (Payoff) sich zu:

$$\text{Payoff} = V_D + \sum_{i=1}^{n} \overline{\max(x_i V - C_i^e, 0)}. \tag{3.6}$$

Beim NOV-Modell (**N**et **O**ption **V**alue) wird der Optionswert eines Systems als Summe der Optionswerte der einzelnen Module dargestellt, diese wiederum sind eine Funktion der Volatilität bzw. des technischen Potenzials. Das technische Potenzial wird als Standardabweichung aller möglichen Entscheidungen pro Modul definiert. Die Volatilität ist ein Maß für die Preis-Wert-Fluktuationen eines Objekts (meist Aktien oder Devisen). Eine solche Betrachtung kann sich jedoch nur auf die Historie beziehen und nicht direkt die Zukunft abbilden, folglich lassen sich nur indirekte Wirkmodelle für viele Architekturentscheidungen in Bezug auf die Volatilität treffen. Das NOV folgt mit seiner Fokussierung auf Module der Idee der Modularisierung von Software, ist aber nicht in der Lage den gesamten Architekturprozess im Rahmen der Softwareentwicklung adäquat zu begleiten. So kann die Einsetzbarkeit von Software sehr stark durch Ergonomie und Performanz beeinflusst werden, zwei Faktoren, die in den meisten Fällen unabhängig von Modularität den „Wert" einer Software sehr stark beeinflussen können.

Mathematisch gesehen bilden die Optionsmodelle eine stochastische Gleichung, die über Differentiale formuliert werden kann zu:

$$\begin{aligned} d\mathcal{B} &= \alpha_1 \mathcal{B}\, dt + \sigma_1 \mathcal{B}\, dz, \\ d\mathcal{C} &= \alpha_2 \mathcal{C}\, dt + \sigma_2 \mathcal{C}\, dz, \end{aligned}$$

mit den Variablen Nutzen $\mathcal{B}$ und Kosten $\mathcal{C}$. Der Parameter $|\alpha\rangle = (\alpha_1, \alpha_2)$ stellt das Wachstum dar, die Variable $|\sigma\rangle = (\sigma_1, \sigma_2)$ die Varianz, t die Zeit und z die „Größe" oder Komplexität des Systems.

Bei der Binärbaumanalyse wird jede mögliche Architekturentscheidung als ein Pfad innerhalb eines Entscheidungsbaumes gesehen, rechentechnisch ist die Binärbaumanalyse aber identisch zum Black-Scholes-Modell und kann auf ein Real-Options-Modell zurückgeführt werden.

3.6 Kompromisse

Jede Architektur eines zu konstruierenden Systems stellt immer einen Kompromiss[29] bei der Wahl der zu erreichenden Qualitätsattribute dar, da es faktisch unmöglich ist alle Qualitätsattribute simultan zu einem Maximum zu erfüllen. Aber die Qualitätsattribute und die möglichen Kompromisse lassen sich auch quantitativ formulieren.

Die Menge der Qualitätsattribute q_i bildet einen Raum mit n abzählbaren Dimensionen Q_i, so dass sich eine konkrete Ausprägung $|q\rangle$ einer Architektur darin als ein n-Tupel wiederfinden lässt:

$$|q\rangle = \prod_{j=1}^{n} |q_i\rangle \qquad \text{mit } |q\rangle \in \mathcal{Q} \qquad \text{und } \mathcal{Q} = \prod_{i=1}^{n} Q_i \, .$$

Ein einzelnes Modell – was ja die Grundlage einer Quantifizierung von Qualitätsattributen darstellt – ist eine Abbildung $\widehat{M_i}$ der Form: $\widehat{M_i} : \mathcal{Q} \mapsto V_i$, wobei V_i die Menge der für das Modell charakterisierenden Attribute darstellt. Da eine Architektur durch mehrere Modelle $\widehat{M_1}, \ldots, \widehat{M_k}$ beschrieben werden kann, ergibt sich eine Gesamtabbildung $\mathcal{M} = \widehat{M_1} \times \widehat{M_2} \times \cdots \times \widehat{M_k}$ (als Menge der möglichen Modelle) der Form:

$$\mathcal{M} : \mathcal{Q} \mapsto \prod_{i=1}^{k} V_i \, ,$$

$$(M_1 \times M_2 \times \cdots \times M_k) : \mathcal{Q} \mapsto \prod_{i=1}^{n} V_i \, ,$$

$$\mathcal{M} : |q\rangle) \mapsto |v\rangle \, ,$$

hierbei reduziert sich das einzelne Tupel $|v_i\rangle$ auf:

$$|v_i\rangle = \widehat{M_i}\, |q\rangle = \sum_j |v_i\rangle \langle q_j | q\rangle \, .$$

Auf die Menge der Architekturen wirken aber neben der Erfüllung von Werten von Qualitätsattributen auch eine Reihe von Zwangsbedingungen, welche zusätzlich

[29] Tradeoff

erfüllt werden müssen. Diese Zwangsbedingungen $\langle C_j|$ können theoretisch über die Einschränkungen:

$$\sum_j \langle C_j| \left(\widehat{M_j}\,|q\rangle\right) = 1$$

berücksichtigt werden. In der Praxis ist dies aber meist nicht möglich, da eine rigide Erzwingung schnell zu absurden Situationen führt. Daher ist eine partielle Erfüllung der Zwangsbedingungen meist günstiger. Eine solche partielle Erfüllung lässt sich durch eine stetige Funktion $f(x)$ annähern:

$$\sum_i \langle C_i|v_i\rangle = f(x) \qquad \text{mit} \qquad f(x) \in [0,1].$$

Unter einem Kompromiss versteht man nun ein Vorgehen, bei dem zwei Qualitätsattribute $|q_i\rangle, |q_j\rangle$ verändert werden, und zwar so, dass $\langle q_i|q_i\rangle$ abgesenkt und $\langle q_j|q_j\rangle$ erhöht wird, während für alle anderen Qualitätsattribute gilt: $\langle q_k|q_k\rangle\,|_{k\neq i,j} =$ const. Sind obige Abbildungen bekannt, dann lassen sich Verfahren zur Veränderung der Qualitätsattribute definieren. Eines der Haupthindernisse sind hierbei nichtatomare Qualitätsattribute, in diesem Fall verändert ein Kompromiss nicht genau zwei Attribute, sondern viele Attribute simultan.

Wenn es Lösungen gibt, die nicht dominant sind, dann entsteht meist eine Kompromisskurve (s. Abb. 3.2), welche kontinuierlich zwischen zwei Attributen variieren kann. Der dargestellte Lösungsraum sei nur rechts und oberhalb der Kurve zugänglich. Die Bereiche außerhalb der Kurve sind nicht durch die gegebene Lösungsmenge erreichbar. Die Knickmenge stellt den „besten" Kompromiss dar und wird nicht durch die eine oder andere Lösung dominiert. In der Regel existiert nicht

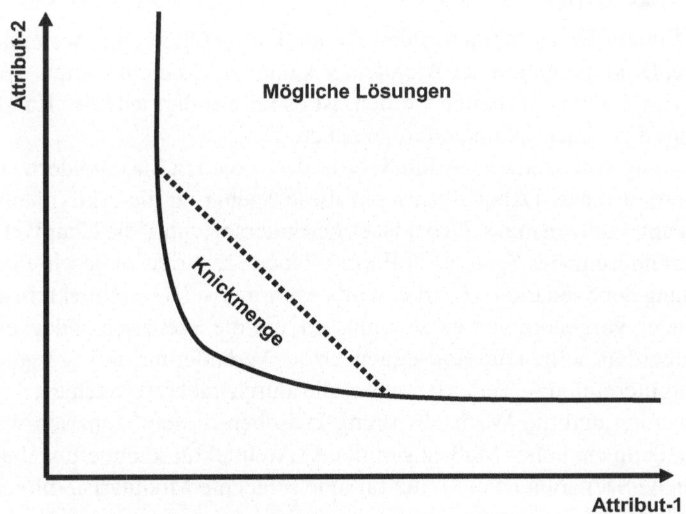

Abb. 3.2 Die Kompromisskurve und die Knickmenge

ein „exakter" Kompromiss, sondern es ist eine ganze Bandbreite (die Knickmenge) an Kompromissen möglich, ohne dass die eine oder die andere Lösung bzw. das eine oder andere Qualitätsattribut dominiert.

3.7 SAAM

Die SAAM (**S**oftware **A**rchitecture **A**nalysis **M**ethod) ist eine stakeholder-zentrierte, szenario-orientierte Methodik zur Analyse von Architekturen. Das Ziel von SAAM ist die Auswahl von Systemqualitäten im Sinne von Qualitätsattributen (s. Abschn. 2.2). Hauptsächlich wird SAAM in den frühen Phasen einer Systementwicklung eingesetzt, obwohl auch mögliche Validierungen während eines „Upgrades" oder einer Beschaffung zu den Zieleinsätzen von SAAM gehören. SAAM konzentriert sich auf die Wahl der Qualitätsattribute und hat als Ziel, einen Prozess einzuleiten, durch den die Teilnehmer Schlüsse über die Architektur ziehen können. Die Kriterien zur Beurteilung werden benutzt um zu „messen", wie „gut" bestimmte Anforderungen von Stakeholdern durch die jeweilige Architektur abgedeckt werden können. Um in der Lage zu sein, unscharfe Qualitätsattribute besser zu bestimmen, fordert SAAM den Reviewexperten auf, spezifische und repräsentative Szenarien bezüglich dieser Qualitätsattribute festzulegen und sich so möglichen Messgrößen nähern zu können.

In der Methode selbst existiert kein expliziter Mechanismus zur Bewertung, ein solcher kann durchaus auch von außen geliefert werden. Die Szenarien innerhalb von SAAM sollten über Namen angesprochen werden, da keine strukturierte Spezifikation innerhalb der Methodik vorgesehen ist.

Die Methode SAAM, als Prozess betrachtet, durchläuft fünf Schritte (z. T. auch iterativ (s. Abb. 3.3)):

- Beschreibung der zu betrachtenden Architektur – Ohne eine, wenn auch rudimentäre, Dokumentation der Architektur kann SAAM nicht starten. Wenn mehrere Architekturen verglichen werden, ist es notwendig, jede der Kandidatenarchitekturen genauer dokumentiert zu haben.
- Entwicklung von Szenarien – Ein Schritt, der von allen Stakeholdern vorgenommen werden muss. Dabei illustrieren diese Szenarien die Aktivitäten, die das System unterstützen muss. Dabei ist es besonders wichtig, die Hauptverwendung und -veränderung des Systems in Form solcher Szenarien zu beschreiben.
- Bewertung der Szenarien – Hierbei wird bestimmt, welche architektonischen Veränderungen vorgenommen werden müssen, um die Szenarien abdecken zu können. Außerdem sollten die Konsequenzen der Veränderung aufgezeigt werden.
- Szenariointeraktion – Veränderungen, die durch mehrere Szenarien hervorgerufen werden und die Wechselwirkung zwischen diesen Szenarien werden betrachtet, denn ein hohes Maß an simultaner Architekturveränderung durch unterschiedliche Szenarien ist ein Indiz für eine schlechte Modularisierung.[30]
- Gesamtheitliche Bewertung aller Szenarien.

[30] Die Idee der „Separation of Concerns" ist in diesen Fällen meist verletzt.

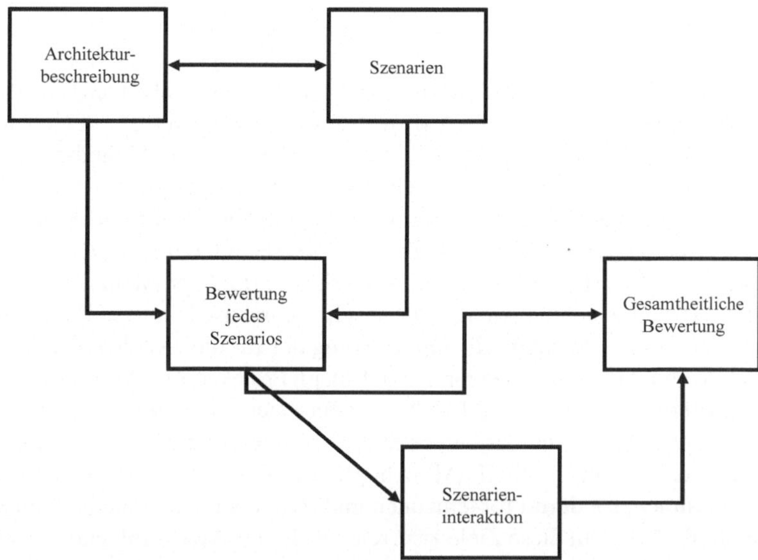

Abb. 3.3 SAAM

Die im SAAM-Prozess gefundenen Szenarien werden üblicherweise in zwei Klassen unterteilt:

- direkte Szenarien,
- indirekte Szenarien.

Die direkten Szenarien sind all jene Szenarien, welche ohne Änderung der Architektur ausgeführt werden können, wohingegen die indirekten nur durch eine explizite Architekturveränderung ausführbar sind.

Fast alle funktionalen Anforderungen sollten in die erste Klasse und die meisten nichtfunktionalen Änderungen in die zweite Klasse fallen. Obwohl Szenarien ein integrativer Bestandteil von SAAM sind, gibt es innerhalb der Methodik SAAM keinerlei Richtlinien, wie diese zu finden oder zu dokumentieren, geschweige denn zu bewerten sind. Typischerweise konzentriert sich SAAM auf Qualitätsattribute wie Veränderbarkeit oder Flexibilität und weniger auf Performanz oder Durchsatz. SAAM kann als eine Vorstufe zu ATAM (s. Abschn. 3.8) angesehen werden, welches die Methode SAAM deutlich erweitert.

3.8 ATAM

Es gibt eine Reihe von „Tradeoff"-Methoden in der Architekturbewertung, eines der bekanntesten Verfahren ist das Verfahren ATAM (**A**rchitecture **T**rade-off **A**nalysis **M**ethod). Die am SEI (**S**oftware **E**ngineering **I**nstitute) der Carnegie Mellon University entwickelte Methode wird eingesetzt, um Architekturen vor dem eigentlichen Projektstart auf deren Tauglichkeit für die spezifischen Problemstellungen zu testen und um schlussendlich die „passende“ Architektur zu finden. Der Fokus von ATAM liegt aber nicht auf den funktionalen Anforderungen, sondern die Evaluierung von Qualitätsmerkmalen steht im Mittelpunkt der Bestrebungen. Das ATAM ist eine Weiterentwicklung von SAAM, welches ebenfalls am SEI entwickelt wurde. Wie bei SAAM stehen bei ATAM Qualitätsmerkmale wie Sicherheit, Modifizierbarkeit, Verfügbarkeit usw. im Mittelpunkt der Betrachtung. Als neues Element in der Methodik gegenüber SAAM kommt jedoch der Vergleich und Kompromiss (s. Abschn. 3.6) der verschiedenen Qualitätsmerkmale untereinander hinzu.

Das Ziel von ATAM ist es, die Qualitätsmerkmale (und vor allem deren Berücksichtigung) der untersuchten Architektur möglichst präzise herauszufiltern. Die gelieferten Ergebnisse erleichtern die Optimierung der für die anstehenden Probleme passenden Architektur und sie zeigen schon früh im Projekt die risikobehafteten Stellen auf. Insofern sollte man ATAM frühzeitig einsetzen, nicht um eine präzise Analyse zu erhalten, sondern um Risiken bezüglich architekturaler Entscheidungen entdecken zu können. Daher soll ATAM nicht präzise Analysen im Sinne von exakten Metriken erlauben, sondern Problemzonen und Risikobereiche innerhalb einer Architektur aufdecken. Um diese Ziele zu erreichen, liefert ATAM folgende Resultate:

- Sensitivitätspunkte[31] – Die Sensitivitätspunkte sind die Schlüsselarchitekturentscheidungen. Diese bezeichnen bestimmte Komponenten oder Aspekte der Architektur, deren Gestaltung sehr kritisch zur Erfüllung eines spezifischen Qualitätsmerkmals beiträgt. So ist z. B. die Verfügbarkeit eines Services in einem Client-Server-System positiv abhängig von der Anzahl der Server.
- Kompromisspunkte[32] – Die Kompromisspunkte sind ebenfalls Architekturentscheidungen. Doch sind an diesen Stellen der Architektur mehrere Qualitätsmerkmale gleichzeitig betroffen. So kann sich eine Entscheidung zugunsten des einen Merkmals negativ auf ein anderes auswirken. Kompromisspunkte sind somit verschärfte und kritischere Sensitivitätspunkte, z. B. ist die Sicherheit negativ von der Anzahl Server in einem System abhängig, d. h. die Anzahl der Server ist ein Tradeoff-Punkt zwischen Sicherheit und Verfügbarkeit.
- Risiken und Nichtrisiken[33] – Die Risiken und Nichtrisiken sind dokumentierte Architekturentscheidungen, bei welchen ausdrücklich festgelegt ist, welchen Einfluss die Entscheidung bezüglich zu erzielender Qualitätsmerkmale hat, d. h. ob die Entscheidung kritisch ist oder nicht. Alle identifizierten Sensitivitäts- und Kompromisspunkte müssen einem Risiko, respektive einem Nichtrisiko, zugeordnet werden. Nichtrisiken sind somit Systemteile, von denen ein bestimmtes Qualitätsmerkmal abhängt, deren Umsetzung und Realisierung jedoch keinerlei Fragen oder Probleme aufwerfen.

Im Grunde wird nach den Korrelationen zwischen den einzelnen Parametern der Architektur und den entsprechenden Qualitätsattributen gesucht. Eine solche Korrelation ermöglicht es dann, Aussagen über den Einfluss der Parameter auf die Qua-

[31] Sensitivity Points

[32] Trade-off Points

[33] Risks und No Risks

litätsattribute zu treffen.[34] Da das Erfassen der Anforderungsspezifikationen meist zu unvollständigen oder ungenügenden Ergebnissen führt, setzt man in ATAM auf Szenarien, die als Grundlage der Analyse der Architektur dienen. Es werden drei Typen von Szenarien unterschieden:

- Use Cases – Use Cases oder Benutzungsszenarien beschreiben eine Interaktion eines Benutzers mit dem System. Benutzer können Enduser, Designer, andere Stakeholder oder auch angeschlossene Systeme sein. Die konkreten Ziele der Architektur werden ausschließlich über die spezifischen Ziele der Stakeholder vergeben, daher sind Use Cases immanent wichtig.
- Growth Scenarios – Wachstumsszenarien beschreiben Vorgänge, die eine zukünftige Entwicklung des Systems simulieren, wie z. B. eine Migration des Gesamtsystems auf eine andere Plattform.
- Exploratory Scenarios – Explorative Szenarien sind solche, die Situationen beschreiben, bei denen das System speziell in nichtantizipierter Weise gefordert wird.

In ATAM werden zwei Methoden zur Erstellung von Szenarien eingesetzt. Die erste ist der Utility Tree (Top-down-Ansatz), die zweite Brainstorming (Bottom-up-Ansatz). In den Schritten Nummer fünf und sieben der ATAM-Durchführung (s. S. 65) wird genauer auf die Anwendung dieser speziellen Methoden zur Szenariengenerierung eingegangen. Ein weiteres Konzept in ATAM ist der ebenfalls am SEI entwickelte attributbasierte Architekturstil ABAS (**A**ttribute **B**ased **A**rchitecture **S**tyle). Bei der Methode ABAS ist die Verknüpfung von Architekturstilen (s. S. 178) mit einem logischen Rahmen eine Grundlage für die Erstellung von Architekturen und hilft somit von einem Ad-hoc-Prozess wegzukommen. Dabei bietet die Methodik ABAS eine gemeinsame Basis für die beteiligten Stakeholder, und sie dient ebenfalls der Wissenssicherung. Ein Szenario im Rahmen von ABAS enthält die Elemente:

- Problembeschreibung,
- Stimulus,
- Response,
- verwendeter Architekturstil,
- eine formale Analyse der Auswirkungen der vorgeschlagenen Maßnahmen auf die betroffenen Qualitätsattribute und -merkmale.

Damit eine Bewertung der Architektur gegenüber diversen Szenarien überhaupt möglich ist, empfiehlt es sich eine Hierarchisierung der Qualitätsattribute vorzunehmen.[35] Diese Hierarchie stellt dann die Grundlage für eine systematische Bewertung dar. Die Qualitätsattribute werden an die Szenarien gekoppelt und können nach Schwierigkeit oder Kritikalität geordnet werden. Die gewählte Architektur wird dann mit der Qualitätshierarchie verglichen, wobei allerdings ein Wirkmodell für die konkreten Attribute innerhalb der gewählten Architektur vorhanden sein muss. Die

[34] So kann z. B. die Länge eines Schlüssels in der Kryptografie die Performanz einer Software drastisch verändern.

[35] Eine solche Hierarchie wird auch als Qualitätsbaum bezeichnet.

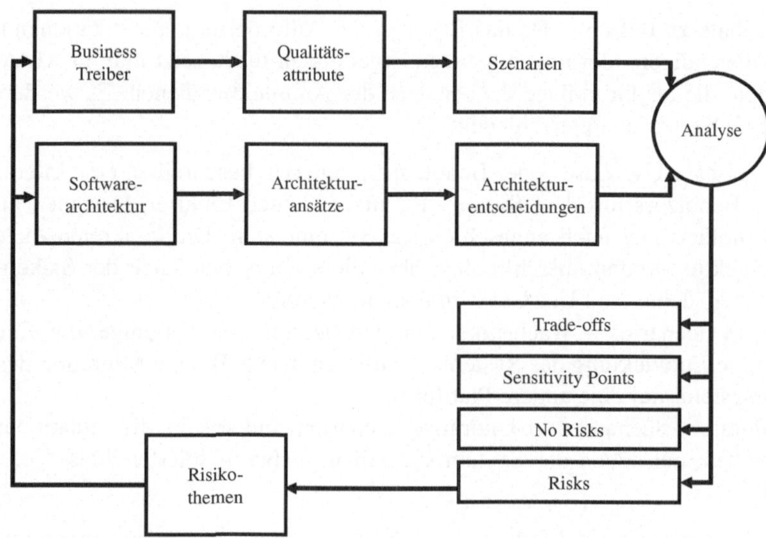

Abb. 3.4 Der ATAM-Ablauf

Schaffung eines Wirkmodells gehört zu den größten intellektuellen Herausforderungen für den Architekturreview. Der Ablauf eines ATAM-Verfahrens (s. Abb. 3.4) ist zyklisch und kann so lange wiederholt durchlaufen werden, bis eine „hinreichend" gute Architektur entstanden ist oder genügend Grundlagen für eine gesicherte Entscheidung vorhanden sind. Allerdings sollte berücksichtigt werden, dass mithilfe von ATAM der einmal eingeschränkte Lösungsraum nie verlassen werden kann, sondern nur lokale Optima innerhalb des Lösungsraums auffindbar sind.[36]

Das Verfahren ATAM benötigt als Architekturreviewmethodik die Zusammenarbeit von drei Gruppen:

- Evaluationsteam – Das Evaluationsteam ist außerhalb des Projekts oder des Maintenanceteams angesiedelt um seine Unabhängigkeit sicherzustellen. Es besteht üblicherweise aus etwa drei bis fünf Mitgliedern in unterschiedlichen Rollen. Jede dieser Rollen hat eine Reihe von verschiedenen Aufgaben (s. Tabelle 3.2). Besonders wichtig ist, dass das gesamte Team als unabhängig und ehrlich angesehen wird.
- Projektentscheider – Diese Gruppe repräsentiert das Projekt, indem ihre Mitglieder für das Projekt sprechen und auch in der Lage sind, Entscheidungen zu tragen. Die Beteiligung des Chefarchitekten des Projekts in dieser Gruppe wie im gesamten ATAM-Prozess ist unabdingbar.
- Architekturstakeholder – Stakeholders sind Personen, welche ein valides Interesse an der Architektur des Systems haben (s. Abschn. 1.3). Dabei zählen im Sinne von ATAM zu den Stakeholdern neben den eigentlichen Projektauftraggebern auch Personen wie Entwickler, Tester, Maintenanceprogrammierer, Kunden, An-

[36] ATAM kann keine Architekturen konstruieren.

Tabelle 3.2 Die verschiedenen Rollen eines Evaluationsteams innerhalb von ATAM

Rolle	Aufgaben	Charakteristika
Teamleiter	Schafft Rahmenbedingungen für Evaluation, koordiniert Stakeholder, vertragliche Abwicklung Architekturreview, bestimmt Evaluationsteam, produziert finalen Bericht	Organisationstalent, klassisches Projektmanagement
Leiter Evaluation	Durchführung ATAM, lässt Szenarien ermitteln, steuert Priorisierung- und Selektions-Szenarien, steuert Abgleich Architektur und Szenarien, Durchführung onsite-Analyse	Kann größere Teams steuern, Verständnis für Architektur, guter Mediator
Szenarioschreiber	Zeichnet Szenarien auf	Versteht technische Zusammenhänge
Protokollant	Verfertigt Protokoll ATAM-Sitzungen	Klassische Protokollantenfähigkeiten
Zeitnehmer	Kontrolliert verbrauchte Zeit, da oft ein Timeboxing für die Szenarien eingesetzt wird	Durchsetzungsvermögen
Prozessbeobachter	Verfolgt Evaluationsprozess, sucht Optimierungspotenziale, Lessons learned	Guter Beobachter, Erfahrung in Prozessoptimierung und Evaluationsprozessen
Prozesssicherer	Hilft Leiter Evaluation, dass Prozess eingehalten wird und führt ihn ggf.	Methodisch sicher
Szenarioschreiber	Zeichnet die Szenarien auf	Versteht technische Zusammenhänge, gute Handschrift
Fragesteller	Deckt architekturale Fragen auf, hilft den Stakeholdern bei der Findung von Fragestellungen	Versteht technische Zusammenhänge, gute Architekturkenntnisse
Stakeholders	Gutes Verständnis für zukünftigen Einsatz und Entwicklung der Domäne	Domäneexperte, Marktwissen

wender. Die typische Anzahl von Stakeholdern liegt bei etwa 12–15 verschiedenen Personen.

Aus prozessuraler Sicht heraus betrachtet durchläuft ATAM vier Phasen, welche sich noch einmal in eine unterschiedliche Anzahl verschiedener Schritte aufgliedern, wobei die Evaluationsphase doppelt vorkommt:

- Vorbereitung und Etablierung – In dieser Phase werden das Projekt und die Stakeholder auf den Beginn der Evaluation vorbereitet, die richtigen Ansprechpartner selektiert, ihnen Methodik erklärt und deren Erwartungshaltung fixiert. Wichtig ist es die Stakeholder zu benennen, Interviews und den nachfolgenden Ablauf zu planen.
- Evaluationsphase I (Projektentscheider) – Innerhalb der ersten Evaluationsphase werden sechs Schritte ausgeführt:

1. ATAM-Präsentation – Der Leiter des Evaluationsteams präsentiert die Methodik ATAM für die Projektentscheider; Fragen und nachfolgende Schritte werden geklärt.
2. Präsentation der Businesstreiber – Der Kontext des zu bewertenden Systems muss von allen Beteiligten verstanden werden. Dazu ist es wichtig die Businesstreiber zu kennen, insbesondere:
   – die wichtigsten Systemfunktionen,
   – relevante technische, ökonomische oder politische Vorgaben,
   – Geschäftsziele und -kontexte,
   – die wichtigsten Stakeholder,
   – die wichtigsten Qualitätsattribute.
3. Präsentation der Architektur – Der Chefarchitekt präsentiert die Architektur des Systems, dabei werden die Architektursichten als ein Medium der Wissensvermittlung eingesetzt.
4. Identifikation des Architekturansatzes – Es wird versucht, Architekturstile und Vorgehensweise zum Aufbau des Systems zu identifizieren.
5. Hierarchie der Qualitätsattribute – Die Qualitätsattribute und ihre hierarchischen Abhängigkeiten werden festgelegt, dadurch entsteht ein „Baum", der sogenannte „Utility Tree", wobei die Szenarien zur Bewertung der Attribute definiert und priorisiert bzw. nach Wichtigkeit gruppiert werden.
6. Analyse des Architekturansatzes – Das Evaluationsteam nutzt die gefundenen Szenarien und wendet sie auf den Architekturansatz an. Jeder Szenariodurchlauf führt dann zu Diskussionen über Risiken, sensitive Punkte oder Tradeoffs.

Nach dem Analyseschritt ist die Evaluationsphase I abgeschlossen und das Team fasst zusammen, was es bis zu diesem Zeitpunkt gelernt hat. Dabei kann es durchaus geschehen, dass zusätzliche Szenarien gefunden und analysiert werden müssen. Wenn die Stakeholder und Entscheider so weit sind, kann mit dem zweiten Teil der Evaluation begonnen werden.

• Evaluationsphase II (Stakeholder und Projektentscheider) – Zu Beginn werden die ersten sechs Schritte nochmals erläutert um den Stakeholdern die Vorgehensweise und die Ergebnisse der Evaluationsphase I zu vermitteln. Besonders die Qualitätsattribute und Szenarien sind von großem Interesse. Die folgenden drei Schritte werden von der neuen Gruppe durchgeführt:

7. Brainstorming und Priorisierung – In der ersten Evaluationsphase waren die Qualitätsattribute und Szenarien das Ergebnis des Verständnisses des Chefarchitekten bezüglich der Architekturtreiber, hier ist es die Aufgabe, die Szenarien aus Sicht der Stakeholder zu formulieren. Gut geeignet für diese Gruppe ist ein Brainstorming über die Szenarien, da es zum einen einen festen zeitlichen Rahmen gibt und zum anderen den Beteiligten ermöglicht „unzensiert" über Szenarien nachzudenken. Wenn genügend Szenarien gefunden wurden, inklusive der Szenarien aus Phase I, werden die Szenarien neu priorisiert. Diese Priorisierung kann durch ein Abstimmungsverfahren gut erreicht werden.

8. Analyse des Architekturansatzes – Das Evaluationsteam nutzt die gefundenen Szenarien und wendet sie auf den Architekturansatz an. Jeder Szenariodurchlauf führt dann zu Diskussionen über Risiken, sensitive Punkte oder Tradeoffs.
9. Präsentation der Ergebnisse – Das Team fasst die Ergebnisse zusammen und präsentiert sie den Stakeholdern, dabei sollte insbesondere Folgendes präsentiert werden:
   - der dokumentierte Architekturansatz,
   - die Menge der Szenarien und ihre Priorisierung,
   - der Utility Tree,
   - die gefundenen Risiken,
   - die gefundenen Nichtrisiken,
   - die Sensitivitätspunkte,
   - die Kompromisspunkte.

- Nacharbeiten.[37]

Die Architekturreviewmethodik ATAM wird recht oft eingesetzt und ist sehr gut dokumentiert. Ihre größte Wirkung entfaltet sie jedoch, wenn mehr als eine Architekturoption vorliegt. Ein Problem löst ATAM jedoch nicht: ATAM liefert keine Vorhersage bezüglich Kosten in Entwicklung oder Maintenance.

3.9 CBAM

Zu der Gruppe der Decisionframeworks gehört auch das CBAM (**C**ost **B**enefit **A**nalysis **M**ethod), welches versucht, Architekturentscheidungen auf einer quantifizierbaren ökonomischen Ebene zu ermöglichen. Dabei sind vor allen Dingen die Verbindung zu den Geschäftszielen und den Risiken, welche durch architekturale Entscheidungen eingegangen werden, zu berücksichtigen. Das CBAM seinerseits baut auf ATAM (s. Abschn. 3.8) auf. Ziel von CBAM ist es, Kosten und Nutzen einer Architekturentscheidung besser quantifizieren zu können (s. Abb. 3.5). Während ATAM die architekturalen Entscheidungen und Konsequenzen analysiert, baut CBAM auf diesen Ergebnissen auf und versucht die ökonomischen Konsequenzen einer Architektur zu eruieren. Letztlich versucht CBAM einen ROI[38] zu berechnen.

In aller Regel sind die Kompromisse innerhalb der Architektur in großen komplexen Systemen auf ökonomische Zwangsbedingungen zurückzuführen. Oft ist der theoretisch denkbare Weg, hin zu einer weniger komplexen Architektur durch systemweites Reengineering, durch die entstehenden exorbitanten Kosten quasi „verboten". Auf der operationellen Ebene hingegen stellt sich immer wieder die Frage: „Wie kann eine Organisation ihre limitierten Ressourcen möglichst effektiv einsetzen?" Die Endlichkeit der Ressourcen produziert die Forderung nach einem rationalen Entscheidungsprozess zur Findung der „besten" architektonischen Lösung (aus ökonomischer Sicht). Jedes Design und auch jeder Maintenanceprozess beinhaltet

---

[37] Follow-up

[38] **R**eturn **o**n **I**nvestment

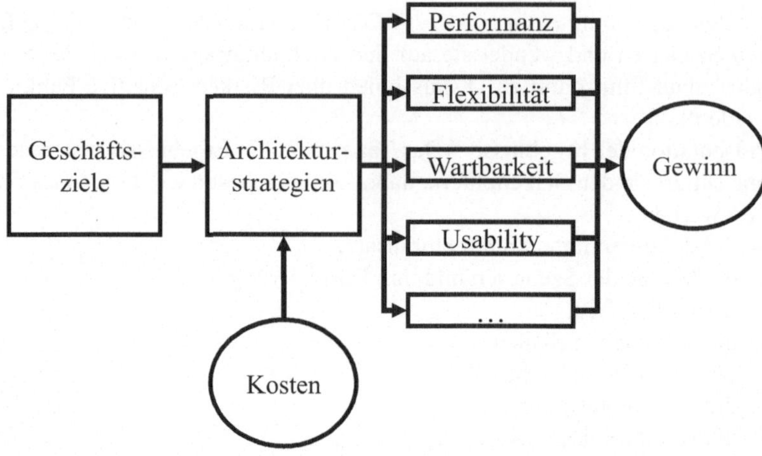

Abb. 3.5 Der CBAM-Kontext

eine Reihe von unterschiedlichen Optionen, zwischen denen viele Entscheidungen getroffen werden müssen.

Die Methode CBAM durchläuft mehrere Phasen um zu einer solchen Architekturentscheidung zu kommen:

- Triagephase – Zunächst werden die Kosten und Vorteile von Entscheidungen in einer grob-qualitativen Art und Weise analysiert. Aus der Vielzahl der möglichen Entscheidungen werden die selektiert, die den größten Effekt (meist im Sinne von Wertschöpfung) bieten. Der Effekt einer Entscheidung $|i\rangle$ berechnet sich durch:
$$E(|i\rangle) = \sum_j \langle c_{ij}|q_j\rangle,$$
hierbei stellt $|q_j\rangle$ das Qualitätsattribut j (s. Abschn. 2.2) dar und $\langle c_{ij}|$ gibt den Beitrag der Entscheidung $|i\rangle$ für dieses Attribut wieder. Oft lassen sich diese Größen nur schätzen, aber meist resultiert aus diesen Schätzungen eine kleine Anzahl von klaren „Favoriten", da nur eine Untermenge an Attributen starke Auswirkungen auf das System hat.
- Detailphase – Die in der Triagephase gefundenen Entscheidungen werden jetzt näher betrachtet und ihre Auswirkungen auf die Qualitätsattribute $|q_i\rangle$ der Architektur werden analysiert.
- Attributsquantifizierungsphase – Jede Entscheidung betrifft i. d. R. mehr als ein einzelnes Qualitätsattribut, daher ist eine genaue Abwägung zwischen den unterschiedlichen Auswirkungen besonders wichtig. Implizit wird ein Wirkmodell zwischen Architektur und Qualitätsattribut unterstellt, so dass der „Effekt" einer Architekturentscheidung auf alle Qualitätsattribute in gewissem Rahmen prognostiziert werden kann.
- Kostenquantifizierungsphase – Berücksichtigung der Kosten für jede einzelne Entscheidung. Wenn die Kosten $C(|i\rangle)$ für die Entscheidung $|i\rangle$ bekannt sind

oder geschätzt werden können, kann auch der „Return“ $R(|i\rangle)$ berechnet werden:

$$R(|i\rangle) = \frac{E(|i\rangle)}{C(|i\rangle)}.$$

- Rankingphase – Innerhalb der Rankingphase wird versucht, ein Optimum an $R(|i\rangle)$ zu finden unter der Rahmenbedingung, dass gelten muss:

$$\sum_{i}^{N} C(|i\rangle) \leq \text{maximales Budget}.$$

So kann, ähnlich dem „Rucksackproblem“, ein Optimum gefunden werden. Problematisch ist hierbei jedoch, dass viele Entscheidungen nicht disjunkt sind, dies kann allerdings durch das Herausrechnen der Überlappungen korrigiert werden.

Aus operativer Sicht lässt sich CBAM auch als eine Abfolge von Schritten definieren, welche als Fortsetzung von ATAM (s. Abschn. 3.8) auch szenariobasiert sind:

- Zusammenfassung der Szenarien – Die ATAM-Szenarien werden zusammengefasst und die Stakeholder erhalten die Möglichkeit neue Szenarien hinzuzufügen;
- Verfeinerung der Szenarien;
- Priorisierung der Szenarien;
- Intraszenariowirkung auf die Qualitätsattribute – In diesem Schritt wird festgelegt, mit welchem Niveau einzelne Qualitätsattribute auf das Szenario reagieren;
- Entwicklung von Architekturstrategien und Bestimmung der Auswirkungen der Strategien auf die Qualitätsattribute;
- Bestimmung der Utilitykurve für die Qualitätsattribute;
- Berechnung des Ergebnisses einer gegebenen Architekturstrategie;
- Wahl der „besten“ Strategie anhand des ROIs und Größen wie Kosten und Zeit;
- Übereinstimmung der „besten“ Architekturstrategie mit der Intuition – Neben den Kosten haben gute Strategien meist Auswirkungen auf andere Größen des Systems.

Das CBAM-Verfahren nutzt zwar auch Szenarien, genau wie ATAM, allerdings mit dem fundamentalen Unterschied, dass innerhalb von CBAM ein Szenario aus einer Menge an möglichen Stimuli besteht, so dass die Response auf den Stimulus variiert werden kann. Damit wird kein Utility Tree wie in ATAM erzeugt, sondern eine Utility-Response-Kurve für die diversen Qualitätsattribute geliefert.

3.10 ALMA

Das Verfahren ALMA (**A**rchitecture-**L**evel **M**odifiability **A**nalysis) ist eine Kombination aus SAAM (s. Abschn. 3.7) und ATAM (s. Abschn. 3.8) und versucht die

Wartbarkeit einer Architektur vorherzusagen. Dabei fokussiert ALMA auf folgende Punkte:

- die Veränderbarkeit einer Architektur,
- multiple Analyseziele,
- implizite Annahmen explizit[39] zu machen,
- es zu ermöglichen, Wiederholungen des Bewertungsprozesses durchzuführen.

Aus diesen Punkten wird deutlich, dass ALMA nur darauf setzt, ein einziges der Qualitätsmerkmale (s. Abschn. 2.1), die Modifizierbarkeit, zu betrachten, alle anderen Merkmale oder Relationen werden innerhalb von ALMA nicht betrachtet. ALMA als Prozess besteht aus fünf Schritten, welche auch wiederholt werden können:

- Zielsetzung und Identifikation des Bewertungsgegenstands;
- Beschreibung der Architektur bzw. Beschreibung der relevanten Teile des Systems;
- Ausarbeitung der Szenarien und Bestimmung der Menge der relevanten Szenarien;
- Bewertung der Szenarien;
- Interpretation und Schlussfolgerungen.

Der erste Schritt innerhalb von ALMA betrifft die Zielsetzung der Analyse. Im Rahmen der Beurteilung von Veränderbarkeit einer Architektur bieten sich hier drei unterschiedliche Schwerpunkte an, die je nach betroffenem Stakeholder unterschiedliche Priorität gewinnen:

- Architekturauswahl,
- Risikobewertung,
- Prognose der Maintenancekosten.

Im zweiten Schritt steht die Beschreibung der Architektur im Vordergrund, wobei berücksichtigt werden muss, dass eine solche Beschreibung in Zusammenarbeit mit den Szenarien ermöglichen muss, die jeweiligen betroffenen Teile der Architektur identifizieren zu können. Dabei gilt es, nicht nur die direkt betroffenen Komponenten, sondern auch die indirekt betroffenen zu berücksichtigen. Die Wirkung eines Szenarios muss dann mit einer Art „Metrik" beschrieben werden können. Allerdings sollte man sich stets bewusst sein, dass nicht alle indirekten Wirkungen eines Szenarios vollständig erfasst und vorhergesagt werden können, da oft nur implizites Wissen über Teile der Architektur vorhanden ist. Mit der vorhandenen Information anzufangen ist in ALMA ein guter Startpunkt, da das Verfahren iterativ eingesetzt werden kann, so dass fehlende Architekturbeschreibungen für einige Szenarien durchaus auch nachträglich ergänzt werden können.

Im darauffolgenden Schritt werden dann die Änderungsszenarien ausgearbeitet, dabei müssen zunächst die Stakeholder identifiziert und diese anschließend interviewt werden um zu den relevanten Szenarien zu gelangen. Die größte Schwierigkeit an dieser Stelle ist die Bestimmung der relevanten Szenarien, hierzu existiert

---

[39] s. S. 12

bis heute kein geschlossenes Konzept, so dass Abstimmungen oder „Bauchgefühl“[40] hier immer noch an der Tagesordnung sind. Abstimmungen sind zwar eine mögliche Methode Entscheidungen herbeizuführen, allerdings ist die Abstimmungsdynamik viel stärker durch soziale und machtpolitische Mechanismen innerhalb der abstimmenden Gruppe von Stakeholdern geprägt denn durch technisches Verständnis.[41]

Je nach der gewählten Zielvorstellung in Bezug auf:

- Kosten,
- Risiken,
- Auswahl

wird die Menge an relevanten Szenarien unterschiedlich sein. Die Bewertung der Szenarien ist dann analog ATAM (s. Abschn. 3.8).

Einer der kritischen Punkte innerhalb von ALMA ist die richtige Auswahl der Szenarien. Werden hier die falschen Schwerpunkte gesetzt, so ist das Ergebnis nicht angemessen. Ein anderes Problem ergibt sich daraus, dass die Szenarien meist per Interview und nicht durch Workshops erhoben werden, mit dem Vorteil, dass die einzelnen Stakeholder eher zur Verfügung stehen, aber mit dem großen Nachteil versehen, dass sich die Stakeholder nicht gegenseitig über das System austauschen können – was erfahrungsgemäß einen sehr großen Beitrag zum Erkenntnisgewinn innerhalb eines Unternehmens liefert und einen positiven Nebeneffekt des Architekturreviews darstellt.

3.11 ARID

Die meisten Evaluationsmethoden dienen primär dazu eine vollständige Architektur zu bewerten, aber in der Praxis ist es ab und zu auch notwendig partielle Architekturen einem Architekturreview zu unterziehen, an dieser Stelle kann die Methode ARID (**A**ctive **R**eviews for **I**ntermediate **D**esigns) eingesetzt werden. Für eine solchen Kontext stehen weniger grundsätzliche Fragen im Vordergrund als vielmehr die Frage nach der Angemessenheit einer partiellen Architektur im Kontext der vorgegebenen Gesamtarchitektur.

Die Methode ARID ist eine weitergehende Adaption von ATAM (s. Abschn. 3.8), enthält daher genau wie ATAM neun einzelne Schritte, und analog zu ATAM werden diese Schritte über zwei getrennte Phasen verteilt:

- **Phase I: Vorbereitung** – Im Rahmen der Vorbereitungen werden bei ARID mit den Reviewteilnehmern (die wichtigsten Stakeholder im ARID-Sinne sind Entwickler und Designer) vier Schritte durchlaufen:

---

[40] Auch „Educated Guess“ oder Expertenschätzung genannt.

[41] *Einer der ärgsten Feinde des Menschen ist der auf Denkfaulheit und Ruhebedürfnis ausgerichtete Drang zum Kollektiv.*

Reinhard Sprenger
Managementtrainer

1. Identifikation der Reviewteilnehmer – Die Reviewteilnehmer sind die Personen, die das Design umsetzen sollen. Diese Gruppe hat ein besonders hohes Interesse an der Qualität des Entwurfs, schließlich ist sie die beste Gruppe, welche die Angemessenheit des Designs beurteilen kann.
2. Vorbereitung der Designerklärung – Der Designer erklärt das von ihm gewählte Design. In diesem Schritt wird eine Übersicht über das Design gegeben, dabei ist nur der Reviewleiter der Zuhörer. Genutzt wird diese Erklärung um grobe Schwachstellen und typische Fragen durch das Reviewteam zu identifizieren.
3. Vorbereitung von Beispielszenarien – Der Designer und der Reviewleiter bereiten einige Szenarien (Szenarien im ATAM-Sinne) als Startpunkt für den Brainstormingschritt vor.
4. Vorbereitung des Materials – Sowohl das Material als auch die Rahmenbedingungen wie Planung, Einladungen usw. werden vorbereitet.

- **Phase II: Architekturreview** – Der eigentliche Architekturreview mit den Stakeholdern findet statt. Im Gegensatz zu den ATAM-Stakeholdern (s. Tabelle 3.2) sind hier nicht die Nutzer des Systems von Interesse, sondern die Nutzer des Designs, i. d. R. die Entwickler und Designer.

5. ARID-Präsentation – Der Reviewleiter erklärt Methodik, Zeitplan und Schritte des ARID-Verfahrens allen Beteiligten.
6. Designpräsentation – Der Designer erläutert in einem etwa zweistündigem Überblick das grobe Design und die Beispielszenarien aus dem Vorbereitungsschritt. An dieser Stelle werden in ARID nur Klärungsfragen, keine Designalternativen zugelassen.
7. Brainstorming und Szenariopriorisierung – Im Rahmen des Brainstormings werden Szenarien entworfen, von denen die Designnutzer glauben, dass diese Szenarien auf sie zukommen werden. Nachdem eine Menge von Szenarien gefunden wurde, werden die darin enthaltenen Szenarien durch Abstimmung priorisiert und alle so identifizierten Szenarien im darauffolgenden Schritt näher durchleuchtet.
8. Szenariendurchlauf – Beim Durchlauf der gewählten Szenarien kann der Designer noch zusätzliche Informationen über eventuell neu auftauchende Fragen beantworten. Entdeckte Diskrepanzen oder Mängel werden aufgezeichnet.
9. Zusammenfassung – Die Liste der offenen Punkte wird vorgestellt.

Aufgrund der Kompaktheit und der Anwendbarkeit auf Teile eines Systems wird ARID typischerweise genutzt um kohärente Teile einer Architektur, sprich Module oder Komponenten, zu reviewen.

3.12 SACAM

Eine spezielle Form des Architekturreviews ist die Methodik SACAM (**S**oftware **A**rchitecture **C**omparison **A**nalysis **M**ethod), da diese dem direkten Vergleich mehrerer vordefinierter Softwarearchitekturen dient und somit eine Rationalisierung des

Entscheidungsprozesses versucht. Bei der Verwendung dieser Methodik werden nicht die Implementierungen der zu vergleichenden Softwaresysteme gegenübergestellt, sondern deren Architekturen. Dies hat zwei Gründe:

- Geschäftsziele – Die Architektur bestimmt, wie gut ein Unternehmen seine Geschäftsziele erreichen kann, sie kann entweder befähigen oder limitieren. Daher kann die Architektur wichtige Informationen darüber liefern, wie gut intendierte Geschäftsziele mit ihr zu erreichen sind.
- Abstraktionsebene – Zwei verschiedene Softwaresysteme sollten auf demselben Abstraktionsniveau miteinander verglichen werden.

Die Methode SACAM zum Vergleich zweier Systeme besteht aus sechs Schritten. Das Verfahren lässt sich selbstverständlich auch auf mehr als zwei Systeme ausdehnen, obwohl in den meisten Fällen nur sehr wenige Architekturalternativen überhaupt zur Verfügung stehen. Die sechs Schritte des SACAMs sind:

- Vorbereitung – In diesem Schritt werden die relevanten Geschäftsziele und die zur Verfügung stehende Dokumentation für jede zu betrachtende Architektur identifiziert.
  Typische Aktivitäten in diesem allerersten Schritt sind:
  - Identifikation des applikativen Kontexts,
  - Identifikation der Stakeholder,
  - Auswahl der zu vergleichenden Architekturkandidaten,
  - Identifikation der zu den Architekturkandidaten gehörenden jeweiligen Stakeholdern,
  - Präsentation der SACAM-Methodik,
  - Identifikation der Geschäftsziele des zukünftigen Systems,
  - Präsentation der Architekturkandidaten,
  - Studium der verfügbaren Dokumentation zu allen gefundenen Architekturkandidaten.
- Kriteriensammlung – Die Vergleichskriterien aus den Geschäftszielen werden in Qualitätsattributsszenarien umgewandelt. Ein Vergleichskriterium im SACAM-Sinne ist eine Anforderung, welche das Geschäftsziel unterstützt. Diese Vergleichskriterien werden dann zu mehr oder minder messbaren Qualitätsattributen verfeinert. Meist wird dieser Schritt in drei Teilen oft auch zyklisch durchgeführt:
  - Identifikation der Vergleichskriterien,
  - Priorisierung der Vergleichskriterien,
  - Verfeinerung der Vergleichskriterien.
- Bestimmung der Extraktionsanweisungen – Die Methodik, die entsprechenden Qualitätsattribute und die zu extrahierenden Architektursichten zu bestimmen, wird festgelegt.
- Extraktion – Architektursichten und Qualitätsattribute werden bestimmt, dabei definieren die Sichten die einzelnen Architekturelemente und ihre Relationen zueinander. An dieser Stelle werden auch Indikatoren für das Ausbleiben be-

stimmter Qualitätsattribute festgestellt. In einigen Fällen können auch metrische Informationen aus Test- oder Pilotimplementierungen erzeugt werden.
Typische Aktivitäten im Extraktionsschritt sind:

- Aufbau der Architektursichten aus der vorhandenen Dokumentation,
- Beschreibung der benutzten Architekturstile und Patterns,
- Sammlung metrischer Daten aus vorhandenen Implementierungen,
- Verifikation der Architektursichten mit den jeweiligen Stakeholdern.

- Scoring – Ein Vergleich der Qualitätsattribute im Sinne einer Quantifizierung (Scoring, s. Anhang A) wird vorgenommen, dabei wird jedes Szenario einzeln bewertet.
- Zusammenfassung – Die Ergebnisse werden zusammengefasst und an einen Entscheidungsprozess weitergegeben.

Eines der großen Probleme beim Vergleich zweier oder mehrerer Architekturen ist Heterogenität, schließlich liefert jede ausgereifte Architektur ihren eigenen Kontext, ihre eigene Dokumentation und eigene Metaphern mit der Folge, dass beide Systeme nur schwer miteinander vergleichbar sind. Trotz dieser Schwierigkeiten muss ein Unternehmen eine Entscheidung für das eine oder andere System treffen.

Innerhalb von SACAM wird versucht, eine solche Entscheidung auf mehreren unterschiedlichen Abstraktionsebenen treffen zu können, um so eine Gesamtentscheidung vorzubereiten. Dabei ist die Aufbereitung und Extraktion von Architektursichten, die allen Systemen gemeinsam sind, von zentraler Bedeutung; nur diese gemeinsamen Architektursichten erlauben einen gewissen Grad an Vergleichbarkeit. Die Extraktion dieser vergleichbaren Architektursichten kann, je nach ausgewählten zu vergleichenden Systemen, hinreichend schwierig sein und in manchen Fällen auch Methoden aus dem Bereich der Architekturrekonstruktion (s. Abschn. 4.5) benötigen. Ein weiterer wichtiger Schritt, um Vergleichbarkeit zu erzeugen, ist die Normierung der Daten oder Sichten hin zu vergleichbaren Größen oder Notationen.

Der Vergleich von Architekturen benötigt immer Kriterien, anhand derer überhaupt verglichen werden kann, ansonsten basiert eine Entscheidung nicht auf nachvollziehbaren Größen.[42, 43] Die ermittelten Kriterien liefern einen Vergleichsmaßstab für die Entscheidung. Allerdings lassen sich die meisten Qualitätsattribute nicht absolut oder direkt quantifizierbar bestimmen,[44] in solchen Fällen können Indikatoren bestimmt werden, welche ein mögliches Indiz für Vorhandensein oder „Stärke" eines Qualitätsattributs liefern.

Die in SACAM verwendeten Szenarien, sind der Versuch die Qualitätsattribute zu bewerten, die zur Erfüllung eines Kriteriums notwendig sind oder einen Beitrag liefern. Wie jede andere Form von Szenarien bestehen sie aus einem Stimulus-und-Response-Paar (s. Abschn. 3.2).

[42] In der freien Wirtschaft scheint manchmal das Beziehungsgeflecht zwischen Verkäufer und Entscheidern im kaufenden Unternehmen wichtiger zu sein als andere Größen.

[43] Aus Sicht eines Einkäufers sind persönliche finanzielle Zuwendungen durchaus ein nachvollziehbares Kriterium.

[44] So gibt es z. B. kein Maß für Sicherheit, wohl aber Sicherheitsstufen, bzw. Erfahrungen im Sicherheitsbereich.

3.13 QUASAR

Eine spezielle Form des Architekturreviews ist der Review eines Systems (s. Kap. 5) aus Sicht der Subsysteme. Eine der wenigen besonders ausgeprägten Methoden auf diesem Gebiet ist die Methode QUASAR (**Qu**ality **A**ssessment of **S**ystem **Ar**chitectures), die es sich zum Ziel gesetzt hat zu bewerten, wie die Sub- und Subsubsysteme eines Systems zu dessen Qualitätsanforderungen beitragen. In den meisten Fällen ist die Infrastrukturarchitektur noch weniger dokumentiert als die Applikationsarchitektur, speziell die Grundgedanken hinter bestimmten Entscheidungen sind nicht dokumentiert und können in einem großen System aufgrund der Komplexität den Betrachter überwältigen.

Im Rahmen von QUASAR wird die Architektur entlang der Linie der Subsysteme aufgebaut und bewertet. Jeder Subsystemarchitekturreviewer hat als Aufgabe, den übergeordneten Systemreviewer davon zu überzeugen, dass das entsprechende Subsystem die abgeleiteten Qualitätsziele erreichen kann. An dieser Stelle wird das Conwaysche Gesetz (s. S. 177) konstruktiv eingesetzt, indem eine Revieworganisation temporär kreiert wird, die der Systemstruktur und -hierarchie entspricht. Zur konkreten Bewertung einzelner Subsysteme dienen innerhalb von QUASAR die Qualitätsfälle.[45] Ein Qualitätsfall ist spezifisch für ein bestimmtes Qualitätsmerkmal, welches wiederum in mehrere Submerkmale zerfällt. Die typischen Qualitätsmerkmale, welche im Rahmen von QUASAR betrachtet werden, sind:

- Interoperabilität,
- Performanz,
- Sicherheit,
- Flexibilität.

Genau wie in der allgemeinen Theorie der Qualitätsmerkmale (s. Kap. 2) werden diese Faktoren auch aus den messbaren Subfaktoren aufgebaut.

Ein Qualitätsfall besteht aus einer Menge von miteinander verknüpften Betrachtungsgegenständen:

- Architekturbehauptungen[46] – Diese stellen die Behauptungen dar, welche die Entwickler und Designer bezüglich des zu erwartenden Verhaltens treffen. Dabei sind diese Behauptungen mehr als mögliche Zusicherungen,[47] denn die Behauptungen beziehen sich immer auf ein oder mehrere Qualitätsziele. Eine solche Behauptung kann entweder für das Gesamtsystem oder für ein Subsystem aufgestellt werden.
- Architekturargumente – Die Architekturargumente zeigen die Gründe auf, warum die Zusicherungen eingehalten werden können. Damit stellen die Argumente die Gründe dar, warum das Entwicklungsteam glaubt, dass die Behauptung eingehalten werden kann. Damit dies möglich ist, sollten die Argumente folgenden Bedingungen genügen:
  - Argumente müssen klar und überzeugend sein.

[45] Quality Cases

[46] Architectural Claims

[47] Assertions

  - Alle Argumente sollten durch hinreichende und legitime Evidenz unterstützt werden.
  - Argumente sind meist Kombinationen aus Architekturentscheidungen und den Gründen für diese Entscheidungen.
- Architekturevidenz – Eine hinreichende glaubwürdige Dokumentation oder Demonstration bezüglich der Architektur, dass die jeweiligen Argumente zulässig sind. Glaubwürdig bedeutet in diesem Kontext:
  - offiziell,
  - relevant,
  - korrekt,
  - aktuell.

Als Prozess betrachtet durchläuft die Methodik QUASAR nur zwei Phasen:

- Initialisierungsphase – Ziel ist es hierbei, sowohl den eigentlichen Architekturreview als auch die Assessmentteams gründlich vorzubereiten. Eine falsche Zusammensetzung des QUASAR-Teams hat sich als ein großes Problem für den Erfolg eines solchen QUASAR-Reviews herausgestellt.
- Bewertungszusammenfassungsphase.

Jede dieser Phasen teilt sich wiederum in drei Unterphasen ein:

- Vorbereitung,
- Treffen oder Workshop,
- Nachbereitung.

Hierbei kann die erste der Hauptphasen auch iterativ für die jeweiligen Subsysteme durchgeführt werden um sich dann auf das daraus zusammengesetzte Gesamtsystem beziehen zu können.

QUASAR eignet sich dafür hochkomplexe Systeme zu bewerten, die sich aufgrund ihrer Komplexität oder Größe der geistigen Kapazität eines einzelnen Menschen entziehen. Allerdings gibt es hier ein ähnliches Problem wie bei den Abstimmungen (s. S. 71): Die ausgefeilte Rhetorik und Präsentation einzelner Assessmentteams kann zu suboptimalen Lösungen führen.

Tabelle 3.3 Eigenschaften der diversen Reviewverfahren [1] nach *Abowd*, 1997

Basis	Methode	Gültigkeit	Detaillierung
Abfrage	Fragebogen	Allgemein	Grob
Abfrage	Checkliste	Domäne	Beliebig
Abfrage	Szenarien	System	Mittel
Messung	Metrik	Allgemein und Domäne	Fein
Messung	Prototyp	Domäne	Beliebig

3.14 Methodenvergleich

Die diversen Methoden (Abschn. 3.7–3.13 und Abschn. 5.7) haben unterschiedliche Schwerpunkte und sind nicht immer gleich gut einsetzbar, sie lassen sich allerdings auf abstrakter Ebene miteinander vergleichen (s. Tabellen 3.3 und 3.4). Unabhängig von der gewählten Methodik können aufgrund der allgemeinen Charakteristika auch Aussagen über die diversen Reviewmethodiken getroffen werden.

- Fragebogen und Checklisten – Typischerweise sind die Fragebögen sehr generisch, während Checklisten eher dazu tendieren domänenspezifischer aufgebaut zu sein, beide funktionieren aber nur, wenn es hinreichende Reife in der Organisation in Bezug auf den Prozess des Architekturreviews gibt.
  Üblicherweise existieren der Fragebogen und die Checkliste schon vor der Architektur und werden aus den Erfahrungen eines Problemgebiets gespeist.
- Szenarien – Die Szenarien werden aus dem Kontext der Qualitäten (s. Abschn. 2.2) abgeleitet und sind darauf ausgerichtet, spezifische Fragen eines Systems oder einer Familie von Systemen (s. S. 152) zu untersuchen. Umgekehrt betrachtet kann die Erfahrung aus den Szenarien aus diversen Systemen zu einem Fragebogen oder einer Checkliste vereinfacht werden.
- Metriken – Alle metrischen Verfahren (s. Anhang A) dienen der Quantifizierung bestimmter vorab definierter Attribute. Die konkreten Ergebnisse einer Metrik sollten stets „cum grano salis" genommen werden, da jeder Metrik ein Modell zugrunde liegt und die konkrete Anwendbarkeit dieses Modells auf das zu betrachtende System fragwürdig sein kann. Speziell Messungen, welche automatisch von Sourcecodewerkzeugen produziert werden, dürfen nicht unkritisch hingenommen werden.[48]
- Prototypen – Die Prototypen sind der direkteste Zugang für einen Architekturreview, implementieren sie doch ganz spezifischen Aspekte derselben. Allerdings sind sie i. d. R. nur für Fragen der Performanz (sowohl im Laufzeitsinne als auch prozeduralen Sinne) geeignet.

Wie aus den Tabellen 3.5 und 3.6 ersichtlich wird, lassen sich mit den besprochenen Verfahren unterschiedliche Schwerpunkte im Rahmen eines Architekturreviews

Tabelle 3.4 Eigenschaften der diversen Reviewverfahren [2] nach *Abowd*, 1997

Basis	Methode	Phase	Objekt
Abfrage	Fragebogen	Frühe Phasen	Artefakte & Prozesse
Abfrage	Checkliste	Mittlere Phasen	Artefakte & Prozesse
Abfrage	Szenarien	Mittlere Phasen	Artefakte
Messung	Metrik	Mittlere Phasen	Artefakte
Messung	Prototyp	Frühe Phasen	Artefakte

[48] Das berühmte LOC-Maß (Lines of Code) ist genauso aussagekräftig wie die Angaben Gewicht des Compilerlistings in kg.

Tabelle 3.5 Vergleich zwischen unterschiedlichen Architekturreviewmethodiken [1]

	SAAM	ATAM	CBAM	ARID
Technik	Szenario	Szenario	Szenario	Szenario
Qualitäts-attribute	Veränderbarkeit	Multiple	Multiple	Multiple
Stakeholder	Alle	Alle	Geldgeber	Entwickler, Designer
Evaluation	Fragen	Fragen und Metrik	Metrik	Fragen
Zeitpunkt	Jederzeit	Jederzeit	Jederzeit	Entwicklung
Aktivitäten	6	9	9	9
Ziel	Risiken, Angemessenheit	Sensitivität, Kompromisse	Kosten	Validierung
Qualitäts-merkmale	Veränderbarkeit	Diverse	Kosten und Nutzen	Designtaug-lichkeit

Tabelle 3.6 Vergleich zwischen unterschiedlichen Architekturreviewmethodiken [2]

	ALMA	SACAM	QUASAR	VSM
Technik	Szenario	Kriterien	Qualitätsfall	Metrik
Qualitäts-attribute	Veränderbarkeit	Multiple	Wenige	Multiple
Stakeholder	Entwickler, Designer	Alle	Alle	Alle
Evaluation	Fragen und Metrik	Metrik	Metrik	Metrik
Zeitpunkt	Maintenance	Vor dem Einsatz	Jederzeit	Jederzeit
Aktivitäten	5	6	3	9
Ziel	Risiken, Main-tenanceaufwand	Angemessenheit	Qualitäts-verifikation	Steuerbarkeit
Qualitäts-merkmale	Wartbarkeit	Diverse	Wenige	Diverse

setzen. Dabei zeigt es sich, dass es sinnvoll ist, möglichst frühzeitig einen Architekturreview durchzuführen. Umgekehrt betrachtet gibt es jedoch auch nicht die „eine“ alles umfassende Architekturreviewmethodik, da für spezielle Fragestellungen und Zielsetzung spezielle Methodiken angemessen sind.

Kapitel 4
Rekonstruktion

...And now, Laertes, what's the news with you?
You told us of some suit; what is't, Laertes?
You cannot speak of reason to the Dane,
And loose your voice: what wouldst thou beg, Laertes,
That shall not be my offer, not thy asking?
The head is not more native to the heart,
The hand more instrumental to the mouth,
Than is the throne of Denmark to thy father.
What wouldst thou have, Laertes?

Hamlet
William Shakespeare
1564–1616

Viele Architekturreviews sind mit dem Problem konfrontiert, dass die zu betrachtende Architektur weder modelliert noch dokumentiert oder auch nur ausreichend erforscht ist. Eine solche Situation ist im Rahmen der Softwareentwicklung nicht unbekannt, speziell bei Legacysoftwaresystemen tritt dies häufiger auf. Die in solchen Fällen genutzten Methoden sind das Reengineering und das Reverse Engineering. Die Erkenntnisse aus dem Einsatz dieser Methodiken können direkt für die Architekturreviews verwendet werden und schaffen damit eine Grundlage zur Analyse der Architekturen.

Ein Teil der Architekturrekonstruktion wie auch ein wichtiger Teil des Architekturreviews beschäftigt sich mit der Analyse einer Architektur. Eine Architekturanalyse, im Gegensatz zum Architekturreview, definiert sich zu:

> *Eine Architekturanalyse ist die Aktivität, bei der unter Nutzung der Architekturmodelle die wichtigsten Systemeigenschaften entdeckt werden.*

Eine solche Architekturanalyse unterliegt einer Reihe von Zielsetzungen, unter anderem muss sichergestellt werden, dass mindestens folgende Ziele erreicht werden:

- Vollständigkeit,
- Konsistenz,
- Kompatibilität und/oder Interoperabilität,
- Korrektheit.

In Bezug auf die Vollständigkeit eines Modells steht die Frage im Vordergrund, ob alle essenziellen Eigenschaften bzw. Anforderungen an das System gefunden wurden. Diese ist keine leichte Aufgabe, da große Systeme sehr komplex und i. d. R. kaum dokumentiert sind; selbst wenn eine Dokumentation vorhanden ist, so ist sie oft mehrdeutig oder syntaktisch widersprüchlich ohne eine durchgängige Notation. Es ist daher im Rahmen einer Analyse wichtig sicherzustellen, dass alle essenziellen

D. Masak, *Der Architekturreview*
DOI 10.1007/978-3-642-01659-2, © Springer 2010

Eigenschaften des Systems entdeckt wurden. Neben der Vollständigkeit spielt die Konsistenz eine maßgebliche Rolle, wobei man in der Praxis nicht die Konsistenz nachweisen kann, sondern nur die Inkonsistenz einzelner Elemente.

Die typischen Quellen für mögliche Inkonsistenzen im Bereich der Architekturdokumentation sind folgende:

- Namensinkonsistenzen – Das Auftauchen von Synonymen bei den Bezeichnungen und – noch schlimmer – von Homonymen in den Namen sind ein deutliches Anzeichen für Namensinkonsistenzen, aber auch Verletzungen von Namenskonventionen. Fehlbenamungen von Patterns (s. S. 181) oder Architekturstilen (s. S. 178) deuten auf Inkonsistenzen hin. Speziell auf dem Gebiet der Softwareentwicklung existiert eine große Menge an Erfahrung darüber, was Namensinkonsistenzen hervorrufen können.
- Schnittstelleninkonsistenzen – Solche Inkonsistenzen tauchen oft bei einer fehlerhaften Verwendung von Subsystemen auf und werden nur selten bemerkt, da die meisten Laufzeitumgebungen Kompatibilitäten von Datentypen ausnutzen und damit die Inkonsistenzen unterdrücken.
- Verhaltens- und Interaktionsinkonsistenzen – Prozessmuster werden unterschiedlich genutzt oder anders genutzt als sie intendiert sind. Dieses Phänomen taucht oft auf, wenn Nebeneffekte oder Fehler eines Systems ausgenutzt werden. Nicht nur zwischen Subsystemen kann eine solche Inkonsistenz auftauchen, auch bei einer Implementierung mit Hilfe einer Referenzarchitektur (s. S. 178) lässt sich ein solches Phänomen beobachten, wenn die intendierten Patterns innerhalb der Referenzarchitektur missbraucht oder falsch genutzt werden.

Das Ziel der Kompatibilität bezieht sich darauf, dass ein vorhandenes Modell einem gewissen Standard in Bezug auf Syntax und Notation genügen muss, und das Modell wird korrekt genannt, wenn es alle vorab definierten Anforderungen erfüllt.

Bei der Analyse einer Architektur ist es sinnvoll zwischen dem System als Ganzem und den Subsystemen einen Unterschied zu machen, da die Wechselwirkung der Subsysteme untereinander sehr stark sein kann. Typischerweise geht man dabei nur paarweise vor, d. h. jeweils zwei Subsysteme mit ihren Wechselwirkungen werden gemeinsam betrachtet. In vielen Fällen ist dies jedoch nicht ausreichend, da das Vorhandensein weiterer Subsysteme zu einer Art Interferenz führt und neue Eigenschaften (Emergenz, s. S. 270) auftreten. In solchen Fällen muss eine explizite systemtheoretische Analyse (s. Kap. 5) durchgeführt werden.

4.1 Formale Konzeptanalyse

Die meisten Architekten lehnen mathematische Modelle jenseits von Metriken[1] instinktiv ab, weil sie das unberechtigte Gefühl haben, dass solche Modelle aus unerfindlichen Gründen ihre „Kreativität" behindern könnten. Dabei haben mathemati-

[1] Manchmal werden auch ganz einfache Metriken mit dem Argument abgelehnt: *Schönheit kann man nicht messen ...*

sche Modelle den großen Vorteil, dass sie geschlossen sind und dass man durch ihre Einhaltung oft eine vollständige Überdeckung oder Nichtüberdeckung eines Gebiets nachweisen kann.

Es ist lehrreich sich dem Begriff der Architekturanalyse mathematisch zu nähern. Eine Möglichkeit, dies zu tun, ist die formale Konzeptanalyse FCA (**F**ormal **C**oncept **A**nalysis). Sie ist die Mathematisierung des philosophischen Konzeptbegriffs[2] und dient dazu Strukturen in scheinbar ungeordneten Mengen zu schaffen und widersprüchliche Daten, eventuell nach einem Einsatz von RST (s. Abschn. 4.2), zu analysieren.

Betrachtet wird im Rahmen der FCA stets ein System $\mathcal{S}$, in dem eine Menge von Objekten[3] $\mathcal{O}_i \in \mathcal{S}$:

$$\mathcal{M}(\mathcal{O}) = \bigcup_i \mathcal{O}_i \,,$$

eine Menge von Attributen $\mathcal{A}_i \in \mathcal{S}$:

$$\mathcal{M}(\mathcal{A}) = \bigcup_j \mathcal{A}_j$$

und die Menge der möglichen Relationen $\mathcal{R}_{ij} \in \mathcal{S}$:

$$\mathcal{M}(\mathcal{R}) = \bigcup_{ij} \mathcal{R}_{ij} \,,$$

zwischen den Attributen und Objekten:

$$\mathcal{M}(\mathcal{R}) = \mathcal{M}(\mathcal{O}) \times \mathcal{M}(\mathcal{A})$$

existiert. Das Tupel:

$$\mathcal{T}(\mathcal{S}) \equiv (\mathcal{M}(\mathcal{O}), \mathcal{M}(\mathcal{A}), \mathcal{M}(\mathcal{R}))$$

bezeichnet man als den formalen Kontext $\mathcal{T}(\mathcal{S})$ des Systems $\mathcal{S}$, wobei FCA eine dualistische Theorie darstellt, da selbstverständlich Objekte und Attribute austauschbar sind:

$$\mathcal{T}(\mathcal{S}) = \mathcal{T}(\mathcal{S}') = \left(\mathcal{M}(\mathcal{A}), \mathcal{M}(\mathcal{O}), \mathcal{M}(\mathcal{R}^{-1})\right) .$$

Aus Sicht der Analyse sind besonders die beiden Operationen σ und τ interessant:

- $\sigma(\mathcal{M}(\mathcal{O}))$ gibt die Menge der Attribute an, die allen Objekten gemeinsam ist:

$$\sigma(\mathcal{M}(\mathcal{O})) = \{a \in \mathcal{M}(\mathcal{A}) | \forall\, o \in \{\mathcal{M}(\mathcal{O}) : (o, a) \in \mathcal{M}(\mathcal{R}\}\} \,.$$

[2] Aus dem Lateinischen *concipere* als erfassen, in sich aufnehmen bzw. *conceptus* als das Erfasste, das Verfasste.

[3] Die Namensgleichheit zum Objekt aus der Objektorientierung ist in diesem Kontext nur zufällig. Der Begriff Objekt ist hier im Sinne von Betrachtungsgegenstand gemeint. Einige Autoren nutzen an dieser Stelle auch den Begriff Entität.

- $\tau(\mathcal{M}(\mathcal{A}))$ gibt die Menge der Objekte an, welche die angegebenen Attribute enthält:
$$\tau(\mathcal{M}(\mathcal{A})) = \{o \in \mathcal{M}(\mathcal{O}) | \forall\, a \in \{\mathcal{M}(\mathcal{A}) : (o,a) \in \mathcal{M}(\mathcal{R}\}\}\ .$$

Bei einer gegebenen Menge $\mathcal{O}' \subset \mathcal{M}(\mathcal{O})$ von Objekten und $\mathcal{A}' \subset \mathcal{M}(\mathcal{A})$ von Attributen wird das Paar $(\mathcal{O}', \mathcal{A}')$ genau dann ein Konzept $\mathcal{C}$ genannt, wenn gilt:

$$\tau(\mathcal{A}') = \mathcal{O}',$$
$$\sigma(\mathcal{O}') = \mathcal{A}'$$

bzw.

$$\sigma(\tau(\mathcal{A}')) = \mathcal{A}'$$

oder, in anderen Worten, für ein Konzept $\mathcal{C} = (\mathcal{M}(\mathcal{O}), \mathcal{M}(\mathcal{A}))$ existiert kein Objekt $o \notin \mathcal{M}(\mathcal{O})$, welches alle Attribute von $\mathcal{M}(\mathcal{A})$ enthält und es existiert kein Attribut $a \notin \mathcal{M}(\mathcal{A})$, welches in allen Objekten in $\mathcal{M}(\mathcal{O})$ enthalten ist.

Die Menge von Objekten eines Konzeptes zeigt daher die Ausdehnung (Extent) des Konzepts an, während die Menge der Attribute eines Konzepts die Intention des Konzepts wiedergibt.

Interessanterweise verhalten sich Konzepte antimonoton:

$$X_1 \subseteq X_2 \mapsto \sigma(X_2) \subseteq \sigma(X_1),$$
$$Y_1 \subseteq Y_2 \mapsto \tau(Y_2) \subseteq \tau(Y_1)$$

und extensiv:

$$X \subseteq \tau(\sigma(X)),$$
$$Y \subseteq \sigma(\tau(Y)).$$

Diese abstrakte Definition des Begriffs Konzept als Kombination von Objekten und Attributen innerhalb des Systems erlaubt es, für Konzepte eine partielle Ordnung zu definieren:

$$\mathcal{C}_1 \leq \mathcal{C}_2, \tag{4.1}$$
$$(\mathcal{M}_1(\mathcal{O}), \mathcal{M}_1(\mathcal{A})) \leq (\mathcal{M}_2(\mathcal{O}), \mathcal{M}_2(\mathcal{A})) \Leftrightarrow \mathcal{M}_1(\mathcal{O}) \subseteq \mathcal{M}_2(\mathcal{O}), \tag{4.2}$$
$$(\mathcal{M}_1(\mathcal{O}), \mathcal{M}_1(\mathcal{A})) \leq (\mathcal{M}_2(\mathcal{O}), \mathcal{M}_2(\mathcal{A})) \Leftrightarrow \mathcal{M}_2(\mathcal{A}) \subseteq \mathcal{M}_1(\mathcal{A}). \tag{4.3}$$

Man nennt die beiden Konzepte $\mathcal{C}_1, \mathcal{C}_2$ jeweils Subkonzept $\mathcal{C}_1$ und Superkonzept $\mathcal{C}_2$ (Gl.4.1). Das Konzept, welches aus der Vereinigung aller Konzepte entsteht, wird Supremum genannt. Für dieses Supremum $\mathcal{K}$ gilt:

$$\mathcal{K} = \sup(\mathcal{C}_i), \tag{4.4}$$
$$= \bigcup_i \mathcal{C}_i,$$
$$= \bigcup_{i \in \mathcal{K}} (\mathcal{O}_i, \mathcal{A}_i), \tag{4.5}$$
$$= \left(\tau \left(\bigcap_{i \in \mathcal{K}} \mathcal{A}_i \right), \bigcap_{i \in \mathcal{K}} \mathcal{A}_i \right). \tag{4.6}$$

Ein Konzept wird atomar genannt, wenn es von nur einem Objekt gebildet wird. Betrachtet man alle Konzepte eines Beobachtungsgebiets, so ergibt sich ein hierarchischer Graph aus Konzepten mit jeweiligen Sub- und Superkonzepten. Mathematisch gesehen handelt es sich hierbei um ein Gitter[4], welches aus den Konzepten gebildet wird. Bei einem gegebenen System können innerhalb des entstehenden Gitters dann zwei spezielle Konzepte (Supremum und Infimum) gefunden werden, nämlich:

$$\begin{aligned} \sup(\mathcal{S}) &= (\tau(\emptyset), \sigma(\tau(\emptyset))) \\ &= (\mathcal{E}, \emptyset) \end{aligned} \tag{4.7}$$

$$\begin{aligned} \inf(\mathcal{S}) &= (\tau(\sigma(\emptyset)), \sigma(\emptyset)) \\ &= (\emptyset, \mathcal{P})\,. \end{aligned} \tag{4.8}$$

Das Supremumkonzept zeigt, dass nicht alle Eigenschaften (Attribute) auf alle Elemente (Objekte) passen und das Infimumkonzept zeigt, dass nicht alle Elemente (Objekte) auf alle Eigenschaften (Attribute) passen.

Es existieren einige Algorithmen zur Berechnung der Konzepte eines gegebenen Kontexts, die bekanntesten sind:

- Bottom-up – Beim Bottom-up-Algorithmus wird zunächst von der leeren Menge $\emptyset$ gestartet und das Infimumkonzept (Gl. 4.8) bestimmt. Als nächster Schritt werden aus der leeren Menge $\emptyset$ die atomaren Konzepte bestimmt. Diese Menge M kann durchaus mehrdeutig sein, daher wird sie wie folgt bearbeitet:
  - Es werden alle Paare von atomaren Konzepten $x, y \in M \times M$ gebildet, so dass gilt: $x \nsubseteq y$ und $y \nsubseteq x$.
  - Das Paar (x, y) wird genommen und aus der Menge der Paare $M \times M$ entfernt. Anschließend wird das neue Konzept z gebildet: $z = x \bigsqcup y$. Wenn dies ein neues Konzept für die Menge M ist, dann werden alle Paare (z, p) mit $z \in M$ und $z \nsubseteq p$ sowie $p \nsubseteq z$ gebildet und zu $M \times M$ hinzugefügt.
  - Die beiden obigen Schritte werden wiederholt, bis die Menge $M \times M$ sich nicht mehr verändert.
- Ganter[5] – Beim Ganter-Algorithmus wird zunächst die Menge aller Untermengen von $\mathcal{E}$ in lexikalischer Ordnung betrachtet. Eine Untermenge $U \subseteq \mathcal{E}$ ist lexikalisch kleiner als eine Untermenge $V \subseteq \mathcal{E}$ mit $V \neq U$, wenn das kleinste Element, das U von V unterscheidet, zu V gehört. Damit ist man in der Lage, eine lineare Wohlordnung zu definieren. Aufgrund der Wohlordnung kann nun folgender Ganter-Algorithmus durchgeführt werden:
  - Das kleinste lexikalische Element $\tau(\sigma(\emptyset))$ wird bestimmt.
  - Für eine gegebene Menge $M \subset \mathcal{E}$ wird der nächste lexikalische Extent bestimmt, indem alle Elemente $e \in \mathcal{E} \backslash M$ bestimmt werden. Beginnend mit dem größten Element (es existiert eine lexikalische Ordnung) werden die Extents

[4] Lattice

[5] Benannt nach *Bernhard Ganter* (deutscher Mathematiker).

$M + e$ bestimmt. Das erste Element, für welches gilt:

$$M < M + e\,,$$

wird genommen.

- Der Algorithmus kann analog auch für das Infimumkonzept $\inf(\mathcal{S})$ durchgeführt werden.

Mithilfe der formalen Kontextanalyse können Design und auch wiederkehrende Patterns aus dem Sourcecode oder den Designdokumenten extrahiert werden. Speziell die Maintenance kann von einem solchen Vorgehen gut profitieren.

Am einfachsten lässt sich diese FCA-Technik bei einer sogenannten Feature-Komponenten-Matrix einsetzen. Eine Feature-Komponenten-Matrix besteht aus einer Liste von Features (den Zeilen) und einer Ansammlung von Komponenten (den Spalten). Werden bestimmte Features von den jeweiligen Komponenten implementiert, so entsteht eine Matrix aus Nullen und Einsen. Für die formale Kontextanalyse bilden die Komponenten die formalen Objekte und die Features die formalen Attribute. Eine Relation ist gegeben, wenn die Feature-Komponenten-Matrix eine 1 an der jeweiligen Stelle (Zelle der Matrix) enthält. Auf dieses Problem kann jetzt die formale Kontextanalyse angewandt werden und die enthaltenen Konzepte automatisch erzeugt werden (entweder Bottom-up oder Ganter). Aber nicht nur auf die Rekonstruktion von Software im Rahmen der Maintenance kann die FCA angewendet werden, mit ihr ist es auch möglich, Architekturen zu rekonstruieren und damit einen Beitrag in der Bewertung von Architekturen zu liefern.

4.2 Rough Set Theory

In allen praktischen Fällen gibt es eine große Differenz zwischen den verschiedenen Architekturartefakten oder der jeweiligen Qualität der Daten über die Architekturen. Es ist nicht ungewöhnlich, dass große Teile des zu betrachtenden Systems nur sehr grob und andere sehr detailliert bekannt sind. Bei einer solchen Datenlage ist es recht schwer überhaupt quantifizierbare Aussagen zu treffen. Eine Möglichkeit, die mathematische Qualität von Aussagen bei einem solchen Phänomen zu erhöhen, ist die RST (**R**ough **S**et **T**heory). Die Methode RST kommt immer dann zu Einsatz, wenn man gezwungen ist sich mit Hetero- und Homogenität in Daten von Systemen zu beschäftigen.

Die Rough Set Theory betrachtet das Wissen als die Fähigkeit Objekte zu klassifizieren und behandelt Konzepte (als Teil des Wissens, s. Abschn. 4.1) als die Gruppen oder Klassen, zu denen diese Objekte gehören. Eine Menge von Objekten, genannt Universum $\mathfrak{U}$, wird durch Wissen und die Klassen $\mathfrak{X}_1, \ldots, \mathfrak{X}_n$ zerlegt mit:[6]

$$\mathfrak{X}_i \cap \mathfrak{X}_j = \delta_{ij}\mathfrak{X}_j$$

[6] Das Kroneckersymbol (nach Leopold Kronecker, deutscher Mathematiker 1823–1891) ist definiert durch:

$$\delta_{ij} = \begin{cases} 1 \text{ für } i = j \\ 0 \text{ für } i \neq j \end{cases}.$$

Tabelle 4.1 Entscheidungstabelle bei der Rough Set Theory, mit den Bedingungen C_i und den Entscheidungen D_j.

$\mathfrak{U}$	C_1	...	C_n	D_1	...	D_m
1	c_{11}	...	c_{1n}	d_{11}	...	d_{1m}
2	c_{21}	...	c_{2n}	d_{21}	...	d_{2m}
...	...	...	...	...	...	...
k	c_{k1}	...	c_{kn}	d_{k1}	...	d_{km}
...	...	...	...	...	...	...

und

$$\mathfrak{U} = \bigcup_i \mathfrak{X}_i \,.$$

Jede der Klassen $\mathfrak{X}_i$ wird als ein Konzept in $\mathfrak{U}$ betrachtet.

Eine solche Klassifikation entspricht einer Äquivalenzrelation[7] in der „üblichen“ Mathematik, daher kann das Wissen innerhalb der RST als eine Äquivalenzrelation gesehen werden. Eine Familie von Äquivalenzrelationen $\widehat{\mathfrak{R}} = (\mathfrak{R}_1, \ldots, \mathfrak{R}_n)$ und eine Universum $\mathfrak{U}$ bilden zusammen eine Wissensbasis $\widehat{\mathfrak{W}}$:

$$\widehat{\mathfrak{W}} = \left(\mathfrak{U}, \widehat{\mathfrak{R}}\right) .$$

Ein partielles Wissen $\mathfrak{P}$, oft auch Teilwissen der Wissensbasis $\widehat{\mathfrak{W}}$ genannt, wird durch die Relation:

$$\widehat{\mathfrak{P}} \subseteq \widehat{\mathfrak{W}}$$

repräsentiert und das kleinste, ununterscheidbare Wissen wird durch die Äquivalenzrelation Φ mit:

$$\Phi(\widehat{\mathfrak{P}}) = \bigcap_j \widehat{\mathfrak{P}}_j$$

ermittelt. Dabei ist Φ selbst wiederum eine Äquivalenzrelation, da die Schnittmenge mehrerer Äquivalenzrelationen auch eine Äquivalenzrelation bildet.

Das Element $x \in \mathfrak{U}$, zu der das kleinste ununterscheidbare Wissen gehört, ist gegeben durch:

$$\mathfrak{X}\,[x]_{\Phi(\widehat{\mathfrak{P}})} = \bigcap_{\widehat{\mathfrak{R}} \in \widehat{\mathfrak{P}}} \mathfrak{X}\,[x] \,,$$

hierbei symbolisiert $\mathfrak{X}\,[x]$ die Klasse, zu der $x \in \mathfrak{X}\,[x]$ gehört, wenn $\mathfrak{U}$ durch die Äquivalenzrelation $\widehat{\mathfrak{R}}$ klassifiziert wird. Die Relation $\Phi(\widehat{\mathfrak{R}})$ wird in diesem Fall Ununterscheidbarkeitsrelation genannt.

Die Menge aller Äquivalenzrelationen, welche in der Wissensbasis $\widehat{\mathfrak{W}}$ definiert werden können, ist gegeben durch:

$$\Phi\left(\widehat{\mathfrak{W}}\right) = \left\{\Phi(\widehat{\mathfrak{P}}) : \quad \widehat{\mathfrak{P}} \subseteq \widehat{\mathfrak{R}} \wedge \widehat{\mathfrak{P}} \neq \emptyset\right\} .$$

[7] Äquivalenzrelationen sind Relationen (A, B, C), welche reflexiv $(A \sim A)$, symmetrisch $(A \sim B \Rightarrow B \sim A)$ und transitiv $(A \sim B \wedge B \sim C \Rightarrow A \sim C)$ sind.

Alle Klassen, welche durch die Äquivalenzrelation $\widehat{\mathfrak{R}}$ klassifiziert werden, werden R-basierte Kategorien genannt, und diese Kategorien stellen ihrerseits Konzepte (s. Abschn. 4.1) dar. Stellt eine Menge $X \subseteq \mathfrak{U}$ eine Vereinigungsmenge diverser Kategorien dar, welche alle auf derselben Relation $\widehat{\mathfrak{R}}$ basieren, dann nennt man die Menge X R-definierbar, sonst R-undefinierbar.

Durch eine Äquivalenzrelation $\widehat{\mathfrak{R}}_i$, die sich von einer gegebenen Wissensbasis $\widehat{\mathfrak{W}} = (\mathfrak{U}, \widehat{\mathfrak{R}})$, mit $\widehat{\mathfrak{R}}_i \in \Phi(\widehat{\mathfrak{W}})$ ableiten lässt, werden zwei spezielle Mengen bezüglich der Untermenge X des Universums $\mathfrak{U}$, $(X \subseteq \mathfrak{U})$ gebildet:

$$\underline{\mathfrak{R}}_i X = \bigcup \{Y \in \mathfrak{U}/\mathfrak{R}_i : Y \subseteq X\}, \tag{4.9}$$

$$\overline{\mathfrak{R}}_i X = \bigcup \{Y \in \mathfrak{U}/\mathfrak{R}_i : Y \cap X \neq \emptyset\}, \tag{4.10}$$

wobei $\mathfrak{U}/\mathfrak{R}_i$ die Menge aller R_i-basierten Kategorien darstellt. $\underline{\mathfrak{R}}_i X$ (Gl. 4.9) wird die untere Näherung und $\overline{\mathfrak{R}}_i X$ (Gl. 4.10) die obere Näherung von $\mathfrak{R}_i$ genannt. Die Differenz:

$$\Omega(X) = \overline{\mathfrak{R}}_i X - \underline{\mathfrak{R}}_i X \tag{4.11}$$

wird als Rand von X bezeichnet.

Die Universen der RST lassen sich anschaulich als Entscheidungstabellen darstellen (s. Tabelle 4.1), mit den Bedingungen C_i und den Entscheidungen D_j. Eine solche Entscheidungstabelle wird konsistent genannt, wenn für die Zeilen gilt:

$$\left(c_{k1}, \ldots, c_{kp}\right) = \left(c_{l1}, \ldots, c_{lp}\right) \Rightarrow \left(d_{k1}, \ldots, d_{kq}\right) = \left(d_{l1}, \ldots, d_{lq}\right), \tag{4.12}$$
$$\text{für } \{\forall x, y \in \mathfrak{U} : x \neq y\}.$$

Indem man die Bedingungen $\mathfrak{C} = \{C_1 \ldots C_n\}$ und die Entscheidungen $\mathfrak{D} = \{D_1 \ldots D_m\}$ als individuelles Wissen betrachtet, kann man das Universum $\mathfrak{U}$ auf zwei unterschiedliche Arten klassifizieren:

$$\mathfrak{U}/\Phi(\mathfrak{C}),$$
$$\mathfrak{U}/\Phi(\mathfrak{D}),$$

mit der Äquivalenzrelation:

$$\Phi(\mathfrak{C}) = \left\{(x, y) | (c_{x1}, \ldots, c_{xn}) = (c_{y1}, \ldots, c_{yn})\right\} \text{ wobei } (x, y) \in \mathfrak{U} \times \mathfrak{U},$$
$$\Phi(\mathfrak{D}) = \left\{(x, y) | (d_{x1}, \ldots, d_{xm}) = (d_{y1}, \ldots, d_{ym})\right\} \text{ wobei } (x, y) \in \mathfrak{U} \times \mathfrak{U}.$$

In dieser Formulierung für Entscheidungstabellen bedeutet Konsistenz (s. Gl. 4.12), dass gilt:

$$\Phi(\mathfrak{C}) \subseteq \Phi(\mathfrak{D}). \tag{4.13}$$

Die Verfahren der RST lassen sich nicht nur auf Daten anwenden, sondern auch auf Architekturen. Wenn man die vier Architektursichten (s. Abschn. 6.1) als Universen $\mathfrak{U}_1, \ldots, \mathfrak{U}_4$ betrachtet, dann sind die Konzepte der einzelnen Architektursichten die Klassen im Sinne der RST. Wird ein Experte i oder ein Modell i bezüglich der Enterprise Architektur (s. Anhang C) befragt, so zeigt sich ein Wissen auf, was sich aus allen Universen zusammensetzt:

$$\mathfrak{R}_j^{(i)} = \left\{ R_{j1}^{(i)}, R_{js}^{(i)} \ldots \right\} \qquad \text{mit } j = 1, \ldots, 4\,. \tag{4.14}$$

Das angesammelte Wissen ist dann durch:

$$\mathfrak{R}_j = \bigcup_{i=1}^{N} \mathfrak{R}_j^{(i)} \tag{4.15}$$

bzw.

$$\widehat{\mathfrak{W}}_j = \left(\mathfrak{U}_j, \mathfrak{R}_j \right) \tag{4.16}$$

gegeben. Die einzelnen Informationen $\mathfrak{I}_j$ ergeben sich zu:

$$\mathfrak{I}_j = \left\{ I \in \mathfrak{U}_j / \Phi(\mathfrak{R}_j) \right\}\,, \tag{4.17}$$

wobei sich die Ununterscheidbarkeitsrelation aus der Bedingung

$$\Phi(\mathfrak{R}_j) = \cap \mathfrak{R}_j \tag{4.18}$$

ergibt. Diese einzelnen Informationen I_j sind die Komponenten, aus denen sich das Modell der jeweiligen Enterprise-Architektur aufbaut.

Wird ein neues Modell oder ein neues System zur Enterprise-Architektur hinzugefügt, dann stellt sich stets die Frage: Ist das Modell oder das System wirklich neu?[8] Diese Frage kann im Rahmen des Frameworks in drei Schritten geklärt werden:

- Eine Menge an Äquivalenzrelationen entsteht durch das neue Objekt in der Form $\mathfrak{I}_j$ mit $j \in 1, \ldots, 4$.
- Die obere und untere Näherung für $\mathfrak{I}_j$ wird für jedes Universum berechnet:

$$\underline{\mathfrak{R}_j}\mathfrak{I}_j = \bigcup \left\{ Y \in \mathfrak{U}_j/\mathfrak{R}_j : Y \subseteq \mathfrak{I}_j \right\} \qquad \forall j \in 1, \ldots, 4,$$
$$\overline{\mathfrak{R}_j}\mathfrak{I}_j = \bigcup \left\{ Y \in \mathfrak{U}_j/\mathfrak{R}_j : Y \cap \mathfrak{I}_j \neq \emptyset \right\} \qquad \forall j \in 1, \ldots, 4.$$

- Falls nun gilt:

$$\underline{\mathfrak{R}_j}\mathfrak{I}_j = \overline{\mathfrak{R}_j}\mathfrak{I}_j \qquad \forall j \in 1, \ldots, 4,$$

dann kann die „neue“ Information durch die bestehenden Modelle ausgedrückt werden. In diesem Fall ist der Rand (Gl. 4.1) verschwindend:

$$\Omega(\mathfrak{I}_j) = \emptyset \qquad \forall j \in 1, \ldots, 4,$$

d. h., $\mathfrak{I}_j$ ist nicht neu.

8

Was geschehen ist, eben das wird hernach sein.
Was man getan hat, eben das tut man hernach wieder,
und es geschieht nichts Neues unter der Sonne.
Prediger 1,9

Innerhalb der RST stellt ein System eine Menge an Daten dar, welche durch Messungen physikalischer Phänomene (Sprache, Text, Bilder, ...) gewonnen wurden, daher ist ein System $\mathbb{S}$ für die RST ein Quadrupel der Form:

$$\mathbb{S} = \{\mathfrak{U}, \mathfrak{X}, \mathbb{D}, f\} \tag{4.19}$$

mit:

- dem geschlossenen Universum $\mathfrak{U}$,
- einer nichtleeren, endlichen Menge an Attributen $\mathfrak{X}$,
- einer Domäne $\mathbb{D}$ mit:

  $$\mathbb{D} = \bigcup_{x \in \mathfrak{X}} \mathbb{D}_x,$$

  dabei bildet $\mathbb{D}_x$ die Menge aller möglichen Werte für $x \in \mathfrak{X}$,
- einer beschreibenden Funktion f mit:

  $$f : \mathfrak{U} \times \mathfrak{X} \mapsto \mathbb{D},$$

  so dass gilt:

  $$f(u, x) \in \mathbb{D}_x \qquad \forall x \in \mathfrak{X}, u \in \mathfrak{U}.$$

  Jedes Paar (x, v) mit $x \in \mathfrak{X}$, $v \in \mathbb{D}_x$ nennt man dann einen Deskriptor.

Ein System wird ein Entscheidungssystem[9] genannt, wenn sich die Attributmenge $\mathfrak{X}$ in zwei disjunkte Mengen aufteilen lässt:

$$\mathfrak{C} \cup \mathfrak{D} = \mathfrak{X},$$
$$\mathfrak{C} \cap \mathfrak{D} = \emptyset,$$

dabei wird die Menge $\mathfrak{C}$ als die Menge der Konditionen und die Menge $\mathfrak{D}$ als die Menge der Entscheidungen bezeichnet. Ein Entscheidungssystem $\mathbb{DS}$ ist nach Gl. 4.19 daher gegeben durch:

$$\mathbb{DS} = \{\mathfrak{U}, \mathfrak{C} \cup \mathfrak{D}, \mathbb{D}, f\}. \tag{4.20}$$

Mithilfe von RST und FCA lassen sich so Informationen über die Architektur qualifizieren, quantifizieren und bewerten. Aber nicht nur direkte Messgrößen können betrachtet werden, beide Konzepte ermöglichen es zusätzlich auch Metainformationen (Modelle) zu betrachten.

4.3 Softwarereengineering

Eines der Ziele hinter dem Softwarereengineering ist es, Abstraktionen eines Softwaresystems zu schaffen bzw. Abstraktionen im Sinne der Architektur zu rekreieren. Diese neuen Architekturen können sich zwar mit den „alten“ überlappen, aber

[9] Decision System oder auch Entscheidungstabelle

die Erforschung des ursprünglichen Designs ist nicht das Ziel des Softwarereengineerings, da sich die Softwaresysteme meist schon sehr weit von diesem Ursprung entfernt haben. Das Softwarereengineering steht quasi auf halbem Wege zwischen einer vollständigen Neuentwicklung, via eine völlig neue Spezifikation, und der regulären Maintenance. Unglücklicherweise sind hier die Begrifflichkeiten nicht ganz eindeutig und gehen z. T. auch fließend ineinander über. Das Softwarereengineering lässt sich definieren durch:

Softwarereengineering im weiteren Sinne ist der Prozess der Umstellung von bestehender, i. d. R. aktiver, Software auf neue Gegebenheiten.

Im Gegensatz zur reinen Maintenance beinhaltet das Softwarereengineering stets eine größere Menge von Umstellungen, sei es eine Portierung auf eine neue Hard- oder Softwareplattform oder neue Funktionalitäten. In allen Fällen findet jedoch beim Softwarereengineering im weiteren Sinne eine strukturelle Veränderung der Software statt.

In der Praxis lässt sich die obige Definition des Softwareengineerings jedoch einengen:

Softwarereengineering im engeren Sinne ist der Prozess der Veränderung der einer Software zugrunde liegenden Architektur.

Das bekannteste Reengineeringmodell für Software stammt von *Byrne* (s. Abb. 4.1) und beinhaltet die drei Aktivitätenblöcke:

- Reverse Engineering,
- Restructuring,
- Forward Engineering.

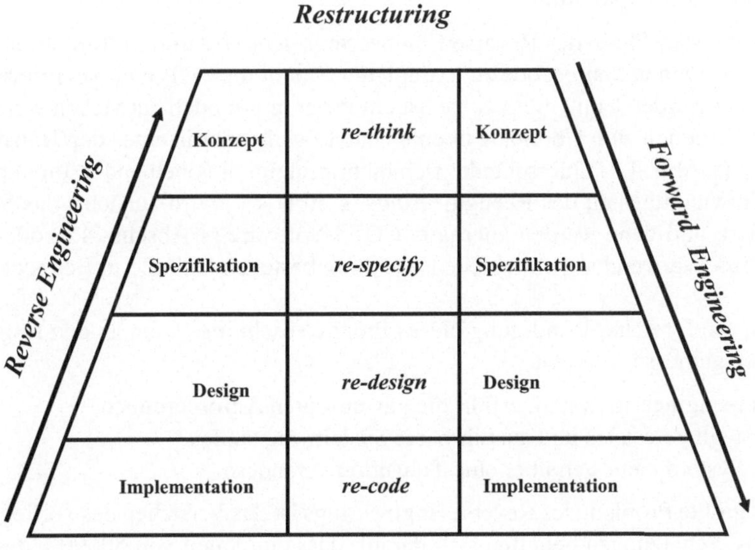

Abb. 4.1 Die Reengineeringpyramide

Mit dem Reverse Engineering wird anhand der vorhandenen Artefakte versucht, ein Modell des Systems zu entwickeln, wobei es das Ziel ist, auf einer höheren Abstraktionsebene agieren zu können. Beim Restructuring werden quasi gleiche Abstraktionsebenen ausgehend vom Ursprungssystem in das Zielsystem überführt. Das Forward Engineering stellt seinerseits ein Verfahren dar, das analog einer Neuentwicklung vorgeht.

Beim Reengineeringmodell entspricht der erste Schritt, das Reverse Engineering, dem systematischen Aufbau einer Dokumentation über das bestehende System. Dieser Schritt ist einer der schwersten, da i. d. R. aus dem vorhandenen Sourcecode ein Modell über die Applikationen erstellt werden muss. Üblicherweise existieren für das bestehende System keine sinnvollen Dokumentationen, mit der Folge, dass diese komplett neu erstellt werden müssen.

Für das Restructuring selbst sind stets zwei Modelle notwendig, zum einen ein Modell des aktuellen Systems und zum anderen ein Modell des Zielsystems, des „geplanten" neuen Systems. Diese Modelle sind die jeweiligen Architekturen der beiden Systeme.

Das Reverse Engineering kann definiert werden als der Prozess, welcher nötig ist, in einem gegebenen System die Systemkomponenten und ihre Relationen zu identifizieren und dabei diverse Repräsentationen dieses zu beobachtenden Systems zu produzieren. Diese Repräsentationen müssen sich immer auf einer höheren Abstraktionsebene befinden als die Objekte des ursprünglichen Systems. Das Ziel des Reverse Engineerings ist es, das System in einer solchen Form darzustellen, dass es in der neuen Repräsentation schneller verständlich ist.

Das Reverse Engineering wird in drei klar abgegrenzte Phasen eingeteilt:

- Informationsbeschaffung,
- Wissensorganisation,
- Informationsexploration.

In der ersten Phase des Reverse Engineerings geht es darum, Informationen aus dem vorhandenen Sourcecode zu extrahieren. Damit dieser Typus von Information dargestellt werden kann, muss zunächst ein Programmmodell entwickelt werden.

Das Vorgehen zum Übergang in eine neue Lösung oder in eines der Transitionssysteme (s. Abb. 4.2) unterscheidet sich nicht prinzipiell voneinander. Im tatsächlichen Entwicklungsteil des Reengineerings (s. Abb. 4.3) wird zunächst das System analysiert, und dann werden alternativ COTS-Software (s. Abschn. 4.4) oder auch eine Wiederverwendung bzw. Neuentwicklung bestehender Teile in Betracht gezogen.

Eine erfolgreiche Beendigung dieses Prozessabschnittes kann an den folgenden Faktoren gemessen werden:

- Das reengineerte System erfüllt die gewünschten Anforderungen.
- Es ist ein getestetes und ausführbares System entstanden.
- Das System kann sich über eine Transition verändern.

Das größte Problem des Reverse Engineerings ist das Verstehen des vorliegenden Systems, Schätzungen belaufen sich darauf, dass ein Anteil von 50–90% des Aufwandes eines Reengineeringprojekts in das Verstehen des Systems investiert werden

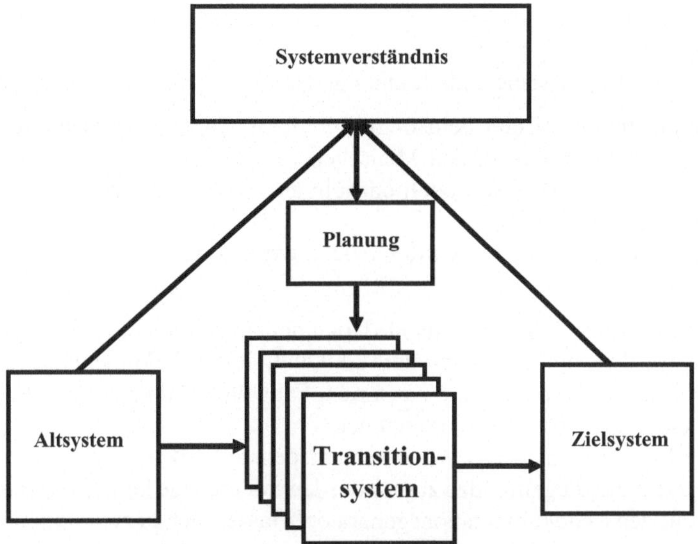

Abb. 4.2 Softwarereengineering als systematischer Übergang

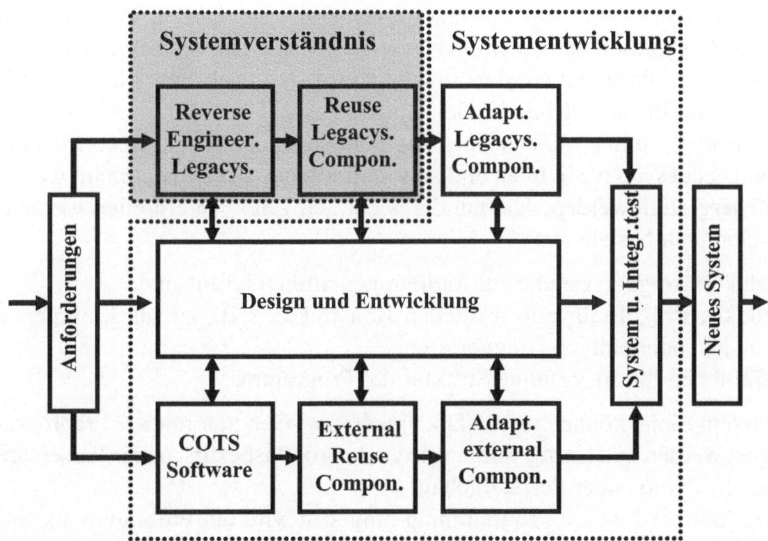

Abb. 4.3 Softwarereengineering als Entwicklungsvorhaben

muss, daher ist der Einsatz mathematischer Methoden wie FCA (s. Abschn. 4.1) oder RST (s. Abschn. 4.2) sinnvoll. Die Fähigkeiten und Fertigkeiten zur Modellbildung spielen hierbei eine zentrale Rolle. Diese Prozesse sind sehr komplex und werden durch eine Vielzahl von externen Faktoren beeinflusst, so z. B.: Ressourcen, Pläne, Betriebspolitik, Trends und Moden, Marketing und manchmal auch „Flurfunk“. Die Komplexität eines solchen Unterfangens kann einen Einzelnen durchaus überwältigen.[10]

Das Reverse Engineering enthält unter anderem zwei wichtige Teildisziplinen:

- Redokumentation – Unter dem Begriff Redokumentation werden alle Anstrengungen verstanden, ein für den Menschen verständliches Modell des Softwaresystems zu bauen. Dieses Modell entsteht aus der Implementierung[11] und wird zunehmend abstrahiert.
- Design Recovery – Hierbei wird versucht, explizit das mögliche Designmodell zu entwickeln.

Als ein Kriterium für unzureichende Dokumentation kann die Klärung der Frage angesehen werden, ob die Menge und die Qualität der Dokumentation ausreicht, um tatsächlich ein Reengineering zu starten. Falls diese Menge ausreicht, wird die Dokumentation als hinreichend bezeichnet.

Für die Redokumentation werden verschiedenste Werkzeuge angeboten. Allen diesen Werkzeugen liegt die Idee zugrunde, den Sourcecode komprimiert darzustellen. Die heutigen Redokumentationsgeneratoren lassen sich in zwei Typen einteilen:

- Documentation-Generator,
- Reverse Literate Programming.

Die Idee hinter jedem Documentation-Generator ist, dass ein Programm in verschiedene Abstraktionsschichten zerlegt werden kann. Diese Abstraktionsschichten sind sprachspezifisch und werden üblicherweise als Levels bezeichnet. Alle Werkzeuge, welche in diese Klasse fallen, müssen eine Island Grammar beherrschen. Unter Island Grammar versteht man die Fähigkeit, nur syntaktische Elemente eines Sourcecodes aufzuzeichnen und zu interpretieren, die aktiv erkannt werden. So kann sichergestellt werden, dass nur die wichtigen Teile[12] interpretiert werden. Jede Island Grammar besteht aus

1. Produktionsregeln, welche zur Redokumentation relevant sind.
2. Produktionsregeln für alle restlichen Konstrukte, z. B., sie als Kommentare zu behandeln oder einfach zu ignorieren.
3. Definitionen für die gesamte Struktur des Programms.

In gewissem Sinne können solche Documentation-Generatoren wie Präprozessoren betrachtet werden und häufig werden sie auch, projektspezifisch, aus Parsersprachen wie REXX, Python oder Perl aufgebaut.

Beim Reverse Literate Programming hingegen wird ein Programm als eine Enzyklopädie verstanden. Die Idee geht auf *Donald E. Knuth*[13] zurück. Literate Programming beinhaltet den Ansatz, Dokumentation und Compilat eines Programms aus der gleichen Quelle zu konstruieren. Im Rahmen des Reverse Literate Program-

[10] Die meisten Softwareentwickler und Projektleiter habe eine Abneigung gegen solche Projekttypen.

[11] In der Praxis wird häufig auch „alte“ Dokumentation mit berücksichtigt.

[12] Ob die so gefundenen Teile wirklich wichtig sind, unterliegt der Interpretation des Anwenders.

[13] Amerikanischer Informatiker, geb. 10.1.1938

mings wurde diese Idee mit der Fähigkeit von Hypertext verknüpft. Neuere Sprachen, speziell alle GML[14]-Abkömmlinge, besitzen diese Fähigkeiten. Dazu zählen neben HTML auch XML und alle daraus abgeleiteten Sprachen.

4.4 COTS

Einen besonderen Fall im Bereich der Architektur stellt der Einsatz eines nicht selbst hergestellten Systems (meist aus Software) dar. Im Fall des Einsatzes von gekauften Produkten kommt es zu einer Trennung des Systems der Produkterstellung und der Produktnutzung und beide Systeme kommunizieren über den Markt miteinander. Oft wird ein System aus verschiedenen Komponenten zusammengebaut, die von kommerziellen Herstellern als fertige Produkte geliefert werden; dies wird als ein COTS-System (**C**ommercial **o**f **t**he **S**helf)[15] bezeichnet. Typischerweise wird eine einzelne COTS-Komponente, oft auch COTS-Produkt genannt, folgendermaßen definiert:

Ein COTS-Produkt ist ein Produkt, welches:

- *verkauft, vermietet oder lizenziert für die Allgemeinheit zur Verfügung steht,*
- *von einem Verkäufer angeboten wird um Profit zu erzeugen,*
- *unterstützt und weiterentwickelt wird durch ein Unternehmen, das das geistige Eigentum daran hat,*
- *verfügbar in mehreren identischen Kopien ist,*
- *ohne Sourcecodemodifikationen nutzbar ist.*

Der Hauptgrund für die Nutzung von COTS-Produkten liegt in der Annahme, dass es kostengünstiger und schneller ist, die Produkte zu kaufen als diese selbst zu erzeugen.[16] Mittlerweile werden in den meisten Unternehmen fast alle Nichtkernsysteme aus COTS-Software aufgebaut.

Da die Nutzung von fremder Software immer mit einem gewissen Grad an „Architekturimport" einhergeht, ist der Einsatz von COTS-Software nicht unproblematisch. In fast allen Fällen kommt es zu einem „Architectural Mismatch", da es ein Kennzeichen der Kaufsoftware ist, gerade nicht perfekt zu passen. Dies hat nichts mit Kompatibilität zu tun, da sich diese auf die Nutzung der Interfaces und nicht unbedingt auf die gewählte Implementierung des COTS-Systems bezieht. Oft kann über ein COTS-System nur sehr wenig gesagt werden, außer dass es genutzt wird. Allerdings gibt es beim Einsatz von COTS-Systemen auch Auswirkungen auf nichttechnische Architekturteile. Ein fertiges COTS-System impliziert eine endliche Anzahl von Prozess- und Datenhaushaltsvarianten, die in einem solchen System über-

---

[14] **G**eneralized **M**arkup **L**anguage

[15] Von frustrierten Nutzern oder Softwareintegratoren wird das Akronym COTS oft anders interpretiert:

- **C**ame **O**ut **T**oo **S**oon,
- **C**urrently **O**ffered, **T**otally **S**moke.

[16] Oft fehlt schlichtweg die Kompetenz dies zu tun.

haupt möglich sind, mit der Folge, dass nicht nur Applikations- und Technologiearchitekturen durch COTS-Produkte in ein Unternehmen importiert werden, sondern dass auch Geschäftsprozess- und Informationsarchitekturen übernommen werden müssen.[17, 18] In einem solchen Fall ist die Softwarearchitektur die treibende Kraft für Geschäftsprozess- und Informationsarchitektur und nicht umgekehrt, wie es in der „klassischen" Entwicklung angestrebt wird.

Im Umgang mit COTS-Systemen hat man im Laufe der Zeit einige Erfahrung gesammelt:

- Die Strategien der Hersteller orientieren sich am Markt und nicht am Unternehmen, das die Software einsetzen will. Dies hat zur Folge, dass die Hersteller durchaus ihre Produktstrategien ändern können oder, im Falle von kleineren Unternehmen, auch vom Markt verschwinden. Beide Formen von Risiken müssen betrachtet werden und ggf. geeignete Maßnahmen dagegen ergriffen werden.
- Die Qualität zukünftiger Releases und deren Inhalte sind nicht vorhersagbar. Primäres Ziel des COTS-Herstellers ist es neue Kunden zu gewinnen, und damit konzentriert dieser sich bei neuen Features auf dieses Marktsegment. Oft ist für den Hersteller ein kurzes Time-to-Market vordringlich, mit der Folge einer niedrigen Qualität im entsprechenden Release.
- Eine Architektur muss die COTS-Komponente isolieren und simultan integrieren um gegenüber Veränderungen optimal aufgestellt zu sein.
- Periodische Architekturreviews der COTS-basierten Systeme sind aufgrund der diversen Veränderungen sinnvoll.

Unter dem Begriff COTS-Software wird nicht nur die klassische Lizenzsoftware verstanden, wie bspw. Buchhaltungssysteme, sondern auch Software, welche stärker dem Infrastrukturbereich zuzuordnen ist, wie ein Datawarehouse. Bei den COTS-Systemen wird zwischen zwei verschiedenen Paradigmen unterschieden:

- Kommerzielle Systeme – Die kommerziellen Systeme haben als Zielsetzung primär die allgemeine Bevölkerung, so z. B. Officepakete oder Internetbrowser. Sie dienen der Verbreitung von Technologie und haben die Einfachheit der Benutzung als Entwicklungsprämisse. In Bezug auf ihren Preis müssen sie für den Einzelnen erschwinglich bleiben. Bei klassischen Produkten würde man dies als den Massenmarkt bezeichnen.
- Professionelle Systeme – Als Betriebsmittel eingesetzt stehen andere Anforderungen an die Software im Vordergrund: Zuverlässigkeit und ein kompletter Lebenszyklussupport haben Vorrang, der Preis wird sekundär.

Die Einsatzgebiete von COTS-Software sind divers, sie rangieren von einem einzelnen COTS-System bis hin zum Aufbau eines Gesamtsystems aus reinen COTS-Komponenten. Traditionell wird die COTS-Software unterteilt in eine System- und eine Applikationssoftware (s. Abb. 4.4). Der applikative Teil wird zusätzlich noch in horizontale und vertikale Applikationen aufgeteilt. Horizontale Applikationen

---

[17] Oft wird dies nur an gescheiterten Einführungsprojekten sichtbar.

[18] Ein Grund für den hohen Grad an Changemanagement, der die Folge des Einsatzes von COTS-Software ist und oft nicht antizipiert wird.

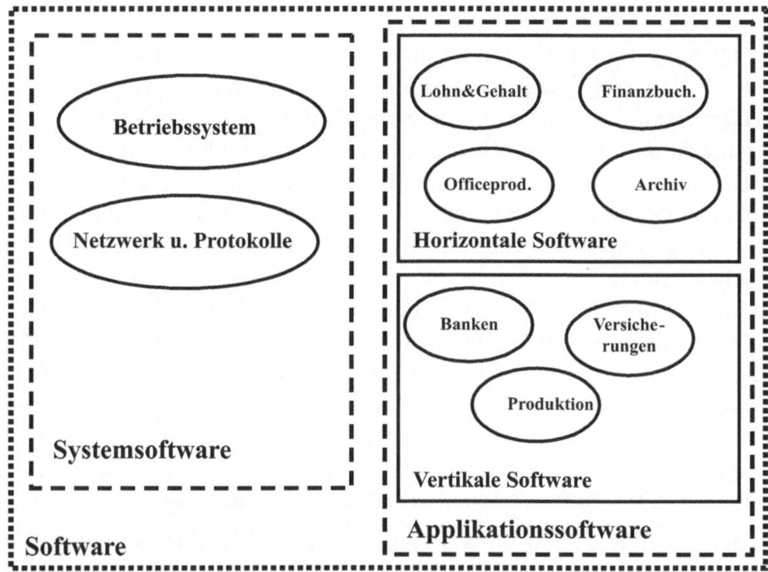

Abb. 4.4 Die typische COTS-Software-Landschaft

sind Softwaresysteme, welche branchenübergreifend eingesetzt werden können, wie z. B. eine Finanzbuchhaltung oder eine Textverarbeitung. Unter der vertikalen Software wird die branchenspezifisch einsetzbare Software verstanden.

Zu den üblichen Vorurteilen in Bezug auf die COTS-Systeme zählen:

- Einsparungen – „Mit COTS-Systemen spart man Geld" ist ein beliebtes Vorurteil. Speziell im Fall von Komponenten ist es manchmal günstiger, solche Komponenten selbst zu bauen. Echte strategische Systeme können außerdem selten per COTS-Software erworben werden.
- Fehlerfreiheit – Da es COTS-Software ist, glauben viele, dass die Software nicht getestet werden muss. Ganz im Gegenteil! Neben den Fehlern, die in der Software selbst schlummern,[19] entsteht eine Reihe von Problemen erst beim Zusammenspiel mit anderer Software. Viele Fehler in komplexen Systemen werden durch im Vorfeld unbekannte Nebeneffekte beim Einsatz mehrerer COTS-Systeme produziert.
- Architekturneutralität – Bei COTS-Software muss man sich nicht um die Architektur kümmern – so oder so ähnlich kann man Aussagen von Vertriebsmitarbeitern interpretieren. Aber es existiert kein allgemein gültiger Standard für Architektur, mit der Folge, dass COTS-Software, je nach Hersteller, eine andere Architektur besitzt. Diese diversen Architekturen sind z. T. nicht kompatibel.
- Maintenancefreiheit – Angeblich braucht COTS-Software keine Maintenance – im Gegenteil, sie verweigert sich der Maintenance, da bei der COTS-Software eine starke räumliche und zeitliche Trennung zwischen Endanwendern und Entwicklern vorhanden ist.

[19] Als Kenngröße mag die Zahl der *Microsoft*-Patches dienen.

- Auswahlprozess – Viele Endanwender glauben, dass ihre COTS-Software nach einer intensiven Analyse- und Evaluationsphase ausgewählt worden ist. In den meisten Fällen werden jedoch viele Teile von COTS-Software nach schicken Demos oder einem kostenlosen Download und Ähnlichem ausgesucht.
- Dokumentation – COTS-Software ist angeblich wohldokumentiert. Im Gegenteil! Die Software verkauft sich über ihre Features und nicht über ihre Entwicklerdokumentation. Folglich können viele fachliche Features in der Dokumentation wiedergefunden werden, aber technische Details sind eher die Ausnahme und selten aktuell.
- Stabilität – „Mit COTS-Software muss ich nichts mehr ändern", so lautet ein beliebtes Managervorurteil. Die maximale Halbwertszeit eines COTS-Produkts beträgt knapp zwei Jahre, danach kommt eine neue Version auf den Markt, mit der Folge, dass die alte Version obsolet wird. Folglich müssen auch neue Tests bezüglich der COTS-Software bei den Käufern durchgeführt werden. Verschärft wird dieses Problem noch durch die Tatsache, dass die durchschnittliche Lebensdauer einer COTS-Softwareexpertise unter einem Jahr liegt.

Sich die passende COTS-Software auszusuchen, ohne eine explizite und intensive Anforderungsanalyse durchzuführen, ist ein Ding der Unmöglichkeit. Erstaunlicherweise geschieht dies trotzdem immer wieder! Die große Menge an Shelfware[20] beweist ganz augenscheinlich, wie häufig COTS-Software erworben und dann nie eingesetzt wird. In gewisser Weise ist Shelfware der Traum eines jeden COTS-Software-Herstellers, da der Kunde Lizenzen bezahlt, ohne das Produkt je einzusetzen. Der Nichteinsatz führt zu einer hohen Stabilität des Produktes, da dies jetzt keinen Änderungen unterliegt.

Für den Verzicht auf eine intensive und vor allen Dingen fachlich getriebene Anforderungsevaluation lassen sich für die meisten Organisationen drei unterschiedliche Gründe ausmachen:

- Mangelnde Endbenutzerbeteiligung – Häufig sind in den Organisationen die IT-Abteilungen oder ein Zentraleinkauf Entscheidungsträger darüber, welche Software erworben wird. Beide Organisationsbereiche tendieren dazu, recht selbstherrlich zu glauben, dass sie besser als der jeweilige Fachbereich wüssten, was dieser an Software braucht. Der Grund für dieses Gedankengut und die nachfolgende, oft falsche, Kaufentscheidung ist unterschiedlich:
  - Zentraleinkauf – Für einen Zentraleinkauf sind alle Güter, auch die Software, die er einkauft, austauschbar. Zentrale Einkaufsabteilungen reagieren primär auf die Kostenfrage. Aufgrund der Idee der Austauschbarkeit wird dann der im Einkaufspreis günstigste Anbieter genommen. Austauschbarkeit ist zwar im Bereich von DIN-genormten Schrauben, Nägeln und Stahlträgern gegeben, nicht jedoch bei höchst komplexen Produkten wie Software oder speziellen Dienstleistungen. Mangelnde Fachkenntnisse aufseiten des Zentraleinkaufs verschärfen noch die Differenz zwischen der Kaufentscheidung und dem eigentlich benötigten Produkt, mit der Folge, dass häufig Shelfware oder die

---

[20] Shelfware ist Software, welche gekauft, aber nie eingesetzt wurde. Sie bleibt auf dem Regal stehen, daher der Name Shelfware.

falsche Dienstleistung gekauft wird. Ironischerweise ist dies langfristig gesehen sogar sehr viel teurer!

- IT-Abteilung – Die IT-Abteilungen in den Organisationen sind primär technisch orientiert und entscheiden sich daher auch nach den entsprechenden Gesichtspunkten. Folglich werden die COTS-Produkte primär aus technischen und erst sekundär aus vermeintlich fachlichen Gesichtspunkten betrachtet. Neben der mangelnden Fachlichkeit neigen die sehr technisch orientierten IT-Abteilungen dazu, relativ komplexe Produkte zu erwerben. Bei einem komplexen Produkt erhält der Käufer, subjektiv betrachtet, sehr viel mehr für sein Geld als bei einem weniger komplexen Produkt. Leider ist diese subjektive Einschätzung betriebswirtschaftlich falsch, da in den meisten Fällen ein Zuviel an Funktionalität zur Verwirrung der Endbenutzer beiträgt und diese dann die verwirrenden Produkte nicht weiter einsetzen. Eine weit verbreitete Differenz ist, dass Fachbereiche aufgrund der höheren Eingabegeschwindigkeiten einer Tastatur – bei erfahrenen Benutzern – Systeme bevorzugen, welche sich vollständig über die Tastatur steuern lassen, während IT-Abteilungen als unerfahrene Benutzer stets die Maus verwenden. Außerdem wird jede Software als die originäre Domäne der IT-Abteilung empfunden, daher betrachten sich die meisten IT-Abteilungen nicht als Dienstleister der Fachbereiche, sondern als Selbstzweck für Kauf, Programmierung und Betrieb von Software. Insofern sind Kaufentscheidungen von IT-Abteilungen auch bis zu einem gewissen Grad eine Machtdemonstration.

- „Vendor-Lock-In“ – Viele heutige Softwareanbieter haben eine sehr breit aufgestellte Produktpalette. Oft besitzen die Verkäufer der Softwareanbieter gute Kontakte zum Management der kaufenden Organisation, mit der Folge, dass Kaufentscheidungen stark über das tatsächliche oder auch vermeintliche Beziehungsgeflecht des Managements motiviert sind. Solche Beziehungsgeflechte[21] können so stark sein, dass Anforderungsanalysen komplett ignoriert werden. Bei der öffentlichen Hand, welche einen Teil ihrer COTS-Software-Einkäufe ausschreiben muss, funktionieren diese Netzwerke etwas subtiler. Hier werden manche Ausschreibungen so formuliert, dass nur der gewünschte Anbieter[22] sie auch erfüllen kann.
- Softwarebudgetierung – In großen Organisationen wird für den Erwerb von Software ein Budget zur Verfügung gestellt. Wird dieses nicht innerhalb eines vordefinierten Zeitraumes aufgebraucht, so verfällt es. Meistens ist dieses Budget zweckgebunden und kann nicht umgewidmet werden, mit der Folge, dass zum Ende des Budgetzeitraumes dieses, subjektiv gesehen, aufgebraucht werden muss um COTS-Software zu erwerben. Die Nichtausschöpfung eines Budgets[23]

---

[21] Auch „old boys' network“ genannt.

[22] Es sind Fälle bekannt, bei denen der gewünschte Anbieter die Formulierung der Ausschreibung sogar „hilfreich“ unterstützt hat.

[23] Der Vertrieb der Softwareanbieter ist in dieser Situation unterstützend tätig. Es werden problemlos Rechnungen und Lieferscheine ausgestellt, obwohl in dem entsprechenden Jahr die Software noch nicht zur Verfügung steht.

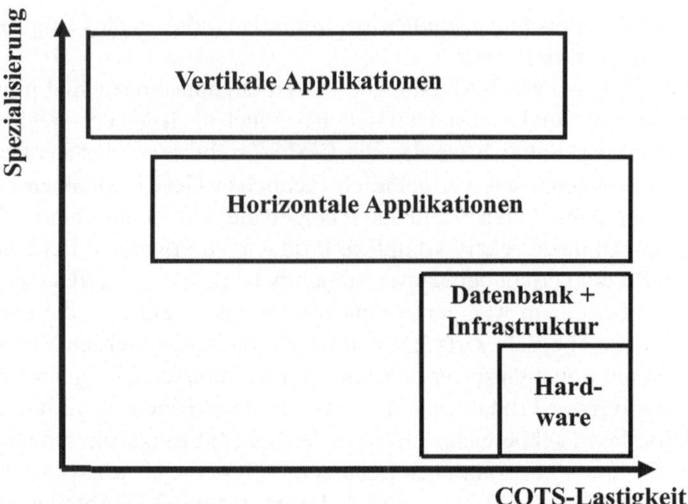

Abb. 4.5 Die unterschiedlichen Spezialisierungsgrade der COTS-Software

bedeutet in den meisten Fällen, dass man dieses Geld anscheinend nicht braucht und daher das Folgebudget gekürzt werden kann. Als Konsequenz dieses Denkschemas wird jede Menge an nutzloser Software erworben.

Ein weiteres Problem hinter den COTS-Systemen offenbart sich aus systemtheoretischer Sicht: Komplexe Systeme wiederholen sich nur äußerst selten. Wenn die Systeme und die organisatorischen Prozesse simultan betrachtet werden, so entsteht ein hochkomplexes soziotechnisches System, welches sich nicht direkt von einer Organisation auf eine andere übertragen lässt. Selbst wenn die Software übertragen wird, entsteht praktisch nie dasselbe soziotechnische System. Aber es gibt noch eine andere Problemquelle: die involvierte Zeitskala. Damit ein COTS-System als vollständig bezeichnet werden kann, muss sie ein gewisses Alter haben. Dieses Alter ist aber immer größer als die momentanen Entwicklungszyklen in der Softwaretechnologie; damit sich die Software verkauft, wird der Organisation modernste Technologie suggeriert, z. T. wird diese neue Technologie sogar symptomatisch meist an der Oberfläche innerhalb des COTS-Produkts implementiert, mit der Folge, dass die ursprünglichen Mechanismen nur bedingt greifen und daher selten das gewünschte soziotechnische System entsteht. Die Hersteller von COTS-Systemen haben das traditionelle Problem, dass sie sich genau zwischen der sich verändernden Geschäftswelt und der sich verändernden Technologie befinden. Die COTS-System-Hersteller können aber nicht wie die Inhouseproduzenten einen Top-down-Ansatz zur Herstellung ihrer Software in Anspruch nehmen. Die COTS-System-Hersteller müssen viel generischer vorgehen, da sie ja diverse Kunden in Form von Organisationen haben, welche ihre Produkte möglichst optimal einsetzen wollen. Umgekehrt kaufen viele COTS-System-Hersteller mittlerweile auch Produkte von anderen Herstellern oder aus dem Bereich Open-Source zu, allerdings nicht organisationsweit, sondern innerhalb des einzelnen COTS-Produkts.

Die meisten Adaptionsprojekte von großen COTS-Systemen beginnen mit einer Beschwichtigung des potenziellen Kunden, wobei stets beteuert wird, dass die Eingriffe in das organisatorische Geschehen nur minimal seien und die Software alle erdenklichen Arbeitsweisen unterstützt. Nach der ersten Pilotinstallation in kleinen (harmlosen) Teilen der Organisation setzt eine Eigendynamik ein, welche auf Dauer die gesamte Organisation erfasst und dem Hersteller zusätzliche Lizenzeinkünfte und dem entsprechenden Unternehmensberatungen viele Umsätze ermöglicht. Jede Veränderung der Umgebung löst bei den betroffenen Menschen Stress aus, so auch die Einführung eines COTS-Systems. Bei einer Eigenentwicklung tritt dies auch auf, da aber der Zeitraum für die Entwicklung länger ist und i. d. R. mehr Mitarbeiter der Organisation involviert sind, tritt dieser Stress bei Eigenentwicklung nicht ganz so stark zutage oder verteilt sich auf einen längeren Zeitraum. Der Grund für diesen Stress ist, dass das Individuum seine bisher existierende Nische im „Ökosystem" Organisation verlassen muss und dies mentalen Stress auslöst. Dieser Stress kann durchaus nur temporär sein, trotzdem ist er oft ein großes Hindernis bei der Einführung von Software. Der Stresszuwachs ist niedriger für Endbenutzer, die aktiv an der Einführung des COTS-Systems beteiligt waren und höher für die anderen. Die aktiv Beteiligten haben weniger Stress, weil sie die intendierte Bedeutung des Systems schon kennen bzw. sich damit aktiv auseinandergesetzt haben. Für solche beteiligten Endbenutzer ist der Stress reduziert auf die Differenz zwischen der intendierten Bedeutung und dem tatsächlichen Resultat der Einführung sowie der Veränderung, die in der Organisation als Ergebnis stattfindet. Der Stress ist für Individuen, welche sehr tief verankerte Routinen entwickelt haben, deutlich größer als für solche, die Veränderungen bevorzugen. Neben der Veränderung der Abläufe und einzelner Substrukturen der Organisation impliziert die Einführung eines COTS-Systems auch immer Auswirkungen auf organisationsinterne Bedeutungen, da durch die COTS-Systeme ein externer Satz an Bedeutungen importiert wird. Die Differenz zwischen diesem externen Satz an Bedeutungen und der bisherigen internen Bedeutung löst Stress aus. Einhergehend mit dieser Bedeutungsänderung kann auch die Veränderung des sozialen Status eines Teils der Betroffenen das Problem noch verschärfen. Manche Rollen werden wichtiger, auf andere kann plötzlich verzichtet werden. Ein weiterer Faktor kann sein, dass der Einzelne sich durch das neue System in seinen intellektuellen Fähigkeiten überfordert sieht.

Als Reaktion auf diesen Stress lässt sich bei Einführungen von Systemen eine Reihe von Reaktionen, in unterschiedlicher Ausprägung, beobachten. Diese Reaktionen rangieren von einem Boykott über eine bewusste Fehlbenutzung der Software bis hin zu echter Sabotage. Solche Reaktionen sind oft nicht nur auf einzelne Personen beschränkt; im Gegenteil, ganz häufig werden sie von einer kompletten sozialen Gruppe ausgeübt.

4.5 Architekturrekonstruktion

Im Rahmen der üblichen Softwareentwicklung wird oft die Architekturrekonstruktion fälschlicherweise als eine erweiterte Form der Redokumentation gesehen. Eine Architektur ist sehr stark an Abstraktion und Modellbildung interessiert, weniger daran, jede einzelne fachliche Funktion detailliert zu beschreiben.[24] Das Ziel einer Architekturrekonstruktion ist es, die Architektur von der Implementierung ausgehend abzuleiten. Von daher stellt sich bei der Architekturrekonstruktion sofort die Frage nach der Vollständigkeit, d. h. die Frage: Wann ist die Rekonstruktion gut genug? Ziel muss es sein, gerade genug Information über die Architektur zu modellieren um in der Lage zu sein, sie zu verstehen. Ein Zuviel an Information, ein zu hoher Grad an Detailwissen, führt zu einem „Verwaschen" der Architektur. Da sich die Architekturrekonstruktion mit der Entdeckung der Architektur- oder Designentscheidungen (s. Architekturdefinition S. 6) der Vergangenheit eines Systems beschäftigt, bedarf es neben dem Sammeln von Dokumentation und Sourcecode – bis zu einem gewissen Grad – auch der Mutmaßung über die Gründe für bestimmte Entscheidungen. Typischerweise durchläuft eine Architekturrekonstruktion vier Phasen:

- Rekonstruktion der Architekturkonzepte – Das Ziel dieser Phase ist es, die architektonisch signifikanten Konzepte, die während des Baus des Systems wirkten, sowie die Kommunikationsinfrastruktur, welche die Zusammenarbeit zwischen den Teilen zur Laufzeit erst ermöglicht, herauszuarbeiten. Diese Konzepte geben an, wie die Entwickler über das System denken und sie werden zur Terminologie der Rekonstruktion des Systems. Das Ergebnis dieser Phase ist eine konzeptionelle Sicht auf die Architektur.
- Modellfindung – In dieser Phase wird ein Modell gebildet, dessen Entitäten die Instanzen der Konzepte der vorherigen Phase darstellen. Eine „richtige" Wahl der Konzepte garantiert, dass das Modell das nötige Abstraktionsniveau besitzt. Diese Phase wird primär durch das Sammeln von Datenmaterial, sehr oft auch Sourcecode, bestimmt.
- Abstraktion – Das Modell der letzten Phase hat oft einen sehr niedrigen Abstraktionsgrad, daher ist es hilfreich, das Modell durch domänenspezifisches oder frameworkspezifisches Wissen zu ergänzen und so einen höheren Abstraktionsgrad zu erreichen. Bekannte Abstraktionen können einfach zum Modell hinzugefügt werden, unbekannte hingegen müssen von den Architekten identifiziert, kategorisiert und anschließend Teil des Modells werden.
- Präsentation – Eine effektive Visualisierung in Form einer Präsentation ist notwendig um die Erkenntnisse den Stakeholdern, insbesondere auch dem Entwicklungsteam, vermitteln zu können.

Sinnvollerweise werden diese Phasen mehrmals wiederholt um so zu einer finalen Einschätzung über die Rekonstruktion zu gelangen. In der ersten Phase ist es sehr

[24] Architekturen sind primär durch die nichtfunktionalen Spezifikationen bestimmt.

trickreich zwischen Annahmen, Anforderungen und Zwangsbedingungen auf das System zu unterscheiden:

- Anforderungen sind Forderungen an das System, funktionaler oder nichtfunktionaler Natur.
- Zwangsbedingungen sind Limitierungen des Systems.
- Annahme ist der Oberbegriff hinter allen Kräften, die architektonische Entscheidungen im System erzwingen. Die Annahmen können nochmals weiter klassifiziert werden:
  - implizit und undokumentiert,
  - explizit aber undokumentiert,
  - explizit und explizit undokumentiert,
  - explizit und dokumentiert.

Die Architekturrekonstruktion muss stets ein interpretativer, interaktiver und iterativer Prozess sein, der viele Aktivitäten enthält. Der Prozess als solcher kann nicht automatisiert werden. Damit dieser Prozess der Rekonstruktion überhaupt ausgeführt werden kann, benötigt man erfahrene Architekten und – am besten – die Designer des zu rekonstruierenden Systems.

Einer der Gründe für das aufwändige Verfahren liegt darin, dass der Sourcecode – i. d. R. die Hauptquelle der Architekturrekonstruktion – die Architekturkonstrukte nicht explizit enthält. Auch werden Designentscheidungen im positiven wie im negativen Sinn nur sehr selten ausführlich dokumentiert. Es gibt keine inhärente Programmiersprachenkonstrukte für Architekturkonstrukte wie Schichten oder MVC (s. Abschn. 2.8). Die meisten Architekturkonstrukte werden auf unterschiedlichste Art und Weise innerhalb derselben Software implementiert. Um nun die eigentliche Architektur zu rekonstruieren muss diese Abbildung umgekehrt werden; dies ist jedoch faktisch nie eindeutig möglich, daher ist und bleibt Rekonstruktion ein interpretativer Prozess.

Einer der Schritte zur Rekonstruktion einer vorhandenen Architektur ist der Aufbau von diversen Sichten auf die vorhandene Struktur. Hier wird bewusst von einer Struktur gesprochen, da sich die Architektur erst später ergibt. Insofern ist die Struktur mehr oder minder beobachtbar. Die Struktur einer konkreten Softwarearchitektur kann in drei Kategorien eingeteilt werden:

- Modulstruktur – Die einzelnen Elemente dieser Struktur sind die Module, die Einheiten der Implementierung. Module repräsentieren einen sourcecodegetriebenen Weg ein System zu strukturieren, daher lassen sich diese oft sehr schnell identifizieren, wenn der Sourcecode eines Systems vorhanden ist. Die Modulstruktur ist primär statisch und wird aus der Compilezeitperspektive heraus angelegt, nicht aus der eigentlichen Laufzeitperspektive.[25] Modulstrukturen erlauben es Fragen darüber zu beantworten, was die primären Funktionen sind, die einem Modul zugeordnet werden. Indirekt kann aber auch die Modulstruktur nach dem Conwayschen Gesetz (s. S. 177) als ein Abbild der Struktur der entwickelnden

[25] Dynamisches Laden stellt eine mögliche Form des Unterschiedes der beiden Strukturen dar.

Organisation betrachtet werden, so dass hier auch ein gewisses Maß an Information über die Vergangenheit der Software bzw. der Entwicklung der Organisation aufgezeigt werden kann. Neben der reinen Dekomposition, d. h. der Zerlegung in die Aufrufhierarchie, lässt sich aus der Nutzung und der Schichtung auch eine Modulstruktur ableiten. Die Nutzungs- und Schichtungsinformationen werden zwar oft vernachlässigt, sind jedoch genauso wichtig wie eine reine Dekomposition.

- Allokationsstruktur – Die Allokationsstruktur zeigt die Verwendung von internen und externen Ressourcen durch die Softwareelemente zur Laufzeit an, so dass die für die tatsächliche Ausführung notwendigen Teile aufgezeigt werden können. Die Allokationsstruktur kann wiederum aus drei unterschiedlichen Blickwinkeln heraus betrachtet werden:

  - Assignmentstruktur, diese enthält die Zuordnung der einzelnen Softwareelemente zu den Softwareentwicklungsteams; sie stellt damit die Verbindung zwischen Organisationsstruktur und Softwarestruktur explizit her, während das Conwaysche Gesetz dies nur indirekt macht.
  - Implementationsstruktur, diese zeigt auf, wie die Softwareelemente sich auf die Dateistrukturen bei der Entwicklung, Integration und Konfiguration abbilden.
  - Deploymentstruktur, diese stellt die Zuordnung der Softwareelemente zur Hardware und der Kommunikationsinfrastruktur dar.

- Komponentenstruktur – Die Komponentenstruktur zeigt die Laufzeitkomponenten[26] und deren Verbindungen auf. Hier liegt der Schwerpunkt darauf, wie die Systemteile zusammen agieren um ein gesamtheitliches Verhalten zu produzieren. Besonders interessant ist es hierbei, sowohl die Prozessstruktur als auch Ablage- und Nutzungssystematik der Daten (z. B. Datenbank, Dateisystem) zu untersuchen.

Jede Form der Architekturrekonstruktion in großem Maßstab benötigt Werkzeugunterstützung, aber diese ist nicht in jedem Fall adäquat, da es oft notwendig ist, spezielle Sprachkonstrukte in großem Maßstab zu analysieren. Daher reicht ein einzelnes Werkzeug nie aus, sondern es wird stets eine vollständige Workbench benötigt. Trotz einer möglichen Workbenchunterstützung bleibt Architekturrekonstruktion ein iterativer Prozess in vier Basisschritten:

- Informationsgewinnung,
- Datenbankkonstruktion,
- Sichtenfusion,
- Rekonstruktion.

Während der Informationsgewinnung werden die existierenden Design- und Implementierungsartefakte (i. d. R. Sourcecode) benutzt um ein Modell des Systems zu konstruieren. Die Informationsgewinnung ist sehr programmiersprachenspezifisch,

[26] Komponente wird hier im generischen Sinne genutzt. Im konkreten Fall kann es sich um Services, Programme, DLLs, ... handeln.

und die agierenden Personen sollten über langjährige Erfahrung in den genutzten Programmiersprachen verfügen, da die meisten Konstrukte im Sourcecode nicht selbsterklärend sind, sondern einer Interpretation bedürfen. Besonders schwierig sind hier Sprachen wie C/C++, Smalltalk oder Java, welche Polymorphismen, Function Pointer oder Laufzeitparametrisierung unterstützen. In solchen Fällen kann es sein, dass der statische Sourcecode nicht ausreicht um Entscheidungen über die Laufzeitarchitektur treffen zu können. Da dies stets ein extrem aufwändiger Prozess ist, sollte man a priori wissen, wonach man sucht, und nur diese spezifische Information extrahieren. Außerdem empfiehlt es sich, die extrahierte Information einer Verifikation zu unterziehen. Die Ergebnisse der Informationsgewinnung werden in einer Datenbank gespeichert, deren Struktur die gefundenen Relationen im System abbilden kann und gleichzeitig in der Lage ist, Sichten auf die Implementierung zu produzieren (so z. B. Aufrufhierarchien, oder Verwendungsnachweise von Daten). Auf dieser Grundlage lassen sich dann Sichten aufbauen, indem die Informationen der Datenbank miteinander verknüpft werden. Die so gewonnen Sichten werden genutzt um die Architektur zu visualisieren und damit die Grundlage zu einer Abstraktion zu schaffen. Auf der anderen Seite wird versucht, Patterns zu identifizieren und diese in diversen Formen innerhalb der Datenbank wiederzuerkennen.[27] Da dies nicht in einem einzigen Durchlauf geschehen kann, schließlich ist die Musterformulierung und die Abstraktion bis zu einem gewissen Grad eine Art „Guess-Work", muss der Prozess hochgradig iterativ durchgeführt werden.

Die Eingrenzung und Reproduzierbarkeit der Architektur wird erreicht durch eine Vorgehensweise (s. Abb. 4.6), welche der Wissenschaftstheorie der Naturwissenschaften entlehnt ist. Zunächst wird eine Beobachtung gemacht. Aufgrund die-

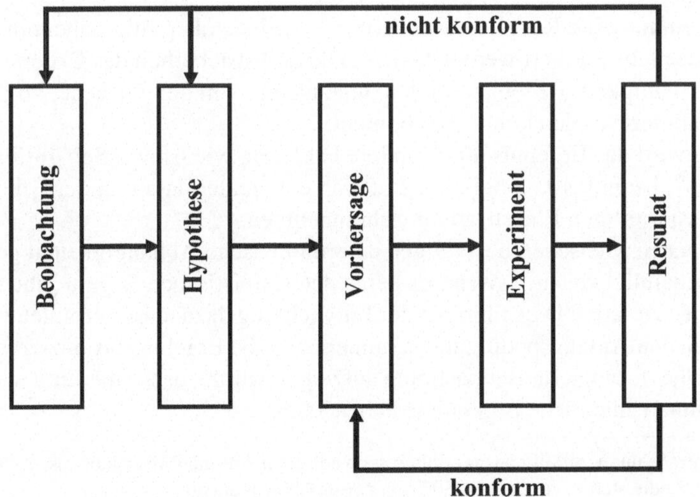

Abb. 4.6 Vorgehensweise bei der Rekonstruktion in COTS-Software

[27] Pattern Recognition

ser Beobachtung wird eine Hypothese über das System aufgestellt. Diese Hypothese ermöglicht es, eine Vorhersage über die Architektur des Systems abzuleiten; das nachfolgende Experiment liefert ein Resultat, welches entweder der Vorhersage entspricht oder von dieser abweicht. Im Fall der Abweichung ist diese Abweichung eine zusätzliche Beobachtung und es muss eine neue Hypothese formuliert werden. Im Fall der Konformität wurde die Hypothese bestätigt. Im Gegensatz zu den Naturwissenschaften, wo es das Ziel ist, die Hypothesen – hier werden sie Modelle genannt – zu falsifizieren, steht bei der Defektsuche die Konformität des Resultats im Vordergrund.

In einer solchen Umgebung ist der einzelne Entwickler auf seine Fähigkeit angewiesen, Hypothesen zu formulieren und diese zu falsifizieren. Diesem Vorgehen stellen sich aber diverse Hindernisse in den Weg:

- Selektive Wahrnehmung – Die gleichen Ereignisse werden von verschiedenen Personen unterschiedlich wahrgenommen. Folglich werden die gewonnenen Erfahrungen auch sehr unterschiedlich interpretiert.
- Das Phänomen der Selbstüberschätzung ist sehr weit verbreitet. Menschen tendieren dazu, ihre eigenen Fähigkeiten stets besser zu sehen als diese tatsächlich sind.[28]
- Die Überbewertung der jüngsten Vergangenheit stellt ein weiteres Problem dar.[29]
- Hindsight Bias – Das *„Ich-habe-es-ja-gleich-gesagt“*. Kennt man das Ergebnis eines Prozesses, so entwickelt man die Einstellung, dies schon die ganze Zeit gewusst zu haben, es vorhergesagt zu haben.
- Menschen versuchen stets, ihre Vorurteile zu „beweisen“, nicht ihre Hypothesen zu falsifizieren. Folglich wird sich an eine einmal formulierte Hypothese geklammert[30] und alle der Hypothese widersprechenden Erfahrungen werden ausgeblendet.
- Wenn einmal eine Regel entdeckt wurde, wird sie als gültig angenommen, obwohl sie nicht validiert werden konnte. Die Selbstsicherheit des Experten wächst mit der Fähigkeit, Regeln zu finden, unabhängig von der Tatsache, ob diese Regeln validiert werden konnten oder nicht.
- Häufig wird das Ergebnis durch andere Faktoren, wie bspw. „Self-fulfilling Prophecies“, beeinflusst, welche die Softwareentwickler daran hindern, die Falschheit der jeweiligen Einschätzung wahrzunehmen.
- Die meisten Menschen bevorzugen deterministische Abhängigkeiten gegenüber Wahrscheinlichkeiten.[31] Wenn es keine deterministischen Regeln gibt, wird angefangen zu raten! Dies führt bei der Entwicklung dazu, dass vermutet wird, dass bei gleichen Anfangsbedingungen immer dasselbe Ergebnis produziert wird, obwohl eine distanzierte Beobachtung aufzeigen würde, dass eine Entwicklung diverse unterschiedliche Ergebnisse haben kann.

---

[28] Eine Umfrage unter zufällig ausgewählten schwedischen Autofahrern ergab, dass 80% der Teilnehmer der Studie sich zu den besten 30% aller Autofahrer rechneten!

[29] Diese menschliche Einstellung erklärt einen Teil der Aktienhypes.

[30] Die Aufgabe der Hypothese wäre ein subjektiver Verlust.

[31] Albert Einstein lehnte lange die Quantenmechanik, welche sehr stark auf Wahrscheinlichkeiten basiert, mit den Worten ab: ... *Gott würfelt nicht!*

- Übermäßige Selbstsicherheit bei den Experten – Mit der zunehmenden Fähigkeit, Regeln zu „entdecken“, geht eine zunehmende Selbstsicherheit bezüglich der eigenen Vorhersagen einher. In der Praxis tendieren die meisten Menschen dazu, ihre eigenen Fähigkeiten zu über- und die Komplexität eines Systems zu unterschätzen. Die Gründe für diese Differenz sind in der Psychologie zu suchen:
  - Menschen glauben stets, mehr Informationen für ihre Entscheidungen zu nutzen als sie tatsächlich aktiv verwenden, mit der Folge, dass eine Entscheidung umso sicherer erscheint, je mehr Informationen bekannt sind, obwohl sie nur auf einer kleinen Teilmenge der Information beruht.
  - Im Allgemeinen wird niemand nach entkräftender Information bezüglich seiner eigenen Vorhersagen suchen, folglich wird auf den einmal gefassten Hypothesen beharrt.
- Wertlosigkeit der Erfahrung – Vieles an persönlicher Erfahrung, im Sinne von deterministischen Regelwerken in der gesamten Entwicklung, ist im Grunde wertlos:
  - Die Veränderungen des Kontextes machen die alten Erfahrungen obsolet. Manchmal geht das sogar so weit, dass die Erfahrung den Kontext verändert. Bspw. sind Performanzregeln bei hierarchischen Datenbanken auf relationale Datenhaltung nicht übertragbar.
  - Es ist in den meisten Fällen unmöglich zu sagen, was passiert wäre, wenn man anders gehandelt hätte. Von daher lassen sich Ursache und Wirkung oft nicht separieren.
  - Die gewonnene Erfahrung ist meistens sehr kontextabhängig, und ein großer Teil des Kontextes ist nicht zu beschreiben und folglich nicht reproduzierbar.
- Subjektive Heuristiken – Konfrontiert mit dem Versuch, deterministische Regelwerke aufzubauen, benutzen Menschen oft Heuristiken, die sie aus ihrer Erfahrung ableiten. Zu diesen Heuristiken zählen:
  - Verfügbarkeitsheuristik – Je einfacher eine Person sich an ein Ereignis erinnern kann, desto besser wird die Person dieses Ereignis reproduzieren. Dies hat zur Folge, dass Wiederholungen oder Patterns einfacher und schneller wiedergefunden werden. Umgekehrt führt bei der Erstellung von Software daher auch die bewusste Beschränkung auf einige wenige Patterns zu einer Vereinfachung der Implementierung und Maintenance. Meistens funktioniert diese Heuristik relativ gut. Es gibt allerdings Ausnahmen, wo diese Heuristik völlig unangebracht ist, so bspw., wenn es sich um ein völlig neues Problem handelt.
  - Analogieheuristik – Viele Vorhersagen werden aufgrund von Analogiebetrachtungen durchgeführt. Ein solcher Prozess besteht aus zwei Schritten:
    - Verankerung – Die „alte“ Erfahrung ist der Ausgangswert.
    - Adjustierung – Die Verankerung wird aufgrund der Veränderung des Kontextes adjustiert und damit eine neue Vorhersage getroffen.

Die Schwierigkeit ist hierbei nicht die Verankerung, diese fällt sehr leicht. Die meisten Menschen unterschätzen die Adjustierung drastisch. So kommen die sehr optimistischen Aufwandsschätzungen von Entwicklern zustande. Die gängige Technik, eine „Worst-Case-Schätzung“ durchzuführen, ist der Versuch, eine andere Verankerung zu wählen.

– Ähnlichkeitsheuristik – Wenn zwei Aufgaben sich in bestimmten Eigenschaften ähnlich sind, überträgt der einzelne Mensch diese Ähnlichkeit auf alle anderen Eigenschaften der beiden Aufgaben: Je ähnlicher zwei Aufgaben sind, desto wahrscheinlicher ist es, dass sie sich auch gleich verhalten. Diese Heuristik vernachlässigt einen großen Teil der beeinflussenden Faktoren völlig.

4.6 SAR

Unter dem Begriff SAR (**S**oftware **A**rchitecture **R**ecovery) wird ein Verfahren zur Ermittlung der De-facto-Architektur – auch bekannt als die As-is-Architektur – verstanden. Softwarearchitekturen werden i. d. R. als Architektursichten präsentiert. Diese Architektursichten sind das Vermittlungsmedium des Architekten gegenüber den Stakeholdern (s. S. 9). Unglücklicherweise kommt es bei der Rekonstruktion zu einer Verquickung zwischen den Architektursichten und der eigentlichen Rekonstruktion:

- Eine Architekturrekonstruktion ist nicht der Aufbau von Architektursichten. Eine Architekturrekonstruktion kann nicht auf eine einfache Redokumentation reduziert werden:
  – Die redokumentierten Architektursichten sind Ergebnisse von konstruierten Modellen. Da diese Konstruktion anhand der vorhandenen Artefakte vorgenommen wird, fehlt sehr oft der semantische Kontext, welcher sich üblicherweise im Rahmen der Softwareentwicklung implizit ergibt.
  – Verstehen und Analysieren sind komplementäre Aufgaben. Anhand einer redokumentierten Architektursicht lässt sich sehr wenig über Intention und Aufgabenstellung einer Software sagen.
- Die Architektursichten sind keine Modelle. Die Architektursichten sind Repräsentationen der Modelle in einer spezifischen Notation und sind daher nur rudimentär in der Lage etwas über die Veränderung von Qualitätsattributen in der Software zu sagen.
- Es existieren keine „üblichen“ Architektursichten für Systemtypen. Jedes System hat seine eigenen Modelle, diese entstehen aus der Notwendigkeit der Steuerbarkeit einer Softwareentwicklung in einer spezifischen Umgebung und sind daher nur bedingt übertragbar.

Eine Rekonstruktion kann auch über ein sogenanntes Collapsing gewonnen werden; unter dem Begriff Collapsing wird die „Verdichtung“ von Informationen, welche aus dem Sourcecode gewonnen werden, in ein oder mehrere Modelle ver-

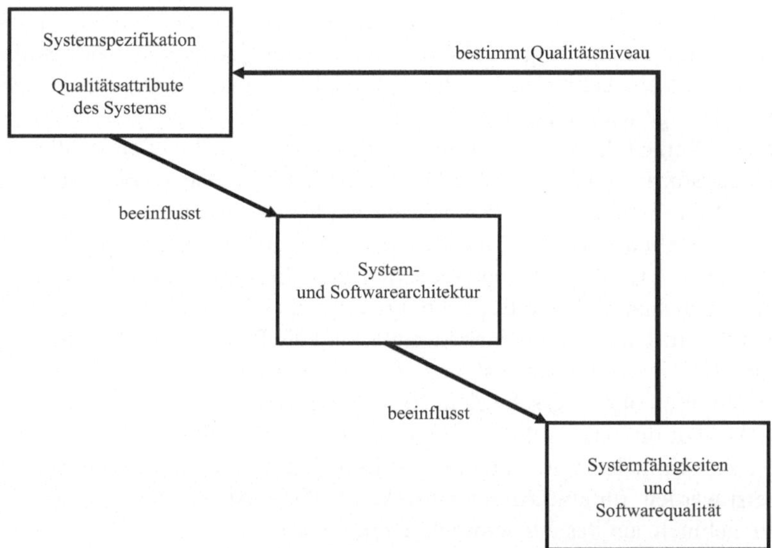

Abb. 4.7 Der Einfluss von Qualitätsattributen, Softwarearchitektur und Softwarequalität

standen. Dabei handelt es sich beim Collapsing eigentlich um eine Form der Abstraktion. Der Ausdruck Collapsing geht auf die Graphentheorie zurück, dabei werden Subgraphen zu einem einzelnen Knoten kollabiert. In den meisten Fällen wird entweder von der Datenperspektive oder der Aufrufhierarchie gestartet. Bei der Datenperspektive läuft das Collapsing über die zunehmende Abstraktion, beginnend mit Attributszugriffen über Tabellenzugriffe (oder Datei- oder Recordzugriffe, je nach eingesetzter Technologie) hin zur Abstraktion auf Zugriffe auf eine entsprechende Datenbank (oder Filesystem). Durch diese Strategie werden multiple Zugriffe auf einen einzelnen abstrakteren abgebildet und dabei immer stärker vom Detail abstrahiert. Bei einer Aufrufhierarchie (Callgraph) hingegen werden bestimmte Aufrufe bzw. Unterprogramme zu größeren Blöcken zusammengefasst und diese Konglomerate anschließend als Subsysteme angesehen.

4.7 QAD und QADSAR

Existierende Systeme können sehr komplex sein und dabei eine sehr große Anzahl von Attributen enthalten. Da das Resultat und die Menge an „sinnvollen" Attributen a priori nicht klar oder bekannt ist, wird eine Methodik benötigt, welche sich selbst verfeinert und auf eine erfassbare Menge von Eigenschaften beschränkt.

Damit diese spezielle Anforderung an die Architekturrekonstruktion gelöst werden kann, ist ein Redokumentationsmodell mit einem Feedbackloop sinnvoll: Die QADSAR-Methodik (**Q**uality **A**ttribute **D**riven **S**oftware **A**rchitecture **R**econstruction). Die QADSAR-Methodik optimiert den Einsatz eines QAD-Frameworks

(**Q**uality **A**ttribute **D**riven Analysis) als Metamodell, um eine Architekturrekonstruktion gezielt durchzuführen. Die Idee hinter dem QAD-Framework ist die Beobachtung, dass ein technisches System sehr viele Attribute besitzt, von denen aber nur einige wenige wirklich „wichtig“ sind.[32]

Diese wichtigen Attribute beeinflussen das System maßgeblich in allen seinen Erscheinungsformen, d. h., sie haben bei Veränderungen den größten Einfluss. Ein solches Attribut wird dann als Qualitätsattribut bezeichnet (s. Abschn. 2.2). I. d. R. werden die Qualitätsattribute von außen, d. h. von der Domäne, vorgegeben. In diesem Fall sind die Qualitätsattributsszenarien auch die Testfälle für das System. Das System verhält sich in dieser Betrachtungsweise also rein reaktiv, die Veränderung des Qualitätsattributs erzeugt einen Stimulus und die Reaktion des Systems auf diesen Stimulus wird gemessen. Falls ein Attribut gewählt wird, bei dem trotz eines starken Stimulus nur eine schwache Reaktion einsetzt, so ist dies kein entscheidendes Attribut für eine Architekturrekonstruktion und sollte auch nicht verwendet werden. Im originalen QAD-Framework kann jedes Attribut als Qualitätsattribut eingesetzt werden; für eine Architekturrekonstruktion ist es jedoch sinnlos, ein Attribut zu nehmen, auf das nur schwach reagiert wird.

Das Vorgehen durchläuft dabei folgende Schritte (s. Abb. 4.8):

- Scope-Identifizierung – Die Scope-Identifizierung dient dazu, den Untersuchungsgegenstand sowie die zu modellierende Architektursicht zu definieren. Der tatsächliche Scope hängt von den zu betrachtenden Qualitätsattributen und dem jeweils zu beschreibenden System ab.

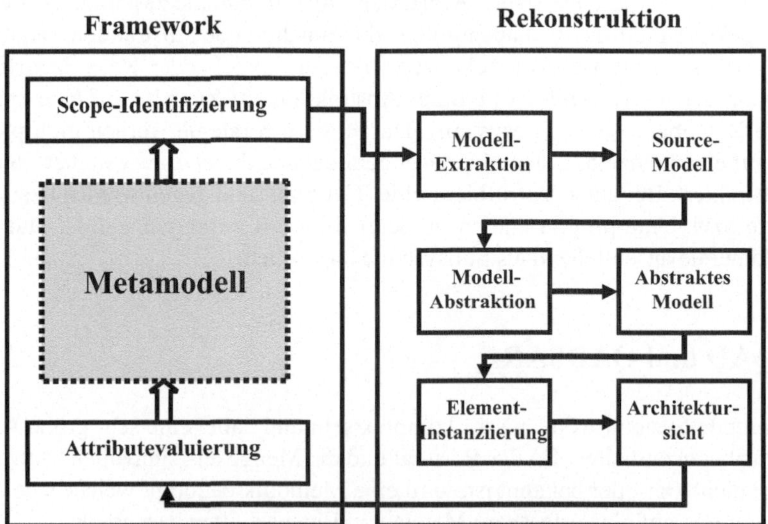

Abb. 4.8 Die QADSAR-Methodik zur Architekturrekonstruktion

[32] Diese Situation entspricht dem Problem der Entscheidungsfindung, auch hier reichen wenige Informationen aus um wirklich Entscheidungen zu treffen. Der Glaube, dass ein Mehr an Informationen zu besseren Entscheidungen führt, ist oft irrig.

- Modellextraktion – Bei der Modellextraktion wird eine Untermenge von Quellen aus den vorhandenen Quellen ausgewählt. I. d. R. handelt es sich hierbei um Sourcecodedateien, aber es können auch Funktionen, Klassen, Schnittstellen usw. sein. Neben den reinen Quellen spielen hier auch die statischen Relationen zwischen den Quellen, so bspw. zwischen einer COBOL-Datei und einer Menge entsprechender COBOL-Copybooks, eine große Rolle und werden, üblicherweise werkzeuggestützt, beschrieben. Dynamische Relationen werden durch die entsprechenden Profiling- und Tracingwerkzeuge dargestellt.
- Modellabstraktion – Die im vorherigen Extraktionsschritt erzeugten Elemente sind fast immer viel zu detailliert, um als ein Modell benutzt zu werden. Aus diesen Gründen wird ein aggregiertes Modell, welches von den konkreten Ausprägungen abstrahiert, erstellt.
- Elementinstanziierung – Mithilfe des aggregierten Modells wird die entsprechende Architektursicht erzeugt. Die typischen Elemente der Architektursichten sind Schichten, Komponenten und viele andere abstrakte Objekte.
- Qualitätsattributevaluierung – In diesem Schritt wird untersucht, ob die Architektursicht tatsächlich auf das verwendete Attribut reagiert und ggf. das entsprechende Feedback genutzt.

Zwar stellt die QADSAR-Methodik ein allgemeines Framework für die Rekonstruktion einer Architektur dar, das Framework beantwortet jedoch nicht die Frage, wie konkret vorgegangen werden soll. Die sogenannte Focusvorgehensweise beantwortet diese Fragestellung. Im Rahmen der Focusvorgehensweise werden sechs Schritte zur Architekturrekonstruktion inkrementell und rekursiv durchlaufen. Die einzelnen Schritte von Focus sind:

- Identifizierung der Komponenten – Im Rahmen der Implementierung werden die konkret vorhandenen Komponenten identifiziert, sie sind somit Teile der physischen Architektur. Im Fall von Softwaresystemen lassen sich die Komponenten in zwei unterschiedliche Typen einteilen:
  - Prozesskomponenten,
  - Datenkomponenten.

  Beide Typen zusammen geben ein Abbild der Software auf Komponentenebene wieder.
- Vorschlag einer idealisierten Architektur – Die erste, hypothetische Architektur wird zunächst postuliert. Dabei wird man i. d. R. von seiner allgemeinen Erfahrung über die Bauweise von anderen Systemen geleitet. Diese Architektur muss nicht notwendigerweise zu Beginn vollständig korrekt sein. Bei der nächsten Iteration kann sie wieder korrigiert werden.
- Abbildung der Komponenten auf die idealisierte Architektur – Die Komponenten müssen innerhalb der Architektur angeordnet werden, d. h. sie müssen in der Architektur erkennbar sein. Falls dies nicht der Fall ist, kann entweder die gefundene Komponente falsch sein oder die Architektur wurde noch nicht gut genug identifiziert.
- Identifizierung der Schlüssel-Use-Cases – Diese Use-Cases dienen zur zukünftigen Identifizierung von Änderungen innerhalb der Software, außerdem muss es ei-

ne Abbildung zwischen den Use-Cases und den Komponenten, quasi orthogonal zu der physischen Architektur, geben.

- Analyse der Komponentenwechselwirkungen – Die einzelnen Komponenten müssen zu einem Ganzen integriert werden; speziell die Connectoren zwischen den Daten- und Prozesskomponenten werden hier beschrieben.
- Erzeugung der verfeinerten Architektur – Aus diesem Vorgehen entsteht wiederum eine neue Architektur, die als Eingabe für den ersten Schritt zur Identifizierung der Komponenten genutzt werden kann.

Die Focusvorgehensweise hat den Vorteil, dass die Architektur nicht a priori korrekt und vollständig sein muss, sondern sich inkrementell entwickelt, und dass somit auch Fehler kontinuierlich korrigiert werden können.

4.8 ADDRA

Eine etwas andere Form der Architekturrekonstruktion ist die Methodik ADDRA (**A**rchitectural **D**esign **D**ecision **R**ecovery **A**pproach), welche von der Existenz von bewussten Architekturdesignentscheidungen (s. Abschn. 2.3) ausgeht. Die Grundlage der Methode ADDRA ist die Beobachtung, dass alle Veränderungen an einer Architektur die Folgen von Architekturentscheidungen sind und daher diese Veränderungen Indizien für die getroffenen Entscheidungen liefern können. Dafür muss aber das ursprüngliche implizite Wissen[33] des Architekten als Basis bekannt sein. ADDRA besteht aus fünf Phasen eines iterativen Prozesses:

- Festlegung und Auswahl der Releases – Da die meisten Systeme aus mehreren geplanten oder ungeplanten Releases bestehen, werden zunächst die zu betrachtenden Releases identifiziert. Je mehr Releases betrachtet werden, desto größer ist die Sicherheit relevante Änderungen zu entdecken, allerdings steigt auch der Aufwand deutlich an. Die Qualität der Rekonstruktion ist praktisch gesehen durch die Menge an Aufwand limitiert, die man bereit ist zu investieren. Die ausgewählten Releases sollten nach Möglichkeit „echte" Releases mit einer klar umrissenen Funktionalität sein. Werden nur „Snapshots" aus dem Entwicklungsprozess gezogen und diese begutachtet, befinden sich die Designfeatures meist in einem nicht definierten Zustand, was zu einem hohen Maß an Inkonsistenz führen kann. Weiterhin sollte beachtet werden, dass das Delta zwischen den Releases nicht zu groß sein darf, denn sonst steigt die Wahrscheinlichkeit an, dass multiple Designentscheidungen innerhalb des betrachteten Gegenstands vorhanden sind, was die Extraktion einer einzelnen Entscheidung stark erschwert. Wird hingegen das Delta zu klein gewählt, existiert das Risiko, dass eine Designentscheidung nur fragmentarisch sichtbar wird, da dann ihre Auswirkung auf das System zu gering sein kann. Neben dem reinen Unterschied der Releases untereinander muss auch noch genügend Information über die jeweiligen Releases vorhanden sein um Aussagen treffen zu können; der Sourcecode spielt zwar eine wichtige Rolle, er ist jedoch nicht allein entscheidend. Nur wenn die Dokumen-

[33] Tacit Knowledge

tation mit dem jeweiligen Release verknüpft ist, ist sie überhaupt innerhalb von ADDRA nutzbar.

- Designdetaillierung – Für jedes in der vorherigen Phase identifizierte Release wird das detaillierte Design rekonstruiert. Dieses detaillierte Design bildet die Basis für die Abstraktion hin zur Architektur. Abhängig von den in der nächsten Phase genutzten Architektursichten können mehrere verschiedene Designdetaillierungen von Interesse sein. In dieser Phase können auch Werkzeuge aus dem Reengineeringbereich sinnvoll eingesetzt werden.
- Architektursichten – In dieser Phase werden die Architektursichten auf die Architektur rekonstruiert. Dieser Schritt ist sehr schwierig und lässt sich am leichtesten durch den Ursprungsarchitekt bewältigen, da dieser über das gesamte verwendete implizite Wissen (s. Abschn. 1.4) verfügt. Da diese Phase sehr aufwändig ist, sollte man sich auf die relevanten Architektursichten (s. Abschn. 6.1) beschränken. Relevant bedeutet hierbei, dass die Architektursichten tatsächlich eine Veränderung durch die Releases erfahren oder dass die Fragestellung, die es zu beantworten gilt, durch die Architektursicht beantwortet werden kann.
- Architekturdelta – Das Architekturdelta wird durch Betrachtung der Architektursichten für die unterschiedlichen Releases produziert, wobei hier zunächst der Unterschied in den Repräsentationen der Architektursichten genutzt wird, welche in der letzten Phase konstruiert wurden.
- Architekturentscheidungen – Über das Delta können Rückschlüsse auf die damals getroffenen Entscheidungen gezogen werden. Hier werden zunächst Veränderungen kategorisiert und zusammengefasst. Dabei ist es wichtig, neben dem Kontext der Veränderung die Lösung im Lösungsraum zu beschreiben, welche durch die Veränderung gewählt wurde, und daraus Rückschlüsse auf die Probleme des Problemraums zu ziehen. Durch dieses Vorgehen werden die Ursache und die Motivation hinter der Veränderung rekonstruiert.[34] Dabei erzeugt die Motivation meist eine Verknüpfung zwischen Lösungsraum und Problemraum. Nachdem dies gelungen ist, müssen Lösungsalternativen geschaffen werden. Dies ist besonders aufwändig, da i. d. R. nur die implementierte Lösung dokumentiert ist, aber sehr selten die Alternativen zu ihr.[35] Durch die Konstruktion der Alternativen können Rückschlüsse auf die Ursachen der Architekturentscheidungen gezogen werden.

Wenn alle diese Phasen abgeschlossen sind, muss das erlangte Wissen noch externalisiert und damit für alle Beteiligten zugänglich gemacht werden.

Besonders erschwert wird die Rekonstruktion dadurch, dass in den seltensten Fällen eine klare Architektur vorhanden ist. I. d. R. befindet sich ein System in einer Transitionsperiode zwischen zwei oder mehreren Architekturformen. In der Transitionsperiode durchdringt die neue Architektur langsam und inkrementell das System und resultiert oft in der zeitlich begrenzten Koexistenz mehrerer Architekturen innerhalb desselben Systems. Werden zwei zeitlich sehr entfernte Releases gewählt, so nimmt die Wahrscheinlichkeit der Koexistenz zwischen den beiden Releases ab,

[34] Dies kann durchaus mehrdeutig sein.

[35] Eine Ausnahme sind hierbei Architekturprototypen, deren primäres Ziel Erkenntnisgewinn ist.

trotzdem sind innerhalb eines einzelnen Releases meist mehrere Architekturformen vorhanden. Ein anderes Problem ist die Subjektivität der Architektursichten. Da die Artefakte der Softwareentwicklung nicht an die Architektursichten gekoppelt sind, ist ihre Nutzung bis zu einem gewissen Grad willkürlich und durch die Vorlieben der Beteiligten geprägt.

Kapitel 5
Systemtheoretischer Architekturreview

Madam, myself have limed a bush for her,
And placed a quire of such enticing birds,
That she will light to listen to the lays,
And never mount to trouble you again.
So, let her rest: and, madam, list to me;
For I am bold to counsel you in this.
Although we fancy not the cardinal,
Yet must we join with him and with the lords,
Till we have brought Duke Humphrey in disgrace.
As for the Duke of York, this late complaint
Will make but little for his benefit.
So, one by one, we'll weed them all at last,
And you yourself shall steer the happy helm.

King Henry VI
William Shakespeare
1564–1616

Das Problem des Baus, der Nutzung und der Interaktion von und mit großen und komplexen Systemen ist in der Komplexität und der intellektuellen Steuerbarkeit eines solchen Systems verankert. Das Ashbysche[1] Gesetz der „Requisite Variety“ (s. S. 273, Gl. B.3) gibt an, wie „einfach“ ein Kontrollsystem eines Systems – schließlich wird ein Kontrollsystem gebraucht um das System steuern zu können – überhaupt sein kann und sein muss. Dies ist jedoch leichter formuliert und gefordert, als dass es implementiert werden kann. Wenn Menschen immer komplexere Systeme bauen und steuern wollen, dann sind sie durch ihre intellektuellen Fähigkeiten per se limitiert, folglich ist ein solches qualitatives Wachstum nur möglich, wenn unsere Fähigkeit, Komplexität zu beherrschen, ergänzt wird. Die Menschen sind im Allgemeinen nicht besonders gut im Erfassen und Beurteilen großer Datenmengen. Durch Abstraktion kann die zu erfassende Datenmenge reduziert werden. Architekturen und Modelle allgemein sind Mechanismen zur Reduktion der wahrgenommenen Komplexität, denn Komplexität ist keine objektive Eigenschaft eines Systems, sondern die Komplexität ist stets subjektiv aus Sicht des momentanen Betrachters, je nach Art der Modellierung. Die beobachtete Komplexität hängt vom Grad der Auflösung ab, mit dem ein System betrachtet wird, insofern ist die Nutzung einer Architektur eine Komplexitätsreduktion, die es Menschen ermöglicht Systeme überhaupt erfassen zu können. Oder umgekehrt formuliert: Die Architektur und die Komplexität können nur bezüglich der Repräsentation (Modell) eines Systems relativ zu anderen Systemen, welche mit dem gleichen Abstraktionsgrad beobachtbar sind, definiert werden. Daher ist der

[1] *William Ross Ashby*, 1903–1972

DOI 10.1007/978-3-642-01659-2,

Transfer des Problems, welches gelöst oder beschrieben werden soll, auf eine andere Ebene der Abstraktion – sprich die Schaffung einer Architekturbeschreibung – eine Möglichkeit mit komplexen Systemen umzugehen. Dabei liegt die Komplexität nicht im System selbst, sondern in unserem mentalen Modell des Systems. Folglich ist die anscheinende Komplexität eines Systems letztlich abhängig von der Schnittstelle des Systems zum Beobachter. In gewisser Weise ist dies ein „Blackbox-Ansatz", da für die Beurteilung der Komplexität nicht die inneren (versteckten) Eigenschaften des Systems entscheidend sind, sondern nur seine Interaktion mit der Umgebung.

5.1 Systemanalyse

Da jedes System, per definitionem, eine Architektur besitzt, muss man auch in der Lage sein, eine solche Architektur zu finden. Oft ist jedoch die entworfene Architektur (das Design) – unabhängig von der gewählten Architektursicht – nicht oder ungenügend dokumentiert. In allen Fällen sollte man sich der Architektur mit fünf Basisfragen nähern (zur systemtheoretischen Begrifflichkeit, s. Anhang B); diese Fragen müssen gestellt werden, außer man weiß exakt, wie die Architektur des Systems aussieht:

- Wie grenzt sich das System gegen seine Umgebung ab?
  Die erste Frage nach den Systemgrenzen erscheint zunächst trivial, sie erweist sich in der Praxis jedoch als ungeheuer schwierig. Ziel dieser Fragestellung ist es, das zu betrachtende System genau ab- und einzugrenzen. Zunächst scheint es intuitiv klar zu sein, was das System und was die Umgebung ist, aber die Trennlinie zwischen System und Umgebung – dem Inneren und dem Äußeren – ist nicht willkürlich, sondern muss durch den Entropiegradienten bestimmt sein. Damit ein System überhaupt existent ist oder, genauer gesagt, länger existent bleiben kann, muss es seine lokale Entropie in gewisser Weise minimieren. Es muss also gelten:

  $$S\,(\text{Innen}) \leq S\,(\text{Umgebung})$$

  oder anders formuliert: Der Gradient der Entropie bestimmt die Systemgrenze:

  $$\nabla S|_{\text{Systemgrenze}} = \frac{\partial S}{\partial z_i}|_{\text{Systemgrenze}} = \max\,,$$

  wobei der Parameter z die entsprechende Modelldimension angibt. Was definiert die Modelldimensionen und damit den Gradienten, welcher die Unterschiede zwischen „Innen" und „Außen" erst aufzeigt?
  Unterschiedliche Stakeholder haben meist auch unterschiedliche Ansichten darüber, was die Modelldimensionen sind und damit auch darüber, wo die entsprechenden Systemgrenzen lokalisierbar werden. In der Praxis versucht man die Oberfläche des Systems (Gl. 5.3) so „klein" wie möglich zu halten und die Stärke der Wechselwirkung mit der Umgebung zu minimieren (Gl. 5.1) sowie eine gewisse Menge an funktionalem Gehalt (Volumen, Gl. 5.2) zu liefern, d. h.,

es wird versucht Gl. 5.1–5.3 simultan sicherzustellen.

$$\frac{\partial S}{\partial z_i}|_{\text{Systemgrenze}} = \max, \tag{5.1}$$

$$\int\limits_{\text{System}} \mathrm{d}V = \max, \tag{5.2}$$

$$\oint\limits_{\text{System}} \mathrm{d}A = \min. \tag{5.3}$$

Ohne eine solche Klärung der Modelldimensionen und Systemgrenzen kann keine sinnvolle Architekturbetrachtung vorgenommen werden.

- Was ist die Natur der Elemente oder auch der Subsysteme des Systems?
  Ist einmal die Systemgrenze als Teil der Systemdefinition gefunden, so zielt die zweite Frage auf die Einteilung und Kategorisierung der Elemente des Systems ab. Ohne dass einzelne Elemente identifiziert werden ist es überhaupt nicht möglich ein System zu benennen, geschweige denn aus der Innenansicht (Architektur) heraus zu beschreiben.[2] Die Frage zielt auf die mögliche Klassifikation der Elemente ab, wobei die Subsysteme auch Elemente darstellen. Je mehr identische Elemente vorhanden sind, desto stärker ähnelt das System einer Art Gitter oder einem Gas – je nach Stärke der Wechselwirkungen – und desto einfacher ist damit auch eine Beschreibung des Systems. Die Klassifikation der Elemente ist nicht ganz einfach, zwar ist man in der Lage, einzelne Elemente wie Subsysteme zu betrachten und dann rekursiv zu analysieren, aber diese Vorgehensweise ist nicht die einzig denkbare, denn auch Elemente mit einer sehr starken Koppelung untereinander können, je nach Fragestellung, sinnvoll sein. So muss z. B. die logische Layerarchitektur nicht der tatsächlichen physischen Schichtung[3] folgen. Die Beschreibung des Systems lässt sich hierarchisch auf Subsysteme übertragen. Mit dieser Form der iterativen Analyse lässt sich ein System in Ebenen der Abstraktion und damit auch in Ebenen des Verständnisses zerlegen. Allerdings folgt diese Abstraktion der Subsystembildung und damit der Idee des Entropiegradienten, denn ein Subsystem ist auch ein System mit einer Umgebung, wobei hier jedoch das System und andere Subsysteme die Umgebung darstellen.
- Was machen diese Elemente oder Subsysteme?
  Diese dritte Frage versucht die Funktionalitäten der einzelnen Elemente zu isolieren und zu identifizieren. Hinter dieser Fragestellung stehen zwei implizite Annahmen:
  - Separations of Concern[4] – Es wird meist implizit angenommen, dass unterschiedliche Elemente auch für unterschiedliche Funktionalitäten zuständig

[2] Selbstverständlich lässt sich ein System auch wie eine reaktive Blackbox behandeln, indem die Reaktionen auf äußere Stimuli modelliert werden, nur zeigt dies keine Architektur, d. h. Struktur, auf.

[3] Oft auch Tiers genannt.

[4] Trennung der Verantwortlichkeiten

sind. Dies wird zwar oft als ein Architekturprinzip beim Design eingesetzt, bei Systemen mit einer Entwicklungshistorie kann es jedoch oft auch verletzt werden.

- Form follows Function[5] – Wir neigen dazu anzunehmen, dass sich eine Funktion eines Elementes auch in dessen Aussehen niederschlagen müsste. Dem ist nicht immer so. Oft lässt sich dieselbe Funktionalität auch durch unterschiedliche Formen bewerkstelligen. Der größte Fehler ist jedoch, die Form-follows-Function-Devise umzukehren und aus der Tatsache, dass die äußere Form sehr ähnlich ist auf ähnliche Funktionalität zu schließen.[6]

Im Grunde muss man sich bei diesem Analyseschritt entscheiden, ob man einer strukturellen oder einer funktionalen Zerlegung in die Elemente folgt. Empfehlenswert ist es beides vorzunehmen, denn wenn beide Analyseergebnisse in ihrer Elementkategorisierung nicht identisch sind, so ist dies ein Indiz für mögliche Architekturprobleme.

- Welche Signifikanz haben die Relationen der Elemente?
Wenn das System nicht nur eine bloße Anhäufung von wechselwirkungslosen Elementen sein soll, muss es stark durch die Interaktion der Elemente untereinander bestimmt sein (Emergenz, s. S. 270). Die Wechselwirkungen bzw. die Relationen der Elemente zu beschreiben ist ein möglicher Weg die Elemente zu identifizieren, insofern sind die dritte und vierte Frage als wechselseitig iterative Fragen zu verstehen um die Elemente und ihre Relationen zu identifizieren. In den meisten Fällen wird man versuchen Elemente so zu identifizieren, dass die Zahl und Stärke[7] ihrer Relationen möglichst gering ist. Folglich haben die Elemente intern eine starke und extern eine schwache Koppelung. Für die Relationen sind auch deren Zeitverhalten, Dauer, Synchronität, Richtung usw. interessant.
- Welche Signifikanz hat die gewählte Struktur?
Die Struktur definiert einen Großteil der statischen Eigenschaften einer Architektur. Diese letzte Frage entsteht dadurch, dass auch die Struktur eines Systems – und sei es nur die Struktur einer Repräsentation – etwas über Wichtigkeit und Wertigkeit der Elemente und ihrer Relationen aussagt. Wir tendieren dazu, die wichtigsten Elemente oben und die unwichtigsten unten anzuordnen, so dass bestimmte Anordnungsformen etwas über das Maß der Wichtigkeit der einzelnen Elemente für bestimmte Stakeholder aussagen.

Die Systemtheorie erhebt den Anspruch darauf allgemeine Gesetze für Systeme zu formulieren, unabhängig davon, aus welchem Gebiet der Wissenschaft oder welcher Applikationsdomäne diese Systeme ursprünglich entstammten. Es liegt daher auch nahe, Architekturen und Reviews von Architekturen aus systemtheoretischer Sicht zu betrachten, da der Zusammenhang zwischen Architektur und der Systemtheorie immanent ist, besonders wenn berücksichtigt wird:

---

[5] Die Form eines Gebäudes oder eines Gegenstandes leitet sich von seiner Funktion ab. Diese These stammt von *Louis Sullivan* (amerikanischer Architekt, 1856–1924).

[6] Morphologische Ähnlichkeit impliziert keine funktionale Äquivalenz. Oder anders formuliert: Blumenkohl hilft nicht gegen Kopfschmerzen und Rote Bohnen nicht gegen Nierenleiden.

[7] Ein etwas nebulöser Begriff.

- Die Architektur definiert die Elemente. – Da die Architektur die Informationen über die Relationen der Elemente untereinander beinhaltet, werden nichtwechselwirkende Elemente in der Architektur unterdrückt. In diesem Sinne ist eine Architektur eine Abstraktion eines Systems, da Informationen, die nicht zu dem betrachteten Nutzungskontext des Systems gehören, unterdrückt werden.
  Diese Unterscheidung ist durchaus wichtig, da die Codearchitektur eines Softwaresystems Teile enthalten kann, die während der Laufzeit überhaupt nicht angesprochen werden, oder die Laufzeitumgebung enthält gekapselte Module, von denen zum Designzeitpunkt nur die Interfaces bekannt sind. Die Architektur beschäftigt sich stets mit den öffentlichen Wechselwirkungen der beteiligten Elemente.[8]
- Alle Systeme haben mehr als eine Struktur. – Es gibt für ein System nicht nur eine einzige Struktur, die das gesamte System vollständig repräsentiert. Daher sind auch stets mehrere Sichten für eine Architektur nötig, da eine Architektursicht alleine ein System nie vollständig beschreibt (s. S. 267). Die einzelne isolierte Struktur gibt meist nur das wieder, was der jeweilige Stakeholder für wichtig erachtet hat, bzw. seine genutzte Architektursicht ist das Resultat der entsprechenden Modelldimension, die er für wichtig erachtet hat.
- Jedes Softwaresystem besitzt eine Architektur. – Da jedes ernst zu nehmende System aus Elementen und Relation besteht, hat jedes System und damit auch jedes Softwaresystem eine Architektur, sprich, eine Abstraktion seiner Struktur. Die große Schwierigkeit ist hierbei, dass die Architekturdokumentation unabhängig vom System existieren kann, da es kaum selbstdokumentierende Systeme gibt.
- Das Verhalten der einzelnen Elemente ist Teil der Architektur. – Da jedes einzelne Element innerhalb des Systems eine Funktion wahrnimmt, in Relation zu anderen Elementen steht und diese anderen Elemente auch die Funktion nutzen, muss eine Architektur als Beschreibung eines Systems auch Informationen über die Funktionen der Elemente enthalten.
- Die Architektur ist wertfrei. – Im Rahmen der Analyse sollte man nicht versuchen, die Architektur als solche zu bewerten, sondern sie zunächst einmal finden und die gefundene Architektur dokumentieren. Welchen spezifischen Wert eine Architektur hat oder wie gut sie ist, ist eine Frage der Anforderung spezifischer Stakeholder, nicht der Architektur per se.

Das Problem der besonders verbreiteten Architekturreviewmethodiken, namentlich ATAM und CBAM ist, dass sie eine Organisation oder allgemeiner gesehen ein beliebiges System nicht als ein komplexes System verstehen, sondern versuchen, die Bereiche der Geschäfts-, Informations- und Technologiearchitektur von der Applikationsarchitektur zu entkoppeln und nur diese Applikationsarchitektur zu evaluieren. Dabei wird die enge Koppelung der Architekturen nur einseitig, aus Richtung der Geschäftsarchitektur, berücksichtigt. Unternehmen sind jedoch deutlich komplexer und verwobener, mit der Konsequenz, dass Teile des Gesamtsystems nicht in Isolation betrachtet werden dürfen.

---

[8] Speziell im SOA-Umfeld (s. Kap. 9) ist diese Unterscheidung sehr wichtig, da hier stets zwischen dem Interface und der Implementierung eines Services unterschieden wird.

Dabei ist es i. d. R. sehr schwer „das System“ zu definieren, da das zu betrachtende System die gesamte Organisation oder auch nur ein Teil davon sein kann, bis hin zu einer einzelnen Applikation. Die Trennung zwischen System und Umgebung oder System und Subsystemen folgt keinen strikten Regeln, sondern ist das Resultat der Ziele und Einstellungen[9] des Menschen, der das System begutachtet. In einem offenen System wird permanent Material, Information und Energie zwischen der Umgebung und dem System ausgetauscht; diese kontinuierliche Wechselwirkung macht es so schwer, offene Systeme als solche zu identifizieren und klar abzugrenzen.

Bei einer Betrachtung eines Systems sollten mindestens folgende fünf Punkte berücksichtigt werden:

- Holismus – Jede lokale Veränderung des Systems bleibt auf Dauer meist nicht lokal, sondern erfasst das System als Ganzes.
- Emergenz – Das System ist mehr als die Summe der Teile.[10]
- Äquifinalität – Derselbe Zielzustand eines Systems kann durch unterschiedliche Startzustände erreicht werden.
- Multifinalität – Ein gemeinsamer Startzustand bei identischen Systemen kann zu mehreren unterschiedlichen Zielzuständen führen.
- Zirkuläre und nichtlineare Kausalität – Es gibt keine einfache Ursache-Wirkung-Beziehung innerhalb des Systems und zwischen System und Umgebung (im Fall von offenen Systemen).

Die Bewertung einer Architektur aus systemtheoretischer Sicht muss das System vollständig betrachten und die Auswirkungen auf die einzelnen Subsysteme berücksichtigen. Dabei ist es wichtig, nicht nur die direkten Veränderungen in den Subsystemen zu eruieren, sondern auch die Rückwirkungen der Subsysteme auf andere Subsysteme, auf das System als Ganzes und auf seine Umgebung – welche wiederum Veränderungen im System in Gang setzen können. Besonderes Augenmerk ist auf Rückkoppelungsschleifen zu richten, da diese sehr schnell Emergenz – im positiven wie negativen Fall – erzeugen können. An dieser Stelle ist zu bedenken, dass jedes Subsystem für das Gesamtsystem eine Bedeutung hat – schließlich wechselwirkt es ja mit anderen Subsystemen – und daher auch betrachtet werden sollte.

Im Gegensatz zu geschlossenen Systemen haben offene Systeme keinen eindeutigen Gleichgewichtspunkt. Die Aktivitäten und die Organisation sind nie statisch, sondern verändern sich kontinuierlich, daher muss ein Architekturreview auch stets aus der dynamischen Perspektive erfolgen. Eine einfache Kausalität ist in solchen Systemen praktisch nie gegeben, mit der Konsequenz einer zirkulären Kausalität.

Bei sehr großen Systemen, und nur hier zeigen Enterprise-Architekturen ihre volle Wirkung, existiert nicht mehr das „große“ Design in dem Sinne, so dass man in der Lage ist, die Anforderungen zu fixieren und einen großen Systementwurf aufzuzeigen, welcher in Folge stabil bleibt. Die meisten großen Systeme verändern sich permanent. Hier gilt die Regel: Je schneller sich die Umgebung (s. Abb. B.1) ändert und je größer das System ist, desto weniger stabil bleibt es im Laufe der Zeit.

---

[9] Meist der Vorurteile.

[10] s. S. 267

In solchen Fällen ist die Betrachtung der steuernden Ebene und das Auffinden von Rückkoppelungsschleifen viel zielbringender.

5.2 Holistische Vorgehensweise

Im Rahmen des Einsatzes einer Enterprise-Architektur muss die gesamte Organisation mit allem, was sie einsetzt, als ein System menschlicher Aktivität betrachtet werden (s. Abb. 5.1), in dem Sinne, dass innerhalb der Organisation menschliche Aktivitäten ablaufen, die sich aufeinander beziehen und innerorganisatorisch Sinn ergeben. Diese Aktivitäten werden meist durch Softwaresysteme unterstützt. Aus diesem Blickwinkel betrachtet ist es folglich nur selten ausreichend, Applikationsarchitekturen alleine zu betrachten! Ein solches soziotechnisches System lässt sich auf drei Ebenen im Sinne einer Schachtelung betrachten. Diese drei unterschiedlichen Ebenen sind:

- Individuum,
- Technologie,
- Organisation.

Jede dieser drei Ebenen beinhaltet nicht nur die vorhergehende, sondern transzendiert sie auch. Parallel hierzu steigt der Komplexitätsgrad $\mathfrak{C}$ von innen nach außen an (s. Abb. 5.1), der Entropiegradient (Entropie als mögliches Komplexitätsmaß) $\nabla S \sim \nabla\mathfrak{C}$ zeigt in die gleiche Richtung und ermöglicht die Definition der Sys-

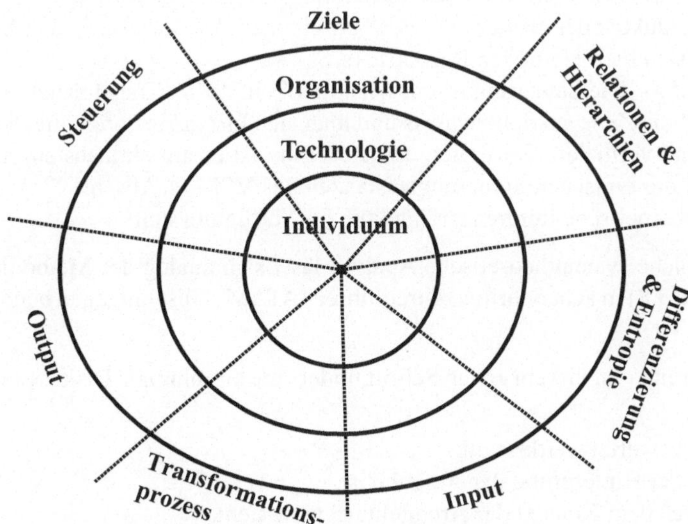

Abb. 5.1 Die sieben Analysekategorien mit den drei Ebenen innerhalb einer holistischen Systemanalyse

temgrenzen. Die zu betrachtenden sieben Kategorien für einen Architekturreview sind:

- Ziele – Organisationen bestehen meist aus einer Anzahl verschiedenster Teile, welche durchaus unterschiedliche Ziele, auch auf hierarchisch verschiedenen Ebenen, haben können. Aus dieser Beobachtung ergibt sich eine Vermengung diverser Zielsetzungen, welche auch widersprüchlich sein können. Einige Ziele sind nur kurzfristig, während andere strategisch ausgerichtet sind. Es ist wichtig, die Ziele verschiedenster Hierarchieebenen explizit zu machen um zu wissen, was überhaupt erreicht werden soll.
- Relationen und Hierarchien – Die Organisationsstruktur und die Relationen der verschiedenen Teile müssen explizit werden. Dies ist eigentlich ein Teil der Enterprise-Architektur, der jedoch oft nicht als eine explizite Analysekategorie genutzt wird.
- Differenzierung und Entropie – Die zunehmende Spezialisierung und Redundanz innerhalb des Systems muss betrachtet werden. Die Umgebung ist meist relativ amorph[11] und das System ist intern – in der Wahrnehmung – sehr viel stärker differenziert, da die Umgebung keine Architektur besitzt, sondern als Stimulus- oder Kraftquelle angesehen wird.
- Input – Diese Kategorie zeigt auf, welche Ressourcen und Bedingungen notwendig sind um einen bestimmten Prozess überhaupt implementieren zu können. Aus kybernetischer Sicht entspricht dies der Auffindung eines Stimulus (s. S. 48).
- Transformationsprozesse – Der Prozess, welcher den Input in den Output umwandelt. Dabei sollte diese Transformation als eine Art „Ergebnis" eines Blackbox-Prozesses gesehen werden.
- Output – Das Ergebnis des Transformationsprozesses. Er wird üblicherweise als das „Produkt" oder als der „Service" bezeichnet. Aus kybernetischer Sicht handelt es sich hierbei um den Response (s. S. 48).
- Steuerung – Die Steuerung ist ein wichtiger Teil, da der Transformationsprozess sich auf die Ziele ausrichten muss und man eine Instanz benötigt, die dies sicherstellt und verifiziert. Bezüglich der Steuerung ist es am einfachsten, man identifiziert die typischen Steuerungsinstanzen des VSM (s. Abschn. 5.3), da dieses eine kybernetische Referenzarchitektur zur Verfügung stellt.

Eine solche systemtheoretische Analyse lässt sich analog der Methodik ATAM (s. Abschn. 3.8) in acht Schritten durchführen (ATAM selbst hingegen benötigt neun Schritte):

- Einführung – In diesem ersten Schritt findet eine einführende Diskussion darüber statt:
  - was bewertet werden soll,
  - was der Hintergrund der Aufgabe ist,
  - in welchem Kontext der Architekturreview steht.

[11] Deswegen spricht man gern von „dem Markt", „dem Kunden", „dem Partner".

Eine solche Einführung kann einfach in Form einer Handzeichnung geschehen, dabei sollte der Leiter des Reviewteams das Gesamtziel so klar wie möglich formulieren und eine Liste der relevanten Punkte für den Architekturreview haben. Typische Fragen im Rahmen der Einführung sind:

- Warum soll ein Architekturreview stattfinden?[12]
- Welches Wissen wird am Ende erwartet?
- Wer ist am Architekturreview beteiligt oder wer sollte beteiligt sein?
- Welche Rolle spielt der Reviewleiter?
- Wie sollte der Architekturreview durchgeführt werden?
- Wie werden die Ergebnisse des Architekturreviews weiterverwendet?

• Dekonstruktion – Oft ist der aktuelle Architekturreview nicht der allererste Architekturreview zu einem gegebenen System. Daher ist es hilfreich, sich die Ergebnisse vorhergehender Architekturreviews zu betrachten, diese können Indikatoren für zugrundeliegende Probleme aufzeigen.
• Problematisierung und Abgrenzung – Erst im dritten Schritt wird der konkrete Umfang des Architekturreviews genauer formuliert, hier ist insbesondere die Systemabgrenzung wichtig. Neben dem Untersuchungsgebiet und dem Abstraktionsgrad der Betrachtung des Systems wird die Frage, was bewertet werden soll, durch die Ziele des Architekturreviews bestimmt. Allerdings sollte stets beachtet werden, dass es eine kontinuierliche Wechselwirkung zwischen dem System und seiner Umgebung gibt.
Typische Probleme in diesem Schritt sind:

- unklare Reviewfragestellung,
- unklare Systemabgrenzung,
- die drei Ebenen (s. Abb. 5.1) werden nicht alle betrachtet,
- Umfang und Zeit des Reviews sind unklar.

• Methodenauswahl und Fragenkonstruktion – In der Methoden- und Fragenauswahl sollte man völlig freigestellt sein, da sich a priori nicht vorhersagen lässt, welche Methode zu einem gegebenen System und einer gegebenen Fragestellung die „beste" ist.
• Dialog – Die Ergebnisse der Fragen werden meist im Dialog mit den Beteiligten, den Individuen (s. Abb. 5.1), erhoben.
• Visualisierung – Die gefundenen Daten über die Architekturen sollten nach Möglichkeit visualisiert werden.
• Analyse – Die Analyse ist die zentrale Aufgabe eines jeden Architekturreviews. Dabei können drei Basisvarianten genutzt werden:

- Ein Vergleich der Ergebnisse mit einem festen vordefinierten Referenzwert.
- Ein Ranking durch den Vergleich mit ähnlichen oder gleichen Systemen.
- Ein Vergleich mit der „Vergangenheit" des Systems um die Entwicklung aufzuzeigen.

[12] Oft findet ein Architekturreview statt, weil das Management eines Unternehmens ein nicht näher spezifizierbares „ungutes" Gefühl bezüglich eines Projekts oder einer Architektur hat.

- Maßnahmen – Aufgrund der Ergebnisse des vorhergehenden Schritts kann man Maßnahmen definieren um das System zu verändern.

Aus systemtheoretischer Sicht heraus betrachtet reicht es nicht aus, allein eine Applikationsarchitektur oder die statischen Aspekte eines Systems zu betrachten, da alle Teile eines Systems so eng miteinander verwoben sind, dass sie im Grunde untrennbar werden – in gewisser Weise definiert dies ein System, denn wäre es leicht trennbar, dann würde der Betrachtungsgegenstand in mehrere Systeme zerfallen.

Mit diesem Problem der engen Koppelung diverser Teile eines Systems konfrontiert, gibt es zwei Möglichkeiten, ein solches System trotzdem zu analysieren und zu „reviewen“:

- Die Betrachtung eines Systems durch die Methodiken der Enterprise-Architektur, mit der Folge, dass alle Architektursichten der Enterprise-Architektur erstellt und diese einzelnen Architektursichten durch sogenannte Bebauungspläne untereinander verknüpft werden. In ihrer Gesamtheit – Architektursichten und Bebauungspläne – kann eine Architektur beschrieben werden; eine solche Beschreibung kann als Startpunkt eines Architekturreviewprozesses dienen.
- Ein völlig anderer Ansatz als sich der traditionellen Architekturmethodiken zu bedienen ist die Möglichkeit, kybernetische Betrachtungen zu nutzen. Hierbei wird die Steuerungs- und Anpassungsfähigkeit eines Systems betrachtet um die Architektur zu entdecken – getreu dem Motto: Wenn man es nicht steuern kann, dann kann man es auch nicht nutzen. Für diese Untersuchungsform werden die Elemente einer kybernetischen Referenzarchitektur (VSM) auf das Steuerungsmodell des zu betrachtenden Systems abgebildet.

Eine der erfolgreichsten Analyseformen ist die Abbildung der steuernden Systemeigenschaften eines Systems auf die VSM-Referenzarchitektur.

5.3 VSM

Das **V**iable **S**ystems **M**odel (VSM) befasst sich explizit mit der Lebensfähigkeit von Systemen. Nach dem VSM ist ein System dann und nur dann lebensfähig, wenn es über fünf miteinander verschachtelte Steuerungssysteme[13] verfügt (s. Abb. 5.2, und 5.3). Für das VSM bedeutet Lebensfähigkeit den Erhalt der Identität des Systems, ein solches System ist im ontogenetischen[14] wie auch im phylogenetischen[15] Sinn überlebensfähig. Lebende Organismen sind inhärent dynamisch, im Gegensatz dazu ist Technologie passiv makrodynamisch, da die Artefakte der Technologie einer Evolution durch iterative Verbesserungen unterliegen. Anders formuliert, das Leben als komplexes adaptives System basiert auf dynamischen Aspekten, im Gegensatz dazu ist heutige Technologie bestenfalls in der Lage, mit Dynamik umzugehen.

---

[13] Das Spezialgebiet der Steuerung komplexer Systeme bezeichnet man als Kybernetik nach *κυβερνητικητεχνη* (die Kunst des Steuerns).

[14] Ontogenese ist die Restrukturierung eines Systems.

[15] Phylogenese ist die Evolution der entsprechenden Spezies.

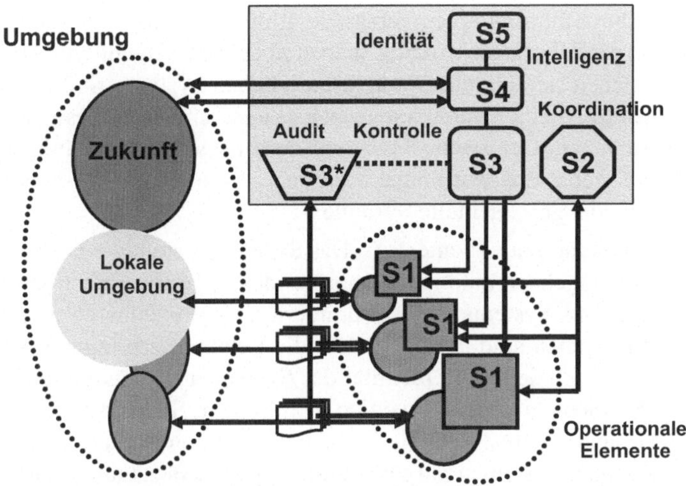

Abb. 5.2 Das VSM nach *Beer*

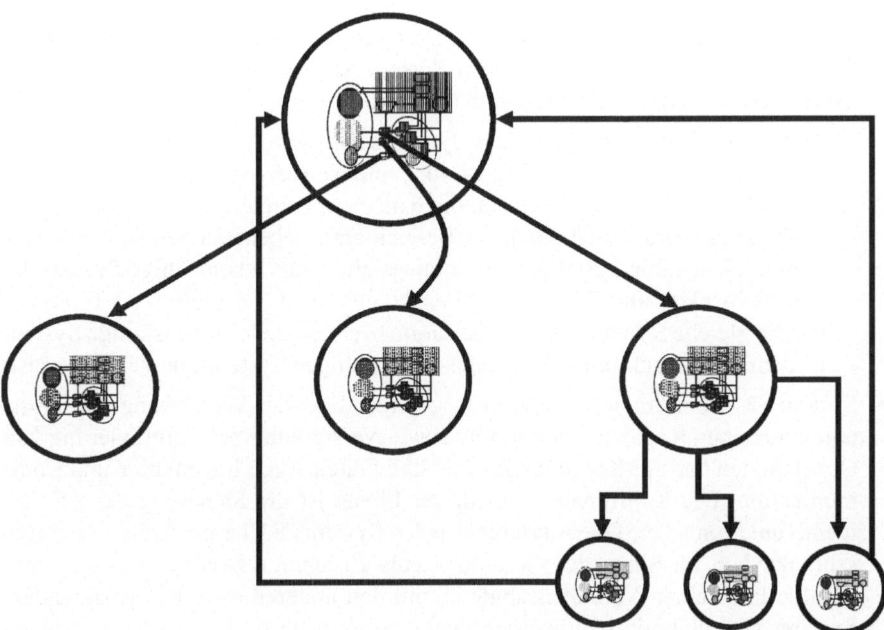

Abb. 5.3 Rekursion der Modelle im VSM. Die einzelnen Teilsysteme sind wiederum VSM (s. Abb. 5.2)

Jedes System benötigt unterschiedliche Teile, welche die Überlebensfähigkeit sicherstellen; neben den rein operativen Teilen sind auch Kontrollteile notwendig. Diese Kontrollteile zerfallen in zwei Typen, zum einen die Subsysteme zur kontinuierlichen Kontrolle der Operationen und zum anderen die Subsysteme zur Entdeckung und Durchführung einer Veränderung des Systems oder seiner Umwelt. Beide sind für das Überleben wichtig, haben aber unterschiedliche Auslöser und Zeiträume, in denen sie agieren. Die kontinuierlichen Systeme sind meist auf eine permanente Kontrolle einer Variablen ausgelegt und versuchen diese in sehr engen Bandbreiten zu halten. Der zweite Typ von Kontrollsystemen ist häufig auf Events ausgelegt (messagebasiert) und reagiert nur sporadisch. Das VSM benötigt insgesamt fünf ineinander geschachtelte Systeme:

- System **S1** (Operationale Elemente) – Das System **S1** stellt die Lenkungskapazität, der sich weitgehend autonom[16] anpassenden operativen Basiseinheiten, dar. Zielsetzung dieses Systems ist die Optimierung der einzelnen Subsysteme. Die zentralen Aktivitäten sind solche, die für die Leistungserbringung der Services sorgen. Diese implizieren die Identität des Systems und müssen durch die operationalen Elemente ausgeführt werden. Das System **S1** befindet sich i. d. R. im Kern des Gesamtsystems. Bedingt durch die Rekursion ist System **S1** wiederum aus selbständigen Systemen aufgebaut und zugleich Bestandteil eines größeren Systems. Wenn alle Systeme von Typ **S1** innerhalb eines Systems überlappen und in Konflikte geraten, so hilft System **S2** bei der Koordination. Die Funktion des Systems **S1** ist es, die primären Aktivitäten, welche die operativen Ergebnisse hervorbringen, direkt zu steuern. Damit bilden sie den Kern des rekursiven Charakters des Modells ab, denn im System **S1** spiegeln sich die wichtigsten Grundprinzipien des VSM unmittelbar wider:
  - Prinzip der Lebensfähigkeit: Das System **S1** muss so gegliedert werden, dass es selbst wiederum lebensfähig ist, im Prinzip ein eigenständiges System bildet und in seiner Umwelt selbständig existieren könnte.
  - Prinzip der Rekursivität: Da jeder Bereich eines lebensfähigen Systems wiederum lebensfähig gestaltet werden muss und jedes lebensfähige System die gleiche Struktur und Organisation besitzt, müssen die abgegrenzten Teilsysteme die gleiche Struktur und Organisation besitzen. Jedes lebensfähige System ist damit eine strukturelle Kopie des lebensfähigen Systems, dessen Teil es ist.
- System **S2** (Koordination) – Dieser Regelkreis dient der Verstärkung der selbstregulatorischen Kapazität, Dämpfung sowie Verstärkung zur Verminderung von Oszillationen und zur Koordination von Aktivitäten durch Information und Kommunikation. Die Koordination auf dieser Ebene ist die Steuerung der **S1**-Elemente untereinander. Die Autonomie jedes Systems **S1** ist prinzipiell uneingeschränkt. Um im Sinne des Gesamtsystems zu agieren benötigt jedes System **S1** allerdings einen Verhaltensabgleich mit den anderen, parallel operierenden, Systemen **S1** und mit dem übergeordneten System. Je stärker die Verbindungen zwischen den **S1**-Systemen sind, desto weniger muss ein top-down gerichteter Kontrollmechanismus die Harmonisierung koordinieren. Die Koordinationsprobleme, die dabei auftreten, hängen von folgenden Faktoren ab:
  - Der Qualität des Systems **S1**.
  - Der Intensität der gegenseitigen Abhängigkeiten der Subsysteme.

[16] Das menschliche Nervensystem ist nach unserer heutigen Kenntnis das fortgeschrittenste Beispiel von autonomem Verhalten in der Natur.

– Der Komplexität der relevanten Umwelten, von der Art und Häufigkeit der unvorhersehbaren Entwicklungen.

- System **S3** (Kontrolle) – **S3** dient der internen Steuerung. Es versucht, ein Gesamtoptimum zwischen den mehr oder minder unabhängigen Basiseinheiten zu erreichen. Hierzu versucht die Kontrolle der eigentlichen operativen Leitung in Form der Steuerung von Ressourcenallokation auch, Emergenz und Synergie durch Kooperation der Basiseinheiten zu erreichen. Obwohl die wirkungsvolle Nutzung der Kommunikationskanäle die Notwendigkeit für Überwachungsaktivitäten deutlich reduzieren kann, gibt es keine Garantie, dass das Ergebnis im Sinne des Gesamtsystems ist und das Gesamtergebnis wirklich mehr als die Summe der Einzelergebnisse darstellt (Emergenz). Hierzu muss ein operativer Gesamtplan existieren, der unter Einbezug von Informationen der Systeme **S4** und **S5** und den Informationen der Systeme **S1** und **S2** erarbeitet wird. System **S3** bietet einen Mechanismus zur Optimierung der Ressourcennutzung an. Dies entspricht einer internen Steuerung zur Gewährleistung eines Gesamtoptimums zwischen den Basiseinheiten, der Wahrnehmung von Synergien und der Ressourcenallokation. Dafür benötigt das System **S3** drei Kommunikationskanäle:

– Die zentrale vertikale Befehlsachse, die zu jedem System **S1** läuft.
– Einen Kanal, der mit System **S2** verbunden ist und über den das System **S3** Informationen über die Koordinationsbemühungen und den Koordinationserfolg von System **S2** erhält.
– Einen Kanal (Monitoring), der direkt mit den operativen Bereichen verbunden ist und Informationen aufnehmen kann, die nicht in den Plänen stehen und dementsprechend nicht in den Reportmechanismen untergebracht sind (**S3***).

Die Systeme **S1** und **S2** sind ausschließlich nach innen gerichtet. Auch wenn die operativen Bereiche in einer für sie relevanten Umwelt agieren, handelt es sich in Bezug auf das Gesamtsystem nur um Funktionen, welche die innere Stabilität gewährleisten. Mit Ausnahme der Verbindung zu System **S4** ist auch die Funktion des Systems **S3** auf die Erhaltung des internen Gleichgewichtes ausgerichtet.

- System **S3*** (Audit) – Die Aufgabe des Systems **S3*** ist die Validierung der Informationen und Sicherstellung der Normen und Regelwerke. Das System **S3** generiert Informationen, welche es dem System **S3** erlauben, den tatsächlichen Zustand des Systems beurteilen zu können. In Bezug auf die Vielfältigkeit muss das System **S3*** die hohe Vielfältigkeit im System **S1** verdichten, um dem System **S3** eine niedrige Vielfältigkeit zu liefern.

$$V(\mathbf{S3}) = V(\mathbf{S3^*} \mapsto \mathbf{S3}) \ll V(\mathbf{S1}).$$

Der Monitoringkanal zu **S3*** sollte nur angrenzende Ebenen der Rekursion verbinden. Werden andere Ebenen durch diesen Kanal überprüft, führt dies zur Brechung der Integrität des Systems, weil die Komplexität, die durch die Rekursionsebenen gefiltert werden soll, damit wieder kurzgeschlossen wird und somit das Vertrauen in diese Überbrückung und das daraus resultierende Ergebnis nicht vorhanden ist.

- System **S4** (Intelligenz) – Dieses System hat als Aufgabe, die Zukunftsorientierung des Gesamtsystems sicherzustellen. Hierzu muss das Gesamtsystem und seine Umwelt analysiert und modelliert werden. Die so definierte Intelligenz (**S4**) funktioniert als eine Art Zweiwegeverbindung zwischen dem System und seiner Umgebung. Die Auskunftsfähigkeit ist eine der primären Anforderungen für Adaptivität. Die Funktion dieser Steuerungseinheit ist sehr stark auf die Zukunft ausgerichtet (s. Abb. 5.2); es geht darum, den zukünftigen Weg bezüglich der Veränderungen der Umgebung zu planen und die Fähigkeiten des Systems so vorzubereiten, dass es sich auf seine Zukunft einstellen kann. Damit sichergestellt wird, dass diese Zukunft auch erreicht werden kann, muss die Intelligenz auch über den aktuellen Zustand des Systems hinreichend genaue Informationen besitzen. Das System **S4** kann sich in dem Fall, dass die momentane Umgebung zu problemgeladen ist, eine zukünftige neue Umgebung suchen.[17] Aufklärung ist fundamental für die Anpassungsfähigkeit des Gesamtsystems, weil **S4** die operativen Einheiten des Gesamtsystems durch das System **S3** permanent mit Informationen über die relevante Umwelt versorgt und Veränderungen der externen Umwelt herausfindet, die für das System in der Zukunft relevant sein könnten. Darüber hinaus projiziert System **S4** die Identität des Systems und seine Botschaft in seine Umwelt und gestaltet somit die Umwelt mit. Diese Schleifen müssen koordiniert ablaufen, um das System nicht mit Daten zu überladen, für die es keine Interpretationskapazität und kein Aktivitätspotenzial gibt. Zudem muss die nach außen getragene Identität durch geeignete Sensoren auch wieder nach innen getragen werden, damit sich ein konsistentes externes und internes Bild ergibt. Sind die geeigneten Sensoren nicht vorhanden, sind die Botschaften, die nach außen getragen werden, sinnlos. Um das interne und das externe Gleichgewicht auszubalancieren, spielt das Zusammenwirken von System **S3** und System **S4** unter Einfluss und Überwachung von System **S5** eine entscheidende Rolle.
- System **S5** (Identität) – **S5** stellt die Identität des Systems sicher. Typische Tätigkeiten des Systems **S5** sind:

  - Ausgleich zwischen Veränderung und Stabilität,
  - Innen- und Außensicht verknüpfen,
  - **S3** und **S4** moderieren,
  - Identität des Gesamtsystems bestimmen und verändern,
  - Normen schaffen und vermitteln.

  Oft wird dieser Steuerungskreis als der Policy-Steuerungskreis bezeichnet. Eine der Hauptaufgaben von System **S5** ist es, zwischen den Systemen **S3**, **S3*** und **S4** zu vermitteln. Aus Sicht der Vielfältigkeit ist das System **S5** ein gewaltiger Speicher für Vielfältigkeit. Das System **S5** bildet die einzige Instanz im System, welche in Bezug auf die Werte und Normen, die den Handlungsrahmen des Systems ausmachen, die oberste Stufe darstellt. Diese Funktion ist per Definition von geringer Vielfältigkeit (im Vergleich zum Rest des Systems oder gar im

[17] Ein Softwaresystem, welches nicht zur Umgebung passt und für das ein neues Einsatzgebiet (Umgebung) gesucht wird, bezeichnen Softwareentwickler mit *Eine Lösung auf der Suche nach dem Problem.*

Vergleich zur Umwelt). Dies bedeutet, dass dieses System Informationen sehr selektiv aufnehmen und verarbeiten muss. Die Selektion wird im Wesentlichen durch die Aktivitäten der Systeme **S4** und **S3** erreicht. Das System **S5** liefert die Klarheit über die generelle Richtung der Entwicklung, die Werte und den Zweck des Systems. Es bestimmt damit im Wesentlichen die Identität des Systems und ihre Funktion im Gesamtzusammenhang der Umwelt. Damit muss es einen Ausgleich zwischen Gegenwart und Zukunft und zwischen interner und externer Perspektive liefern. Eine der zentralen Bedingungen organisationaler Effektivität ist das Zusammenwirken des Systems **S3** und **S4**.

Die fünf Systeme des VSMs lassen alleine aber noch nicht die Eigenschaften des Gesamtsystems entstehen. Erst die Aufbauprinzipien des VSMs bringen zusammen mit den fünf Systemen die Eigenschaften des Gesamtsystems hervor. Diese Aufbauprinzipien sind:

- Invarianz der Struktur (Isomorphie) – Dieses grundlegende kybernetische Theorem besagt, dass alle komplexen Systeme zueinander isomorph sind. Diese Isomorphie bezieht sich allerdings nur auf die Lenkungsstrukturen, die in lebensfähigen Systemen als invariant angenommen werden.
- Verteilung der Funktionen – Jede Funktion wird von verschiedenen Elementen im System ausgeführt, und die Benennung der Funktion sagt nur etwas über ihre Bedeutung, nicht aber etwas über die ausführende Instanz aus. Das VSM ist nicht die explizite Form, in die das System gebracht werden muss, damit es den Anforderungen genügt, sondern es zeigt die notwendigen impliziten Mechanismen, welche die Lebensfähigkeit garantieren.
- Rekursivität – Die rekursive Strukturierung mithilfe des VSM ist ein Mittel zur Erfüllung des Ashby-Conant-Theorems. Die Rekursion ist die Nutzung identischer Strukturen, um Funktionen der Ordnung n auf Funktionen der Ordnung $n + 1$ zurückzuführen.
- Autonomie – Das Autonomieprinzip ist eigentlich paradox, denn zum einen wird für die jeweilige Rekursionsstufe Verhaltensfreiheit gefordert, zum anderen wird die Verhaltensfreiheit mit Blick auf das Gesamtsystem durch Interventionen beschnitten. Lebensfähige Systeme sind in Bezug auf den Grad der Autonomie variabel. Abhängig vom Umweltdruck erfolgen mehr oder weniger Eingriffe der übergeordneten Systeme in die Autonomie der Aktivitätsbereiche. Der Umweltdruck kommt in der Notwendigkeit zum Ausdruck, das Gesamtsystem auf bestimmte Zielsetzungen hin auszurichten. Nur wenn grundsätzliche Kurskorrekturen erforderlich sind, greifen die übergeordneten Systeme ein, ansonsten entwickeln sich die Aktivitätsbereiche autonom. Alle Interventionen durch das höher liegende System erfolgen durch explizite Selektion einer Komponente des Subsystems und durch das Unterbinden oder Ermöglichen bestimmter Verhaltensweisen des jeweiligen Subsystems. Die Vielfältigkeit der vertikalen Dimension ist proportional zur Macht und Fähigkeit des Gesamtsystems, die Verhaltensweisen der Services beeinflussen zu können, die Vielfältigkeit der horizontalen Services ist proportional zu ihrem Verhaltensreichtum. Das VSM und seine Homöostasisbeziehungen gelten auch für die Gestaltung und Implementierung ei-

nes Softwaresystems oder Services selbst. Homöostasisbeziehungen sind hier die wesentliche Anforderungsgrundlage für lebensfähigkeitsorientierte Softwaresysteme. Die Servicestrukturen eines Softwaresystems sind so zu gestalten, dass die Informationsflüsse zu Homöostasisbeziehungen rekursions- und system- bzw. serviceübergreifend unterstützt werden. Jeder Mitarbeiter und jeder Service steuert bei einem VSM-basierten Konzept eine oder mehrere definierte Homöostasisbeziehungen. Das Softwaresystem unterstützt die Integration dieser Aufgaben der Homöostasissicherung durch die Integration von Homöostasisbeziehungen in und zwischen Rekursionsebenen. Interventionen bezüglich der Homöostasisbeziehungen auf vertikaler Ebene können in drei Formen auftreten:

- Policies – Allgemeine, deklarative Verhaltensregelungen, die für alle horizontalen Elemente als Ganzes gelten.
- Zuteilung von Ressourcen – Diese wirken sich mittelbar auf das Verhalten aus. Beschränkungen wirken als Engpässe, Zuteilung von Ressourcen als Unterstützung.
- Eingriffe in Detailoperationen – Diese Art der Intervention ist eigentlich nur notwendig, wenn ein Element nicht dem Prinzip der Lebensfähigkeit entspricht.

Betrachtet man die Autonomie, so kann sie als Maximierung der Vielfältigkeiten der Subsysteme aufgefasst werden, unter der Einschränkung, dass die Kohäsion des Gesamtsystems erhalten bleibt. Die Systemkohäsion ist unmittelbar mit der Identität des Gesamtsystems verbunden, die unter Einwirkung von Störungen und äußeren Einflüssen aufrechterhalten werden muss.

- Viabilität – Das Prinzip der Lebensfähigkeit ist das Superprinzip der lebensfähigen Systeme. Es beinhaltet nicht nur die Lebensfähigkeit im Sinne eines lokalen Überlebens, sondern die Fähigkeit, eine separate Identität als Glied in einer Kette von lebensfähigen Systemen aufrecht zu erhalten. Dies bedeutet, dass im systemtheoretischen Kontext das Kriterium Lebensfähigkeit ein metasystemtheoretisches Konzept zur Beurteilung der strukturellen Effektivität eines Systems darstellt. Es ist also nicht die Frage nach der tatsächlichen Zustandskonfiguration, sondern die Frage, wie die tatsächliche Zustandskonfiguration auf unbestimmte Zeit aufrechterhalten werden kann. Die strukturelle oder systemtheoretische Effektivität muss durch das Kriterium der Lebensfähigkeit beurteilt werden. Damit folgt auch, dass es nicht nur eine einzige lebensfähige Zustandskonfiguration gibt, sondern dass es eine lebensfähige Struktur gibt, die durch ihre Fähigkeiten die Aufrechterhaltung und Entwicklung einer Zustandskonfiguration erst ermöglicht. Lebensfähigkeit ist eine Folge der systemtheoretischen Struktur und nicht ein Resultat der tatsächlichen Konfiguration.

Komplementär zu den Aufbauprinzipien eines VSMs existieren die Organisationsprinzipien für das Zusammenwirken der verschiedenen Elemente und Aufbauprinzipien. Im VSM existieren vier Organisationsprinzipien:

- Ausgleich der Vielfältigkeit zwischen System und Umgebung – Die Vielfältigkeitspotenziale zwischen System und Umwelt müssen zum Ausgleich gebracht werden. Deshalb muss das System Komplexität durch bewusstes Gestalten der Informationskanäle im Sinne eines Ausgleichs der Vielfältigkeitspotenziale bewältigen, so dass das System sich flexibel an eine sich verändernde Umwelt anpassen kann.

- Prinzip der ausreichenden Kanalkapazität – Die zwischen den Elementen ablaufende Informationsverarbeitung muss aber neben dem Gleichgewicht der Interpretationsschemata, die das Potenzial der Informationsverarbeitung in den Teilsystemen umschreiben, auch die reine Informationsübermittlung berücksichtigen. Die Übertragung zwischen den Elementen muss eine höhere Informationsvermittlungskapazität besitzen, als es die zu übermittelnde Information alleine voraussetzt. Das Übermitteln von Informationen erfordert eine Informationskapazität, ein fachliches Verständnis, welches den Gehalt der zu übermittelnden Informationen übersteigt.
- Transformationskapazität – In jedem System werden die Informationen als Messages verstanden, die zwischen den Elementen fließen, welche in die jeweilige Systemsprache des Empfängers transformiert werden müssen. Diese Transformationsleistung erfordert mindestens eine dem Kanal entsprechende Vielfältigkeit.
- Erhalt der Kontrolle – Das vierte Prinzip, das sich als Metaprinzip über die anderen drei legt, ist die Forderung, dass die Anwendung der ersten drei Prinzipien ohne Verzögerungen und Unterbrechungen gewährleistet sein muss. Lange Reaktionszeiten, die das System in seinen Operationen aus dem Gleichgewicht bringen, lassen auf ein nicht effektiv strukturiertes System schließen.

Eine wichtige Aufgabe in der Steuerung der Hierarchien der Homöostaten ist die Kohäsion innerhalb der Rekursion. Da die Rekursion autonome Elemente auf den verschiedenen Rekursionsstufen produziert, kann das Gesamtsystem nur dann überlebensfähig sein, wenn diese kohärent zusammenarbeiten. Ein Fehlen der Kohärenz bedeutet, dass entweder der Sinn (Policy) des Systems verloren gegangen ist oder dass die Struktur des Systems nicht adäquat zu der Policy ist.

Der Einfluss der Umwelt sollte bei der Entwicklung der Homöostaten nicht vernachlässigt werden, da die Homöostaten eine gewisse Zeit, die sogenannte Relaxationszeit, brauchen, um sich im Gleichgewicht zu befinden. Die Relaxationszeit ist die Zeit, welche notwendig ist, um von einem Nichtgleichgewichtszustand in den Gleichgewichtszustand zurückzukehren. Wenn ein System von außen[18] gestört wird, so gerät es zunächst in einen Nichtgleichgewichtszustand. Da für das System das Gleichgewicht aber am günstigsten ist, wird es versuchen, diesen Zustand wieder zu erreichen; die hierfür benötigte Zeit ist die Relaxationszeit. Wird das System jedoch schneller gestört als es die Relaxationszeit erlaubt, so gerät es nie ins Gleichgewicht und es entsteht das Risiko eines negativen Feedbackloops mit anschließender Zerstörung des Systems. Die einzige Möglichkeit, dies zu verhindern, ist eine Reduktion der Vielfältigkeit. Bei niedriger Vielfältigkeit treten weniger Störsignale auf und das System kann immer wieder in seinen Gleichgewichtszustand gelangen. Auf der anderen Seite besitzen Systeme auch eine gewisse Trägheit, d. h., es dauert eine gewisse Zeit, bis die Maßnahmen des Kontrollsystems im System wirken.

---

[18] Störungen von innen verhalten sich ähnlich, bedürfen aber eher einer „Reparatur“.

Tabelle 5.1 Das VSM und die Koppelungen zwischen den Systemen **S1–S5** und der Umgebung **U**

	S1	S2	S3	S3*	S4	S5	U
S1	✓	✓	✓	✓			✓
S2	✓	✓	✓				
S3	✓	✓	✓	✓	✓	✓	
S3*	✓		✓	✓			
S4			✓		✓	✓	✓
S5					✓	✓	
U	✓		✓		✓		✓

Auch dies stellt eine Relaxationszeit dar. Werden nun die Maßnahmen schneller im System ausgelöst als dieses relaxieren kann, so wird nie ein Gleichgewicht angenommen.[19]

Im Gegensatz zu hierarchischen Strukturen sind die rekursiven Strukturen eines VSM sehr viel besser in der Lage, Informationen zu verarbeiten und entsprechend zu handeln, da die Komplexität der Umgebung zunächst lokal absorbiert wird. In hierarchischen Systemen gelangt die Komplexität quasi ungefiltert in die Hierarchie. Trotz der dezentralen Handlungsweise bleibt das Gesamtsystem in seinen Aktivitäten kohärent, da die Systeme **S3–S5** auf jeder Rekursionsstufe die Kohärenz sicherstellen. Die so dargestellte Rekursionshierarchie ist nicht eindimensional oder starr zu verstehen, da sich die Subsysteme auch völlig anders anordnen können. Insofern wird ein lebensfähiges und flexibles Gesamtsystem geschaffen.

Anhand des VSMs und seiner Vielfältigkeitsflüsse können die vier Prinzipien auch anders formuliert werden:

I *Die unterschiedlichen Vielfältigkeiten – Steuerung, Operation und Umgebung – balancieren sich auf Dauer gegenseitig aus.*

II *Die informationsführenden Kanäle innerhalb eines Systems müssen jeweils eine höhere Vielfältigkeit pro Zeiteinheit übertragen können, als das Ursprungssystem in dieser Zeit erzeugen kann.*[20, 21]

III *Wenn die Information in einem Kanal eine Grenze überschreitet, muss sie übersetzt werden. Die Vielfältigkeit des Übersetzers muss mindestens so groß sein wie die Vielfältigkeit des Informationskanals.*

IV *Die ersten drei Prinzipien müssen kontinuierlich in der Zeit angewandt werden.*

Neben den Organisationsprinzipien lassen sich auch die Steuerungsaxiome aus Sicht der Vielfältigkeit formulieren:

[19] Innerhalb der Organisation wird ein solches Phänomen durch die Mitarbeiter als Aktionismus interpretiert.

[20] Wenn dies nicht der Fall ist, so bleibt kein Raum, um Fehler oder Störungen zu korrigieren. Daher handelt es sich bei lebensfähigen Systemen um dynamisch stabile Systeme.

[21] Die Kommunikation in den Kanälen muss schnell genug sein, um der Rate, mit der Vielfältigkeit erzeugt wird, folgen zu können.

I *Die Summe der horizontalen Vielfältigkeit, welche von den operationalen Teilen abgebaut wird, muss gleich der Summe der vertikalen Vielfältigkeit sein.*[22, 23]

II *Die Vielfältigkeit, die von System* **S3** *im Rahmen des ersten Axioms absorbiert wird, ist gleich der Vielfältigkeit, die vom System* **S4** *absorbiert wird.*[24]

III *Die Vielfältigkeit, die vom System* **S5** *absorbiert wird, ist gleich der residualen Vielfältigkeit, die durch das zweite Axiom erzeugt wird.*[25]

Im Rahmen einer Rekursion eines Systems lässt sich das erste Axiom auch anders formulieren:[26]

I* *Die Vielfältigkeit des Systems* **S1**, *welches dem System* **S3** *auf der Rekursionsstufe n zugänglich ist, muss gleich der absorbierten Vielfältigkeit sein, welche durch die Summe der Metasysteme entsteht.*

$$V\left(\mathbf{S1}^{(n)} \mapsto \mathbf{S3}^{(n)}\right) = \sum_{j<n} V\left(S_j^{(k)}\right).$$

5.4 Conants Modell

Jedes System und somit auch jedes Teilsystem des Viable Systems Models hat nicht nur eine endliche Fähigkeit, Vielfältigkeit zu verarbeiten, sondern auch noch eine Grenze an Menge von Informationen, welche verarbeitet werden können (s. Abb. 5.4–5.6). Die limitierte Kapazität eines Systems, Informationen zu verarbeiten, führt dazu, dass sich drei Flussgrößen die Informationsverarbeitungskapazität teilen:

- Durchsatz,
- Koordination,
- Blockade.

Damit die vorhandene Kapazität des Systems optimal ausgenutzt werden kann, gibt es vier Teilstrategien:

- Minimierung des Outputs – Wenn das System keine unnötigen Informationen produziert, kann die gegebene Kapazität besser genutzt werden. Leider wird diese Strategie äußerst selten verfolgt.

---

[22] Die überzählige Vielfältigkeit, welche aus der Umwelt über die Operation im Management landet, muss durch die Vielfältigkeit aufgehoben werden, welche aus den Systemen **S3** und **S3*** stammt.

[23] Dieses Axiom ähnelt der Bernoullischen Gleichung der Druckerhaltung in der Gas- und Hydrodynamik.

[24] Die Systeme **S3** und **S4** müssen in einer Balance sein.

[25] Das System **S5** muss quasi die überflüssige Vielfältigkeit aus System **S4** „aufsaugen". Wenn der Homöostat **S3–S4** gut arbeitet, ist dies einfach, da System **S5** kaum aktiv eingreifen muss.

[26] Auch als *The Law of Cohesion* bezeichnet.

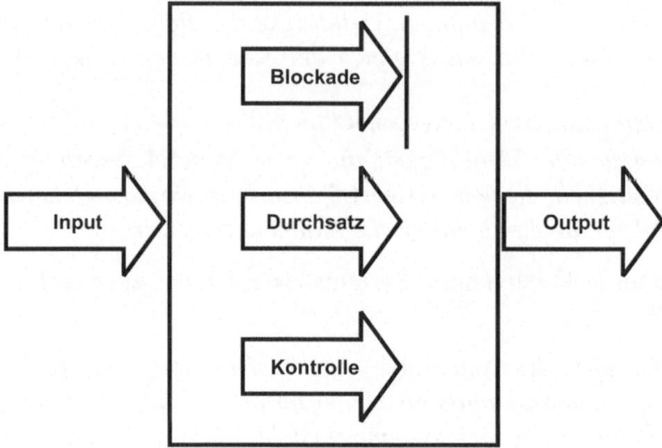

Abb. 5.4 Conants Modell der Informationsverarbeitung

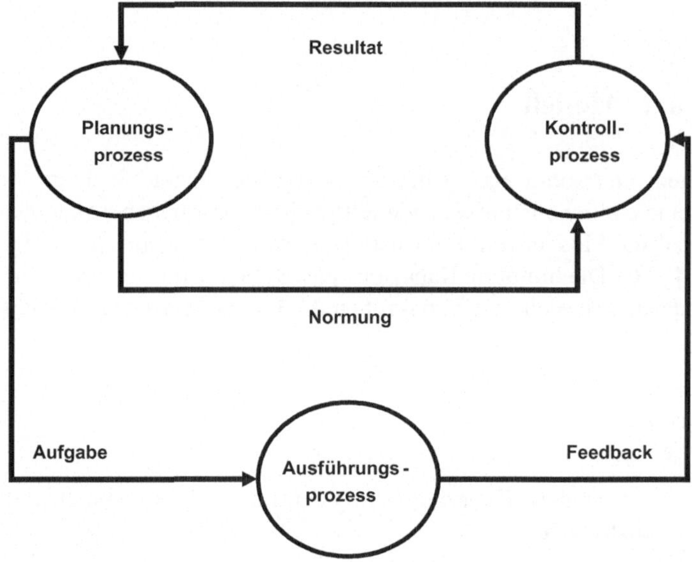

Abb. 5.5 Vereinfachtes Prozessmodell nach Conant

- Minimierung des Inputs – Wenn das System nur selektiv Informationen aufnimmt, muss es intern auch nur wenig blockieren, denn das System arbeitet nicht mit unnötiger Information.
- Minimierung der Koordination – Durch Vereinfachung des Systems wird die notwendige Menge an zu verarbeitender Kontrollinformation reduziert.
- Optimierung der Teile – Wenn jeder Bestandteil des Systems optimiert wird, entstehen keine Engpässe.

Die Minimierung der Koordination und die Optimierung der Teile zeigen den Konflikt zwischen Spezialisierung und Flexibilität. Auf den ersten Blick mag es sinnvoll

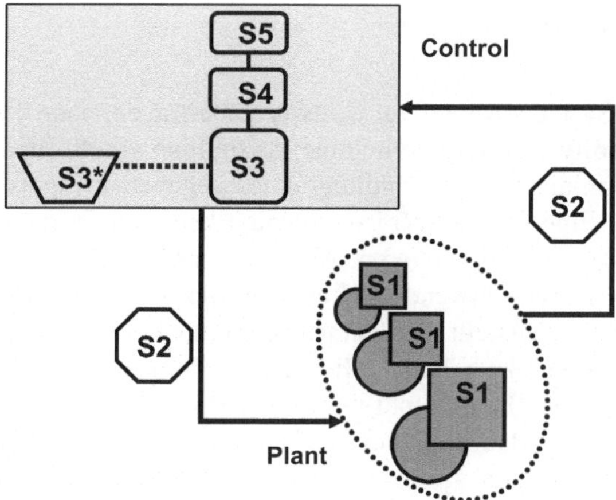

Abb. 5.6 Ein vereinfachtes VSM

erscheinen die Flexibilität einzuschränken, die Teile zu optimieren und damit die zur Verfügung stehende Kapazität dem Durchsatz zu widmen, aber dies ist nur in einer stabilen Umgebung sinnvoll. Die Informationsverarbeitung in einem dynamischen Umfeld zeigt ein völlig anderes Bild, da bei einer Veränderung der Umgebung plötzlich eine große Menge an Information blockiert werden kann, was negativ auf den Durchsatz wirkt.

Da in dem Gesamtsystem die Summe aus den Informationsraten nach oben limitiert sein muss:

$$I_{\text{Durchsatz}} + I_{\text{Blockade}} + I_{\text{Koordination}} \leq I_{\max},$$

bedeutet eine starke Erhöhung des internen Feedbacks implizit eine Reduktion des Resultatflusses. Neben der Breite an Vielfältigkeit (Ashbysches Gesetz) muss das System auch in der Lage sein, die Information mengenmäßig zu verarbeiten. Solange ein System noch genügend freie Kapazitäten für die Informationsverarbeitung hat, kann der Input erhöht werden, mit der Folge, dass die Vielfältigkeit zunimmt.[27] Aber ein System, welches sich an seiner Kapazitätsgrenze befindet, muss die Blockade erhöhen und importiert mehr Vielfältigkeit als es tatsächlich verarbeiten kann. In diesem Fall ist ein Anstieg an Informationsmenge kontraproduktiv. Aus Sichtweise der Vielfältigkeit (s. S. 261) ergibt sich eine Ungleichung für die Vielfältigkeit des Kontrollers $V(K)$ (s. Gl. A.4), der zwischen der Innenwelt des Systems (Vielfältigkeit V(Innenwelt)) und der Umgebung (Vielfältigkeit V(Umgebung)) lokalisiert ist:

$$V(K) < |V(\text{Umgebung}) - V(\text{Innenwelt})|. \tag{5.4}$$

[27] Insofern kann der Ruf nach mehr Information zur Problemlösung durchaus kontraproduktiv sein.

5.5 Viable System Software

Wird das Viable Systems Model auf Software übertragen, dann entsteht eine VSS (**V**iable **S**ystem **S**oftware). Unsere heutige Vorstellung von Software ist die der algorithmisch determinierten Umwandlung eines gegebenen Inputs in einen vorbestimmten Output. Eine solche Software verträgt keinerlei Störungen, ohne mit einer Art „Hardwareerror" zu reagieren. Aber in einer komplexen Umgebung ist ein völlig anderes Verhalten notwendig: Hier kann die wohldefinierte Umgebung nur bedingt zur Verfügung gestellt werden, trotzdem muss es das Ziel sein, ein solches Gebilde überlebensfähig zu halten. Üblicherweise denken wir bei Software in algorithmischen Kategorien: Der Output wird nur aufgrund des Inputs erzeugt. Dieses allopoietische Modell erlaubt es nicht auf externe Störungen zu reagieren: Wenn eine Nichtinputvariable sich spontan ändert, wird mit einem Fehler abgebrochen. Aber in einer komplexen Umgebung, in der jede Menge an Störungen existieren, reicht dies nicht mehr aus. Hier gibt es externe Kräfte und Ereignisse, die nicht direkt sichtbar oder steuerbar sind, daher sind andere Mechanismen für die Soft-

Tabelle 5.2 Vergleich der VSM-Muster in verschiedenen Systemen

Muster	Organisation	Mensch	Software	Service (s. Kap. 9)
Kontroll-separation	Management vs. Mitarbeiter	Zentralnerven-system vs. Organe	Kontrolleinheit vs. Prozess	Orchestrator, WSDL
Operations-kontrolle	Vorarbeiter	Pons und Medulla	Betriebssystem vs. Ressourcen und Applikationen	Enterprise Service Bus, SOA-Plattform
S3	Produktionspläne	Sympathikus	Memory Management, Batchsteuerung	Enterprise Service Bus, SOA-Plattform
S3*	Buchhaltung, Auditor, Betriebsprüfer	Parasympathikus	Monitorsysteme, Systemadministrator	Enterprise Service Bus, SOA-Plattform
S4	Planung, Forschung	Zwischenhirn	System-administrator, Benutzer	Consumer, Software-entwickler
S5	Vorstand, Aufsichtsrat	Großhirnrinde	System-administrator, IT-Management	Consumer
Rekursion	Hierarchien	Zellen, Organe, Organismen	Schichten-architektur, Serviceframeworks, Software-entwickler	Services
Homöo-stasis	Verträge	Blutdruck, Körpertemperatur	Interfacespezifikation, Software-entwickler	SLAs, QoS

ware notwendig, damit diese auch unter ungünstigen Bedingungen autonom agieren können.

Die Idee für überlebensfähige Software ist es, weg von Algorithmik oder Objektorientierung und hin zu einem **C**ontrol **L**oop **P**aradigma (CLP) zu kommen. In diesem CLP wird das eigentliche Problem, die Software, in zwei Bestandteile zerlegt:

- Plant – Der algorithmische Teil, welcher die Rolle einer Fabrik übernimmt.
- Control – Der Kontrollprozess, der auf Störungen reagiert und entsprechend kompensiert.

In allen Systemen, welche äußeren Störungen unterliegen oder komplex sind, ist die Anwendung des CLP empfehlenswert. Ein VSS muss in der Lage sein, die eigene Stabilität zu erhalten. Dies wird über die Fähigkeit zur Adaption erreicht. Für ein VSM ist Adaption ein Feedbackprozess, in dem externe Veränderungen in einer Umgebung durch interne Kompensationen gespiegelt werden, um die homöostatischen Variablen im Gleichgewicht zu halten. Da aber komplexe Systeme in einer komplexen Umgebung existieren, ist Stabilität ein mehrdimensionales Problem, welches eine gewisse Anzahl von Strategien benötigt, um auf diverse Veränderungen oder Störungen reagieren zu können. Aus Sicht des VSM kann eine Software nur dann Stabilität erreichen, wenn er einer Reihe von Prinzipien folgt (s. Tabelle 5.3):

- Autonomie und Adaption – Für Software stellt die Autonomie die Freiheit dar, lokale Entscheidungen treffen zu können. Die Adaption ist eine der Schlüsseleigenschaften für stabile Software und lässt sich in drei Kategorien unterteilen:
  - Homöostatische Adaption – Darunter wird der Erhalt von kritischen Variablen im Rahmen bestimmter Grenzen durch die sich gegenseitig steuernden Subsysteme verstanden. Dies ist ein „übliches" Kontrollsystemverhalten und wird typischerweise von den Homöostaten **S3**, **S4-S3**, **S5-S4-S3** durchgeführt.
  - Morphostatische Adaption – Eine Form der strukturellen Adaption, bei der die eigentliche Form erhalten bleibt, z. B. durch die Wahl eines neuen internen Kontrollalgorithmus. Die entsprechende VSM-Koppelung ist **S4-S3**.
  - Morphogenetische Adaption – Bei der morphogenetischen Adaption verändert sich die Struktur, aber die Identität bleibt erhalten. Dies geschieht durch die Evolution der Struktur oder der Teile der Software. Für eine Software ist

Tabelle 5.3 Schlüsseleigenschaften überlebensfähiger Software

Eigenschaft	Strategien
Widerstand gegenüber Attacken	Authentisierung, Zugangskontrolle, Verschlüsselung, Messagefilterung, Diversifikation, Autonomie
Feststellung von Attacken und Ausnahmen	Integritätsregeln, Policies, Monitoring
Wiederherstellung	Redundanz, Replikation, Planung
Adaption und Evolution	Patterns für Problemerkennung, adaptiver Kontroller, Policies

die morphogenetische Adaption der Erhalt des Interfaces nach außen, aber eine Veränderung in der Implementierung. Dies entspricht im VSM der vollen **S5**-**S4**-**S3**-Funktion.

- Rekursion und Hierarchie – Das Basismodell des VSM ist rekursiv angelegt, jedes System aus Subsystemen beinhaltet alle darunterliegenden Subsysteme. Funktionalität muss in den tieferen Schichten vorverarbeitet werden, da sonst die oberste Schicht durch Vielfältigkeit überflutet wird (Kontrollverlust). Als Folge muss jede Schicht eine ganz spezielle Menge an Funktionen ausführen; die Komposition von Komponenten ist ein typisches Beispiel für Rekursion und Hierarchie.
- Selbstreferenz und Invarianten – Das VSM besitzt eine Reihe von strukturellen und verhaltenstechnischen Invarianten, so z. B. das fundamentale Prinzip der Trennung von Kontrolle und dem zu kontrollierenden Subsystem oder die interne Struktur der Kontroller (**S1**. . . **S5**), die Autonomie auf jeder Ebene und die Rekursion sind Invarianten.

Ein besonders wichtiger Teil jedes überlebensfähigen Systems und damit auch der Software ist ein Antioszillationskreislauf bestehend aus dem Regulator (**S2**) und dem Audit (**S3***) (s. Abb. 5.2). Ziel dieses Kreislaufs ist es, Übersteuerungen zu dämpfen und so das System stabil zu halten. **S2** und **S3*** ermöglichen damit den eigentlichen Feedbackloop (s. Abb. 5.7), so dass die aktive Kontrolle der Operationen des Gesamtsystems sichergestellt werden kann. Wenn jede der Komponenten als ein in sich geschlossenes VSS – entsprechend der rekursiven Struktur eines VSM – angesehen wird, so resultieren für diese Komponenten neun verschiedene Interfaces:

1. Kontext und Aufgabe – Die direkte Koppelung zwischen „Plant" und Umgebung. Das fachliche Interface und der Kontext wechselwirken mit der Software.
2. Planung – Die Sicht der Planung auf die zukünftige Umgebung. Die Planungseinheit versucht die Veränderung des Kontextes der Komponenten vorherzusagen.

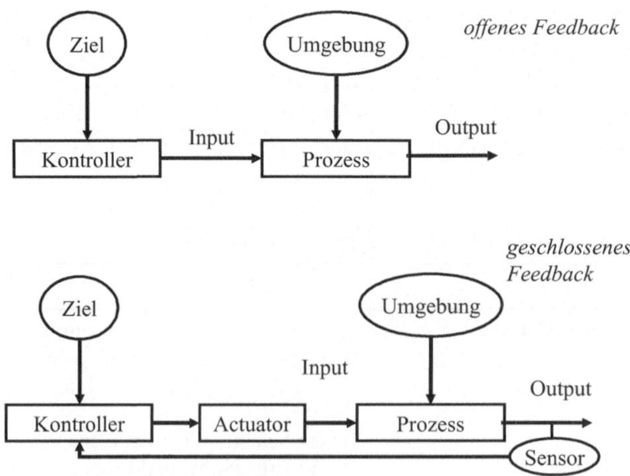

Abb. 5.7 Open-Loop und Closed-Loop Feedback

Diese Planungseinheit nutzt historische Daten, Datenprojektionen oder auch Simulationen, um den Kontext zu prognostizieren.

3. Koordination und Scheduling – Dieses Interface überträgt die Steuerung aus der Kontrolleinheit in die eigentliche Ausführung, außerdem wird hier dieselbe Ebene der Rekursion koordiniert.
4. Operationskontrolle – Befehle und zugeordnete Ressourcen werden von der Kontrolleinheit an die operative Einheit geleitet und umgekehrt werden Bedarf und aktueller Zustand von der Operation an die Kontrolle vermittelt. Ein solches Interface ist heute in den meisten Fällen in Form eines Containers implementiert.
5. Selbstmodellierung – Dieses Interface ermöglicht der einzelnen Komponente die Introspektion und damit die Fähigkeit ihr Modell an andere weiterzuleiten, damit diese Komponente möglichst effektiv genutzt werden kann.
6. Policy, Regeln und Kommandos – Dieses Interface gibt nicht das Modell nach außen, sondern erteilt Auskunft über die aktuellen und möglichen Steuerungsmechanismen.
7. Panik – Eine direktes Interface der Kontrolleinheit nach außen, nutzbar für extreme Situationen oder zur Weitergabe von Exceptions. Im Rahmen des VSM bedeutet eine Exception, dass das System außer Kontrolle geraten ist und sich als nicht mehr steuerbar erweist.
8. Inspektion und Audit – Dieses Interface ermöglicht die sporadische Abfrage, ob alle Operationen noch ablaufen. Notwendig sind solche Interfaces, um den Gesamtbetrieb sicherzustellen.
9. Plant-2-Plant – Die „Plants" können auch direkt miteinander verknüpft werden, um ganze Ablaufketten zu erhalten. In diesem Fall existieren dann beide im gleichen Kontext.

So aufwändig es klingt, diese neun Interfaces zu beschreiben und zu implementieren, Ziel eines VSS ist es, stabil in diversen Umgebungen und Zuständen agieren zu können – sich als überlebensfähig zu erweisen. In einem System, welches aus VSS aufgebaut ist, ist das Ziel ein dynamisches Gleichgewicht, eine Homöostasis, für jede gegebene Kombination aus Komponenten zu erreichen.

Eines der wichtigsten Elemente eines VSS ist der adaptive Kontroller (s. Abb. 5.8), welcher wiederum auf der Idee des geschlossenen Feedbackloops (s. Abb. 5.7) aufbaut. Der adaptive Kontroller nutzt das Modell, welches ein Modell des Prozesses darstellt, um aus den aktuellen Daten, die vom Prozess beobachtet werden, Informationen für den Kontroller ableiten zu können und diesem für seine Steuerungsaufgaben direkt zu übermitteln. Der Kontrolldesigner wählt die aktuelle Kontrollerstrategie oder Implementierung aus, welche am besten zum Modell passt.

Wird der Kontroller um einen zweiten Feedbackloop mithilfe einer QoS-Einheit ergänzt und kann sich auch zwischen mehreren Komponenten sowie unterschiedlichen Konfigurationen entscheiden, so entsteht ein intelligenter adaptiver Kontroller (s. Abb. 5.9). Dieses Design ermöglicht eine sich selbst kontrollierende und verändernde Software. Zurzeit wird der Teil des Konfigurations- und Selektionsloops zusammen mit dem QoS-Teil durch Menschen ausgeführt, dies ist aber a priori nicht notwendig. Innerhalb gewisser Rahmenbedingungen kann sich eine Software auch

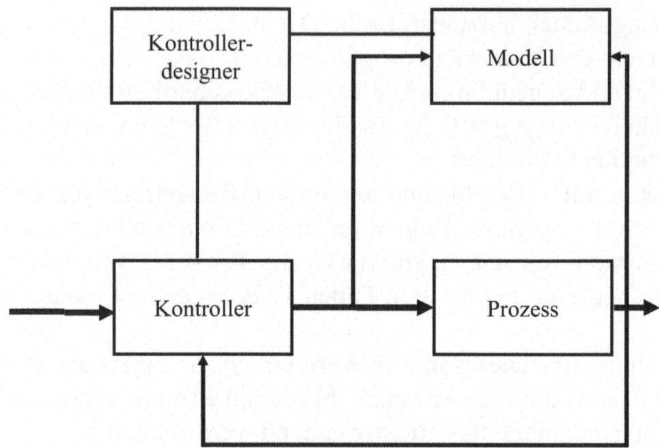

Abb. 5.8 Der indirekte adaptive Kontroller

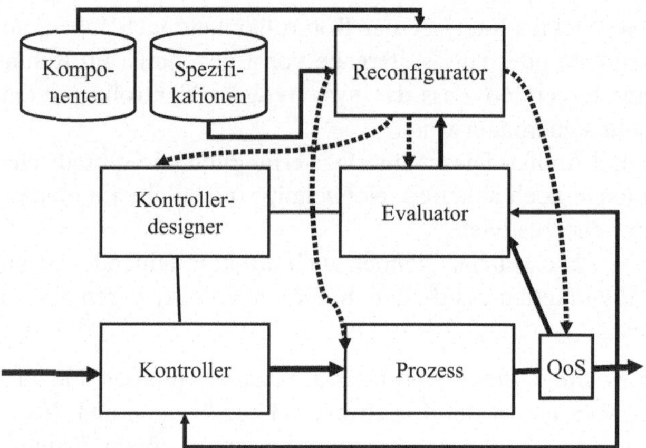

Abb. 5.9 Der intelligente adaptive Kontroller

selbständig konfigurieren, wobei es auch in der Hoheit des Systems liegt, den Prozess anders zu gestalten!

Gegenüber dem adaptiven Kontroller (Abb. 5.8) enthält der intelligente Kontroller (Abb. 5.9) zusätzliche Funktionen:

- Rekonfigurator – Der Rekonfigurator nutzt die Bewertung des Evaluators, um den Zustand des aktuellen Prozesses zu bewerten und möglicherweise neue Konfigurationen oder neue Komponenten hinzuzufügen.
- Komponentendatenbank – Die Komponentendatenbank enthält die Referenzen auf die für das System zugänglichen Komponenten wie Prozess, Evaluator, Kontroller, QoS, Kontrolldesigner.
- Spezifikationsdatenbank – Diese enthält die Interfacedefinitionen aller zugänglichen Komponenten.

Erst der intelligente Kontroller ermöglicht es, aus „normaler" Software eine echte VSS zu machen. Architektonisch lässt sich die Idee des VSM nicht nur als Komponente betrachten, sondern auch in die Steuerung anderer Systeme übertragen. In diesem Fall interessieren sich die eigentliche Software für die ausgetauschten Messages, die Kontrollsysteme des VSMs jedoch für die Zustandsänderungen in der Software, die diese folglich auch zur Verfügung stellen muss. Dies hat zur Folge, dass man die Funktionen, die eine Software der VSM-Kontrolle anbietet, in zwei Kategorien einteilen kann:

- Intern beobachtende Software – Diese intern beobachtende Software kann zum einen aus den Monitoringinformationen der Software selbst abgeleitet werden, zum anderen aber auf fachliche Schwellenwerte ausgerichtet sein und damit zur Domäne der rein fachlichen Systeme gehören.
- Umweltbeobachtende Software – Die nach außen gerichteten Softwaresysteme beobachten aktiv die Umgebung und sind typischerweise eher manueller Natur, allerdings existieren auch hier schon die ersten Formen der softwaregestützten Systeme, so z. B. Aktienkurse oder Reuters.

5.6 VSM-Abbildung

Die Frage, ob sich ein konkretes System, welches Software einsetzt, als ein überlebensfähiges erweisen kann, lässt sich mit folgenden sechs Schritten besser bestimmen:

I Identifikation der Systeme **S1–S5** innerhalb des Systems. Die Hauptarbeit hierbei ist die Identifikation der Abgrenzungen der einzelnen Teilsysteme. Bei größeren Organisationen können die Teilsysteme anhand einer funktionalen Zergliederung der Organisation meist recht gut identifiziert werden. Bei kleineren Systemen ist dies nicht ganz einfach, da es hier weder eine funktionale Zerlegung noch eine eindeutige personelle Trennung der verschiedenen Systeme gibt. Bei kleinen Systemen ist es oft ein und dasselbe Subsystem, welches sowohl System **S5** als auch **S3** und **S4** darstellt.

II Bestimmung der Vielfältigkeit in jedem der Systeme $V(S_i)$ sowie der Umgebung **U**.

III Berechnung der Verstärkung und Dämpfung der Vielfältigkeit, welche notwendig ist, damit Informationen von einem System in das nächste fließen können, denn die Vielfältigkeit der einzelnen Systeme ist ja schon bekannt. Tabelle 5.1 zeigt alle vorhandenen Verknüpfungen auf.

IV Die Analyse und Zuordnung der Subsysteme, die in den einzelnen Systemen genutzt werden.

V Abgleich zwischen der Wirkung der Subsysteme auf die Vielfältigkeit im jeweiligen System oder der Transfer von Vielfältigkeit zwischen den jeweiligen Systemen. In dieser Vorstellungswelt ist eine der Aufgaben der Software, für die Dämpfung und die Verstärkung der Vielfältigkeit zu sorgen, wobei eines der beteiligten Systeme die Rolle des Kontrollsystems wahrnimmt.

VI Vergleich der Modelle der jeweiligen Systeme mit der jeweiligen Software, die als Kontrollsystem eingesetzt wird. Nach dem Ashby-Conant-Theorem (s. Anhang B.2) muss das Kontrollsystem isomorph zu einem Modell des kontrollierten Systems sein.

Folglich kann als erstes Kriterium bezüglich der Güte die Überdeckung der Systeme **S1–S5** betrachtet werden. Da es sich hierbei um mindestens sechs Systeme handelt, da das System **S1** in mehreren Instanzen vorhanden sein kann, ist es das einfachste, die Überdeckung binär zu zählen:

$$\eta_{\mathrm{VSM}^{(1)}} = \frac{1}{N} \sum_{s \in \mathbf{S1}\ldots\mathbf{S5}} \delta(s, \mathrm{Software}). \tag{5.5}$$

Das Kroneckersymbol δ ist 0, es sei denn, das System s wird durch Software unterstützt. N stellt die Anzahl der Systeme dar:

$$N = \sum_j S_j^{(k)}.$$

Das zweite Maß ist ein Schnittstellenmaß in der Form:

$$\eta_{\mathrm{VSM}^{(2)}} = \frac{1}{(N+1)^2} \sum_{r \in \mathbf{S1}\ldots\mathbf{S5},\mathrm{U}} \; \sum_{s \in \mathbf{S1}\ldots\mathbf{S5},\mathrm{U}} \delta(s, r, \mathrm{Software}). \tag{5.6}$$

Im Fall $\delta(s, s, \mathrm{Software})$ entartet das Schnittstellenmaß und wird identisch zu $\eta_{\mathrm{VSM}^{(1)}}$. Für den Fall, dass $s \neq r$, nimmt δ den Wert 0 an, wenn das entsprechende Matrixelement in Tabelle 5.1 Null ist. Ansonsten nimmt δ den Wert 1 an, wenn zusätzlich noch Subsysteme existieren, welche die Schnittstellen unterstützen.

Der Einfachheit halber kann die eingesetzte Software jeweils, je nach Richtung, als Verstärker oder als Dämpfer betrachtet werden. Ein notwendiges Kriterium dafür, dass eine Software, welche zwischen dem System $\mathcal{R}$ und $\mathcal{T}$ (dem Kontrollsystem) steht, aus Sicht der Dämpfung der Vielfältigkeit gut ist, lautet:

$$V_{\mathrm{System}}(\mathcal{R}) \gtrapprox V_{\mathrm{Software}}(\Psi_{\mathrm{Input}}) \tag{5.7}$$

$$= \log_2 \sum_{\mathrm{Inputzustände}} 1 \tag{5.8}$$

$$\gg \log_2 \sum_{\mathrm{Outputzustände}} 1 \tag{5.9}$$

$$= V_{\mathrm{Software}}(\Psi_{\mathrm{Output}}) \tag{5.10}$$

$$\gtrapprox V_{\mathrm{System}}(\mathcal{T}). \tag{5.11}$$

Aus Sicht der Verstärkung der Vielfältigkeit kehrt sich das Ungleichungssystem Gl. 5.7–5.11 um und wird zu:

$$\begin{aligned} V_{\text{System}}(\mathcal{T}) &\lesssim V_{\text{Software}}(\Psi_{\text{Input}}) && (5.12)\\ &= \log_2 \sum_{\text{Inputzustände}} 1 && (5.13)\\ &\ll \log_2 \sum_{\text{Outputzustände}} 1 && (5.14)\\ &= V_{\text{Software}}(\Psi_{\text{Output}}) && (5.15)\\ &\lesssim V_{\text{System}}(\mathcal{R}). && (5.16) \end{aligned}$$

Ein dritte Bedingung für die Architektur ergibt sich aus dem zweiten Maß $\eta_{\text{VSM}^{(2)}}$ (s. Gl. 5.6), wenn die Fähigkeit zur Dämpfung oder Verstärkung berücksichtigt wird:

$$\begin{aligned} \eta_{\text{VSM}^{(3)}} = &\frac{1}{2(N+1)^2} \sum_{r \in \text{S1}\ldots\text{S5,U}} \sum_{s \in \text{S1}\ldots\text{S5,U}} \delta_{s \mapsto r}(\text{Software})\\ &+\frac{1}{2(N+1)^2} \sum_{r \in \text{S1}\ldots\text{S5,U}} \sum_{s \in \text{S1}\ldots\text{S5,U}} \delta_{r \mapsto s}(\text{Software}). \end{aligned} \quad (5.17)$$

Der erste Term in Gl. 5.17 misst die Verstärkung und der zweite die Dämpfung. In der Gl. 5.17 nimmt δ den Wert 1 an, wenn das System der notwendigen Bedingung (entweder Gl. 5.7 und 5.11 oder dem zweiten Satz Gl. 5.12 und 5.16) entspricht. Ansonsten gilt $\delta = 0$, aber auch $\delta_{s \mapsto s} = 0$.

Die so definierten Maße $\eta_{\text{VSM}^{(1)}}$ bis $\eta_{\text{VSM}^{(3)}}$, zeigen an, wie gut die Summe an eingesetzten Subsystemen das System bei der Kontrolle und Steuerung unterstützt.

Zusätzlich zu diesen Maßen kann auch noch ein etwas traditionelleres Maß benutzt werden, ein Maß für die Übereinstimmung der Systems und der Domäne. Das Ashby-Conant-Theorem besagt, dass das Kontrollsystem isomorph zu einem Modell des zu steuernden Systems sein muss, damit es als gut gilt. Folglich muss überprüft werden, wie isomorph die Architektur zum kontrollierten System ist. Bei selbstentwickelter Software entspricht dies dem Versuch zu messen, wie viele fachliche Objekte der zu steuernden Domäne in der Software repräsentiert sind:

$$\mathcal{Q}_C(\mathcal{P}) = \frac{n_C^{(S)}(\mathcal{P})}{n_C^{(B)}(\mathcal{P})}.$$

Bei einer COTS-Software wird leider das Modell der COTS-Software oft nicht offengelegt und in den meisten Fällen ist das Domänenmodell nicht existent, so dass hier nur mit Schätzwerten für $\mathcal{Q}_C(\mathcal{P})$ gearbeitet werden kann.

Damit eine Vergleichbarkeit zwischen dem, was Software kann, und dem, was Menschen können, hergestellt werden kann, sollte man das menschliche Gehirn als

Computer annähern. Dieses hat eine Leistung von etwa 25 W,[28] eine Zykluszeit von 10 Hz[29] und enthält 10^{10} Neuronen, was in etwa seiner Vielfältigkeit entspricht. Insofern kann das Gehirn eine sehr große Vielfältigkeit aufnehmen und verarbeiten, dies aber nur sehr langsam tun (s. Tabelle 5.2).

5.7 VSM-Architekturreview

Die bisher angestellten Betrachtungen der möglichen Abbildungen zwischen einer Architektur und dem VSM-Modell können im Rahmen eines Architekturreviewmodells noch stärker formalisiert werden. Ein solcher Architekturreview befasst sich viel stärker mit Fragen der Steuerbarkeit und Veränderbarkeit als andere Methoden (s. Kap. 3). Ein VSM-Architekturreview durchläuft neun Schritte:

I Vorbereitung – Die Vorbereitungsphase ist zunächst ähnlich der entsprechenden Phase im allgemeinen *Fagan*-Reviewmodell (s. Abschn. 2.6), aber dieser Phase kommt innerhalb des VSM-Architekturreviews eine besondere Bedeutung bei, da im Gegensatz zu sonstigen Architekturreviews der eigentliche Reviewgegenstand schwierig abzugrenzen ist. In der Regel ist der Auftraggeber eines Architekturreviews der Ansicht, dass er den Betrachtungsgegenstand klar definiert hat, aber im Rahmen einer systemtheoretischen Betrachtung ist dies nicht so offensichtlich, denn was das System genau ist, kann ja nur mithilfe einer Entropiegradientenbetrachtung – sprich einer genauen Analyse (Gl. 5.1–5.3) – ermittelt werden. Außerdem lässt sich im systemtheoretischen Modell der Architekturreview nicht auf die isolierte Betrachtung eines einzelnen Artefakts oder Modells, z. B. eines Systemdesigns, reduzieren, sondern das Gesamtsystem mit seinen Veränderungen und Nutzungen muss explizit betrachtet werden.

Wenn es sich in späteren Phasen herausstellt, dass die vorgegebenen Untersuchungsgegenstände kein System im VSM-Sinne bilden, dann wirft diese Beobachtung die interessante Frage auf: Warum diese Diskrepanz?

Wenn der Betrachtungsgegenstand kein System (s. Abschn. 5.1 und Anhang B) ist, dann impliziert dies, dass er sich nicht von seiner Umgebung isolieren lassen kann und folglich die gewählte Einteilung des Auftraggebers zwischen Betrachtungsgegenstand und Umgebung willkürlich ist. Diese Willkürlichkeit ist ein Indiz für eine gering ausgeprägte Fähigkeit komplexe Systeme zu verstehen und zu steuern.[30] Ansonsten werden in dieser Phase die „üblichen" Tätigkeiten, analog ATAM (s. Abschn. 3.8), vorgenommen.

II Bestimmung der geforderten Systemqualitäten – Durch die Befragung der beteiligten Stakeholder können die Anforderungen an das System formuliert

[28] Etwa 1 Liter Blut fließt pro Minute durchs Gehirn und erwärmt sich dabei um 1/2 Grad Celsius, was in etwa 25 W entspricht.

[29] Der sogenannte Alpharhythmus, bei dem das Gehirn sich in Ruhe befindet, liegt bei etwa 10 Hz.

[30] Implizit kann hier auch eine Tabuisierung vorliegen, bei der der Auftraggeber unbewusst die Teile aus dem Architekturreview ausklammert, die für ihn problematisch sein könnten.

werden. Diese Anforderungen sollten sich als Systemqualitäten widerspiegeln und in Form von Szenarien ihre Dokumentation finden.
Typische Qualitäten, die mit dem systemtheoretischen Ansatz besonders gut untersucht werden können, sind (s. Abschn. 2.1):

- Änderbarkeit,
- Übertragbarkeit und
- Zuverlässigkeit,

dabei ergeben sich völlig andere Gesichtspunkte als in den vergleichbaren „klassischen" Verfahren (s. Kap. 3). Zusätzliche Qualitäten, welche nur durch einen systemtheoretischen Architekturreview bestimmbar sind, sind:

- Beherrschbarkeit bzw. Unbeherrschbarkeit und
- Steuerbarkeit.

Reale Systeme werden sehr schnell so komplex (sie produzieren eine solche Vielfältigkeit), dass sie auf Dauer nicht mehr berechenbar sind, folglich gerät in realen Systemen die Vielfältigkeit schnell außer Kontrolle. Der Standardmechanismus, diesem Problem zu begegnen, ist es, die kontrollierbaren Zustände einzuschränken. Eine solche Einschränkung, sei sie bewusst oder durch Hierarchisierung, ist nicht immer möglich. Sehr große Systeme haben eine so große Vielfältigkeit, dass es keinen Kontroller nach dem Ashby-Conant-Theorem (s. S. 273) geben kann, der in der Lage ist, das System zu steuern. Solche nicht steuerbaren Systeme werden als unbeherrschbar bezeichnet:

> *Besitzt ein System eine solche Vielfältigkeit und Komplexität, dass es unvorstellbar ist, dass das Ashby-Conant-Theorem erfüllt werden kann, so ist das System nicht kontrollierbar und wird unbeherrschbar genannt.*

Für den Umgang mit einem unbeherrschbaren System gibt es drei mögliche Strategien:

- Reduktion der Komplexität,[31]
- Veränderung der Systemstruktur,[32] und
- Veränderung unserer Einstellung zum System.

Aus systemtheoretischer Sicht ist Kontrolle weder Aktion noch Reaktion, sie ist Interaktion[33] zwischen dem Kontrollsystem und dem System. Unbeherrschbarkeit ist somit das Resultat des Versuchs, ein System zu kontrollieren, welches nach dem Ashby-Conant-Theorem nicht kontrollierbar ist, daher existiert die Unbeherrschbarkeit zwischen dem Kontrollsystem und dem eigentlichen System. Unbeherrschbarkeit liegt in der Interaktion, nicht im

---

[31] Es werden weniger Variablen betrachtet, dies ist aber nicht immer möglich.

[32] In aller Regel verliert dadurch das System seine Identität. Eine solche Morphogenese ist nicht unproblematisch.

[33] Die Vorgehensweise der Anonymen Alkoholiker ist ein Beispiel in diese Richtung. Die AA haben erkannt, dass selbstzerstörendes Verhalten in manchen Fällen das Resultat einer versuchten Kontrolle sein kann und dass die Unbeherrschbarkeit eine Folge des Kontrollversuchs ist.

System! Auf der operativen Seite setzt die Unbeherrschbarkeit eines Systems enge Grenzen für die Idee der Governance. In diesem Umfeld kann Governance nicht die Kontrolle der Details bedeuten, sondern muss sich auf die Komplexitätsreduktion oder Systemstruktur konzentrieren.

III Bestimmung des Systems – Die genauere Betrachtung des „willkürlich" gewählten Systems läuft analog der Systemanalyse (s. Abschn. 5.1). Allerdings muss der Begriff System hier weiter gefasst werden, weiter als es typischerweise im Umfeld von Softwarearchitekturanalysen gesehen wird. Softwarearchitektur ist im systemtheoretischen Sinne Teil eines komplexen soziotechnischen Gesamtsystem in zweifacher Hinsicht:

- Es existiert ein soziotechnisches System – genannt Softwareproduzent[34] –, welches die Software erstellt und verändert.
- Es existiert ein soziotechnisches System – genannt Softwarenutzer[35] –, welches die Software im Rahmen eines oder mehrerer Prozesse einsetzt.

In beiden Fällen lässt sich die Software und damit auch ihre Architektur nur als Teil eines Systems und damit auch als Teil der entsprechenden Architektur verstehen. Insofern hat diese gesamtheitliche Betrachtung stets eine Kombination von verschiedenen Architektursichten aus den Bereichen Prozesse, Organisation und Software im Fokus. Im Fall von Individualsoftware wechselwirken die beiden obigen soziotechnischen Systeme – Produzent und Nutzer – so stark miteinander, dass sie ein neues, beinahe autopoietisches, Gesamtsystem bilden.

Wurde das System einmal gefunden und exakt abgegrenzt (Gl. 5.1–Gl. 5.3), so kann ein Vergleich zum Betrachtungsgegenstand des Auftraggebers (Phase I) durchgeführt werden. Sind beide nicht deckungsgleich – oder nicht isomorph –, so muss bei Phase I wieder neu aufgesetzt und der Scope des Architekturreviews ausgedehnt oder eingeschränkt werden.

IV Zerlegung der Architektur in Hierarchien – Die Zerlegung in Hierarchien zielt auf die Identifikation und Abstraktion von kybernetischen Subsystemen innerhalb des zu betrachtenden Systems ab.

V Auswahl der obersten, bisher noch nicht abgebildeten Hierarchie – Da das Viable Systems Model prinzipiell hierarchisch angelegt ist, empfiehlt es sich die zu betrachtende Architektur ähnlich zu strukturieren, nicht nur in Gestalt der vorhandenen Subsysteme, sondern auch auf die Form der Rekursivität, die in dem VSM angelegt ist (s. Abb. 5.3).

VI Isomorphie zwischen System und VSM-Referenzmodell – Die Isomorphie zwischen der Architektur des betrachteten Systems und dem VSM-Referenzmodell wird in zwei Schritten vollzogen:

- Abbildung der gewählten Hierarchie auf das VSM-Modell,
- Abbildung des VSM-Modells auf die gewählte Hierarchieebene.

[34] Provider im SOA-Kontext (s. Kap. 9)

[35] Consumer im SOA-Kontext (s. Kap. 9)

Durch die iterative Ausführung der beiden Schritte kann die Überdeckung bzw. Unterdeckung zwischen der Architektur des Systems und dem VSM-Referenzmodell betrachtet werden.

VII Zerlegung der nächsttieferen Hierarchieebene – Wurde für die vorhergehende Hierarchieebene eine erfolgreiche Isomorphie zu dem VSM-Referenzmodell gefunden, so kann das Verfahren eine Hierarchiestufe tiefer erneut durchgeführt werden. Hierdurch wird die Abstraktion reduziert und die Rekursion der Systeme ermöglicht es, sich immer komplexeren und auch konkreteren Architekturen – bis hin zur Implementierung – zu nähern.

VIII Betrachtung des entstehenden Gesamtsystems – In dem entstehenden Gesamtsystem der Isomorphiemodelle existieren mehrere Varianten in Bezug auf Isomorphie oder „Nichtisomorphie" zwischen dem betrachteten System des Architekturreviews und dem VSM-Referenzmodell:

- Es lässt sich keine Abbildung finden: Dies ist eigentlich gar nicht möglich, da man zumindest die Umgebung **U** und mindestens ein operationales Element vom Typ **S1** finden muss, schließlich existiert das System ja und „macht" irgendetwas. In allen Fällen müssen mindestens **U** und ein **S1** vorhanden sein. Auch für den Fall, dass die Rekursion des VSM-Referenzmodells zu Ende ist, lässt sich unterhalb des Systems **S1** keine weitergehende Zerlegung mehr vornehmen.
- Es fehlen einige Elemente der VSM-Referenzarchitektur: Beim Fehlen von Elementen der VSM-Referenzarchitektur sind dies typischerweise Elemente vom Type **S3**, **S3***, **S4** und **S5**. Tritt dieser Fall auf, so wurde der Rahmen des Systems zu eng gesteckt oder es wurde nicht berücksichtigt, dass das System Teil eines größeren soziotechnischen Systems ist. Häufig werden die Systeme **S3** und **S3*** durch Menschen bzw. Prozesse im Betrieb abgebildet, während die Elemente **S4** und **S5** durch die Entwicklungsorganisation abgedeckt werden.
- Die Elemente der VSM-Referenzarchitektur sind multipel vorhanden: Dies kann im Fall von **S1** durchaus sinnvoll sein, entweder um eine höhere Performanz zu erreichen oder weil das System so komplex ist, dass es mehrere disjunkte **S1**-Elemente benötigt. Die Umgebung **U** kann i. d. R. nur einmal vorhanden sein. Eine Ausnahme bilden hierbei die COTS-Systeme aus dem Blickwinkel des Softwareherstellers. Falls eines der anderen Elemente des VSM mehrmals vorhanden ist, dann handelt es sich um eine sehr problematische Redundanz, welche auf Dauer zu Fehlverhalten führen muss, da die Vielfältigkeiten sich nicht vernünftig neutralisieren.
- Die Elemente des betrachteten Systems lassen sich nicht ins VSM-Referenzmodell abbilden: In diesem Fall wurde das System in Bezug auf Hierarchien oder Subsysteme falsch geschnitten und man sollte mit Phase III erneut starten.

Tabelle 5.4 Das VSM-Referenzmodell und die Qualitäten für partielle Unterstützung ($\odot$) und für volle Unterstützung (✓)

	S1	S2	S3	S3*	S4	S5
Funktionalität	✓					
Zuverlässigkeit	$\odot$		✓	$\odot$		
Benutzbarkeit	✓		$\odot$			
Effizienz	$\odot$	$\odot$	$\odot$			
Änderbarkeit					✓	
Übertragbarkeit						✓
Steuerbarkeit		✓	✓			
Beherrschbarkeit				✓	✓	✓

IX Betrachtung der Systemqualitäten im Rahmen des VSM-Referenzmodells – Im Rahmen des VSM-Referenzmodells sind folgende Elemente für die Qualitäten zuständig:

- System **S1** (Operationale Elemente) – Da das System **S1** als primäre Aufgabe hat, fachliche Funktionen zur Verfügung zu stellen, ist es für folgende Qualitäten (s. Abschn. 2.1) zuständig (s. Tabelle 5.4):
  - Funktionalität – Die primäre Aufgabe eines Systems des Typs **S1** ist es, die Fachlichkeit sicherzustellen, und damit muss innerhalb der diversen Instanzen von **S1** diese Fachlichkeit auch implementiert sein. Daher stellt **S1** die Qualität Fachlichkeit alleine sicher.
  - Konformität im Sinne der Zuverlässigkeit – Die Konformität zu Normen und Standards muss eine der Implementierungseigenschaften von **S1** sein.
  - Benutzbarkeit – Für die fachlichen Prozesse stellt das System **S1** diverse Benutzerschnittstellen zur Verfügung, daher liegt die Frage nach der Qualität der Benutzbarkeit beim System **S1**.
  - Effizienz – Die Effizienz wird zum einen durch die im System **S1** implementierten Mechanismen abgebildet, aber auch durch die Koordination des Systems **S2**, insofern sind beide Systeme (**S1** und **S2**) an der Qualität Effizienz beteiligt.

  Damit man diese Qualitäten innerhalb des Systems **S1** genauer bestimmen kann, bieten sich zwei Verfahren an:
  - Weitere rekursive Zerlegung des Systems **S1** um es auf das VSM-Referenzmodell abbilden zu können.
  - Falls sich das System **S1** nicht mehr weiter zerlegen lässt, kann auf das nichtzerlegbare System **S1** eine der klassischen Architekturreviewmethodiken (s. Kap. 3) angewandt werden.
- System **S2** (Koordination) – Zur Steuerung mehrerer Systeme vom Typ **S1** ist eine Koordinationsinstanz vom Typ System **S2** notwendig. Eine solche Instanz kann folgende Qualitäten innerhalb des Gesamtsystems sicherstellen:

  - Effizienz – Zum einen durch Koordination mehrerer Instanzen des gleichen Typs von System **S1** oder durch Steuerung von unterschiedlichen Instanzen des Typs System **S1** (Drum-Buffer-Rope). Die Koordinierung ist eine Möglichkeit, die Effizienz im Sinne der Ressourcennutzung oder des Durchsatzes sicherzustellen.
  - Zuverlässigkeit – Ein wichtiger Teil der Zuverlässigkeit kann durch Koordination des Systems **S2** erzielt werden, so z. B. das Starten von Ersatzsystemen oder Recoverymechanismen.
- System **S3** (Kontrolle) – Primäre Aufgabe des Systems **S3** ist es, die Zuverlässigkeit zu gewährleisten. Außerdem lässt sich ohne die Existenz des Systems **S3** kein **S1**-übergreifender Algorithmus zur Effizienz sicherstellen.
- System **S3*** (Audit) – Als Parallele zu Instanzen des Systems **S3** ist die vordringlichste Aufgabe des Systems **S3*** die Sicherstellung der Normen und Standards, und damit die Konformität im Sinne der Qualitäten Zuverlässigkeit sowie Benutzbarkeit.
- System **S4** (Intelligenz) – Das primäre Ziel des Systems **S4** ist es, die Qualität Änderbarkeit sicherzustellen.
- System **S5** (Identität) – Das primäre Ziel des Systems **S5** ist es, die Qualität Übertragbarkeit sicherzustellen.

Neben der reinen Abfolge der Schritte mit dem Ziel einer Überprüfung der Qualitäten ermöglicht diese Vorgehensweise, die Überlebensfähigkeit des Gesamtsystems aus Sicht der Kybernetik zu überprüfen. Damit diese Systeme überlebensfähig sind, müssen mehrere Bedingungen (Gl. 5.18–5.24) erfüllt sein:

$$\int \left(\overline{V(\mathbf{S2})} - \overline{V(\mathbf{U})} + \sum_i \overline{V(\mathbf{S1}_i)} \right) \mathrm{d}t \approx 0 \tag{5.18}$$

$$\frac{\partial}{\partial t} \left(V(\mathbf{S2}) + V(\mathbf{S3}) + V(\mathbf{S3^*}) - \sum_i V(\mathbf{S1}_i) \right) \geq 0 \tag{5.19}$$

$$(V(\mathbf{S2}) + V(\mathbf{S3})) - \sum_i V(\mathbf{S1}_i) \approx 0 \tag{5.20}$$

$$V(\mathbf{S3}) - V(\mathbf{S4}) = V_{\text{Residual}} \tag{5.21}$$

$$V(\mathbf{S3}) \gg V_{\text{Residual}} \tag{5.22}$$

$$V(\mathbf{S4}) \gg V_{\text{Residual}} \tag{5.23}$$

$$V(\mathbf{S5}) - V_{\text{Residual}} = 0\,. \tag{5.24}$$

Diese Forderungen nach Steuerbarkeit und der Kontrolle der Vielfältigkeit durch die Homöostaten des VSM-Referenzmodells ermöglichen es eine Architektur aus kybernetischen Gesichtspunkten zu betrachten. Eine solche Betrachtungsweise sollte als ideale Ergänzung zu den einfachen Funktionalitätsreviews und den Qualitätsbetrachtungen (s. Tabelle 5.4) stets durchgeführt werden.

Kapitel 6
Architektur

Ein Architekt wird der sein, ...,
der gelernt hat,
mittels eines bestimmten und bewundernswerten
Planes und Weges
sowohl in Gedanken und Gefühl zu bestimmen,
als auch in der Tat auszuführen,
was unter der Bewegung von Lasten
und der Vereinigung
und Zusammenfügung von Körpern
den hervorragendsten menschlichen Bedürfnissen
am ehesten entspricht
und dessen Erwerbung und Kenntnis
unter allen wertvollen
und besten Sachen nötig ist.
Derart wird also ein Architekt sein.

Leon Battista Alberti
1404–1472

Wenn man sich die Architekturdefinition der IEEE vor Augen führt (s. S. 6):

> Eine Architektur ist: *The fundamental organization of a system, embodied in its components, their relationships to each other and the environment, and the principles governing its design and evolution.*

dann besitzt, nach dieser Definition, jedes System eine Architektur. Auch wenn das System nicht explizit geplant wurde, sehr alt ist oder sich chaotisch entwickelte: Es hat immer eine Architektur! Dieser Architekturbegriff nutzt intensiv die Systemtheorie. Auf der anderen Seite gibt es einen gewissen Unterschied zur „klassischen" Architektur, der Gebäudearchitektur, die sich sehr stark auf das Design und weniger auf die Beschreibung konzentriert. Außerdem werden komplexe Systeme wie Organisationen nie vollständig „entworfen", sondern sie wachsen und wandeln sich mehr oder minder harmonisch mit der Zeit, ganz im Gegensatz zu Gebäuden. Eine Folge der Tatsache, dass komplexe Systeme nur beschreibbar und nicht a priori planbar sind, ist, dass es für viele Systeme keine eindeutige und einheitliche Architekturbeschreibung gibt. Jeder, der ein System betrachtet, sieht andere Dinge in ihm, von daher machen auch Ausdrücke wie „eine fundamentale Architektur", in Bezug auf viele Systeme, wenig Sinn. Unabhängig von der konkreten Ausprägung muss jede Architektur, welche im Grunde ein Modell ist – also eine Repräsentation als Abstraktion eines Systems darstellt, das den Anspruch hat, ein System zu beschreiben – folgende Eigenschaften besitzen:

- Wartbarkeit – Eine Architektur muss als Modell des Systems veränderbar sein. In dem Maße, wie das System sich verändert, werden sich auch die beschreibenden

DOI 10.1007/978-3-642-01659-2,

Größen verändern, daher muss sich auch die Architekturbeschreibung verändern. Insofern muss ein wartbares Metamodell der Architektur existieren, damit die eigentliche Architektur sich überhaupt verändern kann.

- Dynamik – Die Architektur muss sich auch der Veränderung des Systems anpassen können, d. h. auch, dass der jeweilige Status quo sofort abgebildet wird.
- Erweiterbarkeit – Wenn das System neue Strukturierungen, Relationen oder Elemente erhält, muss die Architektur als Modell dies abbilden können.
- Zerlegbarkeit – Da die menschliche Auffassungsgabe limitiert ist, muss jedes Architekturmodell unterschiedliche Detaillierungsgrade anbieten.
- Konsistenz – Eine Architektur muss konsistent mit den entsprechenden quantifizierbaren Größen des Systems sein.
- Datengetriebenheit – Die tatsächliche Modellinstanz der Architektur darf sich nur aus den Daten des Systems ableiten lassen.

Eine Architektur bietet folglich die Möglichkeit, ein System aus diversen Ebenen und Blickwinkeln zu modellieren. Aber erst wenn die verschiedenen Blickwinkel gemeinsam betrachtet werden, lässt sich ein System, sei es eine Organisation, eine komplexe Applikation oder eine gesamte IT, beschreiben.

Eine Architektur besteht immer aus mehreren eng miteinander verwobenen Teilen, mengentheoretisch ausgedrückt:

$$\text{Architektur} = \{\text{Elemente}, \text{Formen}, \text{Designentscheidungen}\}\ , \tag{6.1}$$

Diese mengentheoretische Architekturdefinition erscheint zunächst im Widerspruch zur konstruktivistischen Definition (s. S. 6) zu stehen, da diese nur die Designentscheidungen als Grundlage nutzt. Der Widerspruch löst sich jedoch auf, wenn man eine Architektur in ihrer zeitlichen Entwicklung betrachtet. Die erste mögliche Architektur zum Zeitpunkt $t = 0$ lässt sich nach Gl. 6.1 wie folgt beschreiben:

$$\text{Architektur}|_{t=0} = \{\emptyset, \emptyset, \text{Designentscheidungen}\}\ .$$

In dieser Betrachtungsweise kann die Architektur eines Systems als eine Abfolge verstanden werden:

$$|\text{Architektur}(t + \Delta t)\rangle = \widehat{M}_{\text{Design}}(\Delta t)\, |\text{Architektur}(t)\rangle$$

oder, in obiger Syntax:

$$\text{Architektur}|_{t+\Delta t} = \{\{\text{Architektur}|_t\}\, , \text{Designentscheidungen}\}\ . \tag{6.2}$$

Nach Gl. 6.2 kann man eine Architektur auch als eine zeitliche Abfolge von Transformationen verstehen:

$$\begin{aligned} |\text{Architektur}(t_n)\rangle &= \widehat{M}_{\text{Design}}(t_n - t_{n-1})\, |\text{Architektur}(t_{n-1})\rangle \\ &= \prod_{k=1,n} \widehat{M}_{\text{Design}}(t_k - t_{k-1})\, |\emptyset\rangle\ . \end{aligned}$$

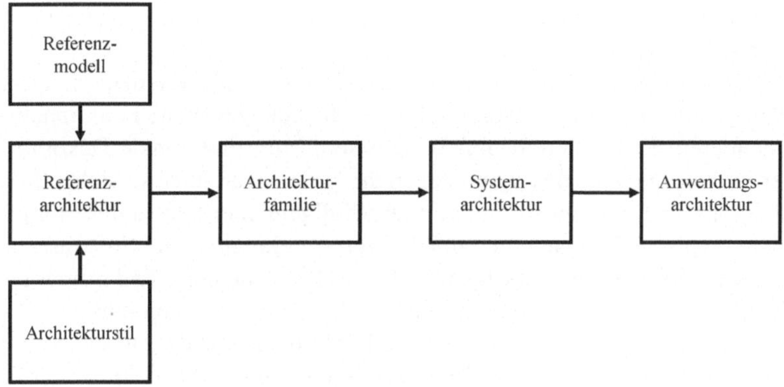

Abb. 6.1 Die Entstehung und Nutzung von Architekturfamilien

Mit dieser Betrachtungsweise dehnt sich die Architektur auf alle Teile eines Systems aus, nicht nur auf einige Diagramme oder Modelltypen, aber eine Architektur lebt nicht allein, sondern wird durch andere abstrakte Konzepte beeinflusst (s. Abb. 6.1):

- Referenzmodell,
- Architekturstil oder -pattern,
- Referenzarchitektur,
- Architekturfamilie,
- Systemarchitektur,
- Applikationsarchitektur.

Diese Konzepte beeinflussen alle direkt oder indirekt die entstehende oder vorhandene Architektur, obwohl die Einflüsse manchmal nicht offensichtlich sind – denn in den meisten Fällen werden die abstrakten Konzepte durch Betrachtung der konkreten Architektur und einer anschließenden Abstraktion abgeleitet. Genauer betrachtet beinhalten diese Konzepte:

- Architekturstil oder -pattern – Eine Beschreibung der Komponententypen und des Musters für ihre Laufzeitkontrolle bzw. des genutzten Datentransfers, in manchen Fällen werden auch Topologien oder Rollen vorgegeben. Ein bekanntes Beispiel eines Architekturstils in der Software ist die Client-Server-Architektur. Aus einem anderen Blickwinkel heraus betrachtet kann der Architekturstil aber auch als eine Menge an Zwangsbedingungen auf die architektonischen Komponenten und ihre Beziehungen verstanden werden. Ein Architekturstil selbst ist keine Architektur! Üblicherweise ist der Architekturstil die höchste Form der Abstraktion des Layouts einer Architektur.
- Referenzmodell – Unter einem Referenzmodell versteht man die Aufteilung der Funktionalität und der Datenflüsse zwischen den einzelnen Subsystemen. Das Referenzmodell stellt eine „Standardlösung" zu bekannten Problemen dar, bei dem ein großes Problem in kontrollierbare Teilprobleme (meist identifizierbar mit Subsystemen) zerlegt wird.[1] In aller Regel existieren Referenzmodelle für

[1] Auch als Divide-and-Conquer-Strategie bekannt.

sehr reife Problemdomänen, so z. B. Datenbankmanagementsysteme, Compiler, Editoren, Transaktionssysteme.

- Referenzarchitektur – Eine Referenzarchitektur ist ein Referenzmodell, welches in Subsysteme abgebildet wird, die kooperativ eine gegebene Funktionalität implementieren. Das Referenzmodell stellt somit die funktionale Dekomposition einer Problemdomäne dar, wohingegen die Referenzarchitektur sich auf die Abbildung dieser Dekomposition auf eine verallgemeinerte Systemdekomposition bezieht. Typische Beispiele für eine Referenzarchitektur in der Softwareentwicklung sind J2EE oder .NET (s. Kap. 8). Die Referenzmodelle sind primär fachlich getrieben und i. d. R. charakteristisch für Domänen, in denen eine lange Erfahrung mit Produkten besteht. Wird diese Funktionalität dann auf ein System abgebildet, spricht man von einer Referenzarchitektur (s. Abb. 6.1).
- Architekturfamilie – Die Referenzmodelle beschäftigen sich primär mit der (fachlichen) Problemdomäne, während die Referenzarchitekturen ihren Schwerpunkt in der Lösungsdomäne haben. Obige Definition einer Architektur (Gl. 6.2) sollte daher ausgedehnt werden auf folgende Definition:

$$\text{Architektur} = \sum \text{Sichten (Architekturstil [Elemente, Strukturen,} \\ \text{Zwangsbedingungen], Designentscheidungen)} \qquad (6.3)$$

- Architekturfamilien – Die meisten Systeme entstehen nicht als Unikate, sondern freiwillig oder unfreiwillig als Teil einer Produktlinie. Die Produktlinien verfolgen die Idee der strategischen Wiederverwendung von Produkten in einem Marktsegment, entweder innerhalb eines Unternehmens oder in sehr eng verwandten Organisationsformen. Die Idee der Produktlinien ist auch in der Softwareindustrie auf zunehmendes Interesse gestoßen. Einer der Gründe für dieses Interesse liegt in den beinahe inflationären Kosten für die Entwicklung und Maintenance von Softwaresystemen. Bedingt durch die hohe Startkomplexität und Volatilität ist die Erzeugung neuer Produkte sehr viel teurer geworden. Es liegt nahe, Ideen aus der Industrieproduktion zu benutzen, um ähnliche betriebswirtschaftliche Effekte in der Softwareindustrie zu erzeugen. In der klassischen Industrieproduktion gibt es zwei Ideen zur Erhöhung der Ausbeute in der Produktion:
  - Economy of Scale – Bei der Skalenökonomie verlässt man sich darauf, dass es billiger ist, eine große Anzahl von identischen Gütern zu erzeugen. Bei einer großen Menge sinkt der Stückpreis ab. Der betriebswirtschaftliche Hintergrund für diesen Ansatz liegt darin, dass die Kosten γ pro erzeugtem Produkt

    $$n\gamma = \Gamma_{\text{gesamt}}$$

    aus den variablen Kosten γ_{variabel} und Fixkosten Γ bestehen:

    $$\Gamma_{\text{gesamt}} = \Gamma_{\text{fix}} + n\gamma_{\text{variabel}}.$$

    Da die Fixkosten sich auf alle produzierten Stücke n gleichmäßig verteilen, sinkt der Einzelproduktionspreis auf

    $$\gamma_{\text{gesamt}} = \frac{1}{n}\Gamma_{\text{fix}} + \gamma_{\text{variabel}}.$$

Eine solche Betrachtung ist allerdings für die Softwareindustrie trivial, da der variable Anteil sehr klein gegenüber dem Fixteil ist. Hier zeigt sich, dass die Analogie zwischen Softwareentwicklung und Maschinenbau nur endlich weit trägt. Die klassische Forderung in der Produktion im Maschinenbau ist es, Kopien einer Vorlage möglichst billig herzustellen. Das Kopieren von Software ist jedoch trivial. Dieser Vergleich ist auch der Grund, warum Unternehmen versuchen, ihre einmal erstellte Software an weitere Abnehmer zu verkaufen. Allerdings bricht diese Betrachtung zusammen, wenn die Software zum Verkauf partiell verändert werden muss.

– Economy of Scope – Hinter der Scope-Ökonomie steht die Idee, einen gemeinsamen Kern in verschiedenen Produkten wiederzuverwenden, d. h. bezüglich des Kerns wird eine Form der Skalenökonomie angenommen. Somit ergibt sich für die Gesamtkosten aller Produkte bei einer Scope-Ökonomie:

$$\begin{aligned} \Gamma_{\text{alle Produkte}} &= \sum_{i \in \text{Produkt}} \gamma_i \\ &= \gamma_{\text{core}} + \sum_{i \in \text{Produkt}} \Delta\gamma_i . \end{aligned}$$

Hierbei kann dann ein Teil der Gesamtentwicklungs- und Maintenancekosten auf den Bereich der „Core Assets“, der Kernfunktionalität, verlagert werden, welche dann zu jedem einzelnen Produkt einen kleinen Kostenbeitrag leisten:

$$\gamma_i = \Delta\gamma_i + \frac{1}{n}\gamma_{\text{core}} .$$

Aufgrund der Scope-Ökonomie suchen Softwarehersteller nach Wegen, einen solchen Produktlinienansatz möglich zu machen. Der Ansatz lohnt sich immer dann, wenn es verschiedene Softwareprodukte mit einem gemeinsamen Kern vom gleichen Hersteller gibt. Die Definition einer Softwareproduktlinie zeigt dies:

> *... a set of software-intensive systems sharing a common, managed set of features that satisfy the specific needs of a particular market segment or mission ...*

- Systemarchitektur – Ein System im Sinne der Systemarchitektur ist eine Kollektion von Maschinen, Netzwerken, Kabeln usw. Die Systemarchitektur gibt dieser losen Kollektion eine Struktur und zeigt auf, wie diese mit den Geschäftszielen des Unternehmens verknüpft ist. Die so definierte Systemarchitektur beschäftigt sich ausschließlich mit der Infrastruktur eines Unternehmens.[2] Als Teil der Enterprise-Architektur hat sie natürlich Auswirkungen auf diese und vor allem umgekehrt hat die Enterprise-Architektur starken Einfluss auf die Systemarchitektur. Die Existenz bestimmter Infrastrukturen in einem Unternehmen und den daraus ableitbaren, meist nichtfunktionalen Randbedingungen kann die Wahl einer Enterprise-Architektur stark einschränken bzw. ein Wechsel in der Systemar-

[2] Leider wird im Sprachgebrauch der Systemtheorie (s. Anhang B und Kap. 5) auch die Architektur eines Systems als Systemarchitektur bezeichnet, aus dem jeweiligen Kontext lässt sich jedoch gut schließen, welche gemeint ist.

chitektur kann auch neue Enterprise-Architekturen erst ermöglichen. Im Rahmen der Systemarchitektur gilt es eine Zielarchitektur für Daten und Applikationen zu entwickeln. Obwohl es theoretisch möglich wäre, eine Applikationsarchitektur von einer Datenarchitektur zu trennen und zuerst die eine und dann die andere zu entwickeln, ist das Vorgehen in der Praxis nicht sinnvoll. Die meisten neueren Systeme, bspw. ERP[3] oder CRM[4], machen nur Sinn, wenn Daten und Prozesse simultan berücksichtigt werden. Die Daten- wie auch die Applikationsarchitekturen sind letztlich die zentralen Bestandteile einer Enterprise-Architektur.
Welche Entwicklungstechniken stehen hinter der Systemarchitektur?
Obwohl diese Techniken schon seit Langem in der regulären Softwareentwicklung bekannt sind, zeigt sich heute, dass es eine starke Koppelung zwischen ihnen und der Systemarchitektur gibt. Diese Techniken beinhalten:

- Abstraktion,
- Information Hiding,
- Kapselung,
- Koppelung und Kohäsion,
- Modularisierung,
- Separation zwischen Implementierung und Interfaces,
- Separation zwischen Policies und Implementierung.

Zu den wichtigen Fragen beim Erstellen der Systemarchitektur zählen:

- Wie erreicht die nötige Information alle entsprechenden Empfänger?
- Welche Kapazität oder Bandbreite wird benötigt, damit die Information den richtigen Empfänger möglichst zeitnah versorgt?
- Wie wird der Zugang zum Gesamtsystem kontrolliert und verwaltet?
- Wie werden Engpässe entdeckt und alternative Kommunikationspfade entwickelt, bevor der Engpass eintritt?

Diese Sichtweise auf die Systemarchitektur als Schlüsselelement bei der Enterprise-Architektur setzt aber bei dem heutigen Stand der Standardisierung eine revolutionäre Neuentwicklung im Infrastrukturbereich voraus. Unsere heutige Systemarchitektur ist von einigen wenigen De-facto-Industriestandards geprägt und innerhalb dieser, wie z. B. TCP/IP, sind sehr diverse Enterprise-Architekturen realisierbar.

• Applikationsarchitektur – Diese wird in den meisten Fällen als Softwarearchitektur bezeichnet und in diversen Büchern ausführlich behandelt. Das Gebiet der Applikationsarchitektur umfasst alle Informationssysteme, welche die Geschäftsprozesse bei ihrer Ausführung unterstützen. Daneben werden technische Prinzipien definiert, die bei der Realisierung der Applikationslandschaft zugrunde zu legen sind. Dazu gehören insbesondere Anforderungen an die Hardware, die Betriebssysteme und die Entwicklungsumgebungen.

---

[3] **E**nterprise **R**esource **P**lanning

[4] **C**ustomer **R**elationship **M**anagement System

6.1 Architektursichten

Eine Architektur ist stets eine Abstraktion eines Systems. Da jede Organisation[5] auch ein System ist, lässt sich auch eine Architektur der Organisation finden. Organisationen sind leider hochkomplexe Systeme, mit der Folge, dass ein einzelnes Modell oder Bild zur Beschreibung der Organisation nicht vollständig ausreicht. Von daher ist es notwendig, mehr als eine Sicht auf die Organisation zu haben.

Üblicherweise werden die verschiedenen Modelle nebeneinander, quasi ergänzend, begutachtet und als Architektursichten, kurz Sichten genannt, bezeichnet. In den meisten Fällen reichen fünf Architektursichten aus, diese sind (s. Abb. 6.2):

- Geschäftssicht – Diese Modellsicht versucht, die bestehende oder zukünftige Organisation zu modellieren.
- Informationssicht – Die Informationssicht gibt die Informationsarchitektur der Organisation wieder.
- Applikationssicht – Die Applikationssicht verknüpft die Geschäftssicht mit der Informationssicht und stellt damit die IT-gestützten Prozesse dar.
- Technologiesicht – Die Technologiesicht zeigt an, welche Technologie wo in der Organisation eingesetzt wird.
- Prozesssicht – Diese Sicht fasst alle Aktivitäten innerhalb der Organisation zusammen. Ziel hinter einem solchen Modell ist es, die Teile zu identifizieren, welche besonders durch die IT unterstützt werden können.

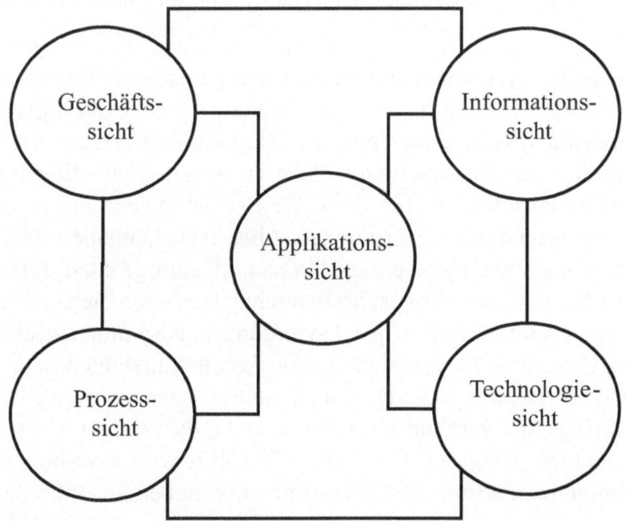

Abb. 6.2 Die fünf Architektursichten

[5] Organisation im Sinne des gesamten Unternehmens mit allen seinen Bestandteilen.

Die bekannteste Betrachtungsweise ist eine Zerlegung der Geschäftssicht bzw. der Prozesssicht in logische Serviceeinheiten[6] bzw. logische Services. Traditionelle Modellierungen nutzen oft das ominöse Organigramm zur Modellierung der Organisation; dies ist aber, streng genommen, hierarchisch strukturiert und beschreibt sehr viel stärker eine Aufbau- denn eine Ablauforganisation. Insofern ist es sehr viel besser, sich die gesamte Organisation als eine Art Netzwerk logischer Serviceeinheiten vorzustellen. Die Gesamtheit der logischen Serviceeinheiten muss folgenden Kriterien genügen:

- Zerlegung – Ihre Gesamtmenge ist notwendig und hinreichend für eine funktionale Zerlegung der Organisation, d. h. die gesamte Organisation ist vollständig durch logische Services beschreibbar und jeder Service muss verwendet werden.
- Verantwortung – Jede einzelne Serviceeinheit besitzt klare und eindeutige Verantwortlichkeiten, welche ein definiertes Ergebnis zu bekannten Kosten und Aufwänden in einer messbaren Form produzieren.
- Komponentencharakter – Jede logische Serviceeinheit ist unabhängig von einer konkreten anderen Serviceeinheit und externen Partnern.
- Stabilität – Die Definition der Serviceeinheit ist stets unabhängig von der Organisationsstruktur, da eine Restrukturierung der Organisation nicht das Ziel der logischen Serviceeinheiten verändert.
- Lokalität – Die Definition der Serviceeinheiten ist stets unabhängig von dem Ort der Serviceleistungserbringung.
- Neutralität – Die Definition der Serviceeinheit ist unabhängig von den Personen, welche die Leistung erbringen.
- Plattformunabhängigkeit – Die Definition der Serviceeinheit ist unabhängig von dem Grad der Automatisierung, da Services nicht nur durch Maschinen gewährleistet sind.

Solche Serviceeinheiten können und müssen sich gemäß der allgemeinen Entwicklung der Organisation verändern. Eine Ausdehnung der Idee der logischen Serviceeinheiten führt zu den Geschäftsdomänen. Jede Geschäftsdomäne ist eine Kollektion von logischen Serviceeinheiten, welche zu genau einem Eigentümer gehört. Innerhalb der Organisation agieren diese Geschäftsdomänen bis zu einem gewissen Grad wie eigenständige Organisationen. Aber diese Domänen sind nicht trivial, genau wie ein komplexes System sind Domänen[7] zum größten Teil geschachtelt und haben eine Substruktur. Umgekehrt betrachtet tendieren die Geschäftsdomänen dazu, sich in größeren Strukturen, quasi symbiotisch, zusammenzuschließen.

Eine andere Einteilung für die Nutzung von Architektursichten ist das *Soni-Nord-Hofmeister*-Modell (s. Abb. 6.3). Dieses Modell ist besser anwendbar im Bereich des Reengineerings aus vorhandenem Sourcecode, da weniger Wert auf Prozesse und logische Sichten gelegt wird (s. Abb. 6.2). Dafür wird sowohl der Sourcecode als auch die Implementierungssicht stärker hervorgehoben, insofern handelt es sich hierbei nicht um ein Enterprise-Architekturmodell, sondern um ein Softwaremodell.

---

[6] LSU – **L**ogical **S**ervice **U**nit

[7] Im Gegensatz zu den komplexen Systemen fehlt bei den Geschäftsdomänen die explizite Systemgrenze. Emergenz ist daher meist nur domänenübergreifend möglich.

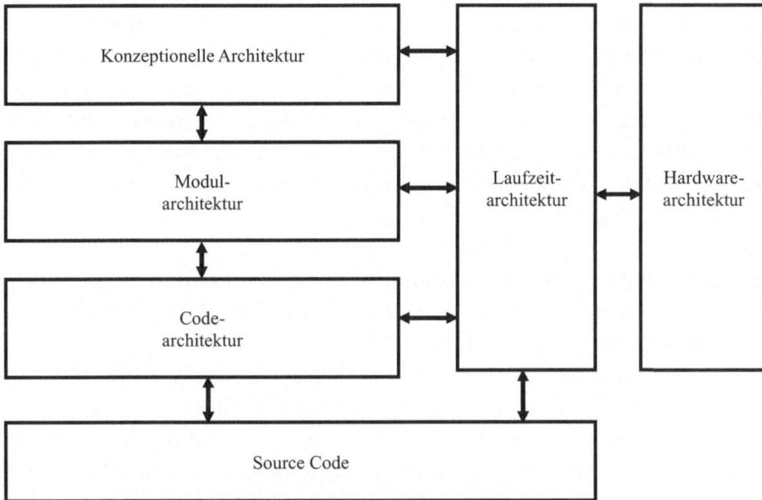

Abb. 6.3 Das *Soni-Nord-Hofmeister*-Modell

Das *Soni-Nord-Hofmeister*-Modell besteht aus vier Sichten auf die Architektur, sowohl der Sourcecode als auch die „Hardwarearchitektur" zählen hierbei nicht zur Architektur:

- Konzeptionelle Architektur – Diese Architektur beschreibt die Komponenten und ihre Zusammenarbeit.
- Modularchitektur – Mit der Modularchitektur werden die Applikationen und ihre Konzepte (Patterns) sowie die genutzten Implementierungsplattformen beschrieben.
- Codearchitektur – Eine Beschreibung der Organisation des Sourcecodes, der binären Dateien und deren jeweilige Relationen.
- Laufzeitarchitektur – Beschreibung des Systems durch Elemente, welche während der Laufzeit aktiv sind und über Relationen miteinander verknüpft werden – (temporär sowie permanent).

Diese Sichten sind jedoch nicht unabhängig voneinander, sondern im Gegenteil über die konkrete Implementierung meist sehr eng miteinander verknüpft, was zur Folge hat, dass es im Design oder während eines Architekturreviews zu einem sogenannten Viewpointhopping kommt. Dabei werden in rascher Folge verschiedene Sichten betrachtet und jeweils nur geringe Mengen an Information pro Sicht und Schritt genutzt bzw. extrahiert um im konkreten Design- oder Reviewprozess schneller voranzukommen.

6.2 Frameworks, Standards und Techniken

Die Unterstützung der Systementwicklung durch Architekturen ist in den letzten Jahren immer wichtiger geworden. Ein Architekturframework zerlegt die komplexe Aufgabe in mehrere Teilschichten, welche dann getrennt modelliert werden können. Jede dieser Teilschichten, Layers genannt, muss im Metamodell des Frameworks spezifiziert sein, damit sie überhaupt adressierbar ist. Die Geschichte der Architekturframeworks beginnt in den 1980er-Jahren, als versucht wurde, die Anforderungen der Fachbereiche so genau wie möglich zu erfassen und zu modellieren. Ein Jahrzehnt später begannen die Organisationen immer stärker kundenzentriert zu werden, mit der Folge, dass die Architekturen offener und flexibler werden mussten; daher wurde die Nutzung von Architekturframeworks immer wichtiger.

Es ist, unabhängig vom konkreten Framework, immer sinnvoll, zwischen konzeptioneller und operationeller Sicht einer Architektur zu unterscheiden.

Die konzeptionelle Norm für IT-Architekturen ist der IEEE-Standard 1471. Dieser definiert eine theoretische Basis für die Definition, Analyse und Beschreibung einer Systemarchitektur, welche einen Teil der Architektur (s. S. 6) im engeren Sinne darstellt. Im Grunde beschreibt auch die IEEE-1471-Norm eine Reihe von Elementen und die Beziehungen, die diese Elemente untereinander haben. Zusätzlich zur IEEE-1471-Norm existieren noch folgende drei Normen:

- CEN ENV 4003 – Das CIMOSA ist die Europanorm des *Comité Européen de Normalisation* für Systemarchitekturen.
- ISO 14258 – Beinhaltet die Konzepte und Regeln für das Modellieren von Organisationen mit dem Schwerpunkt auf den Geschäftsprozessen.
- ISO 15704 – Bildet die Voraussetzungen für Referenzarchitekturen und auch die entsprechenden Methodiken zur Entwicklung der jeweiligen Referenzarchitekturen.

Die beiden wohl bekanntesten Architekturframeworks für die Entwicklung von Architekturen sind:

- Zachman-Framework (s. Abschn. 6.2.3) – *Framework for Enterprise Architecture*, welches eine logische Struktur zur Beschreibung und Klassifikation sowie der Organisation von Darstellungen liefert, die für die Entwicklung einer Architektur wichtig sind.
- ISO/ITU – Reference Model for Open Distributed Processing, auch RM-ODP genannt. Hier werden Hilfsmittel für die Schaffung eines großen verteilten Systems bereitgestellt.

Aufseiten der Techniken gibt es eine Reihe von meist werkzeuggebundenen Beschreibungssprachen, die sich oft durch ein ausgeklügeltes Metamodell auszeichnen. Zu den Beschreibungssprachen im weiteren Sinne gehören (s. Abschn. 2.8):

- ADS – Der **A**rchitecture **D**escription **S**tandard wurde von *IBM* veröffentlicht und fasst eine Reihe von Best-Practices[8] und Erfahrungen innerhalb eines formalen Metamodells zusammen.
- MDA – Die **M**odel **D**riven **A**rchitecture der OMG (**O**bject **M**anagement **G**roup) ist werkzeugunabhängig und benutzt hauptsächlich die UML (**U**nified **M**odeling **L**anguage).

[8] s. S. 261

- ISO 15704 – Der internationale Standard definiert eine Reihe von Anforderungen an Referenzarchitekturen und an Methodiken.
- TOGAF – **T**he **O**pen **G**roup **A**rchitectural **F**ramework ist ein werkzeugunabhängiges Framework, um technische Architekturen zu entwickeln.
- IAF – Das **I**ntegrated **A**rchitecture **F**ramework von *Cap Gemini* stammt aus dem Bereich der Geschäftsprozessmodellierung und setzt die entsprechenden Schwerpunkte.

6.2.1 SEAM

Ein Framework zur strukturellen Modellierung einer Enterprise-Architektur (s. Anhang C) ist SEAM (**S**ystemic **E**nterprise **A**rchitecture **M**ethodology). Die beiden zentralen Konzepte hinter dem Framework SEAM sind die funktionale und die organisatorische Ebene. Die funktionale Ebene repräsentiert die Verhaltenshierarchie und die organisatorische Ebene die Aufbauhierarchie in der Organisation. Da jedes komplexe System eine Menge von miteinander wechselwirkenden Komponenten besitzt bzw. aus ihnen resultiert, stellt sich für die SEAM-Methodik eine Organisation als strukturierte Anordnung aus Ressourcen dar, welche einen oder mehrere Prozesse durchführen. Jede Organisation in ihrer Eigenschaft als komplexes System lebt nicht in einem Vakuum, sondern interagiert auch mit anderen komplexen Systemen. Ein Charakteristikum der komplexen Systeme ist ihre kontinuierliche Evolution, daher ist der SEAM-Prozess auch iterativ angelegt.

Jede organisatorische Ebene ist aus Objekten aufgebaut, welche gleichzeitig das System repräsentieren. Ein Teil dieser Objekte besteht aus Software, repräsentiert aber immer noch, als konkrete Implementierung, die einzelne Organisation. Jedes dieser softwaretechnischen Objekte hat zwei Ansichten:

- Informationsarchitektursicht – Die Informationsarchitektursicht beschreibt das jeweilige System als Ganzes.[9]
- Computationalarchitektursicht – Die Computationalarchitektursicht beschreibt, aus welchen Softwareteilen das System sich zusammensetzt.[10] Aus analytischer Sicht ist die Computationalarchitektursicht eine typisch mechanistische Zerlegung der Architektur in immer feinere Teile, um anschließend, im Sinne einer Synthese, daraus wieder das Gesamtsystem erstehen zu lassen. In dieser Komposition aus unterschiedlichen kleineren Komponenten wirken diese in Form einer Kollaboration zusammen. Wenn der Computational Viewpoint verfeinert wird, so wird er in kleinere Computationalarchitektursichten zerlegt mit der Folge, dass eine vollständige Hierarchie von Computationalarchitektursichten entsteht.

Die funktionale Ebene beschreibt das Verhalten der softwaretechnischen Objekte auf einer gegebenen Ebene. Die Informationsarchitektursicht bestimmt das Verhalten der Objekte, ihre jeweiligen Funktionen und die Beziehungen der softwaretech-

[9] Black-Box-Spezifikation

[10] White-Box-Spezifikation

nischen Objekte untereinander. Eine Verfeinerung der Informationsarchitektursicht resultiert in einer ganzen Hierarchie von Informationsarchitektursichten.

Innerhalb von SEAM wird unter dem architektonischen Alignment zwischen zwei Systemen der Zustand verstanden, bei dem alle Informationsarchitektursichten einer Ebene der Spezifikation vollständig in der Summe der Computational-Views der nächsttieferen Ebene enthalten sind.

Ein Modellprozess, welcher den Aufbau der hierarchischen Architektursichten beschreibt, funktioniert wie folgt:

1. Eine Computationalarchitektursicht wird genommen und als Wurzel des zu beschreibenden Systems identifiziert.
2. Es werden die Informationsarchitektursichten für die Subsysteme des im ersten Schritt definierten Systems spezifiziert. Diese Informationsarchitektursichten müssen neben den nichtfunktionalen Anforderungen auch die Policies für die Systementwicklungen enthalten bzw. befolgen. Solche nichtfunktionalen Anforderungen und Policies sind Annahmen über das System.
3. Die funktionellen Anforderungen der jeweiligen interessierenden Subsysteme werden im Rahmen einer Informationsarchitektursicht-Spezifikation für das jeweilige Subsystem festgelegt. Dabei transformiert die Informationsarchitektursicht die Annahmen aus Schritt 2 und die funktionellen Anforderungen in eine Verhaltensbeschreibung.
4. Auf der Ebene der Subsysteme kann jetzt jedes Subsystem durch einen eigenen Computational-View beschrieben werden. Dieser muss mit genau einer Informationsarchitektursicht korrespondieren.
5. Der Zyklus kann wieder neu beginnen.

Diese Methodik hat den Vorteil, dass sie sich auf jeden beliebigen Detaillierungsgrad anwenden lässt und auch jede beliebige Verfeinerungsstufe erreichen kann. Insofern handelt es sich bei SEAM um die Anwendung einer „Divide-and-Conquer“-Strategie.

Leider hat die SEAM-Methodik auch etliche Nachteile, die auf den ersten Blick nicht direkt sichtbar sind. Innerhalb von SEAM existiert keine Emergenz, da SEAM rein tayloristisch das System bis auf seine „atomaren“ Bestandteile zerlegt bzw. aus diesen wiederum synthetisiert. Die zweite große Beschränkung des SEAM-Frameworks ist die fehlende Dynamik. Eine Veränderung der Architektur kann in SEAM nur von außen geschehen. Das dritte Problem bei SEAM ist die stark mechanistische Philosophie: SEAM, als „Vorgehensmodell“ betrachtet, berücksichtigt keinerlei Phänomene aus dem Bereich der menschlichen Eigenarten und Unzulänglichkeiten, obwohl diese auf Dauer über Erfolg und Misserfolg eines zukünftigen Systems entscheiden.

6.2.2 GRAAL

Die **G**uidelines **R**egarding **A**rchitecture **AL**ignment, kurz GRAAL genannt, stellen ein Framework zur Beurteilung von Softwarearchitekturen dar. Der Kern des Frameworks besteht aus einem Architekturstack (s. Abb. 6.4). Jeder dieser einzelnen Layer des Stacks ist aus einer Reihe von Objekten aufgebaut:

- Physical Layer – Die physische Schicht ist aus den direkt greifbaren Dingen wie Computer, Hardware, Netzwerken, Gebäuden, Möbeln usw. aufgebaut. Ein Objekt wird dann als physisch bezeichnet, wenn man einfache physikalische Größen zu seiner Beschreibung benutzen kann. Durch Phänomene wie Sedimentation ist die Trennung zwischen der physischen Infrastruktur und der Softwareinfrastruktur oft nicht sehr einfach.
- Softwareinfrastruktur – Unter der Softwareinfrastruktur versteht man neben den Betriebssystemen die Netzwerksoftware, Middleware sowie Datenbanken. Eine Software zählt zu dieser Infrastrukturkategorie, wenn sie zur allgemeinen Verfügung steht und nicht ausschließlich spezielle fachliche Probleme löst.
- Applikationen – Die Applikation stellt die eigentliche fachliche Software dar. Obwohl man meistens Applikationen recht gut identifizieren kann, ist ihre Abgrenzung gegenüber der Softwareinfrastruktur oft schwierig[11] bzw. es handelt sich um einen fließenden Übergang.
- Geschäftsprozesse – Die Geschäftsprozesse sind:
  - operationale Prozesse, welche auf zeitliche oder externe Ereignisse reagieren und dabei Produkte oder Dienstleistungen produzieren,
  - unterstützende Prozesse für die operationalen Prozesse,
  - strategische und taktische Managementprozesse.

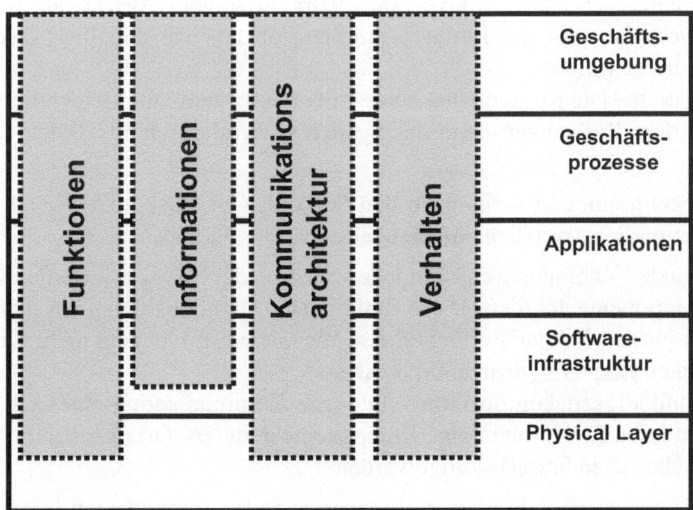

Abb. 6.4 Der GRAAL-Stack

[11] Eine Finanzbuchhaltung ist für den Hersteller oder Buchhalter eine Applikation, für ein ERP-System ist sie oft ein Infrastrukturteil.

- Umfeld der Organisation – Hierunter wird die Wertschöpfungskette verstanden, innerhalb der die Organisation operiert. Dieser Layer beinhaltet Kunden, Kundengruppen, Lieferanten, Konkurrenten,[12] Regierungsbehörden, Vertriebs- und Kommunikationskanäle.

Zusätzlich zu diesen einzelnen Layerdimensionen existieren innerhalb des Frameworks GRAAL die folgenden zusätzlichen Dimensionen:

- Lifecycle – Die Lifecycledimension beschreibt, in welcher Phase des Lebenszyklus sich die betrachtete Software befindet.[13] Die abstrakten Phasen sind:
  - Planung,
  - Entwicklung,
  - Produktion,
  - Dekommisionierung.
- Aspect – Das GRAAL-Framework unterteilt die Aspect-Dimension in fünf Kategorien:
  - Funktionalität,
  - Verhalten,
  - Kommunikation,
  - Information,
  - Qualität.

  Die Beschreibung dieser Aspekte eines Systems auf den verschiedenen Layern der Services ermöglicht es, ein vollständiges Bild von der Software zu bekommen.
- Refinement – Da das GRAAL-Framework in seinem Ansatz ein Top-down-Framework ist, gibt die Refinementdimension an, wie detailliert das System schon zerlegt wurde.
- Aggregation – Die Komposition eines größeren Systems aus kleineren Systemen. Analog dem Refinement kann das System so synthetisch aus Teilen aufgebaut werden.

Eine Zerlegung eines Systems nach den GRAAL-Gesichtspunkten beinhaltet folgende prinzipiellen Vorgehensmöglichkeiten:

- Funktionale Dekomposition – Für jeden Service, der entwickelt werden soll, wird eine Komponente definiert. Diese funktionale Dekomposition muss nicht immer zu einer guten Modularisierung führen, aber sie entspricht dem mehr traditionellen Denken einer SA (**S**tructured **A**nalysis).
- Kommunikationsdekomposition – Für jede Kommunikation eines Objekts mit einer externen Einheit wird eine Komponente definiert. Dies kann auf drei unterschiedliche Arten bewerkstelligt werden:
  - Deviceorientiert – Je nach dem externen Device oder dem Kanal wird eine Komponente spezifiziert, was zu einer hohen Techniklastigkeit mit geringem fachlichen Inhalt in den Komponenten führt.

---

[12] In der Marketingsprache werden Konkurrenten gerne als Mitbewerber auf dem Markt bezeichnet.

[13] Hier zeigt sich die Herkunft von GRAAL aus der Softwareentwicklung.

  - Aktororientiert – Für jeden Aktor wird genau eine Komponente spezifiziert. Der Vorteil ist hierbei ein einfaches Rechtekonzept; es ist identisch mit den Komponentengrenzen, aber fachliche geteilte Objekte werden redundant implementiert.
  - Ereignisorientiert – Auf jedes Ereignis, auf welches das System reagieren muss, wird eine Komponente spezifiziert. Solche Komponenten eignen sich für ereignisorientierte Umgebungen wie moderne Benutzeroberflächen, da sie sich nahtlos in deren Modell einfügen.
- Verhaltensdekomposition – Für jeden Geschäftsprozess innerhalb des Systems wird eine Komponente definiert. Für den Fall, dass alle Geschäftsprozesse disjunkt sind, erhält man pro Geschäftsprozess eine Komponente, allerdings bleibt die Wiederverwendung hier sehr fragwürdig.
- Subjektdekomposition – Für jedes Objekt, welches Daten verändert, wird eine Komponente produziert. Dies entspricht dem Versuch, Mechanismen aus der klassischen Datenmodellierung und damit auch Datenorientierung zu übertragen. Der Nachteil ist eine gering ausgeprägte Funktionsorientierung, da die Daten und damit implizit die Zustandsübergänge durch die Daten die zentrale Rolle spielen.

6.2.3 Zachman-Framework

Als Wissenschaft geht die Idee einer Enterprise-Architektur auf die späten 1980er-Jahre mit dem Zachman-Framework zurück. Das Zachman-Framework ist eine generische Klassifikation für Designergebnisse. Die Zielsetzung hinter dem Zachman-Framework ist es, eine Richtlinie für den Anwender zu erstellen, so dass er sich nicht in der Komplexität einer vollständigen Gesamtsystemarchitektur verliert. Das Framework zerlegt die enorme Komplexität des Gesamtsystems in handhabbare Teilstücke (s. Tabellen 6.1–6.3 und Abb. 6.5). Außerdem ermöglicht das Zachman-Framework die Isolation von diesen Teilstücken, damit eventuelle Fehler oder Störungen nicht weiter durch das Gesamtsystem propagieren können. Diese Isolation ist ein wichtiger Aspekt, da ein einzelner Mensch aufgrund der Komplexität nicht das Gesamtsystem in allen Abhängigkeiten und Details wahrnehmen kann.

Tabelle 6.1 Zachman-Framework, Teil 1

	Daten Was?	Funktionen Wie?
Scope	Wichtige Daten	Kernprozesse
Konzept	Datenmodell	Geschäftsprozessmodell
Systemmodell	Klassenmodell	Systemarchitektur
Technisches Modell	Physische Daten	Technisches Design
Detaildarstellung	Datendefinition	Programm
Funktionen	Benutzbare Daten	Modul

Tabelle 6.2 Zachman-Framework, Teil 2

	Netzwerk Wo?	Personen Wer?
Scope	Orte	Organisationen
Konzept	Logistisches System	Workflowmodell
Systemmodell	Verteilungsarchitektur	Benutzerinterface
Technisches Modell	Technische Architektur	Präsentation
Detaildarstellung	Netzwerkarchitektur	Sicherheitsarchitektur
Funktionen	Physisches Netzwerk	Organisation

Tabelle 6.3 Zachman-Framework, Teil 3

	Zeit Wann?	Motivation Warum?
Scope	Ereignisse	Geschäftscode
Konzept	Masterplan	Businessplan
Systemmodell	Prozessstruktur	Businessrollen
Technisches Modell	Kontrollstruktur	Regelentwurf
Detaildarstellung	Timing	Regelspezifikation
Funktionen	Zeitplan	Arbeitsstrategie

Jede Zelle des Zachman-Frameworks repräsentiert einen speziellen Fokus und eine besondere Perspektive. Jeder Fokus, die Frage nach dem Was, Wie, Wo, Wer, Wann und Warum ist durch die jeweilige Spalte und die Perspektive, die eigentliche Sicht, durch die Zeile gegeben.

Die einzelnen Zeilen wirken wie Zwangsbedingungen aufeinander, wobei sie in ihrer Hierarchie von oben nach unten angeordnet sind, d. h., die erste Zeile setzt die Rahmenbedingungen für die zweite Zeile, die zweite für die dritte, usw. Folglich nimmt die Zahl der Bedingungen oder Entscheidungen von oben nach unten zu. Auf dem Weg von oben nach unten werden auch immer mehr Bedingungen aufgesammelt und so wird das System immer stärker eingeengt.

Entgegen diesem durchaus üblichen Weg des Flusses der Zwangsbedingungen können diese auch von unten nach oben fließen. Diese Gegenrichtung stellt hingegen das technisch Machbare dar. In dieser Richtung sind die Zwangsbedingungen allerdings meist weniger restriktiv als die in der Gegenrichtung.

Die erste Spalte, die Spalte der Datenmodelle, ist die wohl am besten erforschte, da hier eine große Zahl von Modellierungstechniken existiert. Von oben nach unten rangiert die Spalte von einem ausgedehnten logischen Modell (oben) hin zu einer echten Datenbank (unten) (s. Tabelle 6.1). Die zweite Spalte des Zachman-Frameworks wird meistens in Verbindung mit der Datenmodellierung genutzt: die funktionale Modellierung, angefangen von Geschäftsprozessmodellen (oben) bis hin zu Modulen in einem Programm (unten) (s. Tabelle 6.1). Die dritte Spalte zeigt die Verteilung von Organisationen (oben) bis hin zu einem konkreten Netzwerk (unten) (s. Tabelle 6.2) an. Die drei letzten Spalten sind (Tabellen 6.2 und 6.3), zumin-

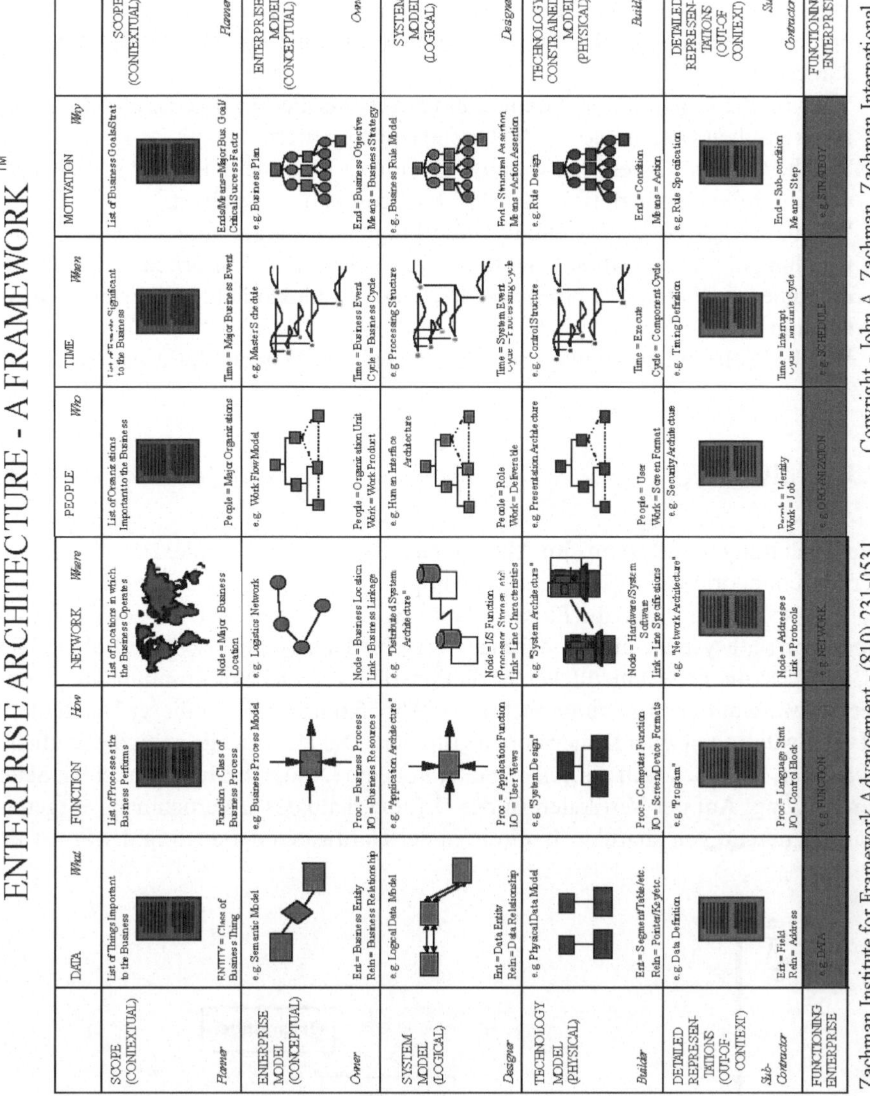

Abb. 6.5 Das Zachman-Framework

dest aus technischer Sicht, nicht so stark strukturiert. Hier stehen die organisatorischen und ablauforganisatorischen Strukturen im Vordergrund.

Hinter dem Zachman-Framework stecken sechs Fragen:

- Was ist für das Geschäft, in dem sich die Organisation befindet, wichtig? Die Antwort auf diese Frage liefert eine Liste von Objekten oder Gütern, mit welchen sich die Organisation intensiv beschäftigt oder beschäftigen muss.

- Was läuft innerhalb der Organisation ab? Dies ist auch die Frage: Wie funktioniert eigentlich die Organisation? Hier werden die Prozesse und Funktionen dargestellt.
- Wo wird die Organisation durchgeführt? Ergebnis dieser Frage ist eine Liste der geografischen Orte, an denen die Organisation operiert.
- Welche Organisationen sind wichtig? Bei dieser Fragestellung werden die Organisationsteile identifiziert, welche das Kerngeschäft unterstützen.
- Welche Ereignisse sind wichtig? Diese Frage zielt darauf ab, die zeitliche Entwicklung der Organisation beschreiben zu können. Diese Information besitzt eine immense Wichtigkeit bezüglich des Grads an Flexibilität, welche eine Organisation haben muss.
- Welche Ziele und Strategien gelten in dem entsprechenden Marktsegment?

6.3 Evolution

Die Evolution eines Systems im Allgemeinen ist eines der komplexesten Probleme der Systemtheorie und sie ist auch nur bedingt erforscht worden. Auf dem Gebiet der Softwareevolution wurde die Pionierarbeit von *Lehman* geleistet. Für die Evolution eines Softwaresystems gibt es durchaus verschiedene Sichtweisen. Zielführend ist es, zunächst die unterschiedlichen Evolutionsräume, welche in Zusammenhang mit der Software auftauchen, zu betrachten (s. Abb. 6.6 und 6.7). In dieser Darstellung ist die Evolution in zwei Dimensionen gruppiert. Die Horizontale zeigt die zeitliche Achse auf, beginnend auf der linken Seite, mit dem Design, bis hin zur rechten Seite der Nutzung. Auf der Vertikalen ist der Ort innerhalb des Unternehmens aufgetragen, rangierend von „hart", d. h. direkt in der Hardware oder auch in der Software

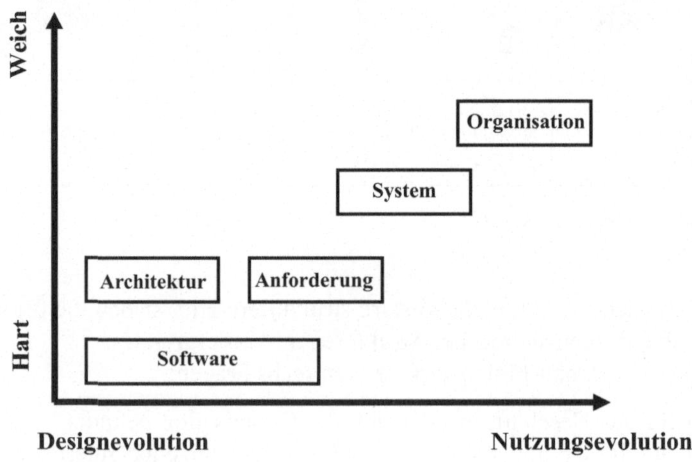

Abb. 6.6 Die Evolutionsräume

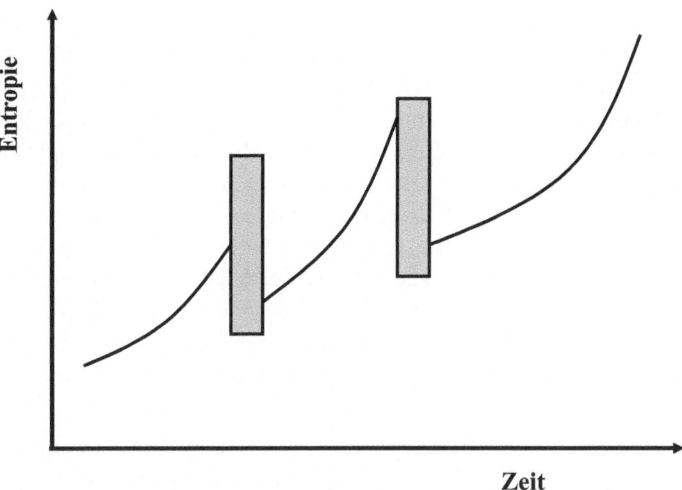

Abb. 6.7 Evolution und Revolution

bis hin zu „weich“, d. h. im soziokulturellen Gefüge. Die verschiedenen Evolutionsräume lassen sich in fünf Bereiche einteilen:

- Softwareevolution – Die klassischen Veränderungen in der Software – es ist genau diese Softwareevolution, welche direkt im System an sich erkennbar ist.
- Architekturevolution – Dieser Begriff bezeichnet die Veränderung der strukturellen Muster innerhalb des Systems. Diese Form der Evolution ist nur durch eine abstrakte Betrachtung sichtbar zu machen. Ihre indirekten Auswirkungen sind jedoch sehr schnell in Form der Softwareevolution erkennbar.
- Anforderungsevolution – Die Veränderung der fachlichen Anforderungen an das jeweilige System. Diese Veränderungen sind in den meisten Fällen der Auslöser für Maintenance und Migration. Hierunter kann auch eine Technologieevolution im Sinne von technisch neuen Teilsystemen, Schnittstellen usw. fallen.
- Systemevolution – Hierunter wird die Veränderung des Gesamtsystems verstanden.
- Organisationsevolution – Evolution des gesamten Unternehmens, seines Aufbaus, seiner Ablauforganisation.

Alle diese Formen bestimmen die Weiterentwicklung der Softwaresysteme. Obwohl die Architekturevolution wichtig ist, sollte man sie doch nicht als Evolution, sondern sehr viel stärker als Revolution betrachten, denn die Architektur tendiert dazu, der stabilste Teil eines Systems zu sein.

Traditionell wird die Architektur stets mit den frühesten Designphasen innerhalb einer Softwareentwicklung identifiziert. Diese Tatsache schlägt sich explizit in der Normenformulierung nieder. So definiert die IEEE 1471-2000:

> *...architecting contributes to the development, operation, and maintenance of a system from its initial concept until its retirement from use. As such, architecting is best understood in a life cycle context, not simply as a singular activity at one point in that life cycle.*

Die Veränderung, welche Software direkt jenseits der ersten Implementierungsphase, des initialen Zustandes, erfährt, bezeichnet man als Weiterentwicklung. Die beiden möglichen Veränderungstypen im Lebenszyklus der Software sind die Evolution und die Revolution. Unter Evolution wird das kontinuierliche, quasi infinitesimal inkrementelle Abändern und unter Revolution das diskontinuierlich spontane Verändern der Software verstanden. Revolutionen führen immer zu Diskontinuitäten, welche sich dann anhand der Metriken nachweisen lassen. Genauer gesagt, evolutionäre Vorgänge bilden stetige Veränderungen der messbaren metrischen Größen, während revolutionäre zu nichtstetigen Veränderungen dieser Messgrößen führen, daher auch die Bezeichnung Diskontinuität (s. Abb. 6.7). Besonders stark sichtbar werden solche Diskontinuitäten bei der Betrachtung der Entropie, welche als Strukturierungsmerkmal für Subsysteme und Systeme genutzt werden kann (s. Abschn. 5.1).

6.3.1 Alterungsprozess

Jede Software, die sich jenseits der ersten Implementierung, jenseits des initialen Zustandes, befindet, altert! Die Puristen würden an dieser Stelle argumentieren, dass dies so nicht sein kann, da Software ja die technische Implementierung eines mathematischen Algorithmus sei und Algorithmen, wenn sie einmal als korrekt bewiesen und ordnungsgemäß implementiert wurden, auch in der Zukunft stets korrekt sind. So wahr diese Annahme ist, für die Betrachtung von Software ist sie leider irrelevant.

Die allzu menschliche Neigung zu glauben, dass neue Softwareprodukte nicht altern[14], ist falsch. Jedes Softwareprodukt, das eingesetzt wird, altert. Die Softwarealterung lässt sich am einfachsten an den Symptomen erkennen. Die beiden bekanntesten Symptome für Alterung sind zum einen eine wachsende Differenz zwischen der Erwartung der Endbenutzer und der tatsächlichen Funktionalität der Software und zum anderen eine sehr stark erhöhte „Zerbrechlichkeit"[15] der Software. Was aber sind die Ursachen für die Alterung, und wie kann diesen begegnet werden?

Es gibt beim Softwarealterungsprozess zwei klar unterscheidbare Ursachen:

- Das Unvermögen, auf sich ändernde Anforderungen zu reagieren.
- Die Ergebnisse bzw. die Nebeneffekte von Änderungen, welche in der Software vorgenommen wurden.

Neben einer sich ändernden Geschäftswelt mit neuen oder veränderten Geschäftsprozessen hat sich in den letzten Jahrzehnten die Erwartungshaltung der Benutzer sehr stark verändert. Selbst Programme, welche vor über 30 Jahren entstanden sind und noch heute völlig ohne Veränderung lauffähig wären, würden von den Benutzern abgelehnt werden, da sie deren Erwartungshaltung nicht mehr befriedigen könnten. Zusätzlich zu der veränderten Erwartungshaltung ist oft die Hard-

[14] Der Alterungsprozess ist unabhängig von der Programmiersprache.

[15] Volatilität

ware bzw. die entsprechende Betriebssystemplattform nicht mehr vorhanden. Neuere Software wird die alte immer ablösen, sobald die Vorteile – hierzu zählen auch die subjektiv wahrgenommenen Vorteile – die Kosten für Training und Migration übersteigen. Im Fall einer *Windows*-basierten Oberfläche im Vergleich zu einem charakter-orientierten Screendesign überwiegen oft die subjektiven Vorzüge und beschleunigen das Altern der charakter-orientierten Oberfläche enorm. Die Hersteller von Software nutzen diese subjektiven Vorteile, verstärkt durch geschicktes Marketing, damit sie neue Releases oder Updates besser verkaufen können. Obwohl die Veränderung der Software essenziell ist, um den Alterungsprozess zu stoppen oder zu verlangsamen, ist die zweite Quelle von Alterungsprozessen in Software die Summe der durchgeführten Veränderungen. Der Grund des Alterns liegt darin, dass eine Veränderung häufig falsch oder unsachgemäß durchgeführt wird. Der ursprüngliche Designer einer Applikation verfolgte bei der Implementierung der Software ein wohldefiniertes Konzept. Die nun pflegende Person ist meistens ignorant in Bezug auf das ursprüngliche Konzept. Die Folge sind Störungen und Fehlverhalten innerhalb der Software. Diese werden zumeist symptomatisch beseitigt, was zu einer stark zunehmenden Komplexität und einer Degradierung der Software führt. Nach vielen solchen Änderungen ist selbst der ursprüngliche Designer der Software nicht mehr in der Lage, die Applikation zu verstehen. Ist Software einmal in diesen Zustand geraten, steigen die Maintenancekosten exponentiell an. Veränderungen brauchen nun immer länger und haben ein immer höheres Risiko, Defekte in das System zu importieren. Dieser Vorgang wird zusätzlich noch dadurch verstärkt, dass die meisten Maintenanceprogrammierer ihre Veränderungen nicht dokumentieren. In dem Maße, wie Software altert, wächst sie auch in der Größe an. Dieser Zuwachs resultiert primär aus dem Verhalten der Softwareentwickler. Für diese ist es einfacher, neuen Sourcecode in ein Programm aufzunehmen, anstatt bestehenden grundlegend abzuändern. Die Ursache dieses Verhaltens ist meistens, dass der zu ändernde Sourcecode weder gut verstanden noch wohldokumentiert wurde. In einer solchen Situation ist die Addition eines neuen Teils der Weg des geringsten Widerstandes. Mit wachsender Größe wird es immer schwieriger, Veränderungen durchzuführen. Am Ende des Lebenszyklus eines großen Softwarepakets kann die 10- bis 20-fache Menge der ursprünglichen Sourcecodezeilen vorhanden sein (s. Tabelle 6.5). Durch das starke Ansteigen der Menge der Sourcecodezeilen ist das Auffinden und systematische Abändern viel schwieriger geworden, auch die Wahrscheinlichkeit, dass der Sourcecode verstanden wird, sinkt drastisch ab. Außerdem lassen sich in den späten Phasen des Lebenszyklus Änderungen oft nicht mehr lokal, auf eine Stelle, beschränken, sondern breiten sich über den gesamten Sourcecode aus.

Neben der reinen Größe des Softwaresystems ändern sich auch Performanz und Verlässlichkeit drastisch. Beide Größen nehmen mit zunehmendem Alter der Software ab. Die zunehmende Codegröße impliziert einen höheren Hauptspeicherbedarf und ursprüngliche Designmaßnahmen für eine hohe Performanz werden durch lange Maintenance gestört. Die Folge ist ein drastischer Anstieg in den Antwortzeiten der Software, die ein Benutzer sofort wahrnimmt. Neben dem eigentlichen Alter der Software verstärkt der i. d. R. stetig wachsende Datenhaushalt dieses Phänomen. Die

Verlässlichkeit der Software sinkt mit zunehmendem Alter, da jede Maintenance die Wahrscheinlichkeit birgt, Fehler in das System einzuführen. Im Laufe der Zeit wird sogar die Fehlerbeseitigung zu einem Risiko, da ab einem gewissen Alter das System so fragil ist, dass jedwede Fehlerbeseitigung im Mittel mehr als einen neuen Fehler hinzufügt. Ist ein solcher Zustand erreicht worden, so wächst die Zahl der Fehler explosionsartig an.

6.3.2 Gesetze der Softwareevolution

Nach *Lehman* wird Software in drei Kategorien eingeteilt (s. Tabelle 6.4):

- S-Type: *Specifyable*, das entsprechende Problem kann formal geschlossen dargestellt werden, z. B. ein Algorithmus für die Wurzelfunktion $x \mapsto \sqrt{x}$. Diese Form der Software verändert sich nicht.
- E-Type: *Embedded*, eine Software, welche in einem menschlichen Kontext eingebettet und inhärent evolutionär ist.
- P-Type: *Problem Solving*, eine Software, zu der es keine geschlossen formale Darstellung gibt und die sich eventuell weiterentwickelt. In der Praxis ist jede P-type-Software entweder eine S-Type- oder eine E-Type-Software.

Eigentlich gelten die Evolutionsgesetze nur für E-Type-Software, aber da die meisten Applikationen eine E-Type-Software sind, was durch den soziotechnischen Kontext wie auch das Alter offensichtlich wird, kann man hier die generelle Gültigkeit annehmen.

Die sieben Gesetze der Softwareevolution nach *Lehman* sind:

I Kontinuierliche Veränderung,
II Wachsende Komplexität,
III Selbstregulierung,
IV Erhaltung der organisatorischen Stabilität,
V Erhaltung der Ähnlichkeit,
VI Wachstum,
VII Nachlassende Qualität.

Tabelle 6.4 Eigenschaften von S-, P-, und E-Type Software

Aspekt	S-Type	P-Type	E-Type
Komplexität	Klein	Mittel–hoch	Klein–hoch
Volumen	Klein	Groß	Groß
Fokus	Problem	Problem	Prozess
Überdeckung	Vollständig	Partiell	Kundengetrieben
Problemänderung	Keine	Keine	Ja
Äußerer Druck	Nein	Ja	Ja
Druck auf Umgebung	Nein	Nein	Ja

In ihrer Gesamtheit entsprechen sie Beobachtungen, welche jeder Einzelne in seinem Kontakt mit Softwareevolution schon einmal gemacht hat, allerdings ist es hilfreich, sie gemeinsam mit ihren Treibern und Interdependenzen zu betrachten. Die meisten Menschen empfinden Technologieveränderungen als einen primären Treiber für die Veränderung von Software, doch das ist i. d. R. nicht zutreffend. Technologie ändert sich auf kurze Sicht weniger als erwartet wird, aber ihre langfristigen Auswirkungen sind sehr viel größer als angenommen. Typischerweise vergehen mehr als fünf Jahre, bis eine Technologie so weit allgemein akzeptiert ist, dass sie Eingang in die grundlegende Architektur findet. Viel häufiger werden die Softwareveränderungen durch Impulse aus der Geschäftswelt beeinflusst.

I. Kontinuierliche Veränderung

Software, die genutzt wird, muss sich kontinuierlich anpassen, ansonsten wird sie sehr schnell nicht mehr nutzbar sein.

Dieses Gesetz formuliert eine universelle Erfahrung; unser gesamtes Leben wird von der Veränderung bestimmt. Im Fall der Software wird, im Gegensatz zu einem biologischen Organismus, der Veränderungsdruck auf die Software durch die Differenz zwischen der Anforderung der Domänc und der Eigenschaft der Software ausgelöst. Je größer diese Differenz, desto höher der Druck, die Software zu verändern. Interessanterweise wird ein Teil des Druckes durch die Software selbst produziert. Jede neue Installation oder Version der Software ändert durch ihren Einsatz die Domäne ab und erzeugt damit implizit eine Differenz zwischen der Anforderung der Domäne und der Software selbst. So negativ dies im ersten Moment klingt, dieser Druck ist wichtig, damit sich Software überhaupt entwickelt. Fehlt aus irgendwelchen Gründen dieser Druck, indem bspw. die Software „eingefroren“ wird, so wird die Software rapide obsolet. Dieses Gesetz resultiert sehr stark daraus, dass Veränderungen der Domäne einmal getroffene Annahmen ungültig machen, obwohl diese zu einem vergangenen Zeitpunkt durchaus korrekt gewesen sind. Die Endbenutzer verlangen nun eine Korrektur des von ihrer Warte „fehlerhaften“ Softwareprogramms.

II. Wachsende Komplexität

Die Komplexität einer Software wächst stetig an, außer es wird Arbeit investiert, um diese Komplexität zu reduzieren.

Diese Beobachtung entspricht dem zweiten Gesetz der Thermodynamik, dem der stetig wachsenden Entropie:

$$\frac{\mathrm{d}S}{\mathrm{d}t} \geq 0.$$

Die Komplexität resultiert aus der stetig steigenden Zahl von Änderungen an der Software. Durch die Gesetze *I* und *VII* bedingt, werden Änderungen in das vorhandene System implementiert, mit der Konsequenz, dass jede einzelne Änderung zu einer Erhöhung der Komplexität führt, da es eine gewisse Wahrscheinlichkeit für inkompatible und unstrukturierte Änderungen in der Software gibt. Mit zunehmender Komplexität wird es immer schwerer, die einmal erreichte Komplexität auf dem Anfangsniveau zu Beginn der Veränderung zu halten (s. Gl. 6.6). Die einzige Maßnahme gegen dieses Anwachsen ist ein Refaktoring, welches die Komplexität absenken kann. Berücksichtigt man, dass im Allgemeinen die Ressourcen für eine Softwareentwicklung innerhalb eines Unternehmens limitiert sind, so kann daraus geschlossen werden, dass das Unternehmen sich nur für eine Strategie entscheiden kann, entweder die Strategie der Erweiterung oder die Strategie der Komplexitätsreduktion. Wie entwickelt sich die Komplexität eines Softwaresystems im Laufe der Evolution? Hierfür ist es hilfreich, die Komplexitätsentwicklung einer großen Applikation zu betrachten. Die Änderung der Komplexität, sprich das Komplexitätswachstum einer Applikation beim Hinzufügen eines neuen Moduls, ist infinitesimal gegeben durch:

$$\mathrm{d}\phi = \mathcal{K}(\phi)\,\mathrm{d}n, \tag{6.4}$$

wobei ϕ ein gegebenes Komplexitätsmaß ist. Hierbei ist $\mathrm{d}\phi$ der Komplexitätszuwachs und $\mathcal{K}$ eine nichtverschwindende Funktion der Komplexität. Für kleine Systeme ergibt sich im Grenzfall:

$$\lim_{\phi\to 0} \mathcal{K}(\phi) = k_0 > 0\,,$$

so dass sich für kleine ϕ die Änderung des Komplexitätsmaßes zu

$$\mathrm{d}\phi \approx k_0\,\mathrm{d}n$$

ergibt. Auf der anderen Seite sollte das Funktional $\mathcal{K}$ sich für große ϕ wie ein Potenzgesetz verhalten, d. h.

$$\mathcal{K}(\phi \gg 1) \sim \phi^{\nu} \tag{6.5}$$

mit einer nichtnegativen Konstanten ν. Das Lehmansche Gesetz besagt, dass die Zahl der Module eines Softwarepakets einer einfachen Differentialgleichung genügt:

$$\frac{\partial\psi}{\partial t} = c_1\psi + \frac{c_2}{\psi^2}. \tag{6.6}$$

Diese Differentialgleichung korreliert die Zahl der Quellmodule ψ mit der Zeit. Näherungsweise lässt sich die Differentialgleichung durch

$$\lim_{\psi\to 0} \psi \approx \sqrt[3]{3c_2 t}, \tag{6.7}$$

$$\lim_{\psi\to\infty} \psi \approx \mathrm{e}^{c_1 t} \tag{6.8}$$

lösen, was auch als das Turski-Lehmansche Wachstumsmodell bekannt ist. Das Lehmansche Gesetz, Gl. 6.6, entspricht einer Pareto-Verteilung:

$$P(X > x) = \left(\frac{k}{x}\right)^{\alpha} \tag{6.9}$$

mit $\alpha = 1/3$. Da jede Änderung an dem Gesamtsystem eine Änderung der Entropie zur Folge hat und sich in erster Näherung eine Änderung in einem proportionalen Wechsel der Entropie niederschlägt, lässt sich die Entropieänderung, entsprechend Gl. 6.4, durch

$$\Delta S \sim S$$

beschreiben. Die Folge ist, dass sich für die Entropie in erster Näherung eine Differentialgleichung der Form

$$\frac{\partial S}{\partial t} = \alpha S$$

ergibt, mit der Folge, dass in diesem vereinfachten Modell die zeitliche Entwicklung der Entropie als

$$S = S_0 e^{\alpha t} \tag{6.10}$$

formuliert werden kann. Die Auswirkungen dieser einfachen Entropieentwicklung sind drastisch. Jeder noch so kleine Unterschied bei der Startentropie zum Zeitpunkt t_0 resultiert in einem drastischen Unterschied in der Endentropie. Oder anders formuliert, die Grenze der sinnvollen Maintenance wird sehr viel früher erreicht, wenn mit einer höheren Entropie ab initio gestartet wird. Durch das exponentielle Wachstum der Entropie kann dieser zeitliche Unterschied recht hoch sein.

III. Selbstregulierung

Die Evolution von Software ist selbstregulierend mit Produkt- und Prozessmetriken, welche sehr nahe an einer Normalverteilung liegen.[17]

Die Implementierung von Software geschieht durch ein technisches Team, welches Teil eines Unternehmens ist. Die Ziele und Interessen des Gesamtunternehmens gehen weit über die konkrete Software hinaus, von daher existieren innerhalb des Unternehmens eine Reihe von Regularien und Kontrollmechanismen um sicherzustellen, dass die Unternehmensziele auf allen Ebenen erreicht werden. Eine große Zahl dieser Mechanismen wirken auf die Software als Treiber oder als stabilisierende Kräfte. Da die Zahl dieser einzelnen Kräfte relativ hoch ist, kann die Entwicklung

Tabelle 6.5 Das Wachstum von *Windows*

System	Lines of Code
PC DOS[16]1.0	4.000
Windows NT 3.1	6.000.000
Windows 98	18.000.000
Windows 2000	35.000.000
Windows XP	45.000.000

[17] Eine Normalverteilung ist eine Wahrscheinlichkeitsverteilung mit:

$$p(x) \sim e^{-\alpha(x-x_0)^2}.$$

der Software als ein Subsystem betrachtet werden, welches in ein großes System eingebettet ist. Dieses Gesamtsystem übt nun durch eine große Zahl von quasi unabhängigen Entscheidungen einen Druck auf das System aus, welcher einer Normalverteilung ähnlich ist. Wenn dieser Druck eine Zeit lang auf die Entwicklung und damit auch auf die Software angewandt wird, ist die Eigendynamik so stark, dass ein Equilibrium gefunden wird. Umgekehrt ändert sich ein komplexes System erst dann, wenn es weit von seinem Gleichgewichtspunkt entfernt wird. Wurde das System so weit von seinem Equilibrium entfernt, so kann es sich jetzt einen neuen Gleichgewichtszustand suchen und diesen einnehmen. In der Komplexitätstheorie wird das Vorhandensein mehrerer Gleichgewichtspunkte als Bifurkation bezeichnet. Aus dieser Gesetzmäßigkeit lässt sich auch ableiten, dass der Wegfall oder die Addition eines einzelnen Mitarbeiters, inklusive des Projektleiters, langfristig betrachtet keine großen Auswirkungen auf die Gesamtsoftware hat.

IV. Erhaltung der organisatorischen Stabilität

Die mittlere effektive Aktivitätsrate, welche für eine evolvierende Software angewandt wird, bleibt während der Lebensdauer der Software konstant.

Die mittlere Leistung $\overline{P}$, definiert aus der Arbeit pro Zeiteinheit, ist invariant:

$$\frac{\partial}{\partial t}\overline{P} = 0.$$

Diese Beobachtung ist zunächst verwirrend, da man geneigt ist anzunehmen, dass der Aufwand, welcher in Software investiert wird, primär ein Resultat von Managemententscheidungen ist. Dies ist in engen Grenzen auch so, allerdings sind die tatsächlichen Kostentreiber in Unternehmen meistens externer Natur: Verfügbarkeit von qualifiziertem Personal und Ähnliches. Auf der anderen Seite ist ein großer Teil des Aufwandes durch das dritte Gesetz vorgegeben: Um die Trägheit des Equilibriumpunktes zu überwinden, ist sehr viel Aufwand notwendig. Die Folge dieser hohen Trägheit ist eine quasi konstante, effektive Aufwandsrate. Eine praktische Folge dieses Gesetzes ist die Beobachtung, dass in schwierigen Projekten die Hinzunahme von zusätzlichen Projektmitarbeitern zu einer Reduktion der Produktivität führt, da der Equilibriumspunkt verlassen wurde. In manchen Fällen ist daher eine explizite Reduktion der Anzahl der Projektmitarbeiter zu empfehlen. Zusammenfassend kann gesagt werden, dass der Aufwand durch eine solche Vielzahl von Quellen beeinflusst wird, so dass Managemententscheidungen kaum noch ins Gewicht fallen.[18]

V. Erhaltung der Ähnlichkeit

Die Inhalte von aufeinander folgenden Releases innerhalb einer Software sind statistisch konstant.

Einer der wichtigsten Faktoren, welche die Veränderung von Software beeinflussen, ist das Wissen aller Beteiligten über die Zielsetzung hinter der Software. Das

---

[18] Überspitzt kann dies auch anders formuliert werden:

Unternehmen sind nicht wegen, sondern trotz ihres Managements erfolgreich.

Produktmanagement tendiert dazu, in jedem der einzelnen Releases besonders viel an neuer Funktionalität unterzubringen, denn es möchte dem Kunden einen „Mehrwert“ durch das neue Release suggerieren. Dieses Vorgehen alleine würde zu einem Anwachsen des Inhaltes von Release zu Release führen. Die entgegengesetzte Kraft ist die Notwendigkeit, dass alle Beteiligten die große Menge auch verstehen und umsetzen müssen. Der Fortschritt und die Dauer sind auch beeinflusst durch die Menge an Information, welche gewonnen werden muss. Das Verhältnis zwischen Informationsmenge und Aufwand zur Gewinnung der Information ist nicht linear, sondern der Aufwand zur Informationsgewinnung scheint sich ab einer gewissen Größenordnung so drastisch zu erhöhen – vermutlich wird in dieser Konstellation eine Verhaltensänderung ausgelöst –, dass von diesem Moment an die Gesamtmenge an zu gewinnender Information unüberwindbar erscheint. Die Folge dieser beiden auf jedes Release wirkenden Kräfte ist eine statistische Konstanz bezüglich der Inhaltsmenge pro Release.

VI. Wachstum

> *Die funktionalen Inhalte einer Software müssen stetig anwachsen, um der Endbenutzererwartung auf Dauer gerecht zu werden.*

Dieses Gesetz sieht dem ersten Gesetz über die kontinuierliche Veränderung sehr ähnlich, ist aber nicht identisch. Wenn eine neue Software eingeführt wird, existiert immer eine Differenz zwischen der implementierten Funktionalität und der tatsächlich gewünschten. Die Gründe für diese Unvollständigkeit sind divers, sie rangieren von Budget über Zeit bis hin zu der prinzipiellen Fähigkeit, eine Domäne zu verstehen. Folglich gibt es eine Differenz zwischen den Endbenutzererwartungen und der tatsächlichen Software. In diesem Fall wird mit zunehmender Dauer der Ruf nach der Implementierung dieser fehlenden Funktionalität stärker, was über die Feedbackmechanismen zur Erweiterung der vorhandenen Funktionalität führt. Mathematisch gesehen kann dieses Gesetz formuliert werden durch

$$\frac{\mathrm{d}V}{\mathrm{d}t} = \mathcal{M}(t), \tag{6.11}$$

wobei V das Volumen in einer geeigneten Form misst und $\mathcal{M}(t)$ eine positive, monoton steigende Funktion der Zeit ist.

VII. Nachlassende Qualität

> *Die Qualität der Software wird als nachlassend empfunden, solange keine massiven Anstrengungen zur Adaption vorgenommen werden.*

Eine Software ab einer gewissen Größe kann nie alle Anforderungen treffen, dafür ist die Zahl der Anforderungen zu groß. Während des Evolutions- und des Entwicklungsprozesses werden eine Reihe dieser Anforderungen als Rahmenbedingungen oder Systemgrenzen angenommen. Aber da die reale Welt sich permanent verändert, steigt die Unschärfe zwischen der möglichen Gesamtmenge von Anforderungen an, während die der implementierten Anforderungen aufgrund der Systemgrenzen konstant bleibt. Die Unschärfe wächst also! Der Endbenutzer empfindet die so anwachsende Unschärfe als einen Verlust an Qualität. Je größer diese Unschärfe wird, desto schwieriger ist es für den Endbenutzer, das Verhalten der Software erwartungskonform vorauszusagen. Im Umkehrschluss gilt: Eine aktive Behandlung und Reduktion dieser Unschärfe erhöht die wahrgenommene Qualität. Aus psychologischer Sicht ist das Phänomen recht einfach zu erklären: Die zunehmende Gewöhnung an eine vorhandene Funktionalität führt dazu, dass diese als gegeben angenommen wird mit der Folge, dass das Anspruchsdenken zunimmt. Da die Software diesen erhöhten Ansprüchen nicht mehr genügen kann, wird sie als qualitativ schlechter wahrgenommen.

Eine der Konsequenzen der Evolution von Architekturen ist die Architekturdivergenz. Hierunter wird die Veränderung der konkreten Architektur gegenüber der ursprünglich angestrebten Architektur verstanden.

Mit Blick auf die Evolutionsräume (s. Abb. 6.6) lässt sich feststellen, dass sprunghafte Anforderungsevolution eine Konsequenz aus Evolutionen im Bereich der Organisation ist, während umgekehrt Veränderungen des Systems zu langsamerer Evolution der Anforderungen führen. Die organisatorischen Veränderungen führen zu den Co-Evolutionskaskaden, wobei die Effekte hier enorm sein können, da das Problem sich mit der Zahl der Evolutionsräume potenziert. Gemessen wird eine solche Entwicklung anhand des „Maturity Index“. Dieser ist definiert als der Quotient der Änderungen pro Release:

$$\mathcal{M}_{\text{Maturity}} = 1 - \frac{n_{\text{changed}}\,(\text{Anforderung})}{n_{\text{total}}\,(\text{Anforderung})}, \tag{6.12}$$

wobei n_{total} (Anforderung) die Zahl der Anforderungen im betrachteten Release und n_{changed} (Anforderung) die Zahl der geänderten Anforderungen ist.

Die Anforderungsevolution taucht auch im Rahmen jedes Reengineeringprojekts auf. Bei der Herstellung neuer Software wird die Anforderungsevolution oft auch als „Requirements Creep“ bezeichnet, und zwar dann, wenn diese Evolution nach der Fertigstellung der Spezifikation stattfindet. Diese Form der Anforderungsevolution ist für die jeweilige fachliche Domäne (s. Tabelle 6.6) sehr unterschiedlich. Aber nicht nur fachliche Inhalte beeinflussen die Software; einer der verbreitetsten Faktoren für „Feature Creep“ ist Technologie, nämlich die vorzeitige Verwendung von unreifer Technologie. Solche neuen „Silver Bullets“ werden im Zwei-Jahres-Rhythmus von den Herstellern oder, bei Methoden, von den Unternehmensberatungen auf den Markt geworfen.[19]

Tabelle 6.6 Monatliche Änderungsrate nach erstellung der Spezifikation

Softwarekategorie	monatl. Rate
Informationssystem	1.5 %
Systemsoftware	2 %
Militärsoftware	2 %
Öffentl. Hand	2.5 %
Betriebsw. Software	3.5 %

[19] Einige Zeitschriften unterstützen dieses Verhalten, indem sie „Buzzwords“ kreieren.

6.4 Conwaysches Gesetz

Bereits 1968 wurde von *Conway*[20] der Zusammenhang zwischen der Organisationsform eines Softwareentwicklungsprojekts und dem dabei entstehenden Softwareprodukt erkannt. Alle Entwurfsentscheidungen werden durch die vorherrschenden Organisationsstrukturen beeinflusst und somit nicht ausschließlich durch den individuellen Designer gefällt. Beim näheren Hinsehen erkennt man in den Strukturen des Softwaresystems die Struktur der jeweiligen Entwicklungsorganisation wieder. Die Software, welche eine Organisation erstellt, spiegelt auch immer die Kommunikationsstruktur des Unternehmens wider, die ihrerseits aus der Organisationsstruktur abgeleitet werden kann. Insofern handelt es sich beim Conwayschen Gesetz um den mehr oder minder erfolgreichen Versuch, ein implizites Alignment zwischen Software und Entwicklungsorganisation durch die Entwicklung zu erreichen. Ist die Organisationsstruktur eines Unternehmens und seiner Projekte groß und unflexibel, wirkt sich dies nachteilig auf die Struktur und die Flexibilität der Softwareprodukte aus. Alteingesessene Firmen haben daher häufig nicht nur mit einem „übernatürlich aufgeblasenen" Management zu kämpfen, das sich krampfhaft selbst am Leben erhält, sondern auch mit Softwaresystemen, welche mit ähnlichen Problemen behaftet sind. Oder anders formuliert: Die Organisation ist reif für das nächste Stadium, bemerkbar an dem Gefühl des unangemessenen Managements, aber die Software verharrt noch im alten Stadium. Hier zeigt sich das Alignmentparadoxon in seiner zeitabhängigen Gestalt, da die Software in der Vergangenheit gut zur Organisation „passte", dies nun aber nicht mehr der Fall ist. Die Software kann, genau wie Teile des alten Managements, der Veränderung nicht mehr folgen. Dieses Phänomen zeigt sich gut innerhalb von Systemen, da diese über die Jahre hinweg alle veränderten Organisationsformen abgebildet haben bzw. Korrekturen entsprechend vorgenommen wurden. Insofern kann das System auch als eine Historie einer Organisation verstanden werden. Die Korrelation zwischen der Software und der Organisation zeigt sich noch an anderer Stelle: Zu einem gegebenen Zeitpunkt existierte eine klare Verantwortlichkeit für Daten und Funktionen innerhalb des Systems. Mit zunehmender organisatorischer Entwicklung verschob sich dies, mit der Folge, dass es heute große Unsicherheiten bezüglich der Verantwortlichkeiten von Daten und Funktionen in der Software gibt. Die wichtige Erkenntnis, dass Kommunikationskanäle ein Schlüsselelement für die Entstehung von Software sind, welche sich auch in der Architektur der Software widerspiegeln, wird in kaum einer Entwicklungsmethodik, mit Ausnahme der agilen Methodiken, berücksichtigt. Da nach dem Conwayschen Gesetz eine Softwareentwicklung immer auch ein gewisses Abbild der Organisation darstellt, finden sich in der Software auch Spuren der Herstellerorganisation wieder. Dies mag zunächst etwas absurd erscheinen, aber es lohnt, sich vor Augen zu führen, dass Softwareentwickler ein mentales Modell

---

[20] Melvin Conway. Das Gesetz lautet:

> *Organizations which design systems are constrained to produce designs which are copies of the communication structures of these organizations.*

der Kommunikationsstruktur haben müssen, um die Arbeitsweise des Endanwenders reflektieren zu können. Was liegt also näher als das eigene Unternehmen, das Softwareunternehmen, als Vorbild für das innere Kommunikationsmodell des Softwareentwicklers zu machen? Folglich finden sich in der Software Spuren der Organisation des Softwareherstellers wieder.

6.5 Qualitätsattribute und Architekturstile

Wird der Definition von Architektur aus konstruktiver Sicht (s. S. 6) gefolgt, so lassen sich neben Referenzarchitekturen auch Architekturstile und Architekturpatterns definieren.

Eine Referenzarchitektur ist eine Menge an grundsätzlichen Designentscheidungen, welche auf mehrere verwandte Systeme simultan anwendbar sind, typischerweise innerhalb einer Domäne mit explizit definierten Variationspunkten.[21]

Die obige Definition der Referenzarchitektur lässt sich aus konstruktiver Sicht ausdehnen auf die Definition eines Architekturimplementierungsframeworks:

Ein Architekturimplementierungsframework ist ein Stück Software, welches als Brücke zwischen einem speziellen Architekturstil[22] *und einer vorgegebenen Menge an Implementierungstechnologien fungiert.*

Unter einem Architekturstil, der begrifflich oft mit einem Architekturpattern verwechselt wird, wird die Beschreibung eines Elements und der möglichen Relationen zusammen mit den notwendigen Rahmenbedingungen und der Art und Weise des Einsatzes verstanden. Insofern kann man ein Pattern auch als eine fest definierte Menge an Zwangs- oder Rahmenbedingungen verstehen, die auf eine Architektur – jedes einzelne Element und deren Art und Weise der Zusammenarbeit – wirken. Daher definieren Architekturpatterns weder eine Architektur noch ein System, aber die Wahl eines Architekturpatterns zeigt den Fokus auf die jeweiligen Qualitätsattribute auf (s. Tabellen 6.7 und 6.8). Während des Designs von Software ist die Wahl der Patterns oft der erste und wichtigste Schritt.

Ein Architekturstil lässt sich auch analog zur Definition einer Architektur (s. S. 6) definieren:

Ein Architekturstil ist eine fest benamte Menge an architekturalen Designentscheidungen mit der Eigenschaft, dass

- *die Designentscheidungen in einem Entwicklungskontext anwendbar sind;*
- *diese Entscheidungen Zwangsbedingungen auf die Systeme ausüben, die sich in dem entsprechenden Kontext befinden;*
- *in jedem System durch die Nutzung des Architekturstils Vorteile entstehen.*

---

[21] Teile, in denen die einzelnen Architekturen der jeweils implementierten Systeme voneinander divergieren.

[22] s. S. 178

Tabelle 6.7 Architekturstile und Qualitätsattribute, Teil 1

Pattern	Usabilität	Sicherheit	Wartbarkeit	Effizienz
Layer	Neutral	Unterstützt Accesslayer	Unterstützt Veränderungen	Ineffizient
Pipes	Nicht interaktiv	Jede Pipe benötigt eigene Sicherheit	Unterstützt Veränderungen	Parallele Verarbeitung
Repository	Neutral	unabhängige Programme benötigen eigene Sicherheit	Einfach erweiterbar, schwierig testbar	Parallele Verarbeitung problematisch
Model View Controller	Multiple Views	Neutral	Enge Koppelung von V und C zu M	Ineffizient Datensicht
Presentation Abstraction Control	Separation der semantischen Konzepte	Neutral	Trennung der Verantwortung	Großer Overhead
Mikrokernel	Neutral	Neutral	Sehr flexibel, einfach erweiterbar	Großer Overhead
Reflection	Neutral	Neutral	Code ohne Modifikation nutzbar	Ineffiziente Metaobjektprotokolle
Broker	Lokationstransparenz	Unterstützt Zugriffskontrolle	Komponenten einfach austauschbar	Neutral

Tabelle 6.8 Architekturstile und Qualitätsattribute, Teil 2

Pattern	Zuverlässigkeit	Portabilität	Einfachheit
Layer	Fehlertolerant	Sehr gut	Teuer
Pipes	Fehlerbehandlung schwierig	Frei kombinierbar	Parallelisierung kann teuer sein
Repository	Neutral	Neutral	Schwierig zu designen
Model View Controller	Neutral	Komponentenkoppelung	Komplexe Struktur
Presentation Abstraction Control	Neutral	Einfach portierbar	Komplexes System
Mikrokernel	Fehlertolerant	Einfach portierbar	Entwurf sehr komplex
Reflection	Robustes Protokoll nötig	Einfach, wenn Metaobjektprotokoll portierbar	Sprachabhängig
Broker	Neutral	Hardware und Betriebssystem sind transparent	Kombination und Reuse möglich

Typische Architekturstile sind unter anderem:

- Objektorientierung – Bei diesem Architekturstil besteht ein System aus einem Konglomerat an miteinander kommunizierenden Objekten, welche untereinander Nachrichten austauschen und dadurch ihre jeweiligen inneren Zustände verändern können.

- Schichten – Dieser Architekturstil basiert auf der Idee, dass verschiedene Aufgaben mit zunehmendem Abstraktionsgrad auf unterschiedliche hierarchische Schichten innerhalb eines Systems verteilt werden können.
- Virtuelle Maschine – Bei der virtuellen Maschine handelt es sich um eine spezielle Schicht, welche bestimmte Services für die darüberliegenden Schichten anbietet und dabei ein „Art“ Computer simuliert.
- Client-Server – Ein Client-Server-Architekturstil besteht aus zwei Schichten, bei dem der Server die Rolle einer virtuellen Maschine übernimmt.
- Ereignisbasiert – Bei einem ereignisbasierten Architekturstil existieren unabhängige Subsysteme, welche auf Ereignisse reagieren, die in einem Bussystem allen zur Verfügung gestellt werden. Dabei weiß der Erzeuger eines Ereignisses nichts über die entsprechenden Abnehmer des Ereignisses.
- Peer to Peer[23] – Dieser Architekturstil stellt ein lose gekoppeltes Netzwerk aus autonomen gleichberechtigten Systemen dar.

Die Architekturstile liefern aus Sicht des Designers zum einen Zwangsbedingungen und zum anderen aber auch ein Menge an Freiräumen.

Ein sogenanntes architekturales Pattern (Muster) oder Architekturpattern ist eine Art „kleiner Architekturstil“:

Ein Architekturpattern ist eine benamte Menge an Designentscheidungen, welche auf wiederholt auftretende Designprobleme anwendbar ist.

Ein spezielles System ist der Architekturprototyp, da bei ihm die nichtfunktionalen Eigenschaften im Vordergrund stehen. Ein Architekturprototyp besteht aus einer Reihe von ausführbaren Komponenten, die erzeugt wurden um die Qualitäten der Architektur zu testen. Die betroffenen Qualitäten sind in den meisten Fällen solche, welche die Stakeholder interessieren. Insofern lassen sich Qualitäten in den Architekturprototypen quasi „labortechnisch“ erkennen und oft auch isoliert betrachten. Die Architekturprototypen zerfallen in zwei getrennte Subtypen:

- Explorationsprototypen – Diese Form wird eingesetzt um die Anforderungen an die Architektur zusammen mit den Stakeholdern klarzustellen, Aspekte des Zielsystems zu beleuchten und alternative Lösungen zu diskutieren. Besonders lohnenswert ist der Einsatz, wenn eine große Unsicherheit bezüglich der tatsächlichen Anforderungen der Stakeholder existiert oder für neue Teile eines Systems ein neuer Architekturstil (s. Kap. 6) ausprobiert werden muss. Außerdem ermöglichen solche Prototypen auch den Entwicklungsprozess exemplarisch zu validieren. Hier ist allerdings Vorsicht angebracht, da die Prototypen in ihrem Verhalten nicht unbedingt skalieren.
- Experimentalprototypen – Primäres Ziel eines solchen Prototypen ist es, die Angemessenheit der Architektur sicherzustellen, bevor hohe Investments getätigt werden. Mit solchen Prototypen soll ein ausgewählter Aspekt der Architektur messbar gemacht werden (s. Anhang A) um sicherzustellen, dass die benötigten Werte für das produktive Endsystem erreicht werden können.

---

[23] P2P

6.6 Patterns

Die Patterns, welche auch Entwurfsmuster genannt werden, kamen in den 1990er-Jahren in Mode. Mittlerweile sind die Patterns, speziell im akademischen Umfeld, als Beschreibungsmittel für Vorgänge und Strukturen in Systemen allgemein akzeptiert worden. Die ursprüngliche Definition des Begriffs Pattern stammt von *Alexander*:[24]

> *Each pattern describes a problem which occurs over and over again in our environment, and then describes the solution to that problem, in such a way that you can use this solution a million times over, without ever doing it the same way twice. Each pattern is a three part rule, which expresses a relation between a certain context, a problem and a solution.*

Das Ziel hinter den Patterns ist es, eine Erfahrung, ohne Anspruch auf Vollständigkeit oder Kausalität, darzustellen und dabei einen Stil zu wählen, so dass diese Erfahrung auch Nichtexperten offensichtlich vermittelt werden kann. Obwohl diese Entwurfsmuster an sich keine Probleme direkt lösen können, da sie ja nur Wege aufzeigen, geben sie doch dem Leser ein „Aha"-Erlebnis und erhöhen die Lernkurve. Die Patterns sind daher hinreichend abstrakte Entwurfsmuster, um bestimmte Probleme besonders gut adressieren zu können.[25] Die hier aufgeführten Patterns stellen eine mehr oder minder subjektive Auswahl im Umfeld von Architekturreviews dar (s. Abb. 6.8).

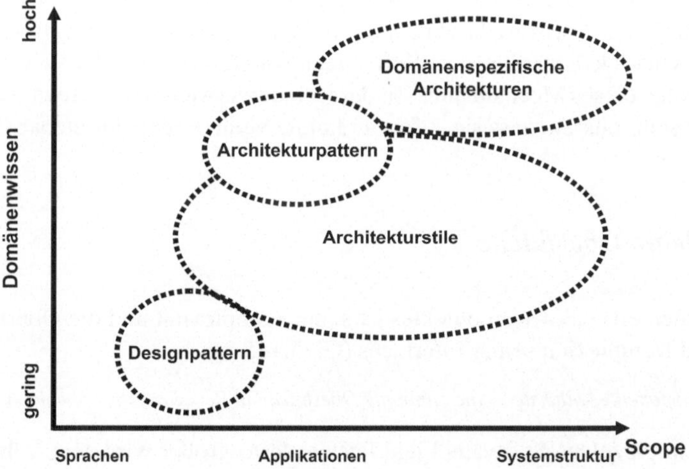

Abb. 6.8 Die Beziehung zwischen Domänenwissen und Scope für die verschiedenen Begriffe

[24] Christopher Alexander: *The Timeless Way of Building*. Oxford University Press, New York 1979

[25] Die sogenannten Antipatterns sind, im Gegensatz dazu, Beschreibungen von Problemfällen. Bei den Antipatterns steht zunächst die Symptomatik, gefolgt von der Lösung des Problems, im Vordergrund.

6.6.1 Softwaredarwinismus

Wird die gesamte Software eines Unternehmens als ein Pool von potenziell wiederverwendbaren Softwareobjekten betrachtet, so lassen sich Betrachtungsweisen ähnlich den Evolutionsbetrachtungen von Darwin anstellen. Die Softwareentwickler müssen sich aus diesem Pool von Softwareobjekten einige zur Wiederverwendung aussuchen und andere dabei vernachlässigen. Ein so wiederverwendetes Softwareobjekt kann sich selbst „weitervererben" und damit seine Chancen auf zukünftige Wiederverwendung erhöhen. Die Folge dieses Softwaredarwinismus ist, dass Softwareobjekte, welche der Softwareentwickler nicht attraktiv findet, nicht genutzt werden und in der Versenkung verschwinden. Zu den darunter liegenden Kräften hinter diesem Darwinismus gehören:

- Verfügbarkeit – Wenn ein Softwareobjekt nicht verfügbar ist, wird es nie genutzt. Genutzte Softwareobjekte haben stets eine höhere Verfügbarkeit, weil sie offensichtlich vorhanden sind. Die mentale Verfügbarkeit bzw. die häufige Verwendung eines Softwareobjekts erhöht die Chancen, das Objekt wiederzufinden und damit auch die Chancen des Objektes, sich weiter im Gedächtnis zu erhalten.
- Verständlichkeit – Wenn ein Softwareobjekt unverständlich ist, wird es auch nicht verwendet werden. Insofern ist Verständlichkeit eine stark treibende Kraft im Softwaredarwinismus.

Im Umkehrschluss aus dieser darwinistischen Betrachtung muss Wiederverwendung explizit den Softwaredarwinismus in Betracht ziehen. Die Softwareobjekte müssen so entwickelt werden, dass Softwareentwickler diese wiederverwenden wollen! Die Folge dieses Mechanismus ist, dass wiederverwendbare Softwareobjekte so konzipiert sein müssen, dass sie sofort und ohne Veränderung einsetzbar sind.[26]

6.6.2 Kleine Oberfläche

Das Volumen eines Softwareobjektes ist seine Komplexität und die Oberfläche die Breite und Komplexität seiner Interfaces (Gl. 5.1–5.3):

Eine Komponente sollte stets eine minimale Oberfläche in Bezug auf ihr Volumen haben.

Je mehr ein einzelnes Softwareobjekt leistet, desto größer wird sein Volumen, allerdings ist es fatal, wenn seine Oberfläche im gleichen Maß ansteigt. Denn es gilt im Softwaredarwinismus: Je komplizierter ein Interface, desto weniger Softwareentwickler wollen es nutzen! Der Einsatz eines Wrappers, damit die Komplexität eines vorhandenen Interfaces gemildert werden kann, ist oft ein Schritt in die richtige Richtung. In dieselbe Richtung zielt die Idee der Incremental Relevation, bei der die Komplexität eines Interfaces durch die Verwendung von Objekten im Interface reduziert wird. Allerdings müssen diese Objekte eine Defaultinitialisierung

[26] Works out of the box.

besitzen. Dadurch kann die subjektive Komplexität für Anfänger gemindert werden, da ja die Defaultinitialisierungen nicht überschrieben werden müssen. So bleibt das Interface, trotz seiner hohen Komplexität, für einfache Fälle relativ simpel, was wiederum die Chancen auf Wiederverwendung erhöht.

6.6.3 Service Layer

Die meisten Applikationen innerhalb eines großen Unternehmens benötigen unterschiedliche Zugriffsmechanismen auf ihre Daten. Meist liegt der Unterschied darin begründet, dass das Reporting und die regulären Applikationen voneinander getrennt sind oder ein Datawarehouse existiert, welches ein Client für die entsprechenden Daten ist. Obwohl diese Interfaces unterschiedlichen Zwecken dienen und sich eventuell unterscheiden, brauchen sie doch eine gemeinsame Querschnittsfunktionalität im Bereich der korrekten semantischen Darstellung bzw. Operation. Solche Funktionalitäten können z. T. hochkomplex sein und nur durch eine Reihe von Transaktionen implementiert werden. Würde man für jedes Interface die Implementierung wiederholen, so würde eine große Menge redundanter Sourcecode entstehen, was eine Menge an bekannten Folgeproblemen nach sich zieht. Ein Pattern, um dieses Problem zu adressieren, ist das Service-Layer-Pattern, es definiert die „Systemgrenze" der Applikation und die möglichen Operationen, welche diese Grenze bietet, aus Sicht der anderen Clients, welche die Interfaces nutzen wollen. Aufgrund der möglichen Client-Operationen auf dem Service Layer ist dessen Funktionalität wohlbekannt. Hieraus lassen sich im Folgeschritt Interfaces ableiten, welche diese Funktionalitäten bündeln und geeignet abstrahieren. Die Schaffung eines Service Layers (s. Abb. 6.9) kann mit ganz unterschiedlichen Implementierungstechniken vollzogen werden. Unabhängig davon resultiert das Pattern in einer Service-Oriented Architecture (s. Kap. 9).

6.6.4 Gateway

Ein Standardproblem ist der Zugriff auf Ressourcen außerhalb der eigentlichen Applikation. Hierbei ist es durchaus möglich, dass mehrere externe Ressourcen vorhanden sind und angesprochen werden müssen. Die einzelnen Schnittstellen der externen Ressourcen an jeder Stelle der Applikation bzw. für jede Applikation neu zu programmieren führt zu erhöhtem Aufwand und einem sehr unflexiblen System. Die Lösung hierfür ist ein Gateway-Pattern (s. Abb. 6.10). Dabei werden die verschiedenen Schnittstellen zu einer logisch sinnvollen Einheit gebündelt und den Applikationen als eine Schnittstelle zur Verfügung gestellt. Auf diese Weise entsteht eine Architektur, welche der Java Connector Architecture (s. Abschn. 8.3.7) ähnlich ist, wobei die Gateway-Lösung zu weniger granularen Interfaces führt als eine simple Wrapper-Lösung, da sie ja ganze Interfaces bündelt.

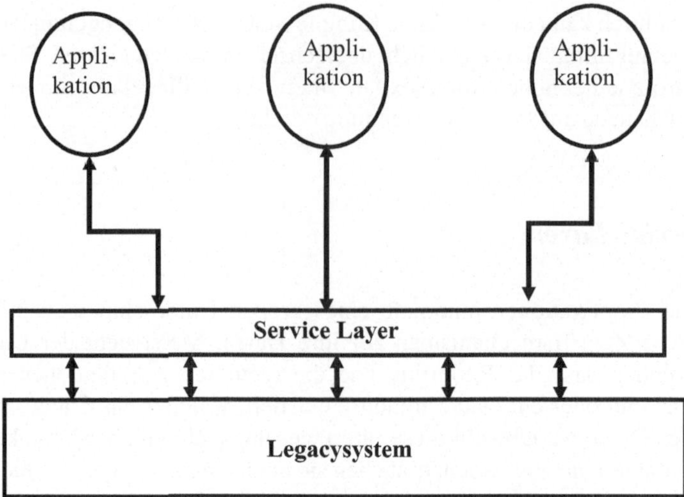

Abb. 6.9 Der Service Layer

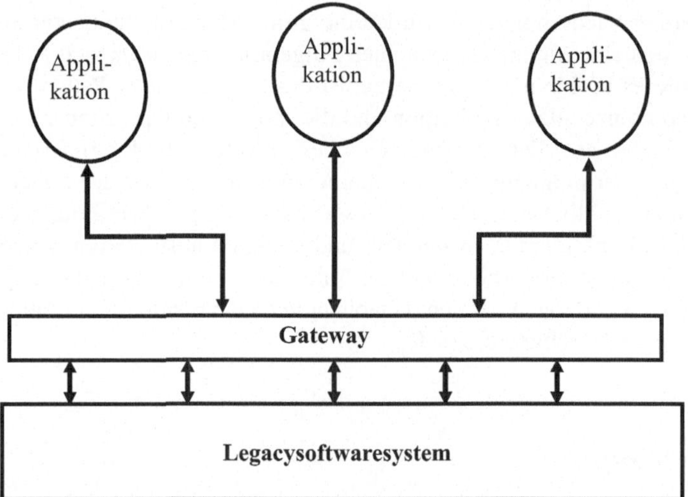

Abb. 6.10 Das Gateway

6.6.5 Façade

Eine Façade kapselt ein komplettes Subsystem gegenüber der Außenwelt ab (s. Abb. 6.11) indem sie die vollständige Komplexität des Subsystems gegenüber dem Client abkapselt. Hierdurch wird eine Entkoppelung möglich, da der Client jetzt nichts mehr über die Implementierung des Subsystems wissen muss. Einzig die Façade ist ihm noch zugänglich und bleibt, auch bei der nachfolgenden Maintenance, stabil. Letztlich steckt hinter der Façade die Idee, dass die Wiederverwen-

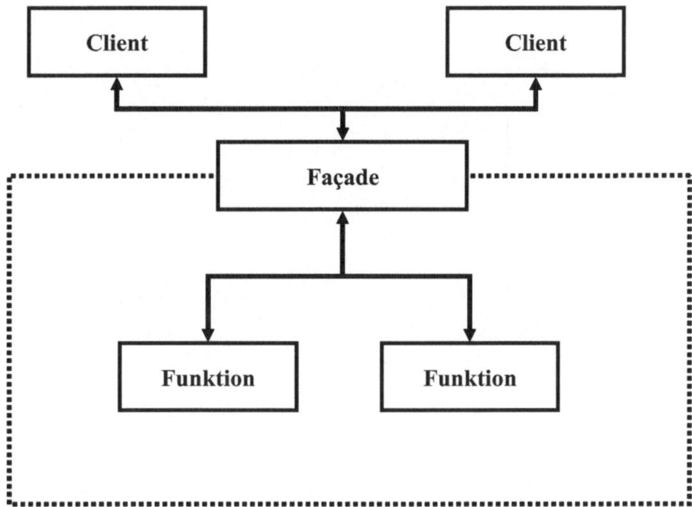

Abb. 6.11 Die Façade

dung einer Blackbox-Komponente einfacher ist, als wenn das Wissen über die konkrete Implementierung vorhanden sein muss. Eine Façade ist eine spezielle Form des Wrappers, wenn ein komplettes Subsystem mit seiner Hilfe als Façade isoliert wird.

6.6.6 Adaptor

Ein Adaptor wird immer dann verwandt, wenn das gerufene und das rufende System schon fertig sind. Er dient zur Abbildung der jeweiligen Interfaces zwischen den beiden Systemen, und zwar nur genau zwischen jeweils zwei Systemen. Der Adaptor erlaubt es eigentlich inkompatiblen Systemen, zusammenzuarbeiten. Im Gegensatz zur Façade, welche stets ein neues Interface definiert, benutzt der Adaptor ein bestehendes Interface. Man könnte ihn salopp als einen Interfacewrapper bezeichnen.

6.6.7 Schichten

Das vermutlich älteste und „natürlichste" Entwurfsmuster ist das Schichtenpattern. Dieses Entwurfsmuster versucht, die Software in Schichten, Layers, aufzuteilen (s. Abb. 6.12). Jede Schicht i nutzt die Eigenschaften und Funktionalitäten der darunter liegenden Schicht $i+1$, um Funktionen zu realisieren. Die Schicht i wiederum stellt alle ihre Funktionen der Schicht $i-1$ zur Verfügung. Üblicherweise steigt mit

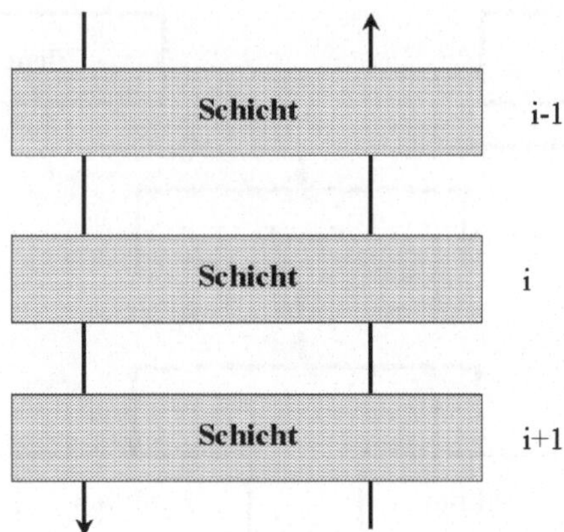

Abb. 6.12 Die Schichten

den Schichten auch das Abstraktionsniveau an, d. h. $i - 1$ ist sehr viel abstrakter als die Schicht $i + 1$. Dieses Pattern kann erfolgreich eingesetzt werden, um ein System zu strukturieren, wenn zwei Richtlinien befolgt werden. Zum einen darf die Kommunikation zwischen zwei Schichten nur unter Zuhilfenahme aller Zwischenschichten passieren und zum anderen muss jede Schicht von der hierarchisch darüber liegenden Schicht vollständig entkoppelt sein. Die erste Richtlinie führt zu einer expliziten Beschränkung der Kommunikation auf den nächsten Nachbarn und die zweite auf eine rein unidirektionale Koppelung zwischen den Schichten. Typischerweise beschäftigen sich die unteren Schichten mit hardwarenäheren Aspekten als die oberen Schichten. Dies führt zu relativ einfachen Portierungen auf andere Plattformen, da jetzt nur die unteren Schichten ausgetauscht werden müssen. Dieses Entwurfsmuster ist so erfolgreich gewesen, dass es heute faktisch in allen Netzwerkprotokollen und Betriebssystemen wiederzufinden ist. Eine bekannte Variante des Entwurfsmusters ist die Relaxed Layered Architecture, bei der es auch direkte Kommunikation zwischen nicht benachbarten Schichten geben darf. Diese Varianten wurden hauptsächlich aus Performanzgründen eingeführt, obwohl sich die niedrigere Wartbarkeit einer Relaxed Layered Architecture als problematisch erweist.

6.6.8 Model View Controller

Das MVC-Pattern (**M**odel **V**iew **C**ontroller) ist das verbreitetste Pattern für den Aufbau von Benutzerschnittstellen (s. Abb. 6.13). Dieses Entwurfsmuster besteht aus drei getrennten Teilen, welche jeweils dedizierte Aufgaben erfüllen und über eine vorbestimmte Art und Weise zusammenarbeiten:

- Model – Das Modell enthält die Applikationsdaten, implementiert das Verhalten der Daten und reagiert auf Anfragen bezüglich des Zustandes der Daten. Es weiß aber nichts über die Repräsentation der Daten.

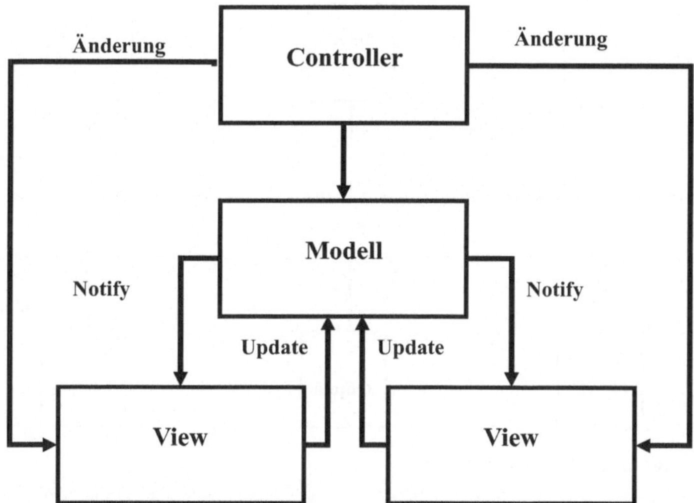

Abb. 6.13 Das Model-View-Controller-Pattern

- View – Der View ist die grafische Repräsentation der Daten. Ein View ermöglicht die grafische und textuelle Ausgabe an den Endanwender.
- Controller – Der Controller empfängt die Benutzeraktionen über den Eingangskanal, i. d. R. eine Maus oder eine Tastatureingabe, und steuert sowohl den View als auch das Model entsprechend.

Innerhalb von Applikationen sind diese drei verschiedenen Aufgaben oft völlig vermischt in einem einzigen Programm aufzufinden. Die Nutzung des MVC-Patterns ermöglicht eine flexible Entkoppelung dieser einzelnen Teile. Einer der Gründe für die Forderung, die Repräsentation (View) von der Fachlichkeit (Model) zu trennen, liegt in der unterschiedlichen Änderungshäufigkeit der beiden. *Windows*-Oberflächen ändern sich etwa alle zwei Jahre, aber die Fachlichkeit sehr viel langsamer, in der Größenordnung von 10–15 Jahren. Von daher erlaubt das MVC-Pattern den Austausch der Oberfläche als eine Modernisierungsmaßnahme. Damit das MVC-Pattern sinnvoll eingesetzt werden kann, muss es ein Subscribe-Notify-Protokoll geben, damit die Views aktuell bleiben können. Wenn die Daten sich verändern, wird – über ein Notify – jeder View über die Änderung informiert und kann entsprechend reagieren.

6.6.9 Distributed Object

Das einfachste der Distributed-Object-Patterns (s. Abb. 6.14) ist das ClientServer-Entwurfsmuster. Hier wird ein Gesamtsystem aus einer Reihe von dedizierten Servern mit den jeweiligen Clients aufgebaut. Die Rollenteilung in Client und Server bleibt während der gesamten Lebensdauer der Applikation stabil, obwohl die kon-

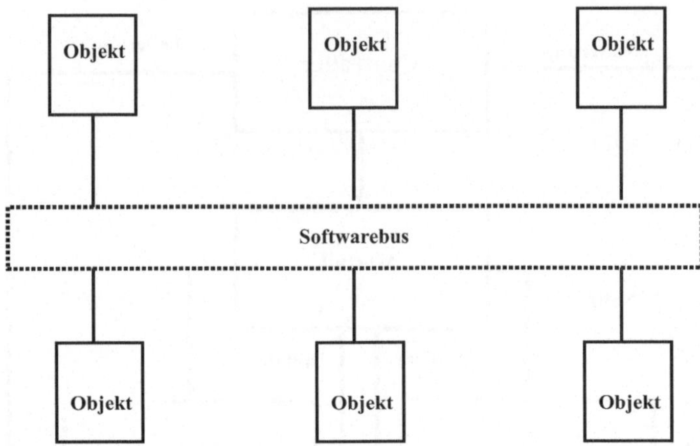

Abb. 6.14 Das Distributed-Object-Pattern

krete Rollenbeziehung nur innerhalb eines Subsystems Sinn macht. So kann z. B. ein Client im Subsystem $\mathcal{A}$ die Rolle eines Servers im Subsystem $\mathcal{B}$ wahrnehmen.

Damit die Services eines Servers genutzt werden können, muss dem Client das Protokoll, der Ort des Servers und die Ausprägung der Services ab initio bekannt sein, umgekehrt nicht, d. h. der Server weiß relativ wenig über den Client. Die Idee der Entkoppelung von Client und Server über ein Netzwerk hinweg führte zum Distributed-Object-Entwurfsmuster, bei dem die traditionelle Serverrolle aufgehoben ist und der Server durchaus andere Server zwecks Bearbeitung und Zur-Verfügung-Stellung von Services nutzen kann. Bekannte Vertreter dieses Entwurfsmusters sind das Java RMI oder, partiell, CORBA (**C**ommon **O**bject **R**equest **B**roker **A**rchitecture). Die wohl verbreitetste Applikation, die diesem Pattern folgt, ist das World Wide Web, wo Millionen von Webservern ihre Services den Clients, korrekterweise deren Browsern, zur Verfügung stellen.

6.6.10 Broker

Eine Broker-Architektur bzw. das Broker-Entwurfsmuster ist in Abb. 6.15 dargestellt. Der Schwerpunkt des Broker-Patterns liegt im Aufbau der Infrastruktur zur Verteilung und Kommunikation der Distributed Objects (s. Abb. 6.15 und 6.14). Das Herz des Entwurfsmusters ist die Kommunikationsinfrastruktur, welche Broker genannt wird.

Dieser Broker versteckt die Details des Netzwerkes, des Betriebssystems und der exakten Lokation der einzelnen verteilten Objekte so, dass deren konkrete Implementierung transparent wird. Die Rollen von Client und Server sind in einer Broker-Architektur aufgehoben, da diese Rollen dynamisch, je nach Aufrufverhältnis, zugeordnet werden können. Die bekanntesten Vertreter dieses Architekturpatterns sind

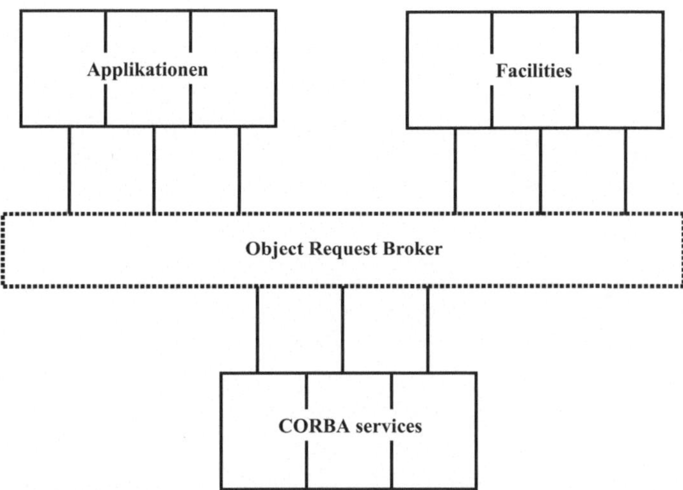

Abb. 6.15 Das Broker Pattern, am CORBA-Beispiel

der CORBA-Standard und der ESB (**E**nterprise **S**ervice **B**us). Eine hohe Skalierbarkeit und Portierbarkeit zeichnet das Broker-Entwurfsmuster aus, allerdings zeigen sich sowohl Performanzprobleme als auch eine eingeschränkte Effizienz bei Implementierungen des Patterns.

Kapitel 7
Legacyarchitekturen

Was du bist hängt von drei Faktoren ab:
Was du geerbt hast,
was deine Umgebung aus dir machte
und was du in freier Wahl
aus deiner Umgebung
und deinem Erbe gemacht hast.

Aldous Huxley
1894–1963

Die meisten Unternehmen haben große Softwaresysteme schon lange im Einsatz und bezeichnen diese „Altsysteme" als Legacysysteme.[1] Was jedoch ist ein Legacysystem genau, oder was charakterisiert es?

Ein Legacysystem ist ein soziotechnisches System, welches Legacysoftware enthält.

Folglich machen Legacysysteme nur innerhalb einer Organisation Sinn. Umgekehrt lässt sich ein solches System nicht abstrakt, quasi im Vakuum, ohne Kenntnis der dazugehörigen Organisation beurteilen. Beide, das Legacysystem wie auch die Organisation, sind parallel miteinander und aneinander gewachsen und schwer trennbar verwoben.

Legacysoftware ist eine geschäftskritische Software, welche nicht oder nur sehr schwer modifiziert[2] werden kann.

Die Lebensdauer eines Softwaresystems kann sehr unterschiedlich sein und viele Großunternehmen haben Software im Einsatz, welche über 30 Jahre alt ist. Die meisten dieser großen Softwaresysteme sind geschäftskritischer Natur, d. h. sie sind im Tagesgeschäft unabdingbar. Ein Ausfall oder Wegfall würde den Zusammenbruch des Unternehmens oder doch zumindest herbe Verluste bedeuten. Diese Softwaresysteme nennt man Legacysysteme und die in ihnen enthaltene Software Legacysoftware. Zwar ist die Legacysoftware immer Bestandteil eines Legacysystems, doch kann das Legacysystem als Ganzes auch neuere Software enthalten, was der Regelfall ist.

Die Legacysysteme sind naturgemäß nicht dieselben Systeme, die vor 30 Jahren in Betrieb genommen wurden; sie haben sich oft sehr stark gewandelt und wurden, in der Regel, viel komplexer als ursprünglich antizipiert. Ein großer Teil der Legacy-

[1] Man kann sich den Begriff über eine „Eselsbrücke" merken: CIOs erben die Systeme von ihren Vorgängern und das Erbe bezeichnet man im Angelsächsischen als Legacy.

[2] Salopp formuliert: Legacysoftware ist Software, bei der wir nicht wissen, was wir mit ihr tun sollen, die aber noch immer eine wichtige Aufgabe erfüllt.

DOI 10.1007/978-3-642-01659-2, © Springer 2010

software ist überhaupt nicht für diese lange Lebensdauer konzipiert worden.[3] Diverse äußere und innere Quellen waren für die Veränderungen an der Software verantwortlich; speziell die Veränderungen, welche durch das Geschäftsumfeld ausgelöst wurden, zwangen alle Softwaresysteme, sich anzupassen oder obsolet zu werden. Diese Form des Darwinismus führte zu einer Auslese, deren Ergebnis wir heute als Momentaufnahme sehen. Der Selektionsdruck wurde primär durch die Fähigkeit zur Anpassung ausgelöst, d. h. nur eine Legacysoftware, welche in der Lage war, sich in den letzten 30 Jahren anzupassen, ist heute noch existent. Neben den äußeren Einflüssen haben sich auch die unterschiedlichsten Softwareentwickler an der Legacysoftware versucht. Bei einer durchschnittlichen Betriebszugehörigkeit von 5–7 Jahren sind das immerhin 5 Generationen von Softwareentwicklern bei einem Systemalter von 30 Jahren. So ist es sehr ungewöhnlich, einen Menschen anzutreffen, der ein komplettes Verständnis des gesamten Legacysystems besitzt.

Die sehr lange Koexistenz von Legacysoftware und den Geschäftsprozessen innerhalb des Unternehmens hat zu einer Verknüpfung beider geführt, die jenseits der Dokumentation und der Wahrnehmung liegt. Die Geschäftsprozesse haben „gelernt", die Stärken der Legacysysteme zu nutzen bzw. ihre Schwächen zu umgehen. Geschäftsregeln, Abläufe, Ausnahmen und vieles andere sind in die Legacysoftware eingeflossen, ohne dass nach so langer Zeit noch ein einzelner Softwareentwickler dies vollständig weiß. Von daher birgt jeder Ersatz das Risiko, etwas vergessen zu haben.

Ein Legacysystem ist nicht nur einfach ein Stück „alte" Software, sondern ein hochkomplexes soziotechnisches Gebilde, bestehend aus den unterschiedlichsten Teilen. Die logischen Teile eines solchen Systems sind:

- Hardware – In vielen Fällen wurde die Legacysoftware für eine Mainframehardware konzipiert und gebaut, welche heute obsolet ist[4] oder nicht mehr zur aktuellen strategischen Ausrichtung des betroffenen Unternehmens passt.
- Supportsoftware – In der Regel verlässt sich die Legacysoftware auf bestimmte Betriebssystemeigenschaften sowie Utilities, welche vorhanden sein müssen. Dass ein Betriebssystemwechsel Probleme verursachen kann, ist nicht nur in der Mainframewelt bekannt, sondern war auch in der *Windows*-Welt diverse Male schmerzhaft spürbar.
- Applikationssoftware – Dies ist die eigentliche Legacysoftware. Oft wird hierfür fälschlicherweise auch der Begriff Legacysystem benutzt.
- Daten – Hierbei handelt es sich um die Daten, welche von der Legacysoftware verarbeitet und genutzt werden. Diese können entweder datei- oder datenbankbasiert existieren.
- Prozesse – Die Geschäftsprozesse werden von den Unternehmen eingesetzt um ein Ergebnis zu erhalten; sie dienen der Durchführung von Tätigkeiten um das gegebene Unternehmensziel zu erreichen.

---

[3] Softwareentwickler haben für die lange Lebensdauer solcher Systeme das Sprichwort *Provisorien leben am längsten* geprägt.

[4] In den letzten Jahren ist allerdings eine Renaissance der Mainframes zu beobachten. Nach vielen Jahren eines „Weg-von-der-Mainframe"-Programms ist die Mainframe als Backendsystem mittlerweile wieder gesellschaftsfähig.

- Regeln – Innerhalb der Geschäftswelt existiert ein reicher Regel- und Verhaltenscodex für Tätigkeiten innerhalb einer Domäne. So unterliegt beispielsweise die Buchhaltung strengen Wirtschaftsprüferregeln.

Das Legacysystem besteht aus allen diesen Teilen und alle verändern sich bzw. lösen Veränderungen aus, insofern ist ein Legacysystem ein hochkomplexes Gebilde. Als solches lässt es sich nicht auf einfache Lösungsschemata reduzieren.

Die meisten Systeme sind nach bestimmten architektonischen Richtlinien entstanden, welche aber oft durch eine Phase lang anhaltender Evolution verwässert wurden. Nach mehreren „Renovierungszyklen" ist oft die ursprüngliche Struktur des Systems nur noch schwer erkennbar. Trotzdem lassen sich fast alle Systeme auf drei grundsätzliche Architekturen zurückführen:

- dateibasierte Architektur,
- datenbankzentrische Architektur,
- TP-Architektur (Teleprocessingmonitor).

7.1 Dateibasierte Architektur

Ein dateibasiertes System ist die älteste noch im Einsatz befindliche Architektur (s. Abb. 7.1). Vorstufe hierzu waren die Punchcardsysteme oder Applikationen mit Lochstreifenlesern und -stanzern, oder auch Bandgeräte. Diese unterscheiden sich von den dateibasierten Systemen einzig darin, dass die I/O-Devices jetzt nur im exklusiven Lese- oder Schreibzugriff genutzt werden können. Strukturell sind sie folglich fast identisch, was sich auch in der Art des Lösungseinsatzes zeigt. In dieser Architektur geschieht der gesamte Datenaustausch über den Einsatz von Dateien. Die meisten solcher dateibasierten Systeme entstanden ursprünglich sehr klein, d. h. es wurde zu Beginn ein einzelnes Programm erstellt, welches meist auf nur eine Datei zugriff. Dieses Programm war fast immer ein Batchprogramm. Oft war dessen einzige Aufgabe, eine größere Datenmenge zu sortieren oder bestimmte Werte in den Daten aufzufinden.

Die angesprochene Datei besteht logisch gesehen aus Sätzen, auch Records genannt. Jeder dieser Sätze hat einen Schlüssel und einen Inhalt, welcher eine spaltenorientierte Substruktur besitzt (s. Abb. 7.2). Es existieren auch „schlüssellose" Dateien, in diesem Fall dient die Nummer des Records als „Schlüssel".

Aus dem Blickwinkel eines einzelnen Programms funktioniert das dateibasierte Verfahren recht gut, besonders, wenn man berücksichtigt, dass Sprachen wie COBOL eigene Befehle beinhalten, um sich genau dem Problem des schlüsselbasierten Dateizugriffs zu widmen.

Problematisch wird diese Form der Architektur, wenn sich die so geschaffenen Systeme ausdehnen. Dies kann in zwei Richtungen geschehen. Zum einen kann versucht werden, mehrere Instanzen des gleichen Programms auf einer Datei laufen zu lassen, und zum anderen kann versucht werden, die unterschiedlichsten neuen Programme mit den bestehenden Daten ausführen zu lassen. Beide Entwicklungsrich-

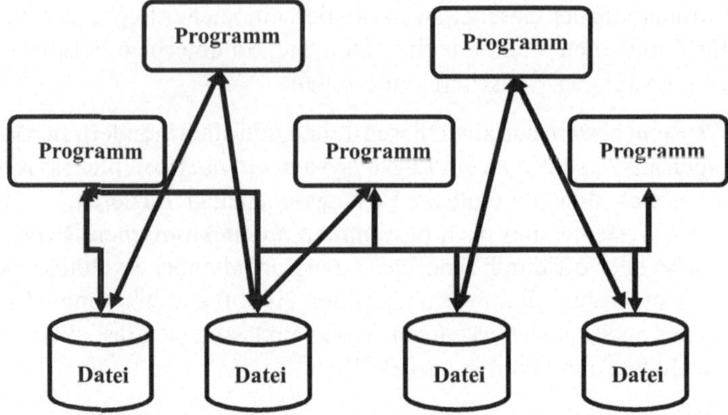

Abb. 7.1 Dateibasierte Systemarchitektur

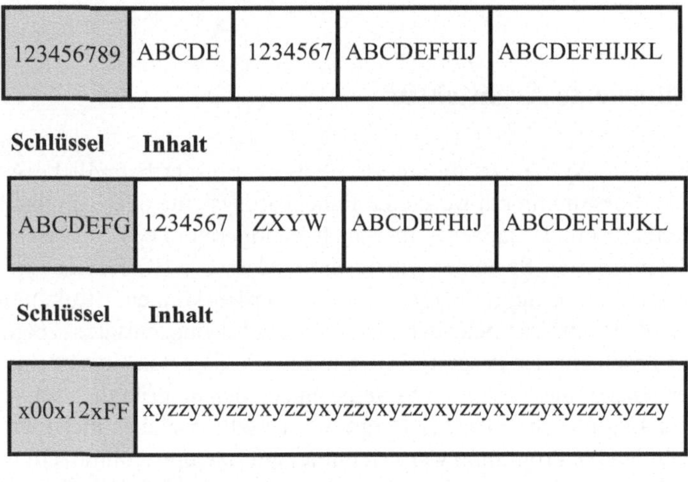

Abb. 7.2 Satzstruktur von Dateien

tungen führen langfristig zu Problemen. Bei diesen Problemen sind die entsprechenden Systeme heute angekommen.

Wenn es mehrere Instanzen des gleichen Programms gibt, welche auf eine gemeinsame Datei zugreifen, so tauchen sehr schnell Inkonsistenzen auf, da jedes Programm annimmt, die Datei exklusiv für sich zu haben. Es werden Annahmen über Änderungen oder aktuelle Zustände getroffen, die während des parallelen Ablaufs keine Gültigkeit mehr besitzen. Der Ausweg aus diesem Problem ist die Serialisierung. Hierbei werden alle parallelen Änderungen sequenziell verarbeitet und so die Konsistenz sichergestellt. Bei Batchsystemen ist dies recht einfach, da viele Batchsprachen, wie bspw. JCL von *IBM*, die exklusive Zuteilung von Ressourcen, in diesem Fall Dateien, erzwingen. Der Nachteil ist hierbei jedoch die lange Laufzeit, da jetzt die einzelnen Batchjobs streng sequenziell gestartet werden müssen bzw. das zweite Programm wartet mit seiner Verarbeitung, bis das erste Programm die entsprechende Ressource, sprich Datei, wieder freigegeben hat. Der andere mögliche Ausweg ist die Einführung von Transaktionen mithilfe eines Transaktionsmonitors, welcher sowohl die Konsistenz als auch die Serialisierung sicherstellt.

Das zweite Problem entsteht, wenn unterschiedliche Programme, d. h. unterschiedliche Logiken auf dieselbe Datei zugreifen. Selbstverständlich existiert auch jetzt das Problem der Parallelität, allerdings wird es nun durch die unterschiedliche Evolution der verschiedenen Programme verstärkt. Selbst wenn beide Programme zu Beginn mit der identischen Datenstruktur starteten, benötigen sie nach einiger Zeit trotzdem unterschiedliche Datenstrukturen aufgrund der unterschiedlichen Evolution, d. h. ein einfacher Satzaufbau wie in Abb. 7.2 reicht nun nicht mehr für alle Programme aus. Die Reaktion auf dieses Dilemma war, redundante Dateien einzuführen, eventuell noch mit Übersetzungsprogrammen, den Datamappern. Diese Entwicklung hatte zur Folge, dass immer mehr Dateien entstanden.

Neben diesen bewusst geförderten Redundanzen hat der Parallelzugriff mehrerer Programme auf dieselbe Datei eine Verminderung der Datenqualität zur Folge. Zwar kann, in manchen Systemen, der Datentyp des Schlüsselfeldes, in engen Grenzen, erzwungen werden, innerhalb der Daten des Satzes sind jedoch keine systemunterstützenden Datentypisierungen möglich, mit der Folge, dass ein beliebiger Datenwust in solchen Dateien steht.

Die Programme, welche für diese Architektur entwickelt wurden, haben typische Zugriffsmuster auf ihre jeweilige Datenhaltung, und zwar gleichgültig, ob es sich um Batch- oder Dialogprogramme handelt, da Dialoge in solchen Systemen nur für wenige, i. d. R. unter 100, gleichzeitige Benutzer ausgelegt sind. Bei einer so kleinen Anzahl von Nutzern kann noch davon ausgegangen werden, dass einfache Lockmechanismen auf Satzebene innerhalb einer Datei ausreichen, um damit ein gewisses Maß an Sicherheit zu gewährleisten. Diese Lockmechanismen waren historisch gesehen der Grund, von einer reinen sequenziellen Zugriffslogik auf eine indexsequenzielle Logik auszuweichen. Eine besonders leicht wiederzuerkennende Struktur in dateibasierten Systemen ist die Schlüsselsuche mit Gruppenwechsel:

```
 Fuellen des Suchkeys
 Finden des ersten Satzes;
MNEXT:  Verarbeitung des Satzes:
        Nachlesen einer anderen Datei:
        GOTO ADATEI;
MRETURN:    Lesen naechster Satz;
            Gruppenwechsel im Key?
            ja:     GOTO  MENDE;
            nein:   GOTO  MNEXT;
MENDE:
 Weitere Operationen;
...
ADATEI: Nachlesen mit Key andere Datei;
        Finden des ersten Satzes;
```

```
ANEXT:   Verarbeitung des Satzes:
         Nachlesen einer anderen Datei:
         GOTO ADATEI;
ARETURN:   Lesen naechster Satz;
           Gruppenwechsel im Key?
           ja:   GOTO  AENDE;
           nein: GOTO  ANEXT;
```

Hierbei können die Kriterien für den Gruppenwechsel divers sein, d. h. alle Vergleiche sind zulässig. Je nach Implementierung können manche Systeme nur nach vorne, d. h. zu größeren Schlüsseln hin lesen, in diesen Fällen wird entweder vorab eine umgekehrte Verarbeitungsrichtung festgelegt oder es wird ein zweiter Schlüssel auf dieselbe Datei mit umgekehrter Reihenfolge definiert. Ein weiteres Merkmal für diese Form der Datenhaltung ist das logische Löschen. In den dateibasierten Systemen wird im Grunde kein Satz gelöscht. Löschen in diesem Umfeld bedeutet, den entsprechenden Satz als gelöscht zu markieren und später durch eine applikationsneutrale Spezialsoftware löschen zu lassen; dies ist selbstverständlich nur im Falle von Dateien mit gleichzeitigem Lese- und Schreibzugriff notwendig. Diese Löschsoftware kopiert meistens die unmarkierten Sätze in eine temporäre Datei und benennt diese am Ende in die Originaldatei um.

7.2 Datenbankzentrische Architektur

Der nächste Entwicklungsschritt nach den dateibasierten Systemen sind die datenbankzentrischen Systeme. Charakteristisch für diese Form von Systemen ist das Vorhandensein einer Datenbank (s. Abb. 7.3). Logisch gesehen ist eine Datenbank stets die Kombination aus einem Datenmodell, welches die Semantik der jeweiligen Domäne als Modell enthält, und einem Datenbankmanagementsystem, DBMS. Das DBMS liefert die Infrastruktur sowie Administration und Zugriffsrechte auf die Datenbank, wobei das eingesetzte DBMS stets applikationsneutral ist.

Die Datenbanken in Legacysystemen zerfallen in drei Kategorien:

- hierarchische Datenbanken,
- Netzwerk-Datenbanken,
- relationale Datenbanken.

Zwar bieten die Datenbankmanagementsysteme in allen drei Fällen Funktionalität im Sinne der Ressourcenkontrolle sowie Serialisierung an, jedoch unterscheiden sich die Implementierungsparadigmen der verschiedenen Systeme grundlegend voneinander. Das DBMS ermöglicht, neben der Serialisierung und der Ressourcenkontrolle, auch ein gewisses Maß an Ausfallsicherheit, indem ein Transaktionsprotokoll zur Verfügung gestellt wird. Zusätzlich existieren in den unterschiedlichsten Datenbankmanagementsystemen sehr ausgeprägte Werkzeuge zur Unterstützung der Softwareentwicklung bzw. des Betriebs der Applikation. Eine Form der Unterstützung der Softwareentwicklung ist der Export des Datenmodells der Daten-

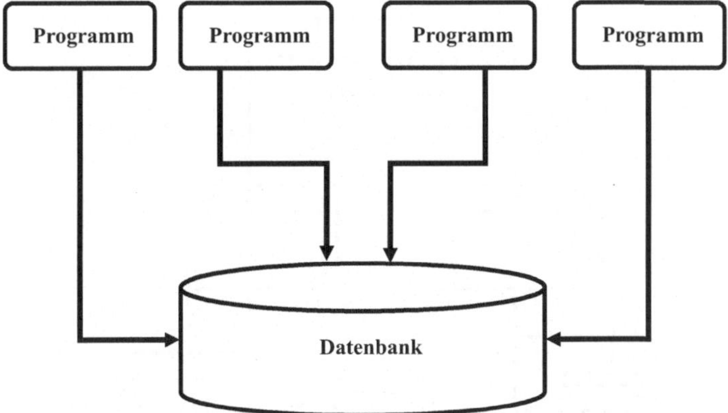

Abb. 7.3 Datenbankzentrische Architektur

bank in ein Programmiersprachenformat, im Falle von COBOL als Copybooks. Der Einsatz dieser Generierungswerkzeuge ermöglicht es bis zu einem gewissen Grad, Datentypen einzusetzen und damit das Redundanzdilemma des dateibasierten Zugriffes zu umgehen.

7.2.1 Hierarchische Datenbanken

Hierarchische Datenbanken sind dadurch gekennzeichnet, dass sie Hierarchien abbilden. Hierarchien sind spezielle Formen der Beziehungen von Objekten der Domäne (s. Abb. 7.4). Da fast alle Organisationen hierarchisch strukturiert sind, wird hier in gewisser Weise auch die Organisation als solche abgebildet. Dies ist konsistent mit dem Conwayschen Gesetz (s. S. 177). Am Beispiel des Datenbankmanagementsystems IMS (**I**nformation **M**anagement **S**ystem) – von *IBM* – lassen sich hierarchische Datenbanken gut verdeutlichen. Innerhalb von IMS werden die einzelnen Teile der Hierarchie als Segmente bezeichnet. Diese Segmente sind untereinander verknüpft; besonders markant ist das Wurzelsegment, es dient als Startpunkt der Hierarchie. Die Datenbank ermöglicht, als einfachste Operation, das Auffinden eines Segmentes mithilfe eines Schlüssels, dies kann sogar über mehrere Hierarchiestufen hinweg geschehen. Von diesem so gefundenen Segment an wird dann die Datenbank sequenziell gelesen. Da alle Segmente eine eindeutige Reihenfolge innerhalb der Datenbank haben, was darauf zurückzuführen ist, dass sie intern als VSAM[5]-Dateien implementiert sind, wird von diesem Punkt an die Datenbank bis zum Ende gelesen. Jeder Wechsel in der Hierarchie gibt eine spezielle Datenbankmeldung an das entsprechende Applikationsprogramm. Diese Kombination des Schlüssellesens, gefolgt von einer sequenziellen Verarbeitung

[5] **V**irtual **S**equential **A**ccess **M**ethod

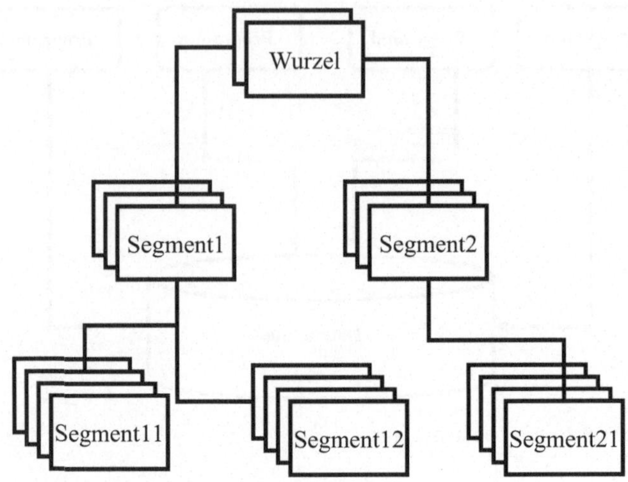

Abb. 7.4 Segmentstruktur einer hierarchischen Datenbank

mit einer Abfrage auf den Wechsel von Hierarchieebenen, ist typisch für IMS-Programme:

```
  Fuellen des Suchkeys
  Finden des ersten Satzes:
                     Code=GU
 NEXT:   Verarbeitung des Satzes:
         Lesen des naechstes Segment:
                 Code=GN oder Code=GNP
         Statuscode des Zugriffs?
             ' ':           GOTO  NEXT;
             GE,GA,GK,GB:   GOTO  WECHSEL;
 WECHSEL:
  Weitere Operationen;
```

Innerhalb einer IMS-Datenbank lassen sich einige Zugriffs- und Returncodes recht einfach merken:

- **GU** get unique – das Aufsetzen mit einem Suchkriterium,
- **GN** get next – das Lesen des nächsten Satzes,
- **GNP** get next within parent – das Lesen des nächsten Satzes bei festem Elternsegment,
- '' – Segment erfolgreich gefunden,
- **GE** – Segment nicht gefunden,
- **GA** – Wechsel der Hierarchieebenen,
- **GK** – gleiche Hierarchieebenen aber anderer Segmenttyp,
- **GB** – Ende der Datenbank.

De facto werden IMS-Datenbanken in den meisten Fällen aus COBOL-Programmen heraus angesteuert. Zwar ist auch der Einsatz von Assembler oder PL/I[6] möglich, da aber die entsprechenden Bibliotheken vorhanden sind, wurden die meisten IMS-Systeme auf COBOL-Basis gebaut.

Obwohl IMS-Datenbanken als sehr schnell gelten, gibt es im Bereich großer Buchungssysteme, d. h. solcher mit sehr vielen Endanwendern, Performanzprobleme. Für eine spezielle Sorte von Datenbanken, und zwar solche mit sehr vielen Zugriffen, aber wenigen Daten pro Zugriff, was typisch für Buchungssysteme ist, gibt es spezielle IMS-Datenbanksysteme, die sogenannten Fast-Path-Datenbanken. Diese erlauben nur einen Segmenttyp, das Wurzelsegment. Die hohe Performanz der Fast-Path-Datenbanken wird dadurch erreicht, dass die Datenbanken komplett in den Hauptspeicher einer Mainframe geladen werden und dort resident bleiben, außerdem ermöglicht der Verzicht auf unterschiedliche Segmenttypen eine schnellere Verarbeitung.

7.2.2 Netzwerk-Datenbanken

Die hierarchischen Datenbanksysteme gehen stets von einer strengen Zerlegung innerhalb der Domäne aus, d. h. es wird ein Baum von Segmenten aufgebaut. Leider entspricht dies nicht immer den Anforderungen an eine Domänenmodellierung. Oft ist es notwendig, Blätter und Knoten eines Baumes miteinander zu verknüpfen, wobei diese Verknüpfungen orthogonal zur Hierarchie sind. Da dies in den hierarchischen Datenbanken nur über Umwege, bspw. über das explizite Mitführen

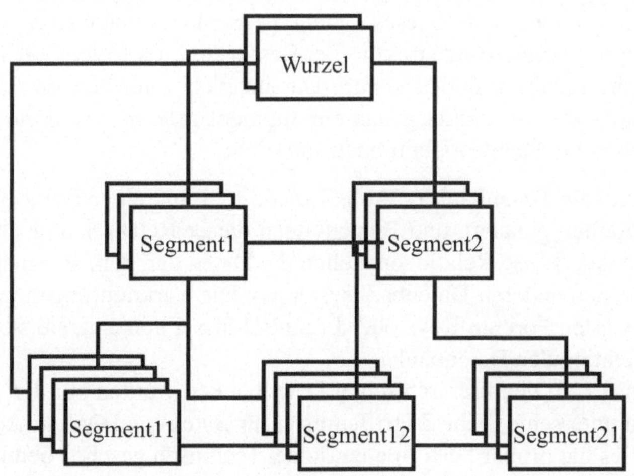

Abb. 7.5 Segmentstruktur einer CODASYL-Datenbank

[6] Programming Language One

des Schlüssels des jeweiligen anderen Segmentes funktioniert, wurde nach einem eleganten Ausweg gesucht. Dieser wurde im Netzwerkmodell[7] gefunden. Ein Netzwerkmodell erlaubt es, neben den Hierarchien auch die Segmente direkt miteinander zu verknüpfen (s. Abb. 7.5).

Das hierarchische Modell geht in das Netzwerkmodell – auch CODASYL genannt (**Co**nference on **Da**ta **Sy**stems **L**anguage) – über, wenn man zulässt, dass ein und dieselbe Satzart in verschiedenen Unterordnungsbeziehungen verwendet werden kann. Eine Trennung zwischen den Hierarchien, die für IMS kennzeichnend ist, gibt es beim Netzwerkmodell nicht. Die Hierarchien sind sämtlich in einem Netz enthalten, welches aus den einzelnen Segmenten Beziehungen zwischen diesen Segmenten erstellt. Auch bei Netzwerk-Datenbanken ist die übliche Verarbeitungsart die über Applikationsprogramme. Das Zugriffsmuster ist dem von IMS nahe verwandt, jedoch viel flexibler. Im Unterschied zu IMS kann der Einstieg grundsätzlich bei jedem Segment stattfinden. Auch Rückrelationen, als Rückwärtslesen bezeichnet, können so konstruiert werden.

7.2.3 Relationale Datenbanken

Die relationalen Datenbanken gehen auf *Codd*, 1970, zurück. Diese Datenbanken unterscheiden sich in folgenden Punkten grundlegend von den hierarchischen Datenbanken:

- Es gibt keine Hierarchien mehr. Die einzelnen Segmente, hier Relationen genannt, sind alle auf einer Ebene und werden via Fremdschlüssel miteinander verknüpft.
- Relationale Datenbanken besitzen ein eigenes Datentypschema, welches zur Laufzeit erzwungen wird. Dieses Datentypschema ist unabhängig von den Applikationsprogrammen und struktureller Bestandteil der Datenmodelle.
- Während hierarchische und Netzwerk-Datenbanksysteme für Einzelzugriffe konzipiert sind – es wird immer genau ein Segment gelesen – sind die relationalen Datenbanken für Mengenoperationen ausgelegt.

Eine relationale Datenbank (s. Abb. 7.6) besteht aus einer Reihe von Relationen, auch Tabellen genannt, und Beziehungen dieser Relationen, auch relationale Integrität genannt. Diese Relationen stellen die Daten dar, d. h. sie entsprechen den Segmenten in den anderen Datenbanksystemen. Die Verknüpfungen zwischen den Segmenten werden Foreign Keys oder Fremdschlüssel genannt, sie sichern die Integrität der relationalen Datenbank.

Im Gegensatz zu den hierarchischen Datenbanken werden bei den relationalen Datenbanken unterschiedliche Zugriffsmuster für Batch- und Online-Applikationen eingesetzt; dies hat primär Performanzgründe. Technisch gesehen benutzen relationale Datenbanken Indizes, dies sind Strukturen, welche Zuweisungen zwischen einem Schlüsselwert und dem physischen Speicherplatz der diesem Wert entsprechen-

[7] Nicht zu verwechseln mit einem LAN, Local Area Network.

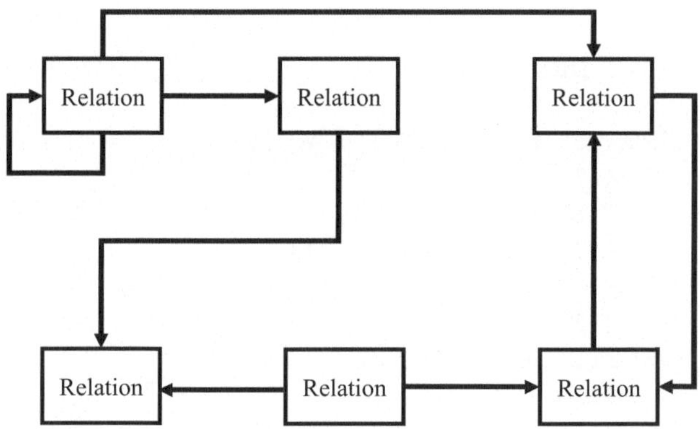

Abb. 7.6 Struktur einer relationalen Datenbank

den Tupeln darstellen. Ein Tupel ist eine mit konkreten Werten gefüllte Relation, sie entspricht einer Zeile in einer Tabelle. Diese Indizes sind inhaltlich betrachtet transparent für die Applikationen, da sie nur zur internen Datenbankverwaltung dienen. Allerdings gilt als Daumenregel: Je mehr Indizes existieren, desto schneller kann gelesen, und je weniger Indizes, desto schneller können Sätze verändert werden.

Bei Online-Programmen, welche relationale Datenbanken einsetzen, entsteht meist ein Muster aufgrund der Eigenschaft, dass solche Programme einige Relationen lesen und nur ganz wenige Relationen inhaltlich verändern. Aufgrund der mengenorientierten Abfragesprache SQL, Structured Query Language, werden die Verknüpfungen schon in der Datenbank aufgelöst und als Ergebnismenge an das Applikationsprogramm gegeben.

Im ersten Schritt wird eine Menge deklariert, welche durch Boolesche Ausdrücke in der WHERE-Klausel festgelegt ist. Auf dieser Menge wird dann ein CURSOR, eine Art Zeiger definiert, welcher im OPEN geöffnet wird. Durch den FETCH-Befehl werden die einzelnen Sätze der Ergebnismenge dem Programm zur Verfügung gestellt, Operationen ausgeführt und das Endergebnis dann via UPDATE in die Datenbank zurückgeschrieben. Da die wenigsten Programmiersprachen für Systeme dynamisch Speicherplatz allokieren können, muss die mengenorientierte Verarbeitung von SQL auf eine Einzelsatzverarbeitung analog den dateibasierten Systemen abgebildet werden. Im Falle des CURSORs wird auch vom Holen eines Records gesprochen.

```
      Define CURSOR as SELECT ... WHERE...
      OPEN CURSOR

NEXT:    FETCH Ergebnis;
         Falls keine Menge {
         COMMIT;
         Veraenderung:   GOTO UPDT;
         Neue Daten:     GOTO ISRT;
         Loeschen:       GOTO DELT;
         }
```

```
          Operationen;
          GOTO NEXT;

UPDT:     UPDATE Menge SET... WHERE...;
          COMMIT;
          GOTO END;
ISRT:     INSERT INTO Menge VALUES ...;
          COMMIT;
          GOTO END;
DELT:     DELETE Menge WHERE...;
          COMMIT;
          GOTO END;
END:      Ende der Verarbeitung
```

Zwar lässt sich theoretisch ein sogenannter Cursor-for-Update deklarieren, so dass die selektierten Mengen direkt nach dem Lesen verändert werden, ein solcher CURSOR hat jedoch den gravierenden Nachteil, große Teile der Tabelle für andere Benutzer zu blockieren, von daher werden in Online-Programmen die obigen Strukturen bevorzugt. Da das COMMIT die Transaktion beendet und die allokierten Mengen wieder freigibt, kann sich die Menge zwischen dem NEXT-Schritt und den ändernden Operationen UPDT, ISRT und DELT durch einen anderen Nutzer verändert haben. Diesem Problem wird durch die Verwendung von Zeitstempeln, welche die exakte Uhrzeit der letzten Veränderung des jeweiligen Satzes festhalten, begegnet. Diese Zeitstempel sind bei den Änderungen, UPDT und DELT, wiederum Bestandteil des Mengendefinitionskriteriums.

Im Fall eines Batches wird auf sehr komplexes Suchen i. d. R. verzichtet, hier steht die Veränderung einzelner Relationen im Vordergrund. Bei sehr großen Tabellen, in denen sich viel ändern soll, wird oft ein Umweg über Datenbankwerkzeuge gegangen:

```
Entladen der Daten;

Sortieren der Daten, z.B. DFSORT;

Batchprogramm veraendert Datei;

Sortieren der veraenderten Daten, z.B. DFSORT,

Loeschen der Indizes;
Loeschen der Fremdschluessel;

Laden der Daten ohne Transaktionssicherheit;
Aufbau der Indizes;
Aufbau der Fremdschluessel;
```

Interessanterweise wird diese Erfahrung der Systeme, zwischen OnlineProgrammen und Batches zu unterscheiden, in neueren Softwarepaketen häufig ignoriert. Speziell objektorientierte Entwicklungen tendieren dazu, eine Zugriffsschicht zwischen der Applikation und der Datenbank zu legen, welche eine Abbildung zwischen der objektorientierten Welt und der relationalen Datenhaltung vollzieht. Diese Zugriffsschichten sind i. d. R. nicht für Batchprogramme und große Mengenverarbeitungen ausgelegt! Forciert wird dieses Problem durch Werkzeuge, welche automatische Datenbankmodelle aus dem objektorientierten Modell generieren: Zwar sind diese Modelle semantisch korrekt, zumindest aus Sicht des objektorientierten Modells, jedoch enthalten sie zu viele Relationen, um für große Datenmengen geeignet zu sein.

Es gibt noch eine zweite Beobachtung bezüglich inperformanter Zugriffsschichten. In manchen Unternehmen wurde die IMS- oder CODASYLDatenbank durch eine relationale Datenbank abgelöst. Dieser starke Wandel der Architektur konnte jedoch, meist aus Kostengründen, nur partiell vollzogen werden. Die Konsequenz war hier oft die Einführung einer Zugriffsschicht, welche die traditionellen IMS- und CODASYL-Zugriffe intern auf relationale Datenbankzugriffe umstellt. Solche „Datenbankwrapper" sind hochgradig inperformant mit der Konsequenz, dass das migrierte System oftmals stark abgelehnt wurde, da es subjektiv als viel zu langsam empfunden wurde. Dieses Dilemma lässt sich auch nicht beheben, da die Zugriffsmuster, siehe oben, einfach zu verschieden sind, um eine sinnvolle und performante algorithmische Abbildung zu gewährleisten.

7.3 Transaktionen

Transaktionen finden sich überall in der realen Welt, speziell im Bereich des Austausches von Geld oder Gütern. Innerhalb der Software ist eine Transaktion eine Abfolge von Veränderungen in einem System, meist einer Datenbank, welche entweder alle gemeinsam akzeptiert oder alle summarisch abgelehnt werden. Die Transaktionen ermöglichen es der Software, eine Datenbank so zu nutzen, als gehöre jeder Instanz eines beliebigen Programms die Datenbank alleine. Transaktionen sind also ein Mittel, um die Veränderung der Datenbank durch unterschiedliche Programme zu serialisieren, d. h. in eine Reihenfolge zu bringen. Entweder gelingt dies oder nicht, es gibt keine anderen Zustände.[8] Alle Transaktionen haben „ACID" als garantierte Eigenschaften:

A Atomizität – Die Transaktion wird entweder vollständig verarbeitet oder gar nicht.

C Konsistenz – Durch die Transaktion geht die Datenbank von einem konsistenten Zustand in einen anderen konsistenten Zustand über und alle strukturell definierten Zwangsbedingungen werden erfüllt.

I Isolation – Jeder Zwischenzustand, gleichgültig ob konsistent oder inkonsistent, ist für andere Transaktionen nicht sichtbar.

D Ausfallsicherheit – Das Ergebnis einer Transaktion bleibt unabhängig von Hard- oder Softwarefehlern stets erhalten.

[8] Zumindest theoretisch. In der Praxis kann ein Transaktionskonzept auch umgangen werden.

Diese Transaktionen werden typischerweise explizit gesteuert, dabei gibt der Softwareentwickler an, von wo bis wo die Transaktion reicht:

```
Operation;
Operation;
BEGIN TRANSACTION;
    Operation;
        DB-OPERATION;
        DB-OPERATION;
        DB-OPERATION;
    IF OKAY THEN
        COMMIT TRANSACTION;
    ELSE
        ROLLBACK TRANSACTION;
    END-IF
Operation;
```

Solche Transaktionsmuster gibt es in verschiedenen Ausprägungen. Meist handelt es sich bei Systemen um obige flache Transaktionen. Es sind jedoch auch Systeme bekannt, welche solche Transaktionen schachteln können. Ein gewisser Sonderfall ist das 2-Phase-Commit, bei diesem werden zwei Datenbanken angesprochen. Beide liegen jedoch in einer flachen Transaktion. Die Koordinierung der jeweiligen Datenbanken übernimmt aber der Transaktionsmanager der Datenbanken und nicht das Applikationsprogramm.

Eine abgewandelte Form ist die der Transactionqueues (s. Abschn. 7.7), hierbei werden zwischen zwei Programmen In- und Outputqueues eingesetzt, welche innerhalb einer Queue eine gewisse Transaktionsfähigkeit sicherstellen, jedoch nicht queueübergreifend. Queuing heißt, dass Programme über Queues miteinander kommunizieren. Dadurch ist es nicht notwendig, dass diese Programme zeitlich parallel ausgeführt werden. Eine Queue bezeichnet eine Datenstruktur, welche in der Lage ist, Nachrichten zu speichern. Auf einer Queue können entweder die Applikationen oder andere Queue-Manager Nachrichten ablegen. Die Queues existieren unabhängig von den Applikationen, welche diese Queues benutzen. Die Queues selbst können im Hauptspeicher oder aber, persistent, auf jedem beliebigen Medium liegen. Jede Queue gehört zu genau einem Queue-Manager. Letzterer ist verantwortlich für die Verwaltung der Queues, er legt die empfangenen Messages auf der entsprechenden Zielqueue ab. Queues sind entweder lokal, d. h. sie existieren in ihrem lokalen System, oder nichtlokal, dann nennt man sie remote. Eine Remote-Queue ist einem anderen Queue-Manager, der nicht zu dem lokalen System gehört, zugeordnet. Die Applikationen stellen Nachrichten in die Queues bzw. empfangen welche aus den Queues. Dabei benutzen die Applikationen den Queue-Manager; damit kann eine Applikation eine Nachricht an eine andere Queue senden und eine andere Applikation diese Nachricht von derselben Queue empfangen. Beim asynchronen Messaging führt die sendende Applikation ihre eigene Verarbeitung weiter aus, ohne dass sie auf eine Antwort bezüglich der gesendeten Nachrichten wartet. Im Gegensatz dazu warten beim synchronen Messaging die sendenden Applikationen auf eine Antwort, bevor sie die Verarbeitung fortsetzen.

7.4 TP-Architektur

Ein Teleprocessingmonitor erlaubt es, eine große Anzahl von Terminals scheinbar gleichzeitig zu bedienen. Die bekanntesten Vertreter dieses Programmtypus sind IMS/DC und CICS (**C**ustomer **I**nformation **C**ontrol **S**ystem) – beide von *IBM*. Ihre Aufgabe ist es, den Input von verschiedenen Quellen zu puffern und diesen dann zu verarbeiten (s. Abb. 7.7). Strukturell betrachtet ist der Hauptunterschied zwischen IMS/DC und CICS, dass im IMS/DC-Fall das System wie eine Art Bibliothek gerufen wird, während im CICS-Fall das CICS das Hauptprogramm darstellt und nur die implementierten Unterprogramme aufruft. Obwohl die Hauptimplementierungssprache im Teleprocessingumfeld COBOL ist, besteht ein durchschnittliches CICS-Online-Programm nur aus 50–70% COBOL-Statements, der Rest sind CICS-Befehle.

Diesen TP-Systemen (Teleprocessingsystemen) ist gemeinsam, dass sie generell reentrantfähig programmiert werden. Dies bedeutet, dass die einzelne Instanz eines Programms kein „Gedächtnis" besitzt und sich einer Datenbank bedienen muss, damit sie sich an den letzten Zustand „erinnern" kann. Ablauftechnisch sind die reentrantfähigen Applikationen Unterprogramme, welche vom TP-Monitor aufgerufen werden. Da die Applikationen Unterprogramme sind und damit im gleichen Adressraum des Betriebssystems liegen wie der TP-Monitor, sind sie auch in der Lage, eine komplette Instanz eines TP-Monitors, in der Fachsprache eine IMS- oder CICS-Region, zum Absturz zu bewegen. Das angeschlossene Terminal benutzt einen Kanal, um seine Daten in einen Inputbuffer, im IMS/DC-Kontext Message-Queue genannt, zu stellen (s. Abb. 7.8). Hierbei muss es sich nicht unbedingt um ein traditionelles 3270-Terminal handeln, der Kanal kann von einem beliebigen Programm aus gefüllt werden. Das eigentliche Applikationsprogramm liest nun die

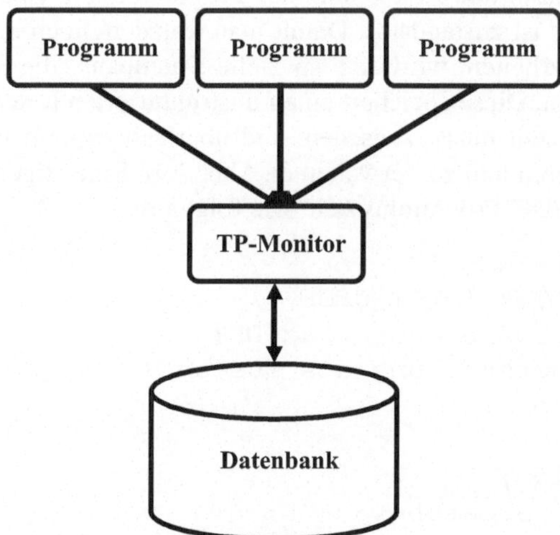

Abb. 7.7 Teleprocessingmonitor-Architektur

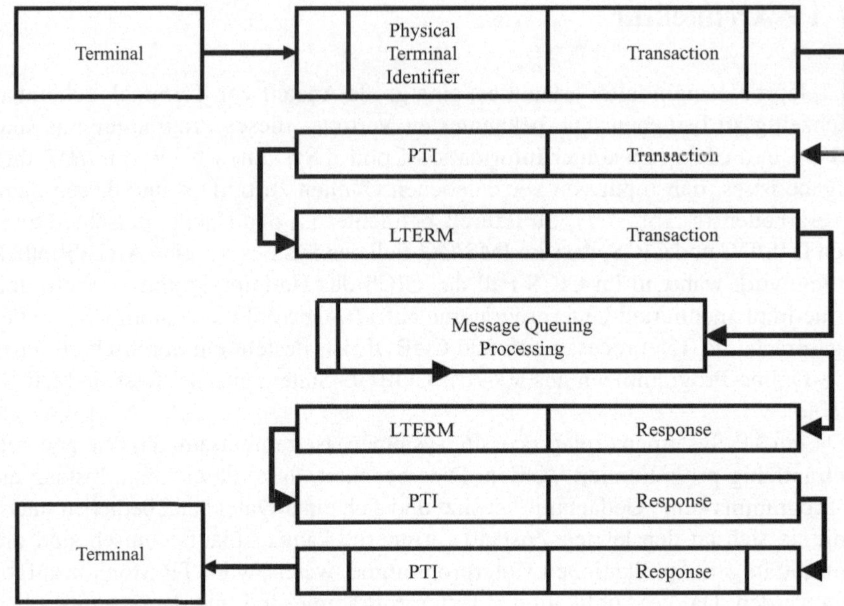

Abb. 7.8 Teleprocessingmonitorablauf

Message-Queue aus – für die Applikation ist eine Message-Queue eine spezielle IMS-Datenbank mit einem besonderen Namen –, führt einige Operationen durch und schreibt in die Outputqueue, welche wiederum eine IMS-Datenbank ist, zurück. Die Kommunikation mit den Terminals oder Clients übernimmt vollständig der TP-Monitor IMS/DC.

Durch die Reentrantfähigkeit besitzt das Programm kein Gedächtnis über vorherige Zustände, es ist zustandslos. Damit man trotzdem noch in der Lage ist, zustandsbehaftet zu arbeiten, wird eine spezielle Datenbank, die SPA (**S**cratch **P**ad **A**rea) angesprochen. Diese speichert einen unstrukturierten Datenbereich, welcher kleiner als 32 kB sein muss, zwischen, und überlässt es dem Programm, diesen selbst zu strukturieren und zu verwalten (s. Abb. 7.9). Eine allgemeine Programmstruktur eines IMS/DC-Programms sieht wie folgt aus:

```
ENTRY TP-NAME;
GET-UNIQUE INPUTQUEUE;
GET-UNIQUE Srcatch-Pad-DB;
Wiederherstellung des Zustands;
Operation;
...
Operation;
INSERT  Srcatch-Pad-DB;
INSERT  OUTPUTQUEUE;
```

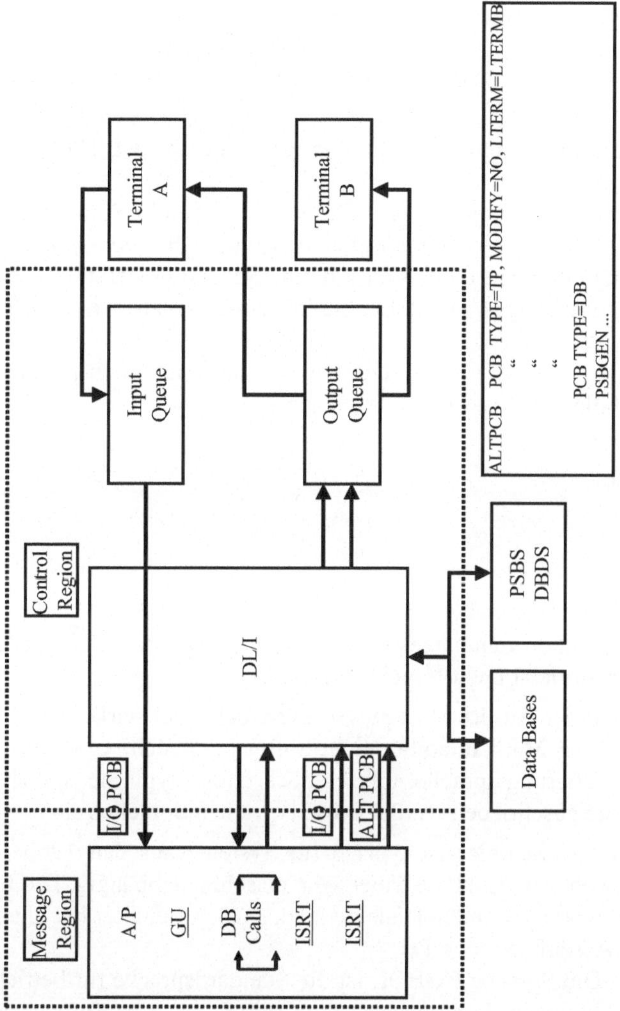

Abb. 7.9 Teleprocessingmonitorablauf, detailliertes Bild für IMS/DC

Innerhalb der oben angesprochenen Operationen sind natürlich auch Datenbankzugriffe oder andere Aufrufe möglich, in diesem Fall stehen alle Ressourcen, inklusive des Datenbanktransaktionsmonitors, unter der Kontrolle des TP-Monitors. Die Technik der Scratch Pad Area kann auch genutzt werden, um von einem Programm aus innerhalb des TP-Monitors ein anderes Programm aufzurufen, quasi Transaktionen zu verketten. Auf diese Weise ist sogar eine Rekursion[9] im COBOL-Umfeld implementierbar.

[9] Rekursionen sind in anderen Sprachen wie C oder C++ sehr weit verbreitet. Interessanterweise sind Rekursionen auch in Java möglich, sie werden jedoch äußerst selten genutzt.

7.5 Legacysprachen

Die heutigen Programmiersprachen werden üblicherweise in vier Generationen eingeteilt:

- First-Generation Languages – Das Programmieren in Binärform, was extrem hardwarenah ist.
- Second-Generation Languages – Darunter fallen alle Sprachen, welche symbolische Adressen benutzen, speziell Assembler. Bei der Sprache C existieren Diskussionen darüber, ob es sich um eine Second-Generation oder eine Third-Generation Language handelt. Die starke Hardwarenähe legt es nahe, C hier einzuordnen.
- Third-Generation Languages – Diese werden auch als Hochsprachen bezeichnet, hierunter fallen die klassischen Sprachen wie:
  - Pascal,
  - COBOL,
  - Fortran,
  - Ada,
  - PL/I,
  - RPG.
- Fourth-Generation Languages – Diese werden auch als 4GL bezeichnet. Alle 4GL sind proprietär und oft nichtprozedural.

Obwohl sich der Ausdruck Legacysoftware sehr viel stärker auf das Phänomen des Alters und der Maintainability einer Software an sich bezieht als auf die konkrete Implementierungssprache, gibt es doch einige typische Sprachen, in denen Legacysoftware geschrieben wurde. Diese typischen Sprachen sind:

- Assembler – Assembler ist typisch für Systeme aus den 1960er-Jahren. Der jeweils gewählte Dialekt ist dabei sehr maschinenabhängig. Die bekanntesten, noch heute vorzufindenden Dialekte sind: /370-Assembler bei einer Mainframe und 8080-Assembler beim PC.
- COBOL – Die Sprache COBOL ist die Standardsprache für betriebswirtschaftliche Applikationen. Von daher ist die COBOL-basierte Software im gesamten Bereich der Buchhaltung, der Planung, Lagerwirtschaft und ähnlichen Domänen vorzufinden.
- Fortran – Die Sprache Fortran ist vor allen Dingen im wissenschaftlichen Bereich sowie im Umfeld der Numerik vorzufinden.
- C – Größere C-Programme existieren in den Bereichen CAD-Systeme, Oberflächenentwicklung und, bedingt durch die Hardwarenähe, im gesamten Telekommunikationssektor.

Selbstverständlich gibt es auch noch andere Programmiersprachen[10], welche in einer Legacysoftware vorkommen. Außer den diversen 4GL-Sprachen findet man folgende Programmiersprachen in verschiedenen Systemen öfters vor:

---

[10] Historisch gesehen ist die Gesamtanzahl von entstandenen Programmiersprachen deutlich größer als 100.

- PL/I,
- RPG,
- CSP,
- Pascal,
- C++,
- C,
- APL.

Statistisch gesehen spielen diese Sprachen aber, wie auch alle 4GL-Sprachen, nur eine untergeordnete Rolle.[11] Betriebswirtschaftliche Applikationen bilden den größten Anteil an den vorhandenen Applikationen. Eine solche Applikation stellt verschiedene Anforderungen an die jeweilige Programmiersprache, die zum Einsatz kommt.

Das am schwierigsten zu verstehende Konstrukt in der Implementierung ist die Nutzung globaler Variablen. Da in COBOL alle Variablen global zur Verfügung stehen, sind es Softwareentwickler gewohnt, mit diesem Konzept gut zu arbeiten und sehen die entsprechenden Maßnahmen im Code, speziell durch die Namensgebung, vor. In anderen Sprachen wie C oder Fortran ist dies anders. Wenn hier globale Variablen eingesetzt werden, so resultiert dies immer in dem Problem, dass Änderungen starke nichtlokale Auswirkungen haben. In C, wie auch in Fortran, sind die Entwickler gewohnt, über Funktionsaufrufe Algorithmen abzubilden. globale Variablen sind ein Weg, genau diesen Mechanismus zu umgehen.

7.5.1 COBOL

Die Sprache COBOL (**Co**mmon **B**usiness **O**riented **L**anguage) wurde eingeführt, um betriebswirtschaftliche Applikationen entwickeln zu können, insofern ist COBOL eine domänenspezifische Sprache. Sie ist primär für die gute Lesbarkeit im Vergleich zu Assembler gebaut worden. Eine der Folgen hinter diesem Anspruch ist die Tatsache, dass COBOL die meisten Funktionen enthält, welche ein Softwareentwickler für betriebswirtschaftliche Applikationen gebrauchen kann.

Obwohl COBOL für betriebswirtschaftliche Applikationen sehr gut geeignet ist, gerieten die domänenspezifischen Sprachen, so auch Fortran für den naturwissenschaftlichen Bereich, in den 1960er-Jahren aus der Mode.[12] Beginnend in den 1960er-Jahren mit ALGOL, PL/I und später auch C, C++ sowie neuerdings Java und C#[13] wurden domänenneutrale Sprachen die große Neuerung. Parallel zu diesen Sprachen wurden Fortran und COBOL weiterhin sehr stark eingesetzt und entwickelten sich auch fort. Obwohl COBOL als Sprache, völlig ungerechtfertigt, ver-

---

[11] Ein schwacher Trost für ein Unternehmen, welches ein System auf dieser Basis im Einsatz hat.

[12] Ein treffender Ausdruck, da es auch in der IT-Welt regelrechte Modewellen gibt, welche, genau wie bei der „klassischen" Bekleidungsmode, durch das komplexe Zusammenspiel aus Produzenten, hier Compiler- und Entwicklungsumgebungslieferanten, den Medien und den Verbrauchern, hier den Entwicklern, erzeugt werden.

[13] C# ist der .NET-Nachfolger von C++.

pönt ist, bleibt es ironischerweise die Sprache mit der größten Verbreitung und dem größten Wachstum an Sourcecode weltweit. Es wird geschätzt, dass heute mehr als 200 Milliarden COBOL-Codezeilen in aktiver Software vorhanden sind, mit einem Wachstum von ca. fünf Milliarden Zeilen pro Jahr!

Leider ist es in der Sprache COBOL nicht möglich, die Typdeklaration von der Variablendeklaration zu trennen, mit der Folge, dass sich, wenn zweimal dieselbe Variablendeklaration gebraucht wird, die Typdeklaration wiederholen muss. Die COBOL-Softwareentwickler umgehen dies durch den Einsatz von Copybooks, in denen der Typ deklariert wird; durch den Befehl

```
COPY copybook  REPLACING  xxxxx BY  yyyyy
```

wird der Variablen der Typ zugeordnet. Diese Spracheigenschaft führt zu sehr aufgeblähtem Sourcecode mit einer hohen Redundanz. Durch die fehlenden Typdefinitionen ist eine Gruppierung anhand des Typs unmöglich. Praktisch bedeutet dies, dass anhand des Typs nicht entschieden werden kann, wozu die Variable gehört. Das Fehlen von Aufzählungstypen macht es nicht einfacher. Zwar existieren sogenannte 88-Stufen, diese entsprechen aber nicht den Aufzählungstypen in CORBA oder C++, sondern stellen logische Variablen dar, welche entweder wahr oder falsch sind. Hinzu kommt, dass jede Variable überall in einer Sourcedatei verwendbar ist; COBOL kennt keine lokalen, sondern nur globale Variablen.

Die Aufteilung eines COBOL-Programms in Strukturelemente wie SECTION und PARAGRAPH führt zwar zu einer Struktur, durch die Globalität der Variablen muss der Softwareentwickler diese aber stets „im Kopf" haben, um zu wissen, wie er einen Algorithmus implementieren kann. Durch das Fehlen einer Parameterstruktur lässt sich auch keine Prüfung durchführen.

Obwohl COBOL zu den Sprachen gehört, welche ideal für betriebswirtschaftliche Applikationen sind, wird es oft geschmäht und mit wiederkehrender Häme wird regelmäßig das Ende von COBOL verkündet. Interessanterweise ist COBOL genau wie Java sehr portierbar; heute findet sich COBOL auf allen gängigen Betriebssystemplattformen wieder.

7.5.2 C

Unter den Sprachen spielt C eine gewisse Sonderrolle, ausgehend von *Kernighan* und *Ritchie* wurde C dominant in technischer Software. Im Grunde ist C eine Systemprogrammiersprache, dies gibt der Sprache die Möglichkeit, mit Speicheradressen und Verweisen zu arbeiten. Die Eigenschaft von C, Speicherarithmetik und Integerarithmetik zu mischen, ist für viele hardwarenahe Entwickler attraktiv, allerdings stellt diese Eigenschaft eine immense Fehlerquelle dar – ein Grund, warum es eine direkte Speicheradressierung in Java oder C# nicht mehr gibt. Man hat in beiden Fällen aus den „Fehlerquellen" von C gelernt.

Eines der großen Probleme im Rahmen von C ist der massive Einsatz des C-Präprozessors. Zwar ermöglicht dieser, Definitionen und Konstanten separat von einem Programm in einer Headerdatei zu halten, er wird jedoch oft ausgenutzt, um eine völlig eigene Syntax zu erfinden:

```
HEADER:
#inlucde<stdio.h>
#define SCHLEIFE(N) for( int i=0;i<n;i++){
#define NEXT }

SOURCE:
void function(int k) {
 SCHLEIFE(k)
 Operation;
NEXT }
```

Dieses Beispiel zeigt, wie „leicht" es ist, in C eine Pascal-ähnliche Syntax aufzubauen. Ein anderes Beispiel ist die mehrfache Ausführung solcher Headerdateien:

```
HEADER: #ifdef PASS
    #undef      WERT
    #define     WERT    2
    #undef      PASS
    #define     PASS2
#elif defined   PASS2
    #undef      WERT
    #define     WERT    3
    #undef      PASS2
#else
    #undef      WERT
    #define     WERT    1
    #define     PASS
#endif
```

Dieses Konstrukt ist schwer verständlich und resultiert darin, dass sich bei jedem Durchlaufen der Headerdatei der Inhalt von WERT um 1 erhöht. Diese Beispiele machen deutlich, warum es unter den C-Programmierern den „obfuscated C contest"[14] gibt. Das Ziel hinter diesem Wettbewerb ist es, den unverständlichsten C-Code zu schreiben.

7.5.3 Fortran

Die Sprache Fortran wurde von *John Backus* als Reaktion auf den schwierigen Umgang mit Assembler entwickelt, sie entstand parallel zu COBOL. Die Programmiersprache Fortran, früher hieß sie FORTRAN (**For**mular **Tran**slation), gibt es seit Ende 1953. Fortran war die erste höhere Programmiersprache, für die es einen Compiler gab.

[14] *www.ioccc.org*

Die Überlegenheit von Fortran bestand immer im Bereich der technischen und naturwissenschaftlichen Applikationen; auf diesen Gebieten ist Fortran auch heute noch verbreitet. Um die Investitionen in die bestehenden FORTRAN-77-Programme zu schützen, ist das vollständige FORTRAN-77 in Fortran 90 enthalten. Während einerseits bewährte FORTRAN-77-Spracherweiterungen übernommen wurden, ist die Sprache hauptsächlich um solche neuen Sprachelemente weiterentwickelt worden, die sich in anderen Sprachen bereits bewährt haben. Es hat sich inzwischen gezeigt, dass der Aufwand und die Probleme bei der Umstellung großer FORTRAN-77-Pakete vergleichsweise gering sind.

Fortran 90 unterstützt moderne Hardwarearchitekturen wesentlich besser als frühere Fortran-Sprachen oder als andere große Sprachen. Das gilt ganz besonders für Vektorrechner, z. T. auch für Parallelrechner. Das geschieht allerdings nicht etwa so, dass neue Hardwareabhängigkeiten in der Sprache entstanden sind, sondern solche Aspekte wurden deutlich reduziert und neue Sprachelemente so definiert, dass sie keine Hindernisse für moderne Architekturen darstellen. Das Fortran 90 ist unabhängig von einem bestimmten Architekturmodell.

Das unangenehmste Konstrukt in Fortran sind vermutlich die COMMON-Blöcke. Sie erlauben es nicht nur, globale Variablen einzuführen, sondern auch noch Variablen zu überdefinieren, ähnlich den COBOL-Redefines. Allerdings geschieht diese Redefinition in Fortran nicht explizit durch ein Statement, sondern implizit, indem der COMMON-Block in einem anderen Programm anders aufgebaut ist. Neben den COMMON-Blöcken produzieren IMPLICIT-, genau wie INCLUDE- und BLOCKDATA-Strukturen, Probleme bei der Weiterentwicklung.

7.6 Enterprise Application Integration

Die EAI (**E**nterprise **A**pplication **I**ntegration) ist im elektronischen Handel sehr wichtig, da die Integration bestehender Applikationen, im Vergleich zur Neuentwicklung, die preisgünstigere Variante ist. Generell gilt, dass EAI immer dann zum Einsatz kommt, wenn Systeme integriert oder ausgeweitet werden müssen. Die Zielsetzung hinter der EAI ist es stets, die beteiligten Systeme möglichst lose und idealerweise ohne gegenseitige Abhängigkeiten miteinander zu verbinden. EAI beschäftigt sich somit stets mit den Integrationsprozessen von bestehenden Softwaresystemen.

Das Problem der EAI lässt sich in die drei Ebenen aufteilen:

- Syntax,
- Semantik,
- Geschäftsprozesse.

Die meisten traditionellen Ansätze, wie z. B. EDIFACT oder DTA, definieren nur die Syntax und die Datentypen. Während die Integration auf technischer und syntaktischer Ebene heute weitgehend durch allgemein akzeptierte Standards gelöst ist, ist die semantische und geschäftsprozessurale Integration z. T. noch ungelöst. Die drei möglichen Integrationsebenen definieren wiederum drei verschiedene Formen der Enterprise-Application-Integration:

- Data-Integration – Unter der Datenintegration wird sowohl die Verbindung von verschiedenen Applikationen durch Datenaustausch als auch durch die gemeinsame Nutzung von Datenbanken durch verschiedene Applikationen verstanden. Primär beschäftigt sich die Datenintegration mit den strukturierten Daten, die formalisiert erfasst, verwaltet und verarbeitet werden. Das Kernproblem einer Datenintegration besteht darin, unterschiedliche Datenmodelle für unterschiedliche Applikationen transparent zu machen, dabei können unterschiedliche Typsysteme oder Beschränkungen in den Datentypen sehr hinderlich sein, von dem Problem der Datenqualität ganz zu schweigen.
- Business-Object-Integration – Eine Integration über Geschäftsobjekte ist zwar wesentlich aufwändiger als eine reine Datenintegration, dafür aber sehr viel effektiver. Die Geschäftsobjektintegration erzwingt die Definition einheitlicher Objektmodelle für einzelne Geschäftsobjekte auf fachlicher Ebene. Ein Geschäftsobjekt wird dabei durch die Klasse, Interfaces und Exceptions beschrieben. Die zugrunde liegende Kommunikation ist meist ein höherwertiges Protokoll.
- Business-Process-Integration – Die Integration von Geschäftsprozessen gestaltet den Workflow auf Geschäftsprozessebene. Die Steuerung der übergeordneten Geschäftsprozesslogik ist hier ein integrativer Bestandteil. Durch die Business-Process-Integration werden völlig separate, heterogene Applikationen für einen konkreten Geschäftsprozess integriert, indem Geschäftsprozessregeln für die Abwicklung der Geschäftsprozesse definiert werden.

Die EAI-Systeme bieten eine große Zahl von Services an, welche komplementär zu den Middlewareprodukten sind. Diese Services sind, individuell betrachtet, üblicherweise relativ einfach. Erst durch ihr „synergistisches“ Zusammenspiel entsteht die Mächtigkeit eines EAI-Systems. Zu diesen Services zählen:

- Interface-Services,
- Transformation-Services,
- Business-Process-Services.

Alle EAI-Systeme können durch ihre generischen Funktionalitäten beschrieben werden. Diese verschiedenen Funktionalitäten adressieren zugleich auch die erwähnten Integrationskonzepte. Während die Integrations- und Interface-Services eine Voraussetzung zur Datenintegration bilden, ermöglichen Transformationsservices eine Integration durch die Geschäftsobjekte, und die Business-Process-Services ermöglichen eine Geschäftsprozessintegration in einem Unternehmen.

Große Systeme, welche aus einer EAI heraus entstehen, zeichnen sich meistens durch eine sternförmige Topologie aus. Die Komplexität der EAI-Systeme wird primär durch die Tatsache bestimmt, dass sie dazu dienen, Systeme zu integrieren – mit der Folge, dass die Gesamtentropie sich zu:

$$S(\text{EAI}) \geq \sum_{\text{Applikationen}} S_i$$

ergibt. Folglich ist die Gesamtentropie mit einer EAI stets größer als die Summe der Teilentropien der einzelnen Applikationen.

7.7 MQ-Series

Bei einer Message Oriented Middleware (s. Abb. 7.10) werden die Nachrichten an andere Programme nicht diesem Programm direkt, sondern an den Message Queue Manager gesendet, welcher dann anhand eines internen Regelwerkes entscheidet, in welche Queues diese Nachricht transportiert wird. Das gerufene Programm wiederum hat die Aufgabe, die Nachricht aus seiner eigenen Inputqueue abzuholen und sie dann anschließend zu verarbeiten. Durch diese Technik lassen sich beliebig viele andere Programme anbinden, aber es lässt sich auch die Asynchronität gut unterstützen.

Das Produkt MQ-Series wird in Client-Server- oder in beliebig verteilten Umgebungen eingesetzt. Die zu einer Applikation gehörenden Programme können in unterschiedlichen Rechnerarchitekturen auf verschiedensten Plattformen ausgeführt werden. Die Applikationen sind von einem System oder einer Plattform zu einem anderen System oder einer anderen Plattform übertragbar. Die Programme werden in verschiedenen Programmiersprachen einschließlich Java und COBOL geschrieben. Für alle Plattformen ist derselbe Queuing-Mechanismus gültig.

MQ-Series kann aufgrund der Nutzung von Queuing als eine indirekte Kommunikation betrachtet werden. Der einzelne Softwareentwickler ist nicht in der Lage, den Namen der Zielapplikation, zu der eine Message gesendet wird, zu spezifizieren. Es werden ausschließlich logische Queue-Namen als Ziele genutzt. Es können ein oder mehrere Eingangsqueues und verschiedene Ausgangsqueues für eine Applikation existieren. Die Ausgangsqueues enthalten Informationen, die in anderen Applikationen verarbeitet werden sollen, oder Antworten für Applikationen, welche die Transaktion initiiert haben. Bei einer Applikation ist es nicht erforderlich,

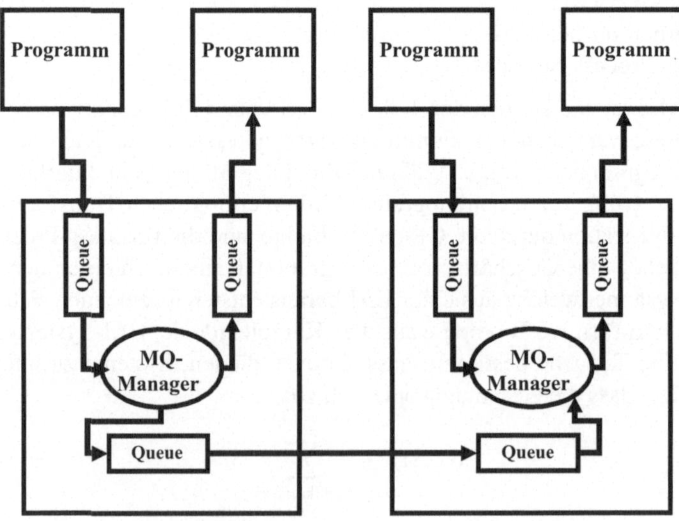

Abb. 7.10 Die MQ-Series-Architektur

dass der Softwareentwickler die Zielapplikation detailliert kennt. Es ist belanglos, ob die Applikation momentan im Betrieb ist oder keine Verbindung zu ihr besteht. Die Applikation sendet ihre Nachricht an die Queue, welche mit der Applikation verbunden ist. Letztere kann zur Zeit des Requests verfügbar sein oder nicht. MQ-Series beobachtet den Transport zur Zielapplikation und startet diese, wenn es eventuell notwendig ist. Wenn die Zielapplikation nicht verfügbar ist, steht die Message in der Queue und wird später verarbeitet. Abhängig davon, ob die Verbindung zwischen zwei Systemen hergestellt ist oder nicht, befindet sich die Queue entweder in der Zielmaschine oder in dem sendenden Rechner. Eine Applikation kann prinzipiell über mehrere Tage laufen, oder sie wird getriggert, d. h. sie wird automatisch gestartet, wenn genau eine oder eine spezifische Anzahl von Nachrichten in der Queue sind. Das Schreiben und Lesen in eine Queue ist völlig analog der Benutzung einer Datei. Aus diesem Blickwinkel betrachtet sind viele MQ-Programme dateizentrisch organisiert.

Kapitel 8
Neuere Architekturen

Now, princes, for the service I have done you,
The advantage of the time prompts me aloud
To call for recompense. Appear it to your mind
That, through the sight I bear in things to love,
I have abandon'd Troy, left my possession,
Incurr'd a traitor's name; exposed myself,
From certain and possess'd conveniences,
To doubtful fortunes; sequestering from me all
That time, acquaintance, custom and condition
Made tame and most familiar to my nature,
And here, to do you service, am become
As new into the world, strange, unacquainted:
I do beseech you, as in way of taste,
To give me now a little benefit,
Out of those many register'd in promise,
Which, you say, live to come in my behalf.

Troilus and Cressida
William Shakespeare
1564–1616

Im Gegensatz zu den „alten“ sind die „modernen“ Sprachen fast immer mit einer Architekturform verknüpft. Im Fall von J2EE oder .NET ist es sogar noch weitergehend, in beiden Fällen existierte zuerst die Architektur und dann die Sprache, Java oder C#.

8.1 XML

Die Nutzung von XML (e**X**tensible **M**arkup **L**anguage) hat sich in den letzten Jahren auf einen großen Teil der gesamten Softwareindustrie ausgedehnt. XML ist heute der De-facto-Standard für den Datenaustausch im Internet. XML ist ein GML-Abkömmling (**G**eneralized **M**arkup **L**anguage) und bildet eine textbasierte Metasprache, genauer gesagt ist XML ein SGML-Abkömmling (**S**tructured **G**eneralized **M**arkup **L**anguage). Die Sprache XML wird üblicherweise genutzt, um neue „Protokolle“ zu definieren und die Daten in strukturierter Form zu übermitteln. Im Gegensatz zu HTML, welches auch von SGML abstammt, wird XML zur Beschreibung von Daten und HTML meistens zur Beschreibung von Darstellungen genutzt. Die strukturierte und für Menschen gut[1] lesbare Form macht dieses Austauschformat einsetzbar an Stellen, wo man früher binäre Formate, wie bspw. CORBA oder

[1] Softwareentwickler sehen XML als gut und einfach lesbar an, „normale“ Endanwender sind da anderer Ansicht.

D. Masak, *Der Architekturreview*
DOI 10.1007/978-3-642-01659-2, © Springer 2010

EDIFACT, verwendet hätte. Die Sprache XML erlaubt es, Daten in Elementen oder Attributen – beide können benannt werden um eine Semantik zu vermitteln – zu speichern. Die Elemente der XML werden durch sogenannte *begin*- und *end*-Tags und den möglichen Inhalten dieser Tags charakterisiert. Dieser Inhalt kann aus Daten oder aus anderen Elementen bestehen, durch diese Form der Schachtelung bildet ein XML-Dokument immer einen Baum ab.

Ein einfaches XML-Dokument sieht wie folgt aus:[2]

```
<?xml version=''1.0''?>
    <nachricht>
        <to> Harry </to>
        <from> Stefan </from>
        <header> Erinnerung </header>
        <body> Harry, hol schon mal den Wagen! </body>
    </nachricht>
```

Dieses XML-Dokument kann nun verarbeitet, transformiert, überprüft, gespeichert oder weitergeleitet werden, je nach der beteiligten Applikation. Die Struktur des XML-Dokuments kann durch eine XSLT (e**X**tended **S**tyle Sheet **L**anguage **T**ransformation) umgewandelt werden, dabei können Elemente verschwinden oder neue Elemente hinzugefügt werden. Bei der Überprüfung wird zunächst verifiziert, dass das XML-Dokument bezüglich der XML-Syntax korrekt und vollständig ist, so bspw., dass es für jedes $< tag >$ ein $< /tag >$ gibt. Zusätzlich dazu kann ein DTD- (**D**ata-**T**ype-**D**efinition) oder ein XML-Schema genutzt werden, um damit explizit Namensräume und Datentypen überprüfen zu können. Beide Verfahren stellen ein Typschema für XML-Elemente dar. Anhand des DTD oder des XML-Schemas kann nun überprüft werden, ob das XML-Dokument der Struktur und den Datentypen der jeweiligen Definition genügt. Die XML-Schemata sind aber in ihrem Aufbau mächtiger als die DTDs und haben sich heute de facto durchgesetzt.

8.2 Multichannelarchitektur

Die heutige IT-Landschaft ist von einer Proliferation von verschiedenen Formen von Endgeräten geprägt. Die sehr hohe Änderungsrate der Präsentationslayer (s. Abb. 8.1 und Tabelle 8.1) legt es nahe, eine Architektur zu wählen, welche den schnellen Austausch der Präsentation unterstützt. Durch die Existenz paralleler Präsentationen entsteht eine Multichannelarchitektur.

In den meisten Fällen ist die treibende Kraft hinter einer Multichannelarchitektur der Versuch, diverse Eingangskanäle zu unterstützen. Die Idee der Multichannelarchitektur wiederholt sich, in abgewandelter Form, bei der Enterprise-Application-Integration (s. Abschn. 7.6) und der Java Connector Architecture (s. Abschn. 8.3.7). Die Multichannelarchitektur lebt davon, dass diverse Eingangskanäle ihre Eingangsdaten auf ein „internes" Format, das kanonische Format, abbilden und diese kanoni-

[2] Der Satz „*Harry, hol schon mal den Wagen!*" wird in keiner Derrick-Folge ausgesprochen!

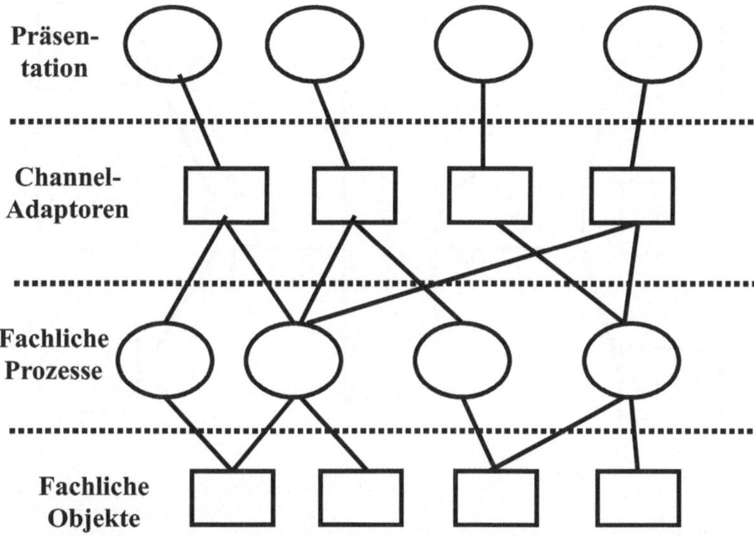

Abb. 8.1 Multichannel-Topologie

Tabelle 8.1 Änderungszeiten der einzelnen Schichten in Abb. 8.1

Schicht	Änderungszeit	Stabilität
Fachliche Objekte	5–10 Jahre	Systematisch
Fachliche Prozesse	1,5–3 Jahre	Quasi-systematisch
Channel-Adaptoren	3–24 Monate	Opportunistisch
Präsentation	1–100 Tage	Hyperopportunistisch

sche Datendarstellung anschließend von den geschäftsprozessunterstützenden Systemen weiterverarbeitet wird, ohne dass der konkrete Eingangskanal bekannt sein muss (s. Abb. 8.2). Aber nicht nur in Bezug auf den eingehenden Datenstrom ist eine Multichannelarchitektur sinnvoll, auch der ausgehende Datenstrom kann völlig identisch unterstützt werden.

Besonders elegant ist der Einsatz von XML für das kanonische Format. Den großen Vorteil bezieht die Multichannelarchitektur aus der Reduktion der Zahl der Komponenten und Schnittstellen (s. Abb. 8.2).

Für die Zahl der Schnittstellen N_S und die Zahl der Komponenten N_K ergibt sich, jeweils mit und ohne eine Multichannelarchitektur:

$$N_S = \begin{cases} 2n_{\text{Kanal}} n_{\text{Prozess}} & \text{ohne Multichannel,} \\ 1 + 2n_{\text{Kanal}} & \text{mit Multichannel,} \end{cases}$$

$$N_K = \begin{cases} n_{\text{Kanal}} n_{\text{Prozess}} & \text{ohne Multichannel,} \\ 1 + n_{\text{Kanal}} & \text{mit Multichannel.} \end{cases}$$

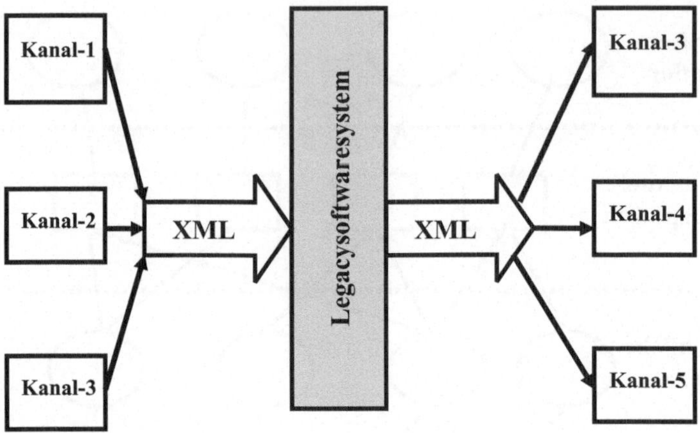

Abb. 8.2 Die Multichannelarchitektur

Ab einer gewissen, aber kleinen Anzahl von Kanälen, ($n_{\text{Kanal}} = \mathcal{O}(1)$), ist eine Multichannelarchitektur in Bezug auf die Zahl der Komponenten und Schnittstellen immer besser. Die kleinere Zahl von Schnittstellen und Komponenten macht eine Maintenance wiederum einfacher, da die Komplexität niedriger ist als bei einem anderen System. Aber nicht nur die Anzahl von Softwareobjekten ist geringer, auch die Geschwindigkeit, mit der ein neuer Kanal aufgebaut werden kann, ist deutlich höher, wenn eine Multichannelarchitektur eingesetzt wird, da das eigentliche System nicht oder nur minimal verändert werden muss. Neben dem rein technischen Aspekt einer Multichannelarchitektur resultiert aus ihr auch eine geänderte Vertriebssicht auf die Unternehmensdaten. Durch die gewählte Konstruktion ist das bevorzugte Kommunikationsmedium des Kunden leicht zu identifizieren. Für das Marketing sind dies sehr interessante Daten, da unterschiedliche Medien nach unterschiedlichen Marketingmaßnahmen verlangen.

Aus Sicht der Entropie ergibt sich:

$$S_{\text{trad}} \approx n_{\text{Kanal}} S^0_{\text{Applikation}} \tag{8.1}$$

$$S_{\text{MChannel}} \approx 2n_{\text{Kanal}} S_\delta + S^1_{\text{Applikation}}, \tag{8.2}$$

wobei S^0 die Entropie der „normalen" Software und S^1 die Entropie nach der Umstellung auf das kanonische Format darstellt.

Obige Näherung setzt voraus, dass die einzelnen Applikationen in Gl. 8.1 nur sehr schwach koppeln bzw. die Kanäle unabhängig voneinander sind. Unter der Annahme, dass

$$S^1 > S^0$$

und

$$S^0 \gg S_\delta$$

gilt, dass bei einer hinreichend großen Zahl von Kanälen:

$$S_{\text{trad}} > S_{\text{MChannel}}.$$

8.3 J2EE

Die Ursprünge von J2EE (**J**ava **2** **E**nterprise **E**dition) liegen in der Entwicklung der darunter liegenden Sprache Java. Die Programmiersprache Java wurde ursprünglich von Sun entwickelt, um damit Haushaltsgeräte steuern zu können, daher legt Java auch großen Wert auf die Plattformunabhängigkeit. Obwohl die Sprache ursprünglich für diverse einfache Geräte entwickelt wurde, folgte Sun sehr schnell dem Trend der aufkommenden Internetrevolution und erweiterte Java zu einer Sprache für die Clientseite im Internet. Nach der Schaffung von Java-Applets und Java-Beans kam relativ rasch das JDBC (**J**ava **D**ata**b**ase **C**onnectivity) als Verbindungspaket für Datenbanken hinzu. Damit war die erste Brücke hin zur Serverseite für Java geschlagen. Ziemlich bald stellte es sich heraus, dass Java für eine browserbasierte Clientseite nur bedingt geeignet ist. Das größte Problem ist die hohe Latenzzeit, bis die notwendigen Java-Bibliotheken über das Internet geladen worden sind. Ohne diesen Ladevorgang jedoch kann der Client nicht arbeiten, da er das Programm[3] durch den Ladevorgang erst bezieht. Trotz dieser Schwierigkeiten lieferte Java eine Reihe von Eigenschaften und Bibliotheken, welche die Entwicklung von Web-Applikationen stark vereinfachten.

8.3.1 Überblick

Mit der Java Enterprise Edition, J2EE, liegt eine integrierte Plattform für die Entwicklung portabler Softwarekomponenten auf dem Server vor. Die J2EE spezifiziert also eine komplette Architektur zur Entwicklung verteilter mehrschichtiger Applikationen.

Die J2EE ist ein komponentenorientiertes Framework (s. Abb. 8.3), welches technische Basisservices insbesondere auf Serverseite anbietet, die bei der Entwicklung von komplexen, verteilten Systemen helfen. Ein zentrales Element hierfür sind die Enterprise Java Beans, welche die eigentlichen Komponenten für den Einsatz auf Application Servern darstellen. Dennoch handelt es sich bei J2EE um eine reine Spezifikation, nicht um ein Produkt. Die J2EE enthält zwar eine Referenzimplementierung der J2EE-Architektur, Java ist als Implementierungssprache aber nicht zwingend vorgeschrieben. In der Praxis wird dieser feine Unterschied allerdings nicht gemacht und beides wird praktisch synonym gebraucht.

Im Grunde stellt J2EE eine verteilte Application-Serverumgebung dar (vgl. Abb. 8.5), liefert also die Grundlagen und Mittel zur Realisierung der Ebene der Geschäftslogik in der Applikationsschicht, in J2EE vereinfacht auch „Middle Tier" genannt. Hauptbestandteile sind eine Laufzeitinfrastruktur für den Einsatz und eine Anzahl von Schnittstellen für die Entwicklung von Applikationen. Es wird nicht vorgeschrieben, wie eine Laufzeitumgebung für Geschäftslogik implementierende Komponenten im Einzelnen auszusehen hat, sondern es werden Rollen und Schnitt-

[3] Korrekterweise lädt der Client zunächst die notwendigen Klassen, welche anschließend durch einen Just-in-time-Compiler übersetzt und von der Java Virtual Machine interpretiert werden.

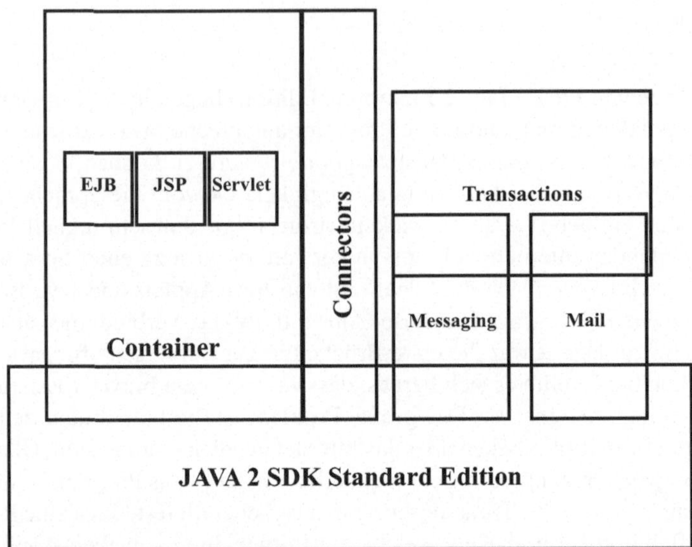

Abb. 8.3 Die Teile der J2EE-Umgebung

stellen der verschiedenen beteiligten Parteien definiert. Dadurch lässt sich eine Trennung von Applikation und Laufzeitumgebung erreichen, welche es der Laufzeitumgebung ermöglicht, den Applikationen-Services des zugrunde liegenden Rechnersystems einheitlich zur Verfügung zu stellen. Komponenten können so auf verschiedenen Betriebsplattformen mit gleichen Umgebungsbedingungen rechnen.

Obwohl es innerhalb der offiziellen J2EE-Spezifikation keinen Zwang gibt, ein bestimmtes Pattern zu nutzen, wird zum Aufbau eines Clients das MVC-Pattern (s. Abschn. 6.6.8) häufig verwendet.

8.3.2 Container

Der Begriff des Containers ist der zentrale Begriff im Umfeld des serverseitigen J2EEs (s. Abb. 8.4). Ein Container ist ein Softwareteil, welches in einem Server abläuft und für eine Reihe von Komponenten zuständig ist. Umgekehrt stellt der Container die Ausführungsumgebung für die J2EE-Komponenten dar.

Durch den Einsatz des Containerkonzepts erlaubt es die J2EE-Architektur, die Trennung von Entwicklung und Deployment aufrecht zu erhalten und gleichzeitig einen hohen Grad an Portabilität für den „Middle Tier“ zur Verfügung zu stellen. Neben der reinen Laufzeitumgebung „managed“ der Container den vollständigen Lebenszyklus der in ihm enthaltenen Komponenten und stellt einen Teil der Infrastruktur im Bereich Ressourcen Pooling sowie Security zur Verfügung. Innerhalb der J2EE-Spezifikation existieren vier verschiedene Typen von Containern:

- Application-Container, es handelt sich hierbei um Stand-alone-Java-Applikationen.

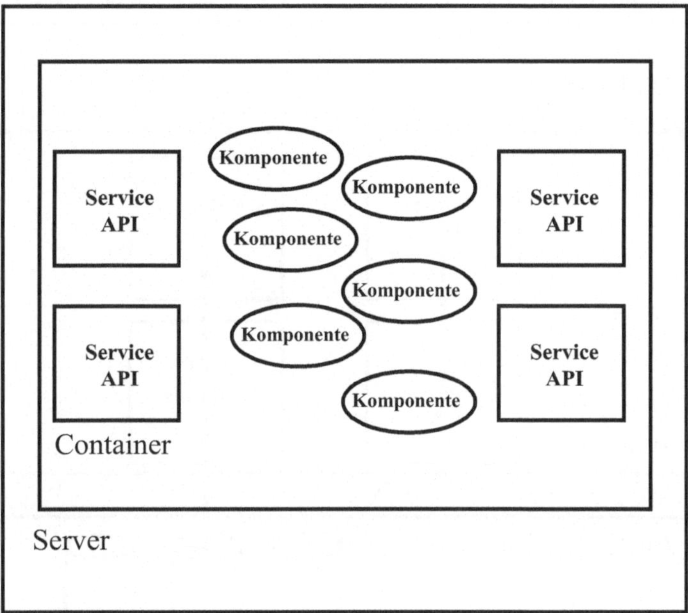

Abb. 8.4 Der Container bei J2EE

- Applet Container – Der Applet-Container stellt die Laufzeitumgebung für Applets zur Verfügung.
- Web-Container – Dieser ist für zwei Typen zuständig:
  - Servlets,
  - Java Server Pages, JSPs.

  Grob vereinfacht gesehen, spielt der Web-Container die Rolle eines Webservers, welcher mit HTTP umgehen kann und als Host für die Servlets und Java Server Pages zur Verfügung steht.
- Enterprise-Container – Dieser enthält die Enterprise Java Beans, EJBs. Von diesen Enterprise Java Beans existieren drei Typen:
  - Session Beans,
  - Entity Beans,
  - Message Beans.

  Der Enterprise-Container stellt den in ihm enthaltenen Beans eine Reihe von Funktionen zur Verfügung.

8.3.3 Enterprise Java Beans

Der EJB-Container (**E**nterprise **J**ava **B**ean) befindet sich immer innerhalb des Application-Servers, der auch als J2EE-Server bezeichnet wird (s. Abb. 8.5 und 8.6). Der

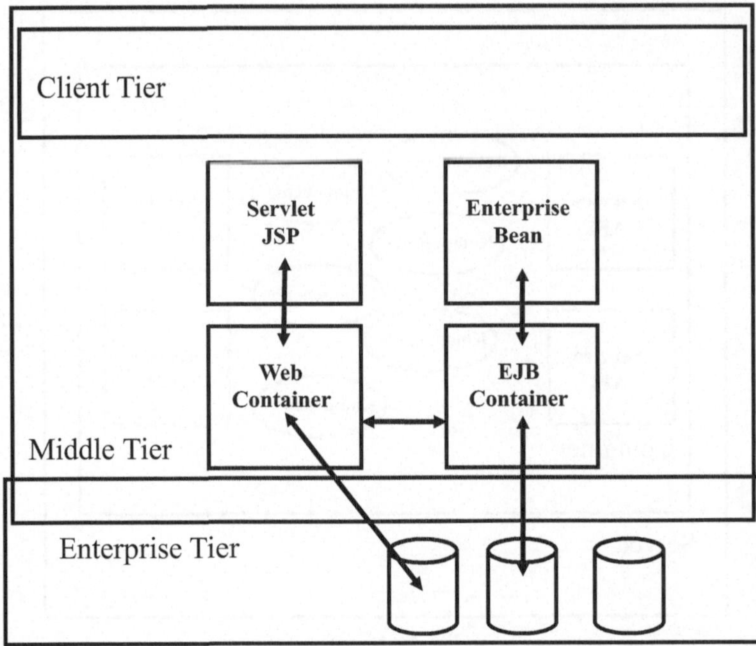

Abb. 8.5 Die Zusammenarbeit der verschiedenen Container

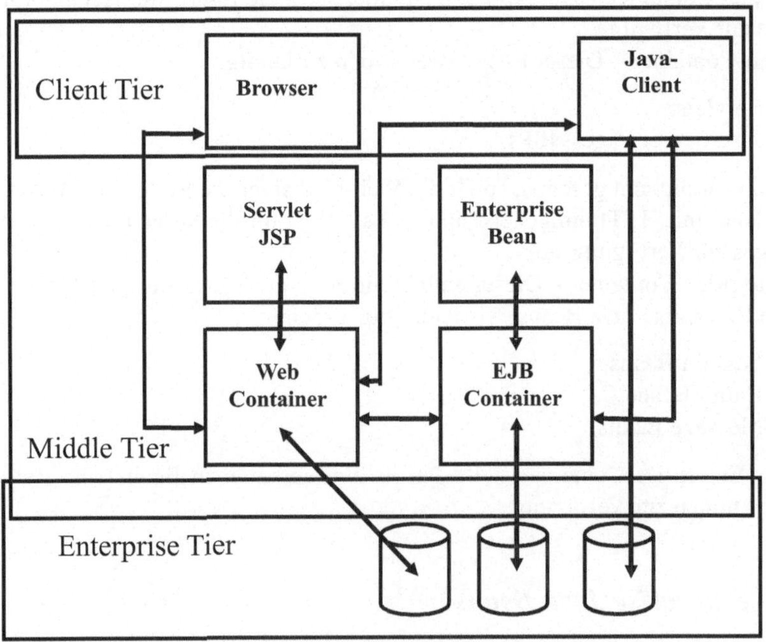

Abb. 8.6 Der J2EE-Application-Server

Application-Server ist in der Lage, mehrere EJB-Container simultan zu unterstützen. Dadurch ist es möglich, Applikationen zu installieren, welche getrennt voneinander administriert werden können. Die Hauptaufgabe des EJB-Containers ist die Delegation von Anfragen an die EJBs, weiterhin übernimmt er die Rückmeldungen der Ergebnisse eines Enterprise Java Beans an den Client. Der EJB-Container stellt einem Enterprise Java Bean eine Laufzeitumgebung zur Verfügung und verwaltet zudem deren Lebenszyklus und sichert ihre Ansprechbarkeit. Diese Absicherung ist nach der Spezifikation von J2EE ein Service des Containers. Fordert ein Client ein EJB an, so erzeugt der EJB-Container eine EJB-Instanz. Damit der EJB-Container die EJBs in verschiedene Zustände bringen kann, existieren Callback-Methoden innerhalb des Enterprise Java Beans, welche der Container nutzen kann. Da der Application Server die Aufgabe hat, eine große Zahl von Clients zu unterstützen, entsteht das Problem, dass mit der Anzahl von Clients meist die Anzahl der erzeugten bzw. notwendigen Enterprise-Java-Bean-Instanzen steigt. Um die Systemlast zu reduzieren, besteht für den EJB-Container die Möglichkeit, nicht benötigte EJBs in sogenannten Pools zu verwalten. Als vorteilhaft erweist sich die Tatsache, dass die EJB-Instanzen bereits existieren und somit die Zeit für deren Instanziierung wegfällt. Befinden sich Bean-Instanzen im Zustand „pooled", so können sie in den Zustand „ready" überführt werden und umgekehrt. Bei einem Aufruf durch einen Client wird zuerst überprüft, ob eine Instanz des benötigten Enterprise Java Bean im Pool verfügbar ist. Außerdem kann der EJB-Container eine EJB-Instanz aus dem Arbeitsspeicher in eine Datenbank auslagern, wenn sie über einen definierten Zeitraum hinweg nicht genutzt wurde. Die Aktivierung dieser Instanz wird durchgeführt, sobald ein erneuter Zugriff auf die persistente Instanz erfolgt. Auch Thread- und Prozessmanagement werden durch den EJB-Container zur Verfügung gestellt.

Da Daten persistent zu speichern sind, ermöglicht der EJB-Container Zugriffe auf die entsprechenden Ressourcen, i. d. R. eine relationale Datenbank. Sollen Änderungen von Daten nur dann vorgenommen werden, wenn mehrere, voneinander abhängige Operationen erfolgreich absolviert wurden, dann lassen sich die Transaktionen nutzen, welche durch den EJB-Container bereitgestellt werden. Die so bereitgestellten Services können sowohl durch den aufrufenden Client, als auch durch ein anderes Enterprise Java Bean genutzt werden. Einem Enterprise Java Bean ist es nicht möglich, mit dem Server direkt zu kommunizieren, sondern nur mit dem EJB-Container. Eine weitere Funktion des EJB-Containers ist die Bereitstellung eines Namens- und Verzeichnisservices. Über den Namensservice kann ein EJB ortstransparent gefunden werden, wobei das „Java Naming and Directory Interface", (JNDI) genutzt wird. Nachdem das EJB angefordert wurde, erzeugt der EJB-Container ein neues Objekt des EJBs oder entnimmt ein bereits existierendes Objekt aus einem Pool. Sollen mehrere Aktionen zusammenhängend auf der relationalen Datenbank ausgeführt werden, wobei andere Aktionen nicht in der Lage sein sollen, diese zu beeinflussen, empfiehlt sich die Verwendung von Transaktionen. Dies kann vor allem dann von Vorteil sein, wenn es von Bedeutung ist, ob wirklich alle Datenbankoperationen korrekt ausgeführt wurden.

Ein Hauptmerkmal der EJB-Architektur ist die Transaktionsunterstützung. Die Bereitstellung der impliziten und expliziten Transaktionsunterstützung durch die EJBs setzt neue Maßstäbe in der Entwicklung von Web-Technologien bzw. in der Realisierung robuster web-basierter Applikationen. In der Entwicklung von web-basierten Applikationen übernimmt die Transaktionsunterstützung somit in der Praxis einige Implementierungsaufgaben, die bisher z. T., jede einzeln, realisiert werden mussten. Transaktionen ermöglichen dem Softwareentwickler die Implementierung der Applikationslogik, die atomare Aktionen über mehrere Persistenzmedien in verteilten Umgebungen durchführt. Dies umschließt alle ACID-Prinzipien einer Transaktion (s. S. 203). Die EJB-Spezifikation benutzt hierzu die Java Transaction, JTA, welche von dem EJB-Container bereitgestellt wird. Das Transaktionsmodell der EJB-Spezifikation unterstützt jedoch nur flache und keine geschachtelten Transaktionen.

Die üblichen Objektnetze eignen sich normalerweise nur sehr wenig für Transaktionen, da es schwer ist, die große Zahl von Beziehungen, welche ein Objektnetz besitzt, abzubilden. Dies liegt darin begründet, dass die Veränderung eines Objektes häufig die Erzeugung und Löschung anderer Objekte bedingt. Die Datenbanken sind mit diesem Problem nicht konfrontiert, da hier, durch die referentielle Integrität, die Konsistenz strukturell verankert ist. Letztlich bedeutet dies, dass die Applikation selbst für die Konsistenz verantwortlich ist, da im Umfeld von Enterprise Java Beans nur die Transaktionen auf der Objektebene sichergestellt werden.

Die Enterprise-Java-Beans-Spezifikation erlaubt Transaktionen auf Objektebene durch den Einsatz von primären Schlüsseln für jedes Entity Bean. Die Referenzen zwischen den Objekten werden nicht durch direkte Java-Referenzen abgebildet, sondern sind Aufgabe des Application-Servers, der diese Schlüssel nutzt. Der Application-Server verfolgt die Veränderungen der Zustände von Objekten bzw. deren Relationen untereinander.

8.3.4 Session Beans

Die Session Beans sind in den meisten Fällen Geschäftsprozesse, wobei ein Session Bean exklusiv für einen Client ausgeführt wird. Session Beans können Daten ändern, bspw. über JDBC,[4] und dies, falls erforderlich, mittels Transaktionen absichern. Die Lebensdauer eines Session Bean entspricht der Sitzungsdauer des Clients. Es ist jedoch auch möglich, dass das Session Bean vorzeitig beendet wird. Die Session Beans können „stateful" oder „stateless" implementiert werden (s. Abb. 8.7).

In einem Stateless Session Bean werden ausschließlich Daten verarbeitet, welche bei einem Methodenaufruf explizit übergeben wurden. Innerhalb des Session Beans ist es nicht möglich, Daten zu speichern und bei einem späteren Methodenaufruf zu

[4] JDBC ist das standardisierte Java Interface für den Zugriff auf relationale Datenbanken. Der Name leitet sich von dem Microsoftstandard ODBC ab. Die ersten JDBC-Implementierungen nutzten explizit das ODBC als Basis und bildeten sogenannte JDBC-ODBC-Bridges.

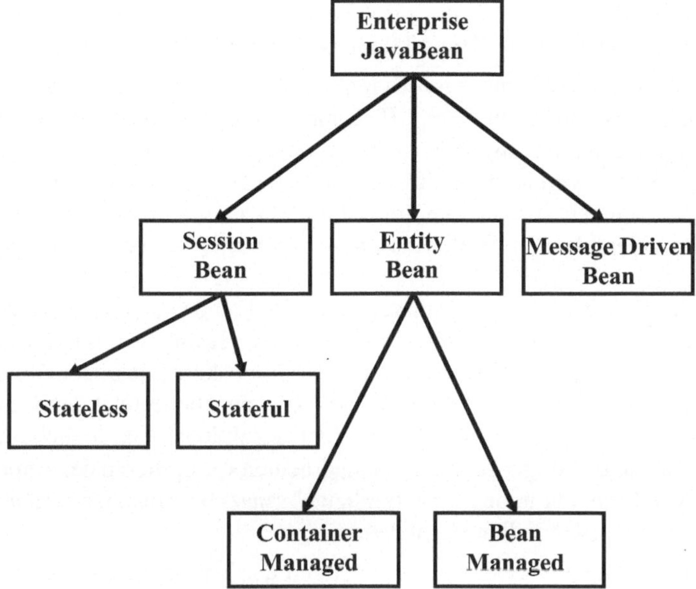

Abb. 8.7 Die Enterprise-Java-Beans-Typen

nutzen. Aufgrund dessen besitzen alle Stateless Session Beans des gleichen Typs die gleiche Identität. Dies ermöglicht die Einrichtung eines Pools von Stateless-Session-Bean-Instanzen, damit die Zeit für die Initialisierung wegfällt. Somit ist es möglich, dass mehrere Clients parallel und ohne Verzögerung auf die Session-Bean-Instanzen zugreifen können.

Die Stateful Session Beans bieten die Möglichkeit, Daten innerhalb dieser zu speichern. Demnach kann ein Client bei einem erneuten Methodenaufruf auf die Daten eines früheren Aufrufs zurückgreifen. Auch bei den Stateful Session Beans besteht die Möglichkeit, die Daten explizit zu übergeben. Da die Möglichkeit besteht, ein Session Bean über mehrere Methodenaufrufe einem Client zuzuordnen, besitzen die Stateful Session Beans des gleichen Typs unterschiedliche Identitäten.

8.3.5 Entity Beans

Die Entity Beans sind Objekte, welche die Daten einer Datenbasis als Objekt darstellen bzw. mit bestimmten Daten assoziiert werden. Es ist möglich, Entity Beans durch mehrere Clients gleichzeitig zu nutzen. Um alle Integritätsbedingungen einzuhalten, ist es empfehlenswert, alle Methoden der Entity Beans innerhalb einer Transaktion auszuführen. Die Entity Beans können ihre Daten in einer Datenbank ablegen und so persistent werden. Die Lebensdauer eines Entity Bean ist an die Bestandsdauer der Daten in der jeweiligen Datenbank geknüpft. Im Gegensatz zu einem Session Bean überlebt ein Entity Bean die Zerstörung des jeweiligen EJB-Containers. In Bezug auf die Transaktionen existieren zwei Untertypen:

- Container Managed Transaction Demarcation – Bei dem impliziten Transaktionsmanagement übernimmt der EJB-Container die vollständige Verwaltung der Transaktionsunterstützung. Über die Transaktionsattribute im Deploymentdescriptor wird das Verhalten der Transaktionssteuerung von EJBs oder deren einzelner Methoden bestimmt. Die Transaktionsattribute werden entweder von dem Bean-Provider oder Application Assembler im Deploymentdescriptor genau festgelegt.
- Bean Managed Transaction Demarcation – Im Fall des expliziten Transaktionsmanagements muss der Softwareentwickler die gesamte Transaktionsunterstützung selbst steuern. Somit lassen sich Transaktionskontexte in der Applikationslogik von dem Softwareentwickler selbst festlegen. Hierdurch kommt es zu einer Vermischung zwischen Applikations- und Transaktionslogik. Jegliche Änderung in der Transaktionslogik führt zu einem erneuten Compilieren der Applikationslogik. Aus diesem Grunde ist das implizite Transaktionsmanagement dem expliziten in den meisten Fällen vorzuziehen.

Auch beim Eintreten eines Fehlers während der Transaktionssteuerung werden unterschiedliche Fehlerbehandlungsmechanismen für das implizite und explizite Transaktionsmanagement durchgeführt. Während bei dem impliziten Transaktionsmanagement grundsätzlich ein Rollback von dem EJB-Container veranlasst wird, erhält der EJB-Client beim expliziten Transaktionsmanagement eine Exception. Der EJB-Client entscheidet nach der Exception selbst, ob er ein Rollback oder eine andere Aktion ausführt. Session Beans und Message-Driven Beans unterstützen sowohl implizites als auch explizites Transaktionsmanagement. Dagegen sind Entity Beans nur durch implizites Transaktionsmanagement zu realisieren.

8.3.6 Message Beans

Die Message-Driven Beans, kurz auch Message Beans oder MBeans genannt, werden durch Nachrichten angesprochen und sind an sich zustandslos. Sobald der EJB-Container eine Nachricht aus der Java Message Service Queue (JMS Queue) erhält, wird diese an das zugehörige Message Bean weitergeleitet und anschließend verarbeitet. Ein Message Bean ist demnach ein einfacher Empfänger von Informationen. Ist die Nachricht eingetroffen, wird die Methode onMessage aufgerufen. Das Messaging ist aufgrund der EJB-Zugehörigkeit asynchron und parallel. Die Lebensdauer eines Message Bean ist so lang, wie die Ausführung der Methode onMessage dauert.

Der Java Message Service bietet eine einfachere und flexiblere Alternative für den asynchronen Austausch von Nachrichten zu der in Java präferierten Remote Method Invocation (RMI) an. Er verbraucht weniger Ressourcen und ist weniger restriktiv. Der Java Message Service stellt zwei Nachrichtenservicemechanismen, publish-and-subscribe und point-to-point, zur Verfügung. Beide Mechanismen können von den Message-Driven Beans verwendet werden. Ein weiterer wichtiger Aspekt der Message-Driven Beans ist zudem, dass sie in der Lage sind, gleichzeitig Nachrichten zu erzeugen und zu konsumieren. Alle Angaben zu den Message-Driven Beans sowie deren Eigenschaften werden, wie für Session und Entity Beans, in dem Deploymentdescriptor festgelegt.

8.3.7 Java Connector Architecture

Die Java Connector Architecture (Abb. 8.8) wurde entworfen, um damit die Verbindungen von anderen „Applikationen" zu den J2EE-Komponenten zu vereinfachen. Solche „Applikationen" rangieren von Datenbanksystemen über Enterprise-Resource-Planning-Software bis hin zu Programmen, welche in Transaktionsmonitoren ablaufen, daher ist die Java Connector Architecture ideal für die Ankoppelung eines Systems geeignet. Die Java Connector Architecture definiert eine Menge von Mechanismen, sogenannte Contracts, so dass die Applikationen einfach in die Application-Server integriert werden können. Diese Mechanismen sind so entworfen worden, dass sie Skalierbarkeit, Sicherheit und Transaktionalität sicherstellen. Der Contract existiert zwischen dem J2EE-Application-Server und den jeweiligen Applikationen. Die Java Connector Architecture definiert ein clientseitiges Interface, welches den J2EE-Applikationskomponenten, wiederum Enterprise Java Beans, erlaubt, auf andere Applikationen zuzugreifen. Dieses Interface wird Common Client Interface genannt. Umgekehrt muss auch die Applikation ihre Seite des Contracts erfüllen. Mit diesem Contract ist eine Applikation in der Lage, von ihrer Seite mit dem J2EE-Application-Server zu kommunizieren. Da die Java Connector Architecture den Ressourceadaptor festlegt, kann dieser in jedem J2EE-kompatiblen Application-Server genutzt werden.

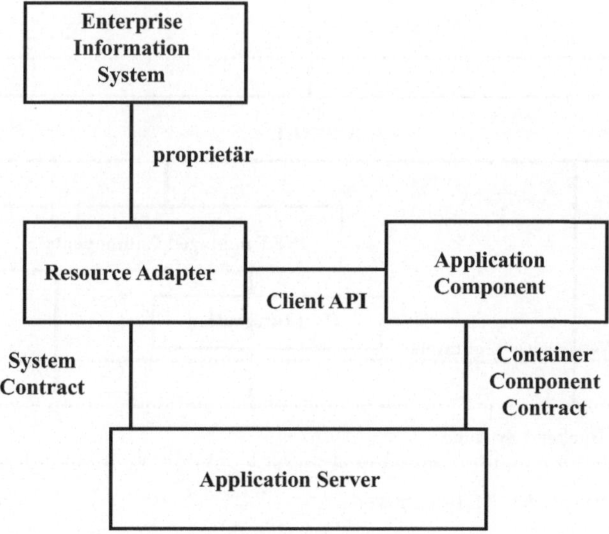

Abb. 8.8 Die Java Connector Architecture

8.4 .NET

Die .NET-Strategie wurde von *Microsoft* Mitte des Jahres 2000 bekannt gegeben. Die Zielsetzung hinter .NET ist der Versuch, größere Anteile auf dem Servermarkt zu gewinnen, nachdem *Microsoft* eindeutig den heutigen Client-Markt dominiert.

Der Sprachstandard XML (s. Abschn. 8.1) ist bei .NET die Schlüsseltechnologie, die zur Datenübertragung und Datenspeicherung genutzt wird. *Microsoft* konnte dabei auf die mit der *Windows-DNA*-Plattform[5] gesammelten Erkenntnisse aufbauen. Bei der Kommunikation zwischen den Komponenten betritt *Microsoft* neue Wege. Die Webservices kommunizieren nicht mehr länger wie herkömmliche Komponenten über DCOM[6] miteinander, sondern benutzen SOAP, welches nur HTTP und XML verwendet und somit keine homogene Infrastruktur auf dem Server und dem Client voraussetzt (s. Abb. 8.9).

Die gesamte .NET-Plattform befindet sich innerhalb eines Containers, des Webservice-Containers, welcher Qualities of Service sowie Transaktions-, Sicherheits- und Nachrichten-Services für die Enterprise-Applikationen unterstützt, insofern ähnelt dies der Idee der Enterprise Java Beans.

Das erklärte Ziel des .NET-Frameworks ist es, Komponenten aus verschiedenen Produktgebieten, welche *Microsoft* in den Jahren zuvor getrennt angeboten hat, in ein „Gesamtprodukt“ zu bündeln. Zu den Produktkomponenten zählen:

- Database Access – Die Persistenz ist ein fundamentaler Teil jeder größeren Applikation, gleichgültig ob diese Applikation datenbank- oder auch dateizentrisch

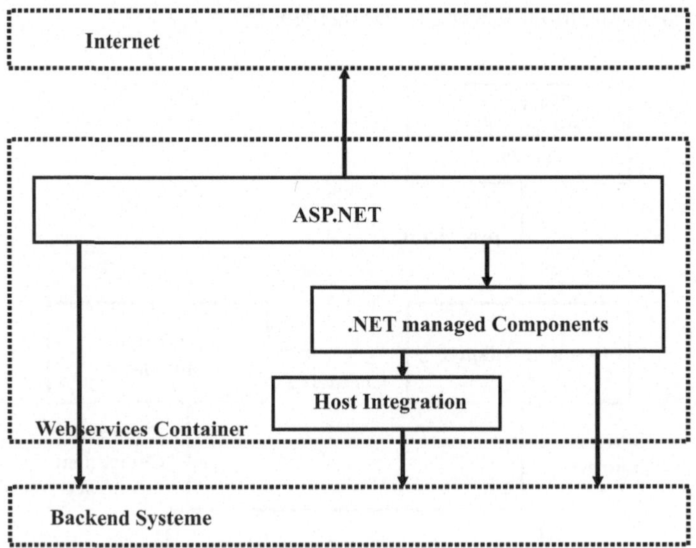

Abb. 8.9 Webservices des .NET-Frameworks

[5] Windows **D**istributed inter**N**et **A**pplications **A**rchitecture

[6] **D**istributed **C**omponent **O**bject **M**odel

ist. Das .NET-Framework liefert die ADO (**A**ctive **D**ata **O**bjects), als zentralen Bestandteil der Persistenz.

- Directory Services – Wie schon bei J2EE (s. Abschn. 8.3) deutlich wurde, ist das Auffinden von Services oder Objekten elementar wichtig. Innerhalb von .NET wird dies über das sogenannte Active Directory sichergestellt. Das Active Directory stammt ursprünglich von den Fileservices ab, was auch seine gute Unterstützung beim Auffinden von URLs und ähnlichen Ressourcen erklärt.
- Messaging – Das Messaging wird durch die *Microsoft* ***M****essage* ***Q****ueue* (MSMQ) gewährleistet, ein Produkt, das ähnliche Funktionalität wie die MQ-Series von *IBM* (s. Abschn. 7.7) liefert.
- Mailing – Das Mailing wird durch *Microsoft Exchange Server* gewährleistet. Im Gegensatz zu den klassischen SMTP[7] und POP3-Protokollen[8] liegt hier der Schwerpunkt auf IMAP[9].
- BPA – Die **B**usiness **P**rocess **A**utomation erlaubt es *Microsoft*, eine Reihe von Funktionen ereignisgesteuert automatisch abzuarbeiten. Diese Automatismen sind eine wichtige Funktion für ein System, welches aus einem Einzelarbeitsplatzsystem heraus entstanden ist. Traditionelle Batch- oder Mehrplatzsysteme, wie z. B. MVS[10] oder Unix, sehen solche Funktionalitäten als trivial an.
- Application-Server – Mit dem Enterprise-Server liefert *Microsoft* einen Application-Server sowie ein System, das Lastverteilung erlaubt.

Alle .NET-Applikationen werden in der CLR (**C**ommon **L**anguage **R**untime) ausgeführt. Die CLR-Programme bestehen aus dem **I**ntermediate **L**anguage **C**ode (ILC), welcher von den einzelnen Compilern der jeweiligen .NET-Sprachen erzeugt wird (s. Abb. 8.10–8.12). Die Common Language Runtime besteht aus den Bestandteilen:

- Common Type System,
- Virtual Execution System,
- Security Manager,
- Just-in-time-Compiler,
- Garbage Collection.

Das .NET-Framework stellt ein einheitliches Typsystem für Programmiersprachen, das **C**ommon **T**ype **S**ystem (CTS) zur Verfügung. Es stellt zwangsläufig den kleinsten gemeinsamen Nenner der einzelnen Sprachen dar, ist jedoch so mächtig, dass es für alle .NET-Sprachen eine einheitliche Basis bildet und somit das Arbeiten ohne Typkonvertierung über die Sprachgrenzen der .NET-Sprachen hinweg ermöglicht. Es ist konsequent objektorientiert, enthält z. B. Klassen, Interfaces, Mehrfachvererbung, Polymorphie und virtuelle Methoden. Es können auch eigene Value Types definiert werden. Das Common-Type-System stellt die Interoperabilität sicher, indem es eine Untermenge definiert, die alle Sprachen implementieren müssen. Diese Untermenge ist das sogenannte Common Language Subsystem.

---

[7] **S**imple **M**ail **T**ransfer **P**rotocol

[8] **P**ost **O**ffice **P**rotocol 3

[9] **I**nternet **M**essage **A**ccess **P**rotocol

[10] **M**ultiple **V**irtual **S**torage

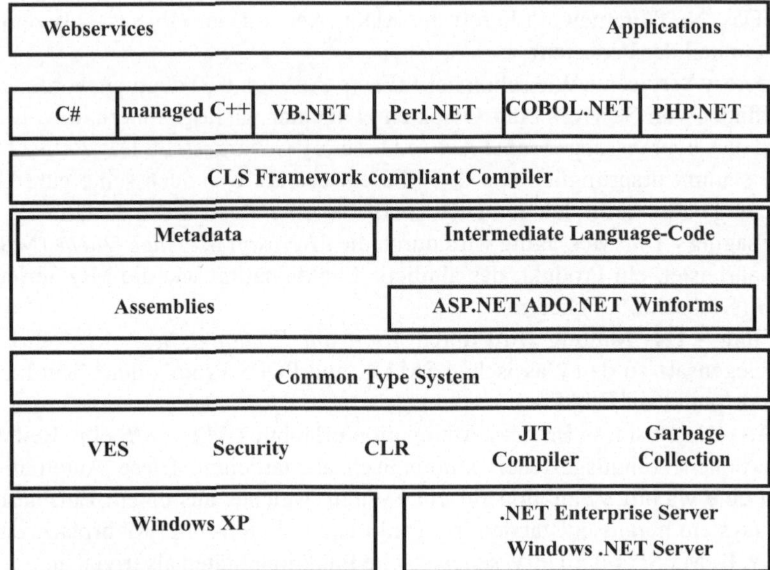

Abb. 8.10 Architektur des .NET-Frameworks

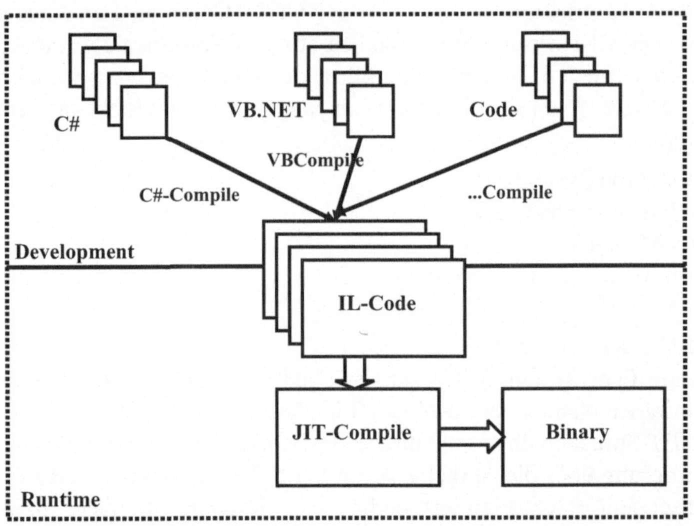

Abb. 8.11 Der Intermediate Language Code

Der Programmquellcode der .NET-Sprachen wird in die sogenannte *Microsoft Intermediate Language*, auch als MSIL bezeichnet, übersetzt. Diese ist streng typisiert und maschinenunabhängig. Zur Laufzeit wird der MSIL-Code durch den Just-in-time-Compiler in den proprietären Maschinencode übersetzt. .NET-Applikationen sind folglich interoperabel, da sie alle in derselben Sprache vorliegen, als soge-

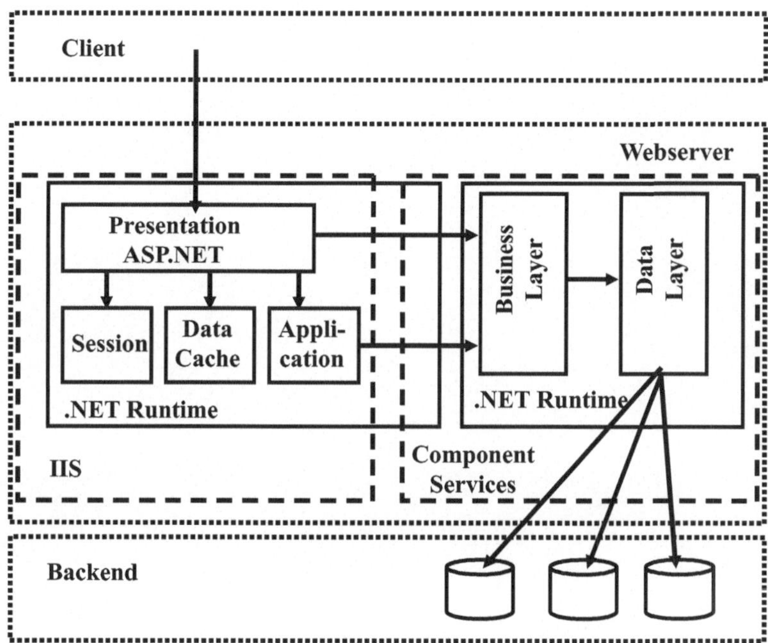

Abb. 8.12 Der .NET Applikation-Server

nannte Assemblies. Der MSIL-Code enthält, neben dem ausführbaren Programmcode, auch die kompletten Metadaten der Programme. Als Ergebnis dieses Ansatzes benötigen .NET-Programme keine externen Ressourcen, wie z. B. die Registry. Die so entstandenen Applikationen lassen sich daher sehr einfach im Rahmen des Deployments einsetzen.

Bei der Ausführung der Assemblies wird ein kurzer Maschinencode ausgeführt, welcher die Common Language Runtime zur Ausführung des Programms lädt. Die Common Language Runtime übernimmt die Kontrolle über das jeweilige Assembly, welches dann Managed Code genannt wird. Außerdem steuert die Common Language Runtime die Garbage Collection und die Interoperabilität mit Nicht-.NET-Applikationen. Die Garbage Collection erfordert von einigen Sprachen wie z. B. C/C++, eine Einschränkung ihrer Eigenschaften. Die .NET-Version von C++ wird deshalb auch managed C++ genannt. Bedingt durch die .NET-typische Garbage-Collection-Implementierung muss man bei managed-C++ auf die gewohnte Pointerarithmetik verzichten.

Betrachtet man die riesigen Mengen herkömmlichen Sourcecodes, welche noch immer im Einsatz sind, verwundert es nicht, dass .NET-Applikationen auch mit Unmanaged-Code zusammenarbeiten können. Unmanaged-Code ist ein Code, welcher nicht unter der Kontrolle der Common Language Runtime steht. Dieser Code wird zwar trotzdem von der Common Language Runtime ausgeführt, er bietet aber nicht mehr alle Vorteile wie bspw. die des Common-Type-Systems und die der automatischen Garbage Collection.

Kapitel 9
SOA

And put on fear and cast yourself in wonder,
To see the strange impatience of the heavens:
But if you would consider the true cause
Why all these fires, why all these gliding ghosts,
Why birds and beasts from quality and kind,
Why old men fool and children calculate,
Why all these things change from their ordinance
Their natures and preformed faculties
To monstrous quality, why, you shall find
That heaven hath infused them with these spirits,
To make them instruments of fear and warning
Unto some monstrous state.

Julius Caesar
William Shakespeare
1564–1616

Ein Spezialfall eines Architekturstils, besser noch eines Paradigmas, stellt die SOA[1] (**S**ervice-**O**riented **A**rchitecture) dar. Die ersten Softwaresysteme waren monolithische siloartige Systeme (Abb. 9.1). Sie entstanden aus dem Bedürfnis heraus, genau ein vorliegendes Problem zu lösen, ohne Rücksicht auf die Architektur des Gesamtsystems. Kennzeichnend für die auf die Monolithen folgende Layerarchitektur ist der Aufbau der einzelnen Applikationen in sogenannte Layer (oder auch Schichten).[2] Die einfachste Form der Layerarchitektur ist die Client-Server-Architektur, welche eine primäre Einteilung in zwei Rollen vorsieht. Weitere Verfeinerungen dieser Form führen zu einer echten Layerarchitektur. Die Layerarchitektur wirkt wie eine „natürliche" Architektur, da die Einteilung der Layer nach Funktionen und Abstraktionsgraden der intuitiven Zerlegung der Problemdomäne zu folgen scheint.

Die Client-Server-Architektur lässt sich zu einer n-Tier oder auch Layerarchitektur verallgemeinern, die meist genutzte Unterteilung der verschiedenen Layer ist (s. Abb. 9.2):

- Benutzerinterface – Hier findet die gesamte Benutzerinteraktion statt, wobei der Begriff Benutzerinterface generisch zu sehen ist. Auch ein Drucker oder ein Archivsystem bildet, logisch gesehen, ein Benutzerinterface.
- Präsentationslayer – Der Präsentationslayer stellt alle notwendigen Informationen zu Verfügung, die an das Benutzerinterface geschickt werden.

[1] Die erste Erwähnung von SOA geschah in einer Veröffentlichung der Gartner Group im Jahre 1996 mit dem Titel: *Service-Oriented Architecture Scenario*. Interessanterweise war das Szenario überhaupt nicht technisch, sondern hatte das Ziel, die Geschäftsprozesse in den Vordergrund zu stellen.

[2] Bezüglich des Unterschieds zwischen Schichten und Layer, s. S. 41.

DOI 10.1007/978-3-642-01659-2,

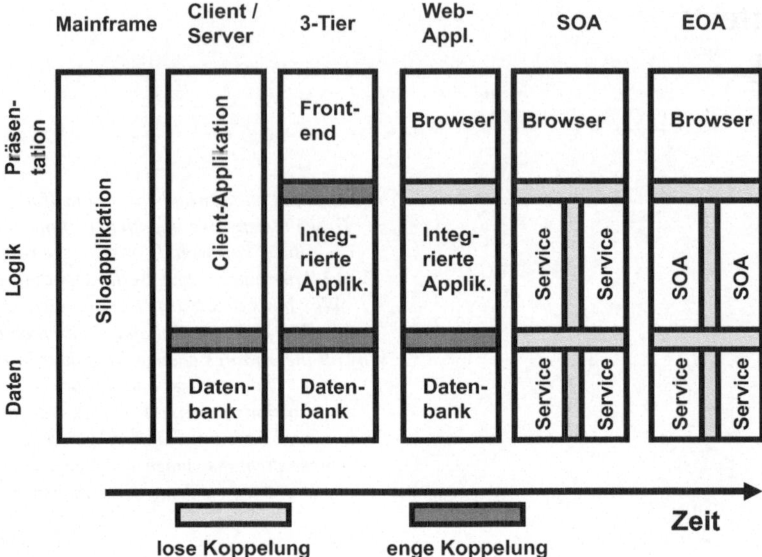

Abb. 9.1 Evolution der Architektur der Informationssysteme

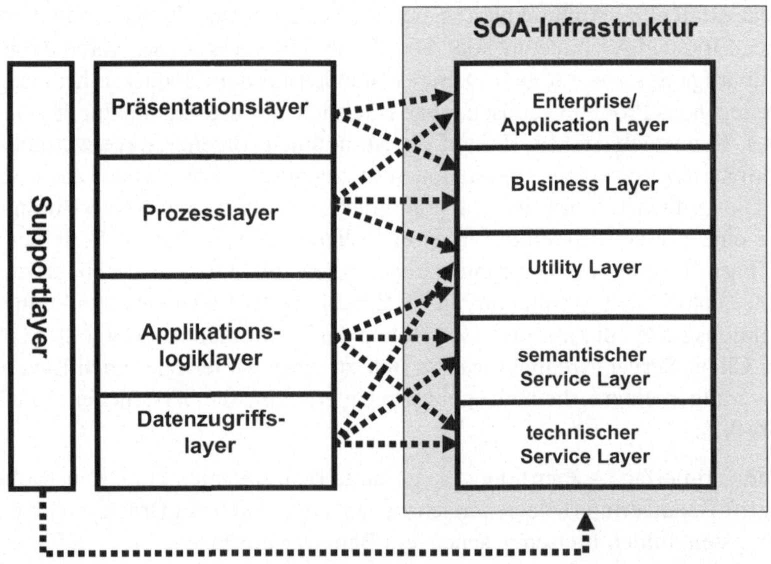

Abb. 9.2 Die fünf Layer einer SOA im Vergleich zu einer klassischen Layerarchitektur

- Prozesslayer – Dieser Layer ist optional in Architekturen vorhanden, hier wird der Prozessfluss gesteuert. Wichtig ist dieser Layer für Workflow und Kollaborationssysteme.

- Applikationslayer – Dieser Layer stellt die eigentliche Geschäftslogik dar.
- Datenzugriffslayer – Dieser stellt die Daten für die Objekte zur Verfügung.

Die einfachste Definition einer SOA ist:

Eine SOA ist das Modell eines Systems, welches vollständig aus autonomen Services aufgebaut ist, deren Interaktion über dasselbe öffentliche Protokoll abläuft und im Modell stets die drei Rollen Provider[3], Consumer[4] und Broker[5] vorhanden sind.

Diese SOA-Definition ermöglicht es, beliebige Protokolle und Rollen innerhalb eines Systems zu haben, allerdings wird man in der Praxis von einigen Forderungen abweichen. So wird im Allgemeinen die Autonomie nicht vollständig durchgehalten und der Broker wird nicht in allen Implementierungen vorhanden sein. Die obige SOA-Definition ist so generisch gehalten, dass nicht nur „klassische" Applikationen, sondern auch viele Formen der verteilten Soft- oder Hardware mit ihr beschrieben werden können.

Die Einführung von Layern stellt ein wichtiges Mittel zur Abstraktion in Softwaresystemen dar. Ein Layer enthält Services, die einen ähnlichen Abstraktionsgrad haben. Normalerweise bauen die einzelnen Layer aufeinander auf. Ein Layer implementiert die für den jeweiligen Abstraktionsgrad spezifischen Teilaspekte und nutzt dazu nur Services des direkt darunterliegenden Layers. Wie viele Layer optimal sind, hängt stark von der jeweiligen Applikation ab. Wenn zu wenige Layer vorhanden sind, sinkt die mögliche Wiederverwendbarkeit, zu viele Layer führen zu Performancenachteilen, da eine Anfrage durch jeden Layer transportiert werden muss. Dieser Overhead kann bei einer Verwendung vieler Layer sehr viel größer sein als der Aufwand zur Ausführung der eigentlichen Operation. Dies gilt insbesondere dann, wenn die unterschiedlichen Layer auf verschiedenen Rechnern verteilt sind. Das Kernproblem von Layern ist, das ein Layer nur in seinem lokalen Kontext optimierbar ist, wobei für ein globales Optimum jedoch der gesamte Kontext notwendig wäre.

Bei den meisten Softwaresystemen hat sich eine Vier-Layerarchitektur herausgebildet, die man mit den Layern einer SOA vergleichen kann. Eine SOA lässt sich analog in fünf Layer einteilen (s. Abb. 9.2):

- Enterprise- oder Application-Layer – Dies ist der oberste Layer in einer SOA. Auf ihm sind die eigentlichen Endpunkte zur Kommunikation mit dem gesamten System angesiedelt. Ein Benutzer interagiert mittels eines sogenannten Application Frontends mit dem System. Der organisationsweite Zugriff auf dieses System erfolgt über die öffentlichen Enterpriseservices.
- Business-Layer – Dieser enthält die prozesszentrierten Services.
- Utility-Layer – Dieser Layer enthält alle Zwischenservices, d. h.: Façaden, Adaptor, Gateways und funktionserweiternde Services.

[3] Ein Provider im Sinn der SOA stellt einen Service zur Verfügung, er wird manchmal auch als Producer bezeichnet.

[4] Ein Consumer im Sinn der SOA nutzt einen Service, er wird oft auch als Requestor bezeichnet.

[5] Ein Broker ist ein „Informationshändler", der dem Consumer Zugang zu den Providern oder den Services gewährt.

- Basislayer – Der Basislayer ist der wichtigste Layer in einer SOA und enthält alle Basisservices. Er realisiert die Datenhaltung und Geschäftslogik. Zusätzlich enthält dieser Layer Proxies für Services, die in einem anderen System auf Ebene des Enterpriselayers angesiedelt sind. Der Basislayer zerfällt seinerseits in zwei Sublayer: Semantischer Service-Layer und technischer Service-Layer.

Ein wesentlicher Unterschied besteht in der Verteilung der unterschiedlichen Layer. Bei traditionellen Architekturen entspricht der logische Layer meist der physikalischen Unterteilung, welche sich später so auch in einer Laufzeitumgebung wiederfindet. So kann der Präsentationslayer auf einem Webserver, der Steuerungslayer auf einer Workflowengine sowie Applikations- und Datenlayer auf einem Applikationsserver ablaufen. Bei einer SOA bestimmt die Zugehörigkeit zu einem Layer nicht automatisch dessen physikalische Verteilung. Bei einer SOA sind Software- und Systemarchitektur voneinander entkoppelt. Der Vorteil einer SOA zeigt sich erst, wenn Services von mehreren Applikationen wiederverwendet werden. Klassische Layerarchitekturen partitionieren die verschiedenen Layer horizontal, wohingegen eine SOA zusätzlich eine vertikale Partitionierung vorsieht, welche die SOA aus der Komponentenarchitektur entlehnt.

Eine SOA ist keine Fortführung des Webgedankens, technisch gesehen hat das Web nur eine einzige Repräsentation (HTML), im Gegensatz dazu kommen in den Organisationen diverse z. T. überlappende Repräsentationen vor. Das Beste, was in diesem Fall erreicht werden kann, ist, sich der Standardisierung zu nähern und überlappende Interfaces zu erlauben, mit der Maßgabe, dass eine Transformation zwischen diesen Interfaces bekannt ist. Damit eine SOA sehr stark ereignisorientiert sein kann, muss den Anforderungen an Flexibilität und Anpassbarkeit auch genüge getan werden – die Ereignisorientierung muss sich auch in der Architektur widerspiegeln.

Die allgemeine SOA (s. Abb. 9.3) kann als eine Drei-Tier-Architektur angesehen werden. In diesem Kontext werden die Schichten nicht als Schichten, sondern als Service-Layers bezeichnet.

Neben diesen statischen Funktionalitäten haben Service Oriented Architectures ein zweites Charakteristikum, ihre Dynamik. Innerhalb der SOA werden alle Services nicht statisch, sondern ausschließlich dynamisch gebunden, die Folge hiervon ist die Notwendigkeit, folgende Konzepte zu etablieren:

- Publishing – Die Fähigkeiten und Existenz eines neuen Services bzw. die geänderten Eigenschaften eines bestehenden Services müssen der gesamten Organisation bekannt sein, damit sie überhaupt genutzt werden können. Diese Bekanntmachung bezeichnet man als Publishing.
- Finding oder Discovery – Wie wird ein bestehender Service gefunden? So einfach dies klingt, es ist recht komplex, da die Auffindung des „richtigen“ Services eine hohe semantische Leistung darstellt.
- Binding – Der aufgefundene Service muss aufgerufen und sein Interface genutzt werden, diesen Vorgang nennt man Binding. Das Binden an den bestehenden Service ist vermutlich der einfachste Teil einer Service Oriented Architecture.

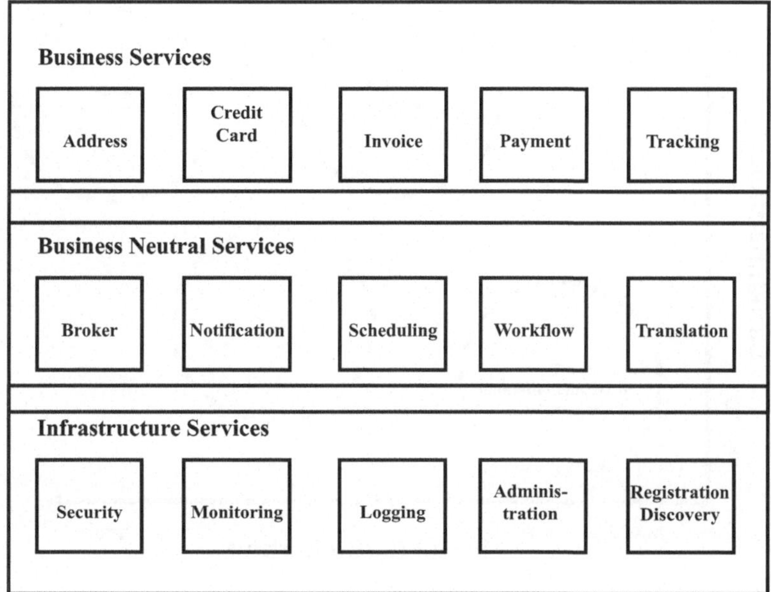

Abb. 9.3 Basis-SOA-Komponenten

9.1 Services

Die Services sind, analog zu den Komponenten, unabhängige Bausteine, welche gemeinsam eine Applikationsumgebung repräsentieren. Im Unterschied zu Komponenten haben Services besondere Charakteristika, die es ihnen gestatten als Teil einer SOA zu agieren. Eine dieser Eigenschaften ist, dass ein Service zunächst völlig unabhängig von jedem anderen Service konzipiert sein sollte. Ein Service ist nur verantwortlich für seinen eigenen Ausschnitt der Fachlichkeit[6], welcher dann auf eine bestimmte Funktion oder Menge von Funktionen abgebildet wird. Diese Funktionen können von diesem Service auch anderen Services zur Verfügung gestellt werden. Eine SOA ist im Wesentlichen eine Sammlung von Services. Diese interagieren miteinander, indem sie Daten austauschen oder gemeinsame Aktivitäten durchführen; zur Koordination gemeinsamer Aktivitäten wird ein Mechanismus benötigt, mit dem Services zusammengefügt werden können.

Der entscheidende Vorteil einer SOA liegt darin, dass eine SOA die Implementierung eines Services von dessen Interface trennt. Das heißt, es wird das „Was“ vom „Wie“ getrennt. Der Consumer braucht nicht zu wissen, wie der Service funktioniert und implementiert ist, für ihn ist nur interessant, dass er ihm zur Verfügung steht und dass er ihm die Serviceleistung liefert, die er benötigt. Die einzige Anforderung, die der Consumer an den Service hat, ist, dass der Service eine Antwort zurückliefert, und zwar in einem vereinbarten Format. Die Eigenschaften eines Ser-

[6] Diese Ausschnitte der Fachlichkeit müssen nicht disjunkt sein, oft ist ein gewisser Grad an Redundanz notwendig.

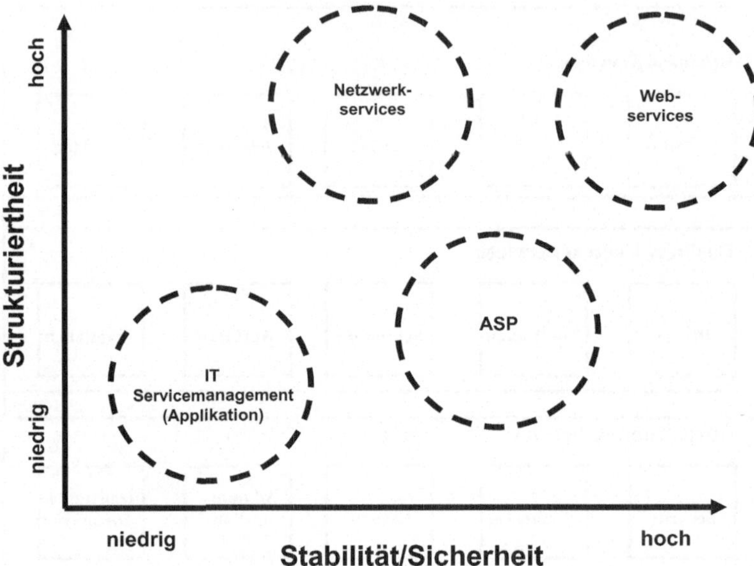

Abb. 9.4 Verschiedene Formen von Services

vices führen dazu, dass man den Service als eine isolierte Einheit einer Organisationsfunktion ansehen kann, wobei die Menge aller Services locker miteinander zu einer SOA verbunden werden. Durch die Unabhängigkeit, welche die Services in dieser SOA haben, und die gekapselte Programmlogik, die sie mitbringen, sind die Services nicht an irgendeine Plattform oder Technologie gebunden.

Alle Services innerhalb einer SOA haben eine Reihe von technischen Eigenschaften, welche die SOA als Framework, aber auch als Designmodell repräsentieren. Zu diesen technischen Eigenschaften der Services zählen:

- Lose Koppelung – Wechselwirkende Services sind bedingt durch ihre Natur immer lose gekoppelt. Dies ist notwendig, da sie a priori plattform- und implementierungsneutral sein müssen, was dazu führt, dass sie nur ihr Interface, nicht jedoch ihre Implementierung bekannt geben. Eine der Ideen von Services ist es, den Provider wechseln zu können. Hierfür ist eine lose Koppelung notwendig, da eine enge Koppelung den Wechsel des Providers stark erschwert.
- Messagebasierte Interaktion – Die Kommunikation zwischen einzelnen Services geschieht immer messagebasiert. Üblicherweise werden diese Messages asynchron ausgetauscht bzw. der Requestor simuliert eine Synchronität, wenn dies durch den Consumer[7] gewünscht ist. Messagebasierte Kommunikation vereinfacht es auch, eine lose Koppelung zu unterstützen.
- Dynamische Discovery – Services sind stets Softwareteile, die anderen Consumern zur Verfügung stehen. Da sich a priori nicht festlegen lässt, dass sich der gewünschte Service auf demselben Rechner wie der Consumer befindet, ist es

[7] Oft wird nicht von den Consumern, sondern von den implementierenden Entwicklern die Synchronität gefordert, da synchrone Programme sich viel einfacher bauen lassen als asynchrone.

wichtig zu wissen, welche Services zurzeit zur Verfügung stehen und was diese tatsächlich leisten können. Daher muss ein Modell zum dynamischen Auffinden und Entdecken von Services unterstützt werden. Besonders wichtig ist eine solche Fähigkeit offensichtlich bei mobilen Systemen. In einer solchen Umgebung ist es überhaupt nicht möglich zu wissen, welche Services einem in Zukunft zur Verfügung stehen.

- Selbstständiges Deployment – In sehr großen Umgebungen ist ein automatisches Deployment des Services ein großer Vorteil.
- Portabilität – Die Services sollten sowohl von der konkreten Implementierung als auch der konkreten Umgebung so unabhängig wie möglich sein.
- Implementierungsneutralität – Services definieren sich ausschließlich über ihre Qualitäten und ihre eigenen Interfaces, nicht jedoch über ihre jeweilige Implementierung. Ohne diese Prämisse wäre ein Provider- oder Servicewechsel nur schwer möglich.
- Autonomie – Services müssen sich entkoppeln und werden daher auch unabhängig von anderen Services implementiert. Ausschließlich die Interfaces eventuell nutzbarer Services sind bekannt.
- Policybasiertes Verhalten – Bestimmte technische Eigenschaften wie Transaktionssicherheit, Verschlüsselung und Kontext sollten keine festen Bestandteile der Serviceimplementierung sein. Diese Forderung ist zwar per se nicht zwingend, erleichtert aber die Nutzung unterschiedlicher Qualitäten (s. Abschn. 9.3) für eine gegebene Implementierung.
- Konfigurierbarkeit – Services werden nur abstrakt definiert und später implementiert. Die Konfiguration eines Services sollte dynamisch möglich sein, um auf Dauer möglichen Veränderungen folgen zu können.
- Late Binding – Die Services werden dynamisch aufgerufen, mit der Folge, dass das Binding der Services erst zur Laufzeit geschehen kann. Eine Technik, die heute in diversen Betriebssystemen eingesetzt wird, so unter *Windows* durch die DLLs.

9.2 Servicemodell

Eine SOA basiert auf den Wechselwirkungen zwischen drei verschiedenen Beteiligten, dem Provider, auch Server genannt, dem Servicerequestor, auch Client oder Consumer genannt, und der Registry oder Broker. Der Provider stellt die einzelnen Implementierungen zur Verfügung und publiziert ihre Eigenschaften in der Registry. Der Consumer wiederum findet seine gesuchten Services mithilfe einer Interfacebeschreibungssprache innerhalb der Registry und nutzt die dortigen Interfacedefinitionen, um sich gegen den Provider zu binden. Die konkrete Nutzung der Services läuft dann transparent über das Netzwerk, mithilfe eines Protokolls, zwischen dem Consumer und dem Provider.

Diese Art des Auffindens der Services trennt den Consumer vom Provider und führt zu einer Entkoppelung. Da nun der Provider nicht mehr ab initio bekannt ist, können auch keine Annahmen über die Serviceimplementierung außer dem Interface getroffen werden, es entsteht mehr oder minder automatisch eine lose Koppelung zwischen Consumer und Provider. Durch diesen Mechanismus ist der Consumer gezwungen, sich auf unterschiedliche Provider für den gleichen Service einzustellen, dasselbe gilt umgekehrt auch für den Provider.

Das Modell einer SOA wird am einfachsten durch das „find-bind-execute" Paradigma[8] beschrieben, wobei der jeweilige Consumer sich auf der Suche nach einem bestimmten Service an die Registry wendet. Ist der Registry der Service bekannt, so antwortet er dem Consumer mit einem Servicevertrag (Service Contract) und einer Adresse, unter dem der Consumer beim Provider den Service in Anspruch nehmen kann. Hat der Provider den Vertrag und die Serviceadresse erhalten, so kann er zu dieser Adresse verbinden und den Service anfordern. Der Provider erlaubt dem Consumer, den Service bezüglich des Vertrages zu nutzen. Jeder Provider kann seine Services bei der Registry registrieren lassen, damit sie von den Consumern gefunden werden können.

- Consumer – Der Consumer selbst kann ein Service, eine Applikation, ein Programm, ein Softwaremodul, ein Hardwaremodul oder auch ein Mensch sein, der diesen Service in Anspruch nimmt. Der Consumer sucht den Service bei der Registry und erhält die Serviceadresse und den Vertrag. Damit bindet der Consumer den Service über ein Transportprotokoll und führt danach den Service aus, indem er eine, entsprechend des Vertrags, formatierte Anfrage an den Provider schickt.
- Provider – Oft ist der Provider gemeint, wenn man vom Service spricht. Der Provider ist die Entität, welche den Service anbietet und über das Netzwerk zugänglich macht. Er akzeptiert die Anfragen des Consumers und führt sie aus. Der Provider veröffentlicht seinen Vertrag bei der Registry, damit die Consumer den Service finden und nutzen können.
- Registry – Eine Registry basiert auf einem Softwaresystem, welches die Adressen von den verfügbaren Services enthält. Die Registry akzeptiert und speichert die Verträge der Provider und stellt sie dem Consumer zur Verfügung, falls dieser den entsprechenden Service nutzen möchte.
- Servicevertrag – Der Servicevertrag ist eine Spezifikation, die festlegt, wie ein Consumer in Kontakt mit dem Provider des Services zu treten hat. Der Vertrag legt das Format der Anfrage und der Antwort des Services fest. Die Vorbedingungen und Nachbedingungen sind ebenfalls dem Vertrag zu entnehmen. Sie spezifizieren den Zustand, in dem sich der Service befinden muss, um eine bestimmte Funktion ausführen zu können. Der Servicevertrag beschreibt außerdem die verschiedenen „Quality of Service Levels", die unterstützt werden.
- Serviceproxy – Der Provider stellt dem Consumer ein Serviceproxy zur Verfügung. Dieses Proxy befindet sich zwischen Consumer und Provider, und zwar lokal auf dem Client des Consumers. Der Consumer kann eine Anfrage ausführen, indem er die API-Funktion des Proxys verwendet. Der Vorteil besteht darin, dass das Proxy direkt bei der Registry den Provider und den zugehörigen Vertrag erhält und damit die formgerechte Serviceanfrage im Auftrag des Consumers ausführt. Das Proxy erhöht die Leistung des Services, da es die Referenzen

[8] Oft auch SOA-Paradigma genannt.

der Provider und die zugehörigen Verträge lokal speichert. Wird also der gleiche Service öfters ausgeführt, so müssen nicht jedes Mal bei der Registry die entsprechenden Daten angefordert werden, sondern der Service kann direkt angefragt werden. Dadurch reduziert sich die Anzahl an Netzwerkverbindungen, die der Consumer tätigen muss. Alle Servicemethoden, die keine Daten vom Provider benötigen, können lokal auf dem Proxy ausgeführt werden, dadurch wird der Provider entlastet. Benötigt ein Service nur einen kleinen Datenteil, so kann dieser ebenfalls beim Provider heruntergeladen und im Proxy gespeichert werden. Für den Consumer ist es nicht von Belang, ob die Funktionen lokal im Proxy oder remote beim Provider ausgeführt werden. Das Proxy kann nur Funktionen zur Verfügung stellen, die der Provider auch unterstützt.
- Servicelease – Die Registry bestimmt, mit dem sogenannten Servicelease, wie lange ein Servicevertrag gültig ist. Der Consumer stellt an die Registry eine Anfrage und bekommt dann neben dem eigentlichen Vertrag noch einen Mietvertrag, der beschreibt, wie lange das Servicelease gültig ist. Der Vertrag ist gültig ab dem Zeitpunkt, an dem der Consumer das Servicelease erhält, bis zu dem Zeitpunkt, den die Registry im Servicelease festgelegt hat. Wenn das Servicelease abgelaufen ist, muss der Consumer eine neue Anfrage an die Registry stellen, um ein neues Servicelease zu erhalten. Das Servicelease ist unabdingbar für Services, die Zustandsinformationen über die Bindung zwischen Consumer und Provider benötigen. Das Servicelease definiert die Zeit, in welcher der Zustand unverändert bleibt. Außerdem wird damit die Koppelung zwischen Consumer und Provider reduziert, indem die Zeit begrenzt wird, welche den Consumer an den Provider bindet. Ohne die Idee eines Vertrags auf Zeit könnte ein Consumer für immer an einen speziellen Service oder Provider gebunden werden und nie wieder von dem Vertrag zurücktreten. Das würde dazu führen, dass zwischen Consumer und Provider eine viel engere Beziehung bestehen würde als eigentlich beabsichtigt. Das würde dem Kerngedanken einer SOA, der losen Koppelung von Services, widersprechen. Möchte der Provider seine Implementierung und damit auch den Service ändern, so kann er das, indem er wartet, bis der Mietvertrag ausläuft und der Consumer dann einen Vertrag mit den neuen Konventionen erhält. Damit kann die Implementierung geändert werden, ohne die Ausführung des Services zu beeinträchtigen, da der Consumer eine neue Anfrage für einen neuen Service und Mietvertrag stellen muss. Wenn die neuen Verträge in Kraft treten, wird allerdings nicht garantiert, dass der Service identisch zum Vorherigen ist.

9.3 Quality of Service

Ein wichtiger, aber schwer zu definierender Aspekt ist die Qualität eines Services. Die Summe der Qualitäten eines Services, d. h. die Summe der nichtfunktionalen, aber zugesicherten und messbaren Eigenschaften bezeichnet man als **Q**uality **o**f **S**ervice (QoS).

Die Feststellung, was tatsächlich benötigt wird, um eine vordefinierte Qualität eines Services überhaupt erreichen zu können, ist eine schwierige Aufgabe. In den meisten Fällen wird dabei die bestehende Erfahrung extrapoliert und als Quelle einer Schätzung genutzt. Innerhalb einer SOA wird dieses Problem noch dadurch forciert, dass es in einer solchen Umgebung möglich sein muss, dieselben Services mit unterschiedlichen Qualitätsstufen auf einer identischen Infrastruktur zu betreiben.[9]

Neben den Problemen des reinen Betriebs von Services ergeben sich noch weitere Fragestellungen aufgrund der Architektur:

- Consumerperspektive – Typischerweise wollen die Consumer die Qualität des Services definieren. In traditionellen Systemen ist dies kein so großes Problem, da hier meistens das gesamte System unter der Hoheit des Consumers abläuft. Nicht jedoch in einem vollständig serviceorientierten System: In diesem kann nicht mehr davon ausgegangen werden, dass das gesamte System unter der Regie des Consumers abläuft, schließlich können die Services von beliebigen Providern geliefert werden. Die Kunden – sprich Consumer – wollen festlegen, was sie von dem Service erwarten, in ihrer eigenen Terminologie mit einer eigenen Bewertung von Qualitäten. Allerdings ist zu vermuten, dass in den meisten Fällen der Provider einfach einen „alten" Service recycelt und damit gerade nicht die Consumerperspektive einnimmt.
- Kompositservices – Eines der Ziele hinter einer SOA ist die Fähigkeit, neue Services aus dem Zusammenbau von bestehenden Services zu erzeugen. Obwohl die Komposition fachlich relativ einfach erscheint, stellt sich die Frage, wie die Qualitäten der Services bei einer solchen Zusammenlegung propagieren. Speziell, wenn ein definiertes stochastisches Verhalten gefordert wird, ist unklar, ob der neue Gesamtservice sich nach einfachen statistischen Gesetzen verhält.
- QoS-Degeneration – Selbst wenn es gelingt einfache Kompositservices zu modellieren, auf Dauer werden die Beziehungen zwischen den Services von inhärenten Rekursionen geprägt sein. Solche Rekursionen führen dann sehr schnell zu sinnentleerten Aussagen über die jeweiligen Qualitäten. Ab einer gewissen Größe verhält sich der Service als Ganzes nur noch bedingt deterministisch; an dieser Stelle sind Qualitäten gefragt, welche sich aus systemtheoretischen Betrachtungen ableiten lassen.

9.4 Webservices

Webservices können als ein Produkt der Entwicklung des WWW (**W**orld **W**ide **W**ebs) gesehen werden, da neben der reinen Darstellung und Verlinkung von Dokumenten auch der Informationsaustausch recht schnell in den Vordergrund des WWW rückte.

Die Nutzung von Webservices führt nicht automatisch zu einer SOA, ganz im Gegenteil, frühe Webserviceimplementierungen haben die Tendenz, sich zu fest codierten Aufrufen von Services zu entwickeln, die einfach ein Webserviceprotokoll

[9] Schließlich möchte der Provider in der Lage sein, bei fachlich identischen Services ein Differenzierungsmerkmal für den Consumer zu liefern.

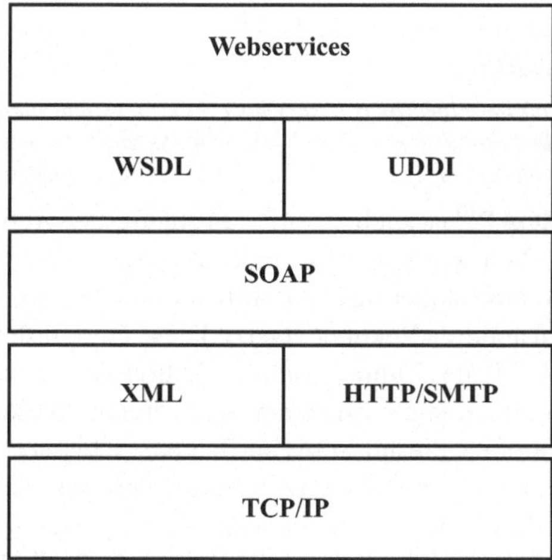

Abb. 9.5 Protokollstack für Webservices

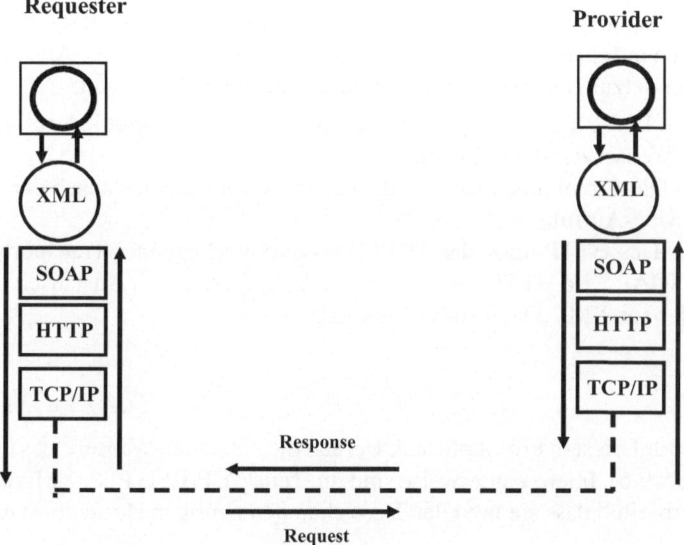

Abb. 9.6 Aufrufstack für Webservices mit XML und SOAP

einsetzen. Genauso gut könnte auch ein direkter Call gemacht werden. SOA ist eine Architekturidee und Webservices sind ein bestimmtes Protokoll!

Im Vergleich zu den mehr allgemein orientierten Komponenten sind die Webservices ein spezieller Fall, denn hierunter versteht man lose gekoppelte, ausführbare Applikationen, welche dynamisch über ein TCP/IP-Protokoll eingebunden werden. Aus einer anderen Perspektive beurteilt, sind Webservices eine mögliche Implementierungsform von einer SOA. Die offizielle Definition von Webservices ist laut dem *World Wide Web Consortium*:

> *... software application identified by a URI, whose interfaces and binding are capable of being defined, described and discovered by XML artifacts and supports direct interactions with other software applications using XML based messages via Internet based protocols.*

Die Nutzung von SOAP[10] ist auch eines der Probleme der Webservices. Ursprünglich war SOAP entwickelt worden um **R**emote **P**rocedure **C**alls (RPC) zu ermöglichen. Beim RPC wird ein lokaler direkter Aufruf eines Moduls durch einen Aufruf eines Moduls in einem anderen Rechner ersetzt. Diese Herkunft führte dazu, dass die ersten Webservices SOAP als „Tunnel" für applikationsspezifische verteilte Aufrufe genutzt haben und damit keinen Servicecharakter zeigten. Diese Situation setzt sich heute fort, da Applikationen, die auf SOAP aufbauen, nicht per se interoperabel sind. Webservices haben keine eigenen Benutzeroberflächen, mit der Folge, dass solche Benutzeroberflächen durch andere Mechanismen erst gebaut werden müssen. Daraus resultiert eine geringe Sichtbarkeit der Webservices für die Endbenutzer, da die Endbenutzer Software direkt nur durch die Benutzeroberflächen erleben.

Welche Voraussetzungen an Technik auf der Protokollebene sind für die Webservices notwendig? Obwohl Webservices auf Standardprotokollen aufbauen, brauchen sie eine gewisse Menge von Voraussetzungen. Diese Voraussetzungen bauen systematisch aufeinander auf. Der sogenannte Webservicestack (s. Abb. 9.5) erfüllt diese Voraussetzungen, er braucht, von unten nach oben betrachtet:

- TCP/IP – Diese logische Basisverbindung stellt das Rückgrat jeder Kommunikation im Webservice-Umfeld dar.
- XML – Die Protokollsprache XML dient zum Messageaustausch der einzelnen Webservice-Aufrufe.
- HTTP – Das HTTP nutzt das TCP/IP als darunterliegendes Transportprotokoll. Durch SOAP wird HTTP sowohl für den Aufruf sowie den Austausch der XML-Dateien bzw. XML-Datenströme genutzt.
- SOAP,
- UDDI[11],
- WSDL[12].

Aufbauend auf diesem Protokollstack werden die einzelnen Webservices implementiert (s. Abb. 9.6). Interessanterweise sind die Teile TCP/IP, HTTP, XML und SOAP so weit verbreitet, dass sie in vielen Bereichen den heutigen De-facto-Standard darstellen.

9.5 SOA-Qualitätsattribute

Da es die Qualitätsattribute sind, die eine Architektur vorantreiben, müssen diese auch einen Einfluss auf die konkrete Implementierung der jeweiligen Architektur

[10] Ursprünglich stand SOAP für **S**imple **O**bject **A**ccess **P**rotocol, aber mittlerweile wird dies für missverständlich gehalten, so dass SOAP keine weitere Bedeutung hat.

[11] **U**niversal **D**escription **D**iscovery and **I**ntegration

[12] **W**eb **S**ervices **D**escription **L**anguage

haben. Doch was sind die Implikationen aus den Qualitätsattributen in einem Architekturparadigma wie SOA?

Die Implikationen einer Service Oriented Architecture bezüglich spezifischer Qualitätsattribute (s. Tabellen 9.1 und 9.2) sind:

- Interoperabilität – Unter dem Begriff Interoperabilität versteht man die Fähigkeit, dass unterschiedliche Systemteile Informationen gemeinsam nutzen und auf eine festgelegte Art und Weise semantisch interpretieren. Die Interoperabilität ist das große „Versprechen" hinter der SOA! Diverse Plattformen zur Schaffung von Interoperabilität existieren schon heute, aber die Interoperabilität wird de facto stark verletzt, wenn man als Austauschprotokoll den Minimalstandard WSDL und SOAP verlässt.
- Zuverlässigkeit – Zuverlässigkeit ist die Fähigkeit eines Systems längere Zeit aktiv zu sein. Innerhalb einer SOA hat die Zuverlässigkeit mehrere Aspekte:
  - Zuverlässigkeit des Nachrichtenaustausches zwischen den Serviceinstanzen,
  - Zuverlässigkeit der Registry, was im Grunde die Zuverlässigkeit von Metaservices betrifft,
  - Zuverlässigkeit des einzelnen Services.

  Aufgrund der Tatsache, dass SOA-Systeme meist verteilt angelegt sind, kommt der Zuverlässigkeit des Nachrichtenaustausches eine besondere Bedeutung zu. Die Zuverlässigkeit der Services selbst ist analog zur Zuverlässigkeit von Applikationen zu sehen.
- Verfügbarkeit – Ist ein Maß dafür, wie stark ein System erreichbar und zugänglich ist, wenn es gebraucht wird. Die Verfügbarkeit eines Services wird meist in Form eines SLAs (**S**ervice **L**evel **A**greement) gegeben, bei dem die Details, wann und wie oft der Service ausfallen darf, vereinbart werden. Insofern haben SOAs das Qualitätsattribut Verfügbarkeit zu einem expliziten Bestandteil der Nutzung gemacht.

Tabelle 9.1 Qualitätsattribute und ihre Bewertung in einer SOA (⊛ gut, ⊚ neutral, ⊖ negativ)

Qualitätsattribut	Bewertung
Interoperabilität	⊛
Zuverlässigkeit	⊚
Verfügbarkeit	⊚
Usabilität	⊚
Sicherheit	⊖
Performanz	⊖
Skalierbarkeit	⊚
Erweiterbarkeit	⊛
Adaptierbarkeit	⊚
Testbarkeit	⊖
Nachverfolgbarkeit	⊖
Betreib- und Einsetzbarkeit	⊚
Veränderbarkeit	⊛

Tabelle 9.2 Qualitätsattribute und synchrone oder asynchrone Services

Qualitätsattribut	Synchron	Asynchron
Veränderbarkeit	Einfacher zu entwickeln	Implementierung ist schwieriger, da zusätzliche Koordinierungslogik erforderlich
	Ersatz der Implementierung schwieriger	Niedrigere Koppelung
	Broker schwer zu verwenden	Broker einfach zu verwenden
Performanz	Bessere und direkte Response	Overhead durch Asynchronität
	Blockieren von Ressourcen	Bessere Ressourcennutzung durch Parallelisierung
Skalierbarkeit	Niedrige Skalierbarkeit durch direkte Koppelung	Höhere Skalierbarkeit durch Verteilbarkeit und Parallelisierung
Verlässlichkeit	Anfällig für Systemfehler durch enge Koppelung	Erhöhte Fehlertoleranz
	Einfache Fehler- und Ausnahmebehandlung	Komplexe Fehler- und Ausnahmelogik

- Nutzbarkeit – Die Nutzbarkeit ist ein Maß für die Qualität der Nutzererfahrung im Umgang mit den Informationen oder Services innerhalb einer SOA. Neben den „klassischen" Fragen, wie z. B. die Frage nach der Ergonomie der Benutzeroberfläche, kommen bei einer SOA auch Fragen bezüglich weiterer Punkte in den Fokus der Betrachtung:
  - Datengranularität – Die Größe oder Feinheit der Daten eines Serviceinterfaces spielen eine wichtige Rolle bei der Nutzung.
  - Metaservices – Speziell die Art und Weise der Auffindung und Bindung von Services erzwingt die Nutzung von Metaservices. Die am meisten genutzten Metaservices sind innerhalb der Registry angesiedelt und liefern Suchinformationen.
  - Offline Services – Außerdem muss berücksichtigt werden, wie das System reagiert, wenn bestimmte Services temporär nicht zur Verfügung stehen.[13]
- Sicherheit – Informationen haben für jeden einen Wert, unabhängig davon, wie diese Informationen zur Verfügung gestellt werden. Es gilt diesen Wert zu schützen und zu erhalten. Mit dieser Erhaltung beschäftigt sich die Informationssicherheit, deren Ziel es ist, die Informationen und Prozesse in folgenden Kontexten zu schützen:
  - Vertraulichkeit – Bestimmte Informationen sollten nur den dafür autorisierten Personen zugänglich sein.
  - Integrität – Die Korrektheit und Vollständigkeit der Informationen und der entsprechenden Verarbeitungsmethoden muss geschützt werden.
  - Verfügbarkeit – Die Informationen müssen, wenn sie benötigt werden, auch verfügbar sein.

[13] Der klassische „*Windows*-Blue-Screen" ist in solchen Fällen die schlechteste Lösung.

Der Verlust von Vertraulichkeit, Integrität, Verfügbarkeit, Nachvollziehbarkeit, Authentizität und Verlässlichkeit von Informationen und Services hat große Auswirkungen auf jede Organisation, gleichgültig ob in der Wirtschaft oder Verwaltung. Im privaten Bereich kann ein Bruch der Vertraulichkeit peinliche Momente zur Folge haben. Besonders kritisch wird der Bruch der Vertraulichkeit im Bereich des Gesundheitswesens, der Finanzbehörden, der Justiz oder der Anwälte und der Polizei gesehen. Die Schaffung einer Umgebung für Informationssicherheit in einer finanzierbaren und „unmerklichen" Weise war schon immer eine Herausforderung für Softwaresysteme. Die Verfügbarkeit angemessener Sicherheitssysteme ist heute wichtiger denn je, da mit der Zugänglichkeit und Mächtigkeit von Software auch deren Sicherheitsrisiko ansteigt. Leider wird die Sicherheit auch heute immer noch sekundär zur Funktionalität in der Software gesehen, mit dem Ergebnis, dass bei vielen Organisationen Kernprozesse einem hohen Risiko ausgesetzt sind. Innerhalb einer SOA ist im Gegensatz zu geschlossenen Systemen die Sicherheit eine ganz spezielle Herausforderung.

- Performanz – Die Frage der Performanz kann in SOA-Systemen eine sehr kritische sein. Die Performanz wird im Allgemeinen durch die Struktur einer SOA negativ beeinflusst. Dies hat mehrere Gründe:
  - Eine SOA benötigt i. d. R. eine verteilte Verarbeitung. Die Kommunikation bei einer verteilten Verarbeitung benötigt Zeit und Bandbreite im Netzwerk. Eine Folge dieses Designs ist, dass SOA keinen praktikablen Architekturstil für ein Realtime-System darstellt, da die heute genutzten Netzwerke keine deterministischen Zeiten produzieren.
  - Der Aufruf einer Registry oder eines Repositories ist mit einem nicht zu vernachlässigenden Performanzoverhead versehen.
  - Die Interoperabilität zwischen Services wird z. T. über Marshalling der Daten sichergestellt. Dieses Packen und Entpacken von Daten benötigt Zeit und Ressourcen.
  - Das Parsen des XMLs der einzelnen Nachrichten ist ressourcen- und zeitintensiv, da neben dem reinen Parsing auch noch Validierung und Transformationen stattfinden müssen.
- Skalierbarkeit – Bezüglich der Skalierbarkeit gibt es zz. nur wenige Erfahrungen. Einer der Hauptfaktoren für Skalierbarkeit eines Services ist die Kapazität des Servers, auf dem der jeweilige Service „gehosted" wird. Allerdings sollte die Implementierungstransparenz (die Nutzer kennen nur das Interface) die Skalierbarkeit positiv beeinflussen, da es nun möglich ist die Last auf mehrere Computer zu verteilen, oder schnellere Hardware genutzt werden kann, ohne dass dies der Benutzer merkt.
- Erweiterbarkeit – Unter der Erweiterbarkeit versteht man die Fähigkeit, die Eigenschaften eines Services zu erweitern, ohne dass andere Services oder Teile des Gesamtsystems davon betroffen werden. Für eine SOA kann dies auf drei verschiedene Arten geschehen:
  - Hinzufügen von zusätzlichen Services. Ein solcher Schritt ist sehr einfach, da die bestehenden Services nur indirekt betroffen werden. Allerdings kann

durch das dynamische Binden implizit ein anderes Verhalten erzeugt werden, da der „neue“ Service bestehende verdrängen kann. Die zusätzliche Belastung der Registry oder des Repositories dürfte minimal sein.

- Veränderung des bestehenden Services, ohne die genutzten Interfaces zu verändern. Auch hier sind die Effekte indirekt und implizit, da das SOA-Prinzip eine Trennung von Interface und Implementierung voraussetzt.
- Veränderung bestehender Interfaces. Eine solche Veränderung hat einen großen Einfluss auf das laufende System, da in diesem Falle der Nutzer mit der Veränderung „klarkommen“ muss.

Das Hauptproblem bei der Erweiterbarkeit des Systems innerhalb einer SOA ist die Stabilität des Interfaces. Kann diese Stabilität – strukturell wie auch verhaltenstechnisch – gewährleistet werden, so hat eine SOA ein hohes Maß an Erweiterbarkeit.[14]

- Adaptierbarkeit – Hierunter wird die Einfachheit verstanden, mit der sich ein System an geänderte fachliche Anforderungen anpasst. Für Unternehmen ist dies eine besonders wichtige Eigenschaft, da sie direkt mit der Time-to-Market-Fähigkeit eines Unternehmens korreliert. Eine SOA beeinflusst die Adaptierbarkeit in positiver Art und Weise folgendermaßen:
  - Es können die Services gebaut und eingesetzt werden, die orts- und transporttransparent sind. Durch eine dynamische Serviceentdeckung ist es möglich sich auf Veränderungen der Fachlichkeit einzustellen. Entweder werden neue Services geschaffen, die dann dynamisch entdeckbar sind, oder es werden vorhandene neu zusammengestellt. Je nach Überdeckungsgrad der funktionalen Domäne kann die eine oder die andere Lösung sinnvoll sein.
  - Da die Geschäftsprozesse innerhalb einer SOA aus lose gekoppelten Services aufgebaut sind, werden sie in die Lage versetzt sich schnell auf Veränderungen der Domäne einzustellen, unter der Maßgabe, dass die darunterliegenden Services überhaupt dazu in der Lage sind.
  - Die angestrebte Plattformunabhängigkeit einer SOA fördert die Nutzung unterschiedlicher Hardwareplattformen und ermöglicht daher auch ein schnelles Einstellen auf Veränderungen (Adaption auf technische Veränderung).
- Testbarkeit – Das Testen eines Systems auf SOA-Basis kann eine Herausforderung sein, da die speziellen Eigenschaften einer SOA das Testen im Allgemeinen aufwändig machen:
  - Die Interaktionen zwischen verschiedenen Teilen des Systems, bedingt durch die verteilte Verarbeitung, können Probleme in der Synchronisierung, Nachrichtenübermittlung und Wiederholbarkeit von Tests produzieren.
  - Der Sourcecode muss nicht vorhanden sein oder die Implementierung kann sich ändern, ohne dass dies mitgeteilt wird, da Services von externen Providern zur Verfügung gestellt werden können.
  - Wird eine Serviceentdeckung zur Laufzeit explizit genutzt, so ist es sehr schwer, die möglichen zukünftigen Produktionsumgebungen bereitzustellen

[14] Trotzdem kann eine solche Implementierung sehr teuer sein.

oder vergangene zu reproduzieren, was Regressionstests sehr komplex ausfallen lässt.

Zurzeit existiert noch kein Standard für das Testen in einer SOA-Umgebung. So lange ein solcher Standard nicht geschaffen wurde, dürfte Testbarkeit als Qualitätsattribut für eine SOA schwer erfüllbar sein. Dies bezieht sich nicht auf Systeme, die eine Art „Designtime-SOA“ betreiben. Bei solchen Systemen wird der Servicegedanke nur zum Designzeitpunkt als Strukturierungsmerkmal genutzt, die nachfolgende Implementierung jedoch mehr oder minder „klassisch“ vollzogen.

- Nachverfolgbarkeit – Die Nachverfolgbarkeit innerhalb einer SOA ist nur sehr schwer zu gewährleisten, da externe Services aufgerufen werden können.
- Betreib- und Einsetzbarkeit – Die für ein Rechenzentrum notwendigen steuernden Systemgrößen sind innerhalb einer SOA nicht explizit vorhanden, so dass sich eine SOA nicht prinzipiell von anderen Applikationen in dieser Hinsicht unterscheidet.[15]
- Veränderbarkeit – Eine SOA verspricht ein hohes Maß an Veränderbarkeit, solange alle Serviceinterfaces stabil gehalten werden können; ist diese Immutabilität[16] jedoch nicht mehr gegeben, kann das Arbeiten innnerhalb einer SOA-Umgebung schnell sehr problematisch werden.

9.6 Systemtheoretische Analyse

Ein System als eine Kollektion unabhängiger Services zu modellieren ist eine der Prämissen hinter einer Service Oriented Architecture. Ein einfaches Modell hinter einer solchen SOA ist, jeder Komponente ein Maß an Vielfältigkeit (s. Gl. A.4) zuzuordnen:

$$\nu_i = \log m_i, \tag{9.1}$$

mit der Folge, dass bei einer Anzahl N von völlig unabhängigen Komponenten das Gesamtsystem eine Vielfältigkeit V_G erhält:

$$V_G = \sum_i \nu_i \tag{9.2}$$

$$= N\overline{\nu}. \tag{9.3}$$

Die Gleichung 9.3 ergibt die mittlere Vielfältigkeit pro Komponente.

Unter der Annahme, dass sich in diesem System Gruppen von Komponenten bilden, welche dazu dienen, einen Geschäftsprozess abzuarbeiten, ergibt sich jeweils eine Vielfältigkeit V_D, wenn k-Komponenten zu einem Geschäftsprozess koordiniert werden:

$$V_D(k) = n(k)\overline{\nu}. \tag{9.4}$$

---

[15] Die Einführung eines Servicecontainers wäre hier ein möglicher Ausweg.

[16] Unveränderbarkeit

Diese Gleichung gilt nur unter der Maßgabe, dass alle Komponenten disjunkt sind. Im Fall einer Überlappung der Komponenten ergibt sich durch Berücksichtigung der Kombinatorik:

$$V_D(k) = \sum_{j=0}^{k} (-1)^{k-j+1} \binom{N-j}{k-j} Q(N-j)$$

mit

$$Q(N-j) = \sum_{\text{Subsets}} \ldots \sum P(s_1 \ldots s_N) \log_2 \sum_{\text{Subsets}} P(s_1 \ldots s_N) .$$

Die kleinste notwendige Zahl an Komponenten, die hierfür notwendig ist, ist somit:

$$N = \sum kn(k)$$

und die Gesamtvielfältigkeit der minimalen Konfiguration ergibt sich zu:

$$V = \sum V_D(k).$$

Folglich zeigt sich auf der Ebene der Gesamtorganisation die Randbedingung für die Vielfältigkeit:

$$N\overline{v} = \sum k V_D(k). \tag{9.5}$$

Wenn die Zahl der Komponenten als Skala für Granularität begriffen wird,[17] so zeigt Gl. 9.5 den Trade-Off zwischen der Vielfältigkeit in unterschiedlichen Granularitätsstufen auf. Die Erhöhung der Vielfältigkeit auf der einen Ebene muss kompensiert werden durch die Absenkung auf einer anderen, da die Summe (Gl. 9.5) konstant bleibt.

Die Zwangsbedingung (Gl. 9.5) impliziert nun ihrerseits eine besondere Form des „law of requisite variety" (s. S. 273), das „multiscale law of requisite variety":

Damit ein System erfolgreich sein kann, muss sein Koordinierungsmechanismus abhängige und unabhängige Komponenten erlauben, so dass die günstigste Anzahl von Komponenten auf jeder Skalierungsebene erreicht wird.

Welche Auswirkungen hat dies auf den Koordinierungsmechanismus der Services in einer SOA?

Wenn eine Komponente κ (sei es ein Mensch oder eine Software) auf der Ebene l einer hierarchischen Zerlegung angesiedelt ist und diese Komponente selbst wieder b Komponenten koordiniert, so muss für die Vielseitigkeit dieser Komponente gelten:

$$V(\kappa) = V\left(b^{l-1} + 1\right) \tag{9.6}$$

$$= \sum_{k=b^{l-1}+1}^{N} V_D(k) \tag{9.7}$$

[17] Schließlich ist die Granularität einer Komponente willkürlich.

$$\approx \overline{\nu} \sum_{k=b^{l-1}+1}^{N} 1 \tag{9.8}$$

oder anders formuliert: Die Vielfältigkeit, welche die Komponenten erzeugen, muss durch die Vielfältigkeit der Kontrollinstanzen abgedeckt sein.

Kapitel 10
Epilog

If she live long,
And in the end meet the old course of death,
Women will all turn monsters.

King Lear
William Shakespeare
1564–1616

Das Gebiet der Systemarchitektur und hierbei speziell der Softwarearchitektur ist ein noch sehr junges Gebiet. Trotzdem steht es im Mittelpunkt der aktuellen Forschung. Daher sollte man die in diesem Buch dargestellten Verfahren und Techniken als einen ersten Schritt hin zu Professionalisierung des Berufs des System- und Softwarearchitekten sehen. Da es keine allgemein gültigen Regeln gibt, ist ein Architekturreview immer auf die Qualität und Erfahrung des Reviewers angewiesen. Insofern können die Ergebnisse eines Reviews in den meisten Fällen Indizien und nur bedingt Fakten liefern.

Ein Architekturreviewer sollte sich stets vor Augen führen, dass die gefundenen Defizite in aller Regel nicht die eigentlichen Ursachen für ein Versagen sind, sondern dass sie Symptome eines viel tiefer liegenden Problems darstellen. Innerhalb von Systemen ist es ähnlich wie im menschlichen Körper, hier sind Krankheitssymptome nicht die Krankheit selbst, sondern Anzeichen dafür, dass der Körper versucht die Krankheit zu bekämpfen. Analog ist es im Bereich der Architekturen. Werden bestimmte Eigenschaften oder Patterns eines Frameworks nicht benutzt, so ist es i. d. R. kontraproduktiv die Nutzung derselben zu fordern, denn diese Eigenschaften oder Patterns werden aus einem bestimmten Grund nicht genutzt: Entweder weil sie bzw. ihre Auswirkungen unbekannt sind, oder weil sie im konkreten Fall überhaupt nicht angemessen sind. Die vermeintliche Nichtnutzung oder missbräuchliche Nutzung von Architekturen ist stets ein Indiz und nur ein Indiz für ein tiefer liegendes Problem und nie das Problem selbst.

Ein zweites großes Risiko liegt in der unkritischen Nutzung von Reviewmethodiken. Gleichgültig, welche Methodik genutzt wird, Methodiken sind immer nur idealisierte „Gedankenstützen“, denen man nicht sklavisch folgen darf. Ein mehr oder minder automatisierter Architekturreview wird in den seltensten Fällen zu einem wirklich vernünftigen Ergebnis führen, denn Reviews sind immer durch die Persönlichkeit und den detektivistischen Scharfsinn des jeweiligen Reviewers geprägt. Das sinnentleerte Folgen einer Reviewmethodik führt zu sinnentleerten Er-

D. Masak, *Der Architekturreview*
DOI 10.1007/978-3-642-01659-2, © Springer 2010

gebnissen,[1] daher sollten Architekturreviews nur von erfahrenen Architekten und Systementwicklern durchgeführt werden.

Die heutige Software- und Systementwicklung ist eine Tätigkeit, welche von großen Teams mit vielen unterschiedlichen Menschen mit diversen intellektuellen und kulturellen Hintergründen ausgeführt wird, daher sind Defizite in einer Architektur fast immer auf Defizite in der Zusammenarbeit oder Motivation innerhalb des jeweiligen Entwicklungsteams oder der entsprechenden Entwicklungsorganisation zurückzuführen. Aus diesem Grund sollten sich alle Leser, die sich für die Architektur von Software und Systemen interessieren, mit den Sozialwissenschaften befassen. Reine Technologie ist in den allerseltensten Fällen das eigentliche Problem, es sind fast immer die Menschen. Dass technische Probleme im Krisenfall in den Mittelpunkt der Betrachtung rücken liegt nicht daran, dass sie ursächlich oder unüberwindbar sind, sondern daran, dass jeder der Beteiligten sein Gesicht wahren kann, wenn die Technik schuld ist...

1

Never do a calculation without knowing the answer.

First Moral Principle
John Archibald Wheeler
theoretischer Physiker
1903–2008

Anhang A
Metriken

To measure is to know.

James Clerk Maxwell
Physiker
1831–1879

Im Umgang mit Architekturen ist es notwendig, quantifizierbare Größen bestimmen zu können. Erst die Messbarkeit von Eigenschaften (Quantifizierung) macht ein System vergleich- und bewertbar. Mithilfe einer Messung wird stets versucht, die in der realen Welt beobachtbaren Phänomene durch Daten zu beschreiben. Die gemessenen Daten repräsentieren das Phänomen, aber nur indirekt via Information, da die Realität erst im Rahmen eines mentalen Konzepts wahrgenommen werden kann. Diese Interpretation ist nicht frei vom Kontext und der Erfahrung des Einzelnen.

Eine Metrik (s. Abb. A.1) – eine Metrik ist eine Messvorschrift – braucht immer folgende fünf Größen, denn die Grundvoraussetzung jedes Messens ist eine Vorstellung über das, was da vermessen werden soll:

- Messvorschrift – Eine Messvorschrift, die vorgibt, was und wie gemessen werden soll.

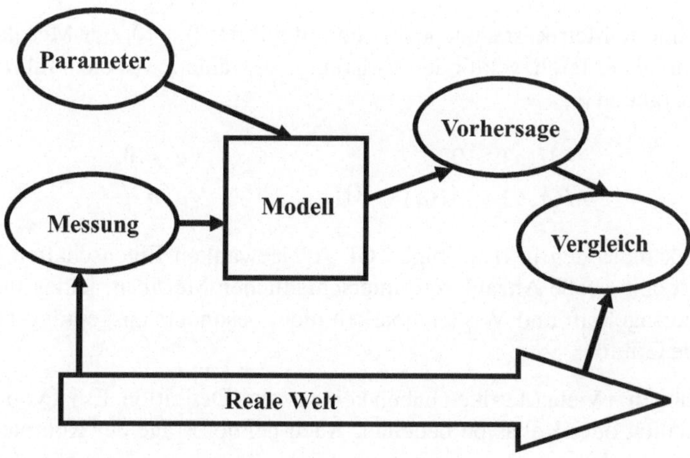

Abb. A.1 Metriken brauchen Modelle und Messvorschriften

D. Masak, *Der Architekturreview*
DOI 10.1007/978-3-642-01659-2, © Springer 2010

- Modell – Ein Modell, das Parameter kennt, um aus dem Modell, den Parametern und der Messung eine Vorhersage zu erzeugen. Mathematische Modelle sind die wissenschaftliche Form von Analogien. Wie jede Analogie haben sie auch ihre Limitierungen, d. h. Aspekte, die das Modell nicht beschreibt, welche aber der Phänomenologie zugänglich (beobachtbar) sind.
- Parameter – Einen Satz von Parametern, damit das generische Modell konkretisiert werden kann.
- Spezifikation – Eine Spezifikation der Bedeutung und Interpretation der Metrik.
- Referenzwert – Den Vergleich der Vorhersage des Modells mit der realen Welt. Ohne eine solche, prinzipiell existente, Vergleichsmöglichkeit bleibt die Metrik mehr oder minder metaphysisch.

Die angesprochene Messung besteht immer aus einer Messvorschrift und einer Einheit und stellt den Versuch dar, eine Abbildung aus der realen, physischen Welt in eine mathematische Modellwelt vorzunehmen. Aus der Physik sind Einheiten wie kg, m, Pa, h, usw. bekannt. Beim Messen von Software sind die Einheiten recht einfach: Sie sind entweder dimensionslos – damit haben sie die Einheit 1 – oder sie sind mit der Zeit bzw. der inversen Zeit (Hertz: 1Hz = 1/s) verknüpft. Die durchgeführte Messung liefert stets eine Momentaufnahme des Messgegenstandes. Die Messergebnisse können genutzt werden, um Aussagen über die Architektur zu gewinnen. Leider wird aber bei Messungen ein zweiter Punkt oft übersehen: Kein Ergebnis einer Messung ist exakt. Es existiert immer ein gewisses Maß an Unsicherheit in der Messung, oder anders formuliert: Jede Messung enthält Fehler.

Mathematisch gesehen ist eine Metrik M der Abstand zweier Punkte in einem Raum mit den Eigenschaften:

$$\begin{aligned} M(\boldsymbol{a},\boldsymbol{b}) &\geq 0, && \forall \boldsymbol{a},\boldsymbol{b}, \\ M(\boldsymbol{a},\boldsymbol{a}) &= 0, && \forall \boldsymbol{a}, \\ M(\boldsymbol{a},\boldsymbol{c}) &\leq M(\boldsymbol{a},\boldsymbol{b}) + M(\boldsymbol{b},\boldsymbol{c}), && \forall \boldsymbol{a},\boldsymbol{b},\boldsymbol{c}. \end{aligned} \tag{A.1}$$

Die so definierte Metrik ist stets positiv definit mit $M(\mathbf{0}) = 0$. Für Metriken hat es sich bewährt als Referenzvektor den Nullvektor zu wählen, was dazu führt, dass die Gl. A.1 übergehen in:

$$\begin{aligned} M(\boldsymbol{a}) &> 0, && \forall \boldsymbol{a} \neq \mathbf{0}, \\ M(\boldsymbol{a},\boldsymbol{b}) &\leq M(\boldsymbol{a}) + M(\boldsymbol{b}), && \forall \boldsymbol{a},\boldsymbol{b}. \end{aligned} \tag{A.2}$$

Jede Metrik muss den in den obigen Gl. A.2 gewählten Eigenschaften genügen. Es existiert eine große Anzahl von unterschiedlichen Metriken; leider sind alle in ihrer Vorhersagekraft und Vergleichbarkeit nicht besonders ausgeprägt. Dafür gibt es folgende Gründe:

- Definitionen – Viele Metriken haben keine exakte Definition. Es ist völlig unklar, was Qualität oder Kohäsion bedeutet. Auch bei der Frage der Komplexität gibt es Widersprüche.

Tabelle A.1 Skalentypen und ihr Einsatz

Skalentyp	Beispiel	Nutzung	Transformation
Nominal	Aufgaben an Personen	Test auf Gleichheit	Permutationen
Ordinal	Notengebung	Größer, kleiner, gleich Tests	Monotone Abbildungen
Intervall	Temperatur in Celsius	Test auf absolute Größe	Allgemeine lineare Gruppe $y = mx + b$
Relativ	Gewicht	Verhältnis zweier Größen	Ähnlichkeitsgruppe $y = mx$

- Modelle – Oft fehlt für die publizierten Metriken das dazugehörige Modell oder der Parametersatz (s. Abb. A.1).
- Praxisrelevanz – Viele Metriken können in der Praxis überhaupt nicht eingesetzt werden, da ihnen jede praktische Relevanz fehlt.

Jede „sinnvolle" Metrik sollte eine Reihe von gewünschten Eigenschaften besitzen:[1]

- Gültigkeit,
- Zuverlässigkeit,
- Objektivität,
- Sensitivität,
- Robustheit,
- Vorhersagbarkeit,
- Zielgerichtetheit.

Eine Metrik bedarf auch immer einer Skala (s. Tabelle A.1), damit überhaupt eine Vergleich- und Messbarkeit erreicht werden kann.

A.1 Scoring

Ein Scoring oder Rating ist ein Bewertungsverfahren, welches als Ergebnis eine Schätzung in Form einer positiven reellen Zahl enthält. Insofern ist das Scoring eine Abbildung der Form:

$$\mathcal{F}_{\text{Score}} : \text{Re}^{(n)} \mapsto \text{Re}_0^+ \,.$$

Üblicherweise ist das Scoring eine Summe über gewichtete Klassifikationen der einzelnen Dimensionen des $x \in \text{Re}^{(n)}$ in der Form:

$$\mathcal{F}_{\text{Score}}(x) = \sum_{i=1}^{n} \Omega_i \Theta_i(x_i) \qquad \text{mit: } \Theta_i : \text{Re} \mapsto \text{Re}_0^+ \,. \tag{A.3}$$

[1] Ausgenommen sind hier Pseudometriken, die alleine dem Marketing dienen, manchmal fallen sogenannte Benchmarks in diese Kategorie.

Die Gewichte Ω_i geben an, wie stark das einzelne Attribut zum Score $\mathcal{F}_{\text{Score}}(x)$ beiträgt. Die Funktionen Θ_i bilden pro Attribut eine Reihe von disjunkten Kategorien, wobei jeder Kategorie ein reeller, meist positiver Wert zugeordnet wird. Ratingagenturen liefern der Industrie oft solche Werte, wobei das einzelne Modell dann meist in den Gewichten Ω_i modifiziert wird. Oft existiert kein geschlossenes Modell, welches die Attribute mit dem Score und einer möglichen Reaktion verbindet. In solchen Fällen werden die vorhandenen Daten mithilfe diverser Kombinationen von Ω_i und Θ_i getestet und das „Optimale" ermittelt.

A.2 Benchmarking

Eine spezielle Form der Messung ist das Benchmarking. Hierbei werden unterschiedliche Organisationen miteinander verglichen, damit die quantifizierbaren Ergebnisse einer Untersuchung einen relativen Aussagewert haben. Die Grundidee hinter dem Benchmarking ist, dass es für jede Organisation eine Reihe von anderen Organisationen gibt, welche sich mit den gleichen Problemen und Lösungsansätzen beschäftigen. Dabei kooperieren die unterschiedlichen Organisationen miteinander im Rahmen der Messung, welche bei allen mit dem gleichen Regelwerk durchgeführt werden muss um Vergleichbarkeit sicherzustellen, um gemeinsam von dem Ergebnis des Benchmarkings zu profitieren. In vielen Fällen werden sogenannte „Public Benchmarks" genutzt, damit eine Organisation ihre aktuelle Position identifizieren kann. Solche öffentlichen Benchmarks sind mit großer Vorsicht zu genießen, da sehr oft weder das Messverfahren noch die Streuung noch systematische Fehler veröffentlicht oder erhoben werden. Besonders Unternehmensberater nutzen oft öffentliche Benchmarks, um in Organisationen das Gefühl zu wecken, die Organisation sei ineffizient;[2] im Anschluss daran bietet die Unternehmensberatung ihre Dienste zur Verbesserung der Effizienz an. Ob das so entstehende Zahlenkonvolut von irgendeiner Bedeutung ist, bleibt zweifelhaft.

Viele Benchmarks von Unternehmensberatungen sind dem Bereich des Marketing bzw. des Vertriebs zuzuordnen. Die Unternehmensberatungen produzieren eine Studie, um mit den Teilnehmern der Studie ins Gespräch zu kommen und dadurch Folgegeschäft zu produzieren. Dabei wird die stetig wachsende Unsicherheit der heutigen IT-Entscheider ausgenutzt. Berücksichtigt man noch den permanenten Rechtfertigungsdruck, unter dem heute CIOs stehen, so versuchen diese durch eine angeblich objektive externe Autorität ihre einmal getroffene Technologiewahl zu legitimieren.[3] Eines der Probleme hinter dem Benchmarking ist, dass Erkenntnisse, welche gewonnen werden, zu einem hohen Grad willkürlich sind. Auch der Einsatz sogenannter „Best-Practices" beseitigt nicht diese Willkürlich-

---

[2] Das Verfahren ähnelt dem Versuch, den Zeitpunkt des eigenen Aufstehens dadurch zu bestimmen, dass man beobachtet, wann der Nachbar morgens sein Haus verlässt. Dies ist per se ein öffentlicher Benchmark, allerdings von zweifelhaftem Wert.

[3] Nicht nur Unternehmensberatungen nutzen diesen Rechtfertigungsdruck aus, auch große COTS-Software-Hersteller tun dies.

keit, sondern ersetzt sie durch die Willkürlichkeit der Unternehmensberatung, welches die „Best-Practices“ einsetzt. Die meisten Unternehmensberatungen setzen auf „Best-Practices“. In fast allen Fällen handelt es sich hierbei um ein Sammelsurium aus Kochrezepten, wie mit welcher Situation umgegangen werden soll. Genauer betrachtet werden dabei Erfahrungen, welche beim letzten Kunden gewonnen wurden, direkt auf den nächsten Kunden übertragen, ohne dass man sich Gedanken über ein theoretisches Modell macht. Oft existieren ganze Checklisten oder schon elaborierte Templates für den Einsatz dieser „Best-Practices“; diese Instrumente helfen besonders Berufsanfängern ohne große Erfahrung, sich mit dem Flair der Professionalität zu umgeben. Solche „Best-Practices“ verführen dazu, auf eine anstrengende Ursachenforschung zu verzichten und diese durch das „Abhaken“ einer Liste zu ersetzen. Das Ergebnis eines solchen Vorgehens ist offensichtlich, trotzdem wird es immer wieder praktiziert. Da die Gewichtungen bei der Balanced Scorecard beliebig wählbar sind, lassen sich auch beliebige Ergebnisse daraus ableiten. Ohne eine klare Korrelation zwischen den Visionen, den Strategien, den Werten, der Architektur, den Zielen und den ökonomischen Fakten in der Balanced Scorecard wird diese nur genutzt, um die Vorurteile des Managements zu bestätigen.[4]

A.3 Komplexitätsmaße

Eine der großen Schwierigkeiten beim Umgang mit komplexen Systemen ist die Tatsache, dass es kein allgemeingültiges Maß für die Komplexität gibt. Am gängigsten ist die Verwendung der Intuition, d.h., wenn das System sich nicht-intuitiv verhält, ist es komplex. Im Sinne einer Metrik ist dies äußerst unbefriedigend.

Unter dem Begriff Vielfältigkeit wird ein Maß für die möglichen Zustände im System verstanden. Eine Möglichkeit diese Vielfältigkeit zu messen ist es, die Summe der Zustände zu bestimmen:

$$E = \sum_{\psi \in S} 1.$$

In den meisten Fällen ist es jedoch günstiger den Logarithmus zur Definition zu nutzen, daher kann man die Vielfältigkeit definieren durch:

$$V = \log_2 \left(\sum_{\psi \in S} 1 \right). \tag{A.4}$$

Diese Definition hat den Vorteil, dass die Kombination zweier nichtwechselwirkender Systeme sich additiv verhält:

$$V(S_1 \cup S_2) = V(S_1) + V(S_2) \quad \text{wenn: } S_1 \cap S_2 = \emptyset.$$

---

[4] Erfolgreiche Unternehmensberater versuchen immer, die Vorurteile des jeweiligen Auftraggebers zu bestätigen und damit sein Ego zu stärken; dies ist ein sicheres Mittel um Folgeaufträge zu bekommen.

Die Entropie stellt ein Maß für die Unordnung in einem System dar. Ursprünglich im Rahmen der klassischen Thermodynamik definiert, wurde der Begriff auf die statistische Mechanik ausgedehnt. Die Entropiedefinition der statistischen Mechanik kann auf die Informationstheorie übertragen werden. Der Physiker Helmholtz entlehnte den Begriff Entropie aus dem griechischen Wort $\epsilon\nu\tau\rho\epsilon\pi\iota\nu$ mit der Bedeutung von „umkehren“ oder „umwenden“.

Die Entropie eines Systems ist definiert als:

$$S = -\sum_{j=1}^{N} p_j \log_2 p_j, \tag{A.5}$$

wobei p_j die Wahrscheinlichkeit ist, dass der Zustand j angenommen wird. Wenn es nur einen Zustand gibt, so gilt $p_j = 1$ und damit folgt:

$$S = 0 \text{ wenn } p = 1.$$

Sind in einem System alle Zustände unterschiedlich und alle gleichwahrscheinlich, so gilt:

$$p_j = \frac{1}{N}.$$

Hieraus resultiert die Entropie von:

$$S = -\sum_{j=1}^{N} \frac{1}{N} \log_2 \frac{1}{N} = \log_2 N.$$

Daraus folgt, dass für jedes System gilt:

$$0 \leq S \leq \log_2 N.$$

Da die obere Schranke identisch mit der Vielfältigkeit (Gl. A.4) ist, gilt:

$$S \leq V;$$

im Grenzfall, dass alle Zustände des Systems gleichwahrscheinlich sind, gilt:

$$S = V.$$

Wie verändert sich die Entropie, wenn einem System ein neuer Zustand hinzugefügt wird? Zwar lässt sich diese Frage im Einzelfall nur durch eine exakte Berechnung mithilfe der Wahrscheinlichkeiten beantworten, für sehr große Systeme mit $N \gg 1$ folgt näherungsweise

$$\begin{aligned}\Delta S &= S - S_0,\\ &\approx \log_2(N+1) - \log_2(N),\\ &\approx \frac{1}{\ln 2}\left(1 - \frac{1}{N}\right).\end{aligned}$$

Wenn zwei Systeme A und B zusammengefügt werden, so ergibt sich die gemeinsame Entropie näherungsweise zu:

$$S(A \cup B) \approx S(A) + S(B) + \frac{1}{N} \log_2 N. \tag{A.6}$$

Bei sehr großen Systemen ist die Zahl N so groß, dass sich durch das Hinzufügen eines Zustandes die Entropie um eine Konstante erhöht.

$$\Delta S = \frac{1}{\ln 2}.$$

Die so gewählte Definition über das System berücksichtigt jedoch nicht die innere Entropie der Elemente (Subsysteme). Wenn die innere Entropie der Elemente mit ins Kalkül gezogen wird, ergibt sich die Entropie zu:

$$S = S(\text{System}) + \sum_{\text{Zustand}} S(\text{Elemente}). \tag{A.7}$$

Für den Fall, dass mehrere Systeme miteinander verglichen werden müssen, empfiehlt es sich, die Entropie zu normalisieren:

$$S^\dagger = \frac{1}{\max(S)} S, \tag{A.8}$$

$$= -\frac{1}{\log_2 N} \sum_{i=1}^{N} p_i \log_2 p_i, \tag{A.9}$$

mit der Folge, dass für die normalisierte Entropie gilt:

$$0 \leq S^\dagger \leq 1.$$

Es empfiehlt sich die normalisierte Entropie $S^\dagger$ bei der Betrachtung von Entropieänderungen

$$\dot{S}^\dagger = \frac{\partial S^\dagger}{\partial t}$$

zu nutzen.

Es existiert auch ein Zusammenhang zwischen der Entropie (Gl. A.5) und der Temperatur. Wenn Information zerstört wird, ändert sich Gl. A.5 um ΔS, mit der Folge, dass die physische Entropie des Systems sich auch ändert:

$$\Delta S_{\text{phys}} = -k \ln 2 \Delta S. \tag{A.10}$$

Dies wiederum führt zu einer Änderung der Energie im System:

$$\Delta Q = T \Delta S_{\text{phys}} \tag{A.11}$$

$$= -kT \ln 2 \Delta S. \tag{A.12}$$

Gleichung A.12 wird auch als das Landauer Prinzip bezeichnet: Das Löschen von einem Bit an Information produziert mindestens $kT \ln 2$ Wärmeenergie.

A.4 Beispielmetriken

Es existiert eine Reihe von Metriken, die sich recht gut, im Rahmen eines Architekturreviews, auf vorhandenen Sourcecode oder ganze Applikationslandschaften anwenden lassen. Dazu zählen insbesondere:

- Performanzmetriken, im Sinne von Ressourcenverbrauch, Antwortzeit, Latenzzeit oder einfach Zeit, die für die Ausführung einer kompletten Funktion benötigt wird.
- Koppelungsmaße im Programmcode (wie stark hängt welches Source von einer anderen ab?). Aber auch einfache Zahlen wie z. B. Anzahl der Codezeilen, Anzahl der Kommentare, mittlere Größe von Programmen usw.
- Effizienz im Sinne von umgesetzten Function-Points pro Zeiteinheit, Aufwandsverhältnisse für diverse Rollen innerhalb eines Projekts.
- Anzahl Fehler, mittlere Lebensdauer eines Fehlers, Zahl der Duplikate der Fehler, aber auch „reopened" Fehler.[5]
- Anzahl der Tests und Testfälle, Überdeckungsgrad der Testfälle, Anzahl an Äquivalenzklassen beim Test.
- Anzahl der Anforderungen, Menge an Changerequests, Anzahl von Changerequests pro Zeiteinheit.

Man kann eine Reihe von architektursensitiven Metriken definieren. Solche sind zwar aus akademischer Perspektive betrachtet interessant, ob sie jedoch in der Praxis einen wirklichen Mehrwert dienen, ist unklar:

- mittlere Anzahl der möglichen Betriebssysteme:

$$\overline{n}_{\mathrm{pOS}} = \frac{\sum\limits_{\mathrm{Entity}} n\,(\text{mögliche Betriebssysteme})}{\sum\limits_{\mathrm{Entity}} 1},$$

- mittlere Anzahl der unterschiedlichen Technologien:

$$\overline{n}_{\mathrm{Tech}} = \frac{\sum\limits_{\mathrm{Entity}} n\,(\text{unterschiedliche Technologie})}{\sum\limits_{\mathrm{Entity}} 1},$$

- mittlere Anzahl der verschiedenen Implementierungen pro Entity:

$$\overline{n}_{\mathrm{Impl}} = \frac{\sum\limits_{\mathrm{Entity}} n\,(\text{diff. Implementation})}{\sum\limits_{\mathrm{Entity}} 1},$$

---

[5] Wiedereröffnete Fehler sind ein Indiz dafür, dass ein Problem nur symptomatisch aber nicht kausal behandelt wurde.

- das Verhältnis der Anzahl der Repräsentationsentitäten zu den Logikentitäten:

$$\overline{n}_{\mathrm{R/L}} = \frac{\sum\limits_{\text{Repr. Entity}} 1}{\sum\limits_{\text{Logic Entity}} 1},$$

- das Verhältnis der Anzahl der Sicherheitsentitäten zu den Logikentitäten:

$$\overline{n}_{\mathrm{S/L}} = \frac{\sum\limits_{\text{Secur. Entity}} 1}{\sum\limits_{\text{Logic Entity}} 1},$$

- das Verhältnis der Anzahl der Persistenzentitäten zu den Logikentitäten:

$$\overline{n}_{\mathrm{P/L}} = \frac{\sum\limits_{\text{Persis. Entity}} 1}{\sum\limits_{\text{Logic Entity}} 1},$$

- durchschnittliche Entitätsgröße:

$$\overline{n}_{\mathrm{size}} = \frac{\sum\limits_{\text{Entity}} n\,(\text{Funktionen})}{\sum\limits_{\text{Entity}} 1}.$$

Anhang B
Systeme

Das was aus Bestandteilen so zusammengesetzt ist,
dass es ein einheitliches Ganzes bildet,
ist nicht nach Art eines Haufens,
sondern wie eine Silbe,
das ist offenbar mehr als bloss
die Summe seiner Bestandteile.
Eine Silbe ist nicht die Summe ihrer Laute:
***ba** ist nicht dasselbe wie **b** plus **a**,*
und Fleisch ist nicht dasselbe wie Feuer plus Erde.

Metaphysik VII 10, 1041 b
Aristoteles
384–322 v. Chr.

Jedes reale System ist stets ein reales Geflecht von wechselseitig abhängigen dynamischen Elementen (Entitäten) und von untereinander in Wechselwirkung stehenden dynamischen Teilen (Relationen) sowie einer Abgrenzung (Boundary) zwischen Innen und Außen (Umgebung). Wann ein System statisch ist, oder wann es sich dynamisch verhält, ist relativ zu sehen und hängt oft von der betrachteten Zeitskala ab. Eine Organisationsstruktur wird von den meisten Mitarbeitern als recht statisch empfunden, über einen längeren Zeitraum hinweg kann sich diese jedoch rapide verändern. Was ein System genau ist, bleibt der Wahl des Beobachters und des Betrachtungsgegenstandes überlassen: Der jeweilige Beobachter definiert das System und seine Grenzen, insofern ist die Systembildung auch immer eine Modellbildung, mit der Motivation einer Komplexitätsreduktion für den Betrachter. Die Wahl des Systems wird durch das Ziel, welches durch das System zu erreichen ist, immer beeinflusst. Die übergreifende Anwendbarkeit von Erkenntnissen über Abläufe und Koppelungen in Systemen, die isomorph strukturiert sind, ist einer der Grundsätze der Systemtheorie. Damit man aber in der Lage ist, die Dynamik eines Systems als Ganzes zu erkennen und nicht auf der Ebene des einzelnen Elements „stecken zu bleiben“, ist es notwendig, sich von isolierten Betrachtungen der Art „𝔄 beeinflusst 𝔅“ zu lösen. Alle realen Systeme bestehen aus einer Vielzahl von vernetzten Regelkreisen mit diversen Elementen. Einen Grundsatz haben alle Systeme: Das systemholistische Prinzip. Es besagt, dass das System als Ganzes arbeitet und sich nicht aus der Summe der Kenntnisse über jedes einzelne Teil ableiten lässt. Die meisten Subsysteme sind durch eine Form der Differenzierung gekennzeichnet: Jedes Teil hat eine spezifische Funktionalität und das Gesamtsystem zeigt neue Formen an. Eine weitere Eigenschaft von Systemen zeigt sich, wenn unterschiedliche Beobachter versuchen, dasselbe System zu beschreiben: Das Komplementärgesetz. Verschiedene Perspektiven auf dasselbe System sind weder völlig unabhängig von-

D. Masak, *Der Architekturreview*
DOI 10.1007/978-3-642-01659-2, © Springer 2010

einander noch völlig identisch, zusammengenommen jedoch zeigen sie mehr Eigenschaften des Systems auf als jede Perspektive allein. Jeder Beobachter nimmt unterschiedliche Aspekte wahr. Diese unterschiedliche Wahrnehmung der verschiedenen Beobachter ist einer der Gründe dafür, dass man „reale" Systeme als kompliziert und chaotisch empfindet. Die Systemtheorie ist in ihren Grundzügen eine disziplinübergreifende Wissenschaft, welche versucht, die abstrakte Anordnung von Phänomenen unabhängig von ihrer Substanz, Typ, räumlicher oder zeitlicher Ausdehnung der Existenz des jeweiligen Phänomens zu beschreiben und versucht, die gemeinsamen Prinzipien aller komplexen Systeme zu entdecken und diese mathematisch zu formulieren. Einer direkt beobachtbaren Welt kann man sich entweder analytisch oder systemtheoretisch nähern (s. Tabelle B.1). Beide Ansätze sind nicht unbedingt gegensätzlich zueinander, sondern eher komplementär. Der analytische Ansatz versucht, das gegebene System in seine einzelnen Bestandteile zu zerlegen, diese zu isolieren und zu verstehen. Neben den einzelnen, quasi atomaren, Bestandteilen werden bei der analytischen Vorgehensweise auch die direkten Beziehungen der einzelnen Bestandteile untersucht. Durch die Veränderung jeweils eines Parameters zu einem Zeitpunkt wird eine Prognose des Gesamtsystems angestrebt. Ein System in dieser Betrachtungsweise besteht aus zwei grundlegenden Teilen, aus denen es aufgebaut ist: Elementen und Relationen. Einige dieser Elemente können ihrerseits wiederum eigenständige Systeme sein. Ein Subsystem ist ein identifizierbares und abgrenzbares Element eines Systems, welches seinerseits durch wechselwirkende Elemente aufgebaut ist und somit auch ein System bildet. Die Relation zwischen Subsystemen wird als Interface bezeichnet. Die Terminologie von Systemen überträgt sich nahtlos auf die Subsysteme. Die Bildung von Subsystemen ist der Versuch, innerhalb eines Systems auf sehr hoher Ebene analytisch vorzugehen, damit auf dieser abstrakten Ebene ein systemtheoretisches Denken überhaupt möglich ist. Faktisch sind alle unsere heutigen Geräte, vom Auto bis zum PC, aus Subsystemen aufgebaut. Das Problem, ein sinnvolles Subsystem durch die im System vorhandenen Untermengen an Elementen zu definieren, wird durch die Subjektivität (Komplementärgesetz) des Beobachters verschärft. Neben der Tatsache, dass systemtheoretische Eigenschaften keinen Absolutheitsanspruch haben, zeigen sich bei der Zerlegung in Subsysteme die unterschiedlichen Sichten der Beteiligten besonders stark.

Tabelle B.1 Vergleich zwischen analytischem (reduktionalem) und systemtheoretischem (holistischem) Vorgehen

Analytischer Ansatz	Systemtheoretischer Ansatz
Fokus auf Teile	Fokus auf das Ganze
Lineare Kausalität	Zirkuläre Kausalität
$A \mapsto B$	$A \mapsto B \mapsto A$
Kontext irrelevant	Kontext sehr relevant
Eine Wahrheit, ein Optimum	Multiple Wahrheiten und Optima
Von der Umgebung isoliert	Umgebung wichtiger Teil
Probleme werden gelöst	Probleme werden akzeptiert und integriert

B.1 Komplexe Systeme

Da komplexe[1] Systeme auf den ersten Blick häufig ein Verhalten aufweisen, das der Intuition ihres Beobachters zuwider läuft, lassen sie sich nicht einfach auf fiktive triviale Systeme reduzieren. Doch sie verhalten sich, bei aufmerksamer Betrachtung, durchaus nachvollziehbar, nur nicht unbedingt deterministisch.

Softwaresysteme und zum größten Teil auch Organisationen besitzen aus systemtheoretischer Sicht folgende Charakteristika:

- Sie sind gekennzeichnet durch eine sehr hohe Entropie.
- Kein einzelnes Individuum kann das System komplett verstehen.
- Sie lassen sich nur sehr schwer verändern. Nicht nur Organisationen lassen sich schwer verändern, besonders große Softwaresysteme sind hierdurch gekennzeichnet. Betrachtet man das Softwaresystem zusammen mit der Organisation als soziotechnologisches Phänomen, dann wird der hohe Widerstand gegen Veränderungen offensichtlich.
- Das System besitzt unbekannte und undokumentierte Teile.

Die gesamte Idee der Kapselung und des Aufbaus von Interfaces und der Entkoppelung von Interface und Implementierung will die Komplexität auf wenige Größen reduzieren. Historisch gesehen stammt dieser Ansatz aus der Newtonschen Mechanik, wo sich durch diesen Ansatz eine einfache mechanische Maschine beschreiben lässt. Aber alle diese mechanistischen Systeme haben gemeinsam:

- Geringe Detailkomplexität – mit nur wenigen einfachen Teilen.
- Wenige Wechselwirkungen zwischen den Teilen – mit geringer dynamischer Komplexität.
- Vorhersagbares Verhalten – dies kann zwar sehr kompliziert sein, ist aber prinzipiell stets eindeutig vorbestimmt.

Solche Systeme verhalten sich immer streng kausal und lassen sich recht einfach vorhersagen, da aus dem Wissen über die einzelnen Teile auf das Verhalten des Gesamtsystems geschlossen werden kann. Reale Systeme verhalten sich jedoch völlig anders; sie sind irreversibel und entziehen sich einer einfachen Kausalitätsbeziehung, da hier die dynamische Komplexität, d. h. die Wechselwirkung zwischen den einzelnen Teilen, überwiegt. In manchen Fällen führt die gleiche Tätigkeit zu einem etwas anderen Zeitpunkt zu drastisch anderen Ergebnissen. Charakteristisch für die komplexen Systeme sind:

- Offenheit – Alle Systeme sind offen. Jedes System steht in Wechselwirkung mit seiner Umgebung. Von daher lässt sich ein System nur in seinem jeweiligen Kontext verstehen. Der soziotechnische Kontext muss daher auch Bestandteil der Definition eines jeden Softwaresystems sein.

---

[1] Ursprünglich aus dem Griechischen $\pi\lambda\epsilon'\kappa\omega$ (Zwirn), wird das Wort ins Lateinische als complexus übernommen.

- Flexibilität – Jedes System besitzt eine Reihe von Freiheitsgraden. Unter der Freiheit des Systems versteht man die Möglichkeit, dass das System sich zwischen verschiedenen Alternativen entscheiden kann. Die Flexibilität eines Systems ist umso höher, je mehr Entscheidungsmöglichkeiten es hat.
- Dimensionalität – Alle komplexen Systeme sind mehrdimensional. Die Vorstellung, dass nur ein einziger Parameter ausreicht, um ein System zu steuern, ist ein Relikt der Modellbildung der Naturwissenschaften.
- Emergenz – Emergenz ist das Auftreten von Eigenschaften eines Systems, welche sich nicht aus den Teilen des Systems ableiten lassen:

  Die Eigenschaft eines Systems wird emergent genannt, wenn sie sich nicht aus den Eigenschaften der Subsysteme oder Elemente ableiten lässt, sondern nur aus deren Interaktion resultiert.

  Alle komplexen Systeme zeigen Emergenz. Da die klassischen analytischen Denkschemata das Phänomen der Emergenz nicht erklären können, sind sie auch ungeeignet, das Auftreten von Emergenz vorherzusagen. Es gibt drei Prinzipien, die Voraussetzungen für das Auftreten von Emergenz sind:

  I Wechselwirkung – Die Emergenz entsteht immer durch die Wechselwirkung der Teile.
  II Komplexität – Ohne ein gewisses Mindestmaß an dynamischer Komplexität entsteht keine Emergenz. Umgekehrt formuliert: Starre Systeme zeigen keine Emergenz!
  III Reproduktion – Durch den ständigen Reproduktionsprozess der Systemteile bildet und reproduziert sich Emergenz. Dies ist auch unter dem Begriff Feedback bekannt; Feedback kann dämpfend oder verstärkend wirken.

  Das Verhältnis zwischen den Teilen und der Gesamtheit ist iterativ und coevolutionär, denn Emergenz ist der Prozess, durch den neue Ordnungen aus der Selbstorganisation der Teile entstehen. So sind heutige P2P-Systeme nicht mehr ohne Selbstorganisation denkbar. Eng mit der Emergenz ist die Hierarchie verknüpft. Nach dem Prinzip der Hierarchie können die Elemente des Systems wiederum als „abgeschlossene“ Subsysteme betrachtet werden, welche ihrerseits aus kleineren Elementen aufgebaut sind. Innerhalb einer solchen Zerlegungsstrategie[2] bezeichnet das Auftreten von Emergenz eine Zerlegungsstufe.
- Nichtintuitivität – Alle komplexen Systeme sind per se nichtintuitiv. Durch den hohen Grad an Wechselwirkungen lässt sich die Auswirkung einer Veränderung nicht eindeutig vorhersagen. Ursachen und Wirkungen sind oft nicht mehr unterscheidbar, was zu Kausalitätszyklen führt. Allein die Beobachtung eines Systems durch eine Messung führt schon zu einer Veränderung des Systems.[3] Jede Entscheidung verändert das System, mit der Folge, dass dieselbe Entscheidung zu

[2] Moderne Softwareentwicklungsumgebungen erlauben es, die Anforderungen zu spezifizieren und daraus tayloristisch das System aufzubauen, allerdings negieren diese Werkzeuge jede Form der Emergenz und Kreativität.

[3] Ein der Quantenmechanik verwandtes Phänomen, auch hier verändert die Messung i. d. R. den Zustand des Quantenobjekts.

einem späteren Zeitpunkt „falsch“ sein kann, da jeder Eingriff ein neues System produziert. Neben der Kausalität zeigen komplexe Systeme einen Hang zur Zeitverzögerung. Oft lassen sich Kausalitäten allein aufgrund der zeitlichen Distanz nicht mehr zuordnen, was die Steuerung immens erschwert.

Ein Weg, die Emergenz in komplexen Systemen zu verstehen, ist es, eine Analogie zu der Idee der Universalität in der Physik zu ziehen. Universalität tritt in der Physik dann ein, wenn das systemweite Verhalten das Verhalten einzelner Teile des Systems unwichtig macht. Genauer gesagt beschreibt die Universalität das Verhalten des kritischen Exponenten in einem kontinuierlichen Phasenübergang.[4] Die beobachtbare Größe ϱ, hierbei handelt es sich um die für den Übergang relevante physikalische Observable[5], zeigt ein Potenzgesetz in der Temperatur auf:

$$\varrho \sim |T - T_0|^{\alpha}. \tag{B.1}$$

Der Exponent α wird als der kritische Exponent bezeichnet. Interessanterweise ist der kritische Exponent α fast unabhängig von der konkreten Substanz, die betrachtet wird. Wichtiger sind die Art des Übergangs und die Struktur der Substanzen vor und nach dem Phasenübergang. Physikalische Systeme zeigen Universalität, wenn die Wechselwirkungen ihrer Elemente die gleiche räumliche Verteilung[6] und dieselbe Wechselwirkungssymmetrie[7] haben. Was ein System ist und was seine Grenzen bildet, ist oft nur sehr schwer entscheidbar, aber es gibt eine Größe, die es einfacher macht, ein System und seine Grenzen zu trennen: die Entropie. Mit Hilfe der Entropie lässt sich ein System wie folgt definieren:

> *Ein System ist eine Kollektion von miteinander verknüpften Elementen, so dass sowohl die Elemente als auch ihre jeweiligen Relationen die lokale Entropie reduzieren.*

Aus dieser Definition lässt sich auch der Umgebungsbegriff (s. Abb. B.1 und B.2) näher fassen:

> *Eine Umgebung ist das, was die Wechselwirkung zwischen Systemen vermittelt. Die Gesamtumgebung ist die Summe aller solcher vermittelnden Wechselwirkungen.*

Diese Umgebungsdefinition führt sofort zur Festlegung von Gleichgewicht für Systeme:

> *Ein System befindet sich im Gleichgewicht (Equilibrium), wenn seine Umgebung stabil[8] ist.*

Die Beziehung eines Systems zur Umgebung kann auch zur Definition des Sinns einer Organisation – wenn sie als System verstanden wird – genutzt werden. Aus systemtheoretischer Sicht definiert das Ziel einer Organisation einen ganzen Block

---

[4] So das Tauen von Eis, das Frieren von Wasser, das Verschwinden von Magnetismus in Eisen bei der Curietemperatur ...

[5] Je nach System: magnetische Suszeptibilität, spezifische Wärme, Kompressionsmodul...

[6] Gittertyp, Gas oder Flüssigkeit.

[7] Üblicherweise durch eine Hamiltonfunktion des Gesamtsystems beschrieben.

[8] Diese Stabilität kann dynamischer oder auch statischer Natur sein.

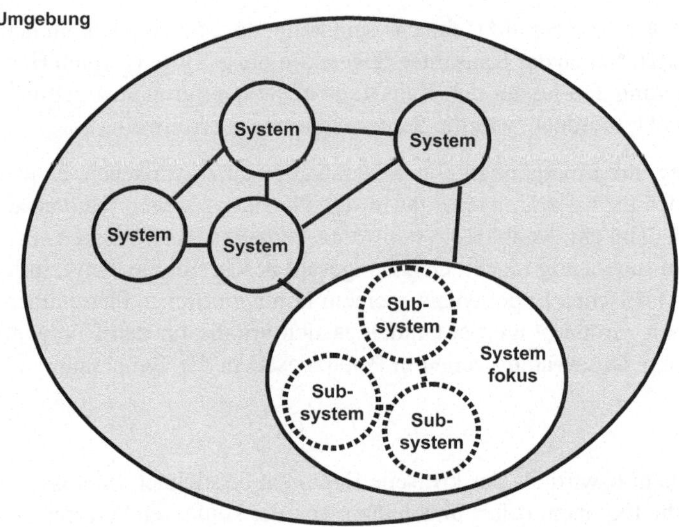

Abb. B.1 Ein System und seine Umgebung

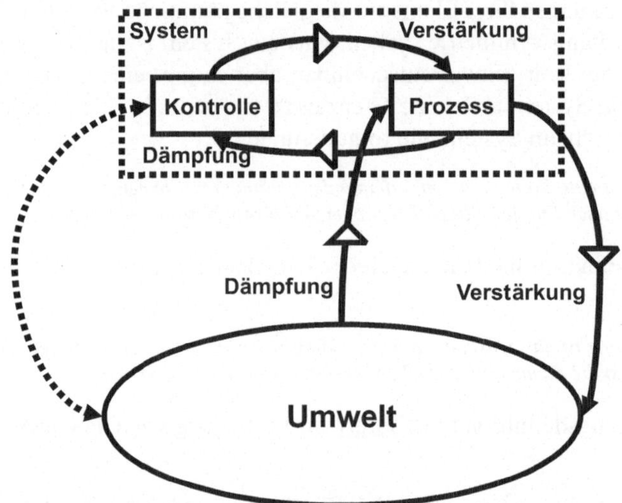

Abb. B.2 Ein System und seine Umgebung aus Sicht der Vielfältigkeit

der Umgebungskomplexität, welche die Organisation beeinflusst, bearbeitet und mit der sie umgehen können muss, um daraus einen Sinn und eine Identität für sich zu produzieren. Dieser Prozess der Identitätsproduktion wird begleitet von einer eigenen kollektiven Sprachbildung bezüglich der gemeinsamen Interessen und einer Definition der Produkte und Services, welche sie anderen offerieren will. Insofern ist eine Organisation auch eine dynamische Reflektion der Umgebungsvielfältigkeit, die durch die Organisation produziert oder verarbeitet wird.

In der Physik werden Phasenübergänge in der Thermodynamik meist durch die Betrachtung der Gibbs'schen freien Energie beschrieben, für die Änderung der freien Energie gilt:

$$\mathrm{d}G = \mathrm{d}U + p\,\mathrm{d}V - T\,\mathrm{d}S. \tag{B.2}$$

Hierbei ist U die innere Energie. Neben der Universalität von Phasenübergängen gibt es noch ein zweites Phänomen, welches sich aus der Physik auf die Architektur von Systemen übertragen lässt:

In der Nähe des Phasenübergangs werden lokale Wechselwirkungen so sehr verstärkt, dass sie das gesamte System durchdringen und damit globale Strukturen verändern.

B.2 Ashby-Conant-Theorem

Ein wichtiger Grundsatz aus der Systemtheorie, der Auswirkungen auf die Systeme hat, ist das Ashby-Conant-Theorem:

Jedes gute[9] *Kontrollsystem eines Systems muss ein Modell*[10] *des Systems sein.*

Oder anders formuliert:

Damit ein Kontrollsystem angemessen auf Störungen des Systems reagieren kann, muss es wissen, welche Aktion es von den verfügbaren auswählen muss.

Das Kontrollsystem eines Systems (Abb. B.3) muss in der Lage sein, die gleiche Menge an Vielfältigkeit (s. Gl. A.4) zu produzieren, wie sie das kontrollierte System hat. In der Ursprungsform wurde es als *Only variety can destroy variety.* formuliert. Das Ashbysche Gesetz ist auch bekannt als das „*Law of Requisite Variety*". Neben dem Prinzip der Homöostasis war es Ashby, der sich mit der Frage nach dem Zusammenhang zwischen innerer und äußerer Struktur, zwischen Komplexität der Umwelt und der Komplexität des Systems beschäftigt hat, es muss gelten:

$$V\,(\text{Umgebung}) \leq V\,(\text{Störung}) - V\,(\text{Controller}) - V\,(\text{Filter, Puffer})\,. \tag{B.3}$$

Eine zentrale Forderung ist die der Stabilität (Homöostasis). Ein Homöostat[11] ist ein sich selbst regulierendes System, das mittels Rückkoppelung innerhalb bestimmter Grenzen in einem stabilen Zustand trotz äußerer Störungen bleiben kann. Jeder

---

[9] Gut bedeutet hierbei zugleich maximal einfach und erfolgreich.

[10] ... muss isomorph zum ...

[11] Homöostat aus dem griechischen $o\mu o\iota o\sigma\tau\alpha\sigma\eta$ (Gleich-Stand). Der Begriff bezeichnet das ständige Bestreben des Organismus, verschiedene physiologische Funktionen (wie Körpertemperatur, Pulsschlag, Blutzuckerspiegel und vieles andere mehr) einander anzugleichen und diesen Zustand möglichst konstant zu halten. Der Begriff Homöostasis kommt aus der Biologie und bezeichnet das biologische Prinzip, nach dem alle Organismen gegenüber den sich verändernden Lebensbedingungen die Tendenz zeigen, das von ihnen erreichte Fließgleichgewicht zu erhalten oder wiederherzustellen. Dadurch wird die Anpassung an die Umwelt optimiert, der Kräfteaufwand zur Lebenserhaltung minimiert.

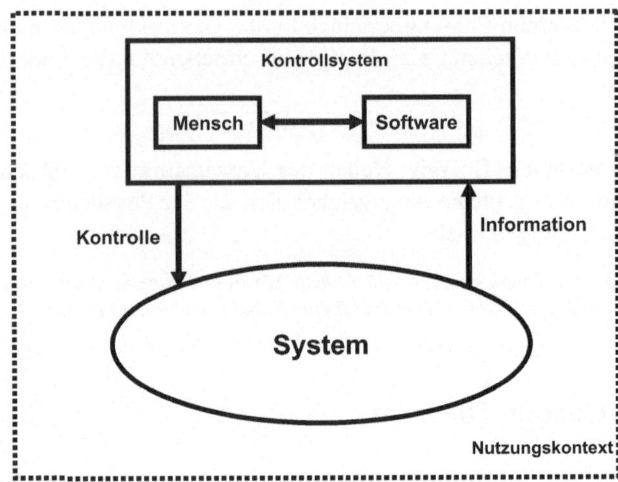

Abb. B.3 Ein Kontrollsystem

lebende Organismus hat mehrere solcher Homöostate. Das System wird dabei sowohl durch sogenannte innere Variable definiert, die stabil bleiben sollen, als auch durch die Beziehungen zwischen diesen inneren Variablen beschrieben. Das Ashby-Conant-Theorem lässt sich auch auf gekoppelte Systeme anwenden. Ein gekoppeltes System aus zwei Subsystemen ist dann und nur dann im Gleichgewicht, wenn sich jedes einzelne Subsystem in einem Gleichgewicht befindet, dessen Rahmenbedingungen durch das jeweils andere Subsystem definiert sind. Mit dieser Festlegung von Gleichgewicht kann man auch Homöostasis anders definieren: Kein einzelner Zustand befindet sich im Gleichgewicht, wenn er nicht für alle Beteiligten akzeptabel ist. Ein für alle Beteiligten akzeptabler Zustand ist die Homöostasis. Die entscheidende Leistung der Homöostasis besteht darin, die Werte der steuernden und wahrnehmbaren Variablen innerhalb von sogenannten „physiologischen Grenzen" zu halten, d. h. entsprechend der Natur des Systems korrigierend einzugreifen, obwohl die Ursache der Störung noch unbekannt ist. Das ist allerdings nur in Bezug auf die Sollgröße eine statische Betrachtung, das Gleichgewicht kann durchaus dynamisch im Sinne eines Fließgleichgewichtes sein. Ein weiteres Prinzip der Systemtheorie besagt, dass das Lenkungsproblem nur insoweit gelöst werden kann, als die Vielfältigkeitsbilanz der beteiligten Systeme ausgeglichen ist. Damit ist also die Absorption und Bewältigung von Komplexität abhängig von der Vielfältigkeit der Instanzen und Mechanismen, die diese Absorption steuern. In Verbindung mit dem Ashby-Conant-Theorem, dass der Regulator ein Modell des Systems darstellen muss, welches er steuern soll, ergibt sich, dass das Modell, das zur Steuerung eines Systems vom System gemacht wird, so viel Komplexität aufweisen muss wie das System selbst. Folglich muss ein Kontrollsystem als Verstärker in das kontrollierte System wirken, damit überhaupt eine solche Vielfältigkeit produziert werden kann und als Dämpfung, damit die Information aus dem System an andere mit niedriger Vielfältigkeit weitergegeben werden kann. Wenn das Kontrollsystem eine niedrigere Vielfältigkeit hat als das zu kontrollierende System, so wird dieses System nicht mehr kontrollierbar, da nun Zustände existieren, auf die nicht mehr angemessen reagiert werden kann.[12] Wenn ein einzelnes Kontrollsystem jedoch nicht in der Lage ist, alle Signale zu eliminieren, dann muss dieses Kontrollsystem hierarchisch in andere Kontrollsysteme verschachtelt werden. Von daher ist es sinnvoll, weitere Kontrollsysteme so lange rekursiv hinzuzufügen, bis ein gewisses Maß an endlicher Vielfältigkeit erreicht ist. Je niedriger die Fähigkeit zur Dämpfung in einem Kontrollsystem, desto mehr hierarchische Stufen werden benötigt, um eine Informationsüberflutung zu verhindern. Dies wird auch als das „Ashbysche Hierarchiegesetz“[13] bezeichnet.

B.3 Strukturen

Die Systemtheorie sieht als eine der wesentlichen Aufgaben einer Organisation die Lebensfähigkeit der Organisation als System durch die Erhaltung der Komplexitätsdifferenz zwischen System und Umgebungen. Eine Auflösung der Grenze zwischen Organisation und Umgebung kommt einer Auflösung der Organisation gleich. Durch den Provider werden die Services praktisch von der Organisation abgeschottet, mit der Folge, dass sich die Organisationsgrenzen verschieben. Durch diese Verschiebung kommt es auch zu einer Veränderung der nun vorherrschenden Umgebungskomplexität. Es sind zwei Fälle möglich:

- Komplexitätsreduktion – Eine Komplexitätsreduktion ist dann gegeben, wenn es vorher eine starke Koppelung an die Umgebung der Organisation gab und der neu entstehende Service zu einer Entkoppelung mit reduzierter Komplexität führt. Durch die in dem Interface zum Service stattfindende Komplexitätsreduktion können auf der einen Seite interne Ressourcen für die Dämpfung von Komplexität eingespart werden, auf der anderen Seite können wichtige Signale der Umgebung „übersehen“ werden.
- Komplexitätssteigerung – Eine solche Erhöhung der Komplexität findet dann statt, wenn ein bisher interner Prozess, der faktisch nur sehr geringfügig mit der Umgebung wechselwirkte, von einem Provider durchgeführt wird, dessen Interface eine hohe Komplexität in die Organisation einbringt. Solche Situationen entstehen, wenn einzig der Preis und nicht die eigentlichen fachlichen Elemente des Services ausschlaggebend sind, oder wenn der Service nicht sauber implementiert bzw. das Interface zu generisch oder zu speziell ist.

Jede Form der Organisation eines Systems gibt diesem auch eine Struktur. Aus Sicht des Systems lässt sich der Begriff der Struktur wie folgt definieren:

> *Die Struktur ist eine Eigenschaft des Systems, durch das dieses die Freiheitsgrade der Elemente und Subsysteme einschränkt.*

---

[12] Aus systemtheoretischer Sicht ist Kreativität eine Form der Vielfältigkeit, welche die Regeln des Kontrollsystems sprengt.

[13] Bekannt als das „*Law of Requisite Hierarchy*“.

B.4 Rekursionen

Die Relationen zwischen Elementen eines Systems sind zum einen die Relationen, welche zwischen den Elementen einer Stufe existieren, und zum anderen die Relationen, die zwischen Systemen unterschiedlicher Ordnung auftreten. Der Hierarchieaspekt zeigt auf, dass jedes betrachtete System Bestandteil eines umfassenderen Systems ist.[14] Der Hierarchieaspekt zielt auf den Aufbau von komplexen Systemen aus stabilen Subsystemen ab, die wiederum aus stabilen Subsystemen bestehen. Diese Subsysteme sollen, wenn möglich, mehrfach verwendbar sein. Zerfällt ein System, so können die stabilen Subsysteme sich wieder zu neuen Systemen formieren, insofern sind Subsysteme autonom. Rekursion wird im Unterschied zur Hierarchie als Begriff verwendet, wenn nicht der hierarchische Aspekt als Unterordnung im Zentrum steht, sondern der Aspekt der sich wiederholenden Strukturen auf unterschiedlichen Ordnungsebenen hervorgehoben wird. Bei Hierarchien unterscheiden sich die Strukturen (Elemente und ihre Relationen) auf der Ebene $n + 1$ von denen auf der Ebene n. Bei der Rekursion hingegen wiederholen sich die Strukturen auf der Ebene $n + 1$, so dass sich strukturell das System n auf der Ebene $n + 1$ wiederfindet.

[14] Genauso wie die Einteilung in Subsysteme zu einem gewissen Grad willkürlich ist, so ist auch die Hierarchisierung willkürlich und ein Hilfsmittel zur Kontrolle der Komplexität.

Anhang C
Enterprise-Architekturen

I wish your enterprise to-day may thrive.
What enterprise, Popilius?
He wish'd to-day our enterprise might thrive.
I fear our purpose is discovered.

Julius Caesar
William Shakespeare
1564–1616

Was ist eine Enterprise-Architektur? Eine Enterprise-Architektur ist eine Art Plan oder Planung der Informationssysteme eines Unternehmens. Stellt man sich eine Stadt ohne eine Stadtplanung vor, so entsteht ein mehr oder minder gewachsenes System mit der Eigenschaft, dass die Infrastrukturteile verschiedener Stadtteile nicht mehr zusammenpassen. Es gibt mehrere parallele Kanalisationen, mehrere Stromnetze, Straßen mit unterschiedlicher Breite und Belag usw. Eine solche Stadt ist zwar lebensfähig, aber ihre Infrastruktur reicht nicht aus um rapides Bevölkerungs- oder Geschäftswachstum zu verkraften. Ähnliches entsteht beim Wachstum von Unternehmen mit deren Informationssystemen. Die Enterprise-Architektur ist die Stadtplanung der Informationssysteme. Das große Interesse an Enterprise-Architekturen ist darauf zurückzuführen, dass die gesamte IT-Branche an einem kritischen Punkt angelangt ist. Das steile Wachstum der Informationstechnologie in den letzten vierzig Jahren war auf die schnell ansteigende Automatisierung zurückzuführen. Im Rahmen dieses Prozesses wurden Abläufe, die bisher durch Menschen durchgeführt wurden, einfach in analoge Computersysteme umgesetzt und nun von diesen durchgeführt. Hierbei stand jedoch der Ablauf, der bisher in Unternehmen stattfand, Pate für die Entwicklung von Software, angefangen von sogenannten Sachbearbeitern bis hin zu den heutigen Use Cases. In allen Fällen ist das menschliche Handeln, was i. d. R. aus der Unternehmens- oder Branchenhistorie entstammt, Leitlinie für die Software. Durch dieses Vorgehen lassen sich sowohl echte Quantensprünge in der Entwicklung als auch latente Bedürfnisse nur sehr schwer abdecken. Eine solche zukünftige Entwicklung ist erst möglich, wenn die vollständige Innovationskraft unabhängig von menschlichem Tun eingesetzt wird. Heutige große Softwaresysteme in Unternehmen bestehen aus einer fast unüberschaubaren Vielzahl von verschiedenen Applikationen, welche alle der Automatisierung dienen, jedoch stets eine partikuläre Sicht haben. Diese Tatsache erklärt auch, warum die Kosten sowohl für den IT-Betrieb als auch für Softwareentwicklungen immer drastischer ansteigen. Diese zunehmende Komplexität steigert die Kosten und lähmt das Handeln. In den letzten Jahren wurde immer deutlicher, dass die Schaffung und Verwaltung von Enterprise-Architekturen ein möglicher Weg zur Lösung dieser Probleme sein kann. Die durch die Enterprise-Architektur erzwun-

D. Masak, *Der Architekturreview*
DOI 10.1007/978-3-642-01659-2, © Springer 2010

gene und gelebte Standardisierung führt zu einer Senkungen der Kosten sowohl im Betrieb als auch in der Entwicklung von Software. Ein Enterprise, wörtlich übersetzt eine Unternehmung, ist im ursprünglichen Sinne eine Aktivität, welche eine wohldefinierte Zielsetzung beinhaltet. Heute versteht man darunter ein Unternehmen oder eine Menge von Organisationen, welche eine gemeinsame Zielsetzung haben oder eine gemeinsames Ergebnis produzieren. Ein Enterprise in diesem Sinne kann alles von einem großen Konzern bis hin zu einer staatlichen Institution oder einem Ministerium sein. Große Konzerne und staatliche Stellen bestehen oft aus mehreren Enterprises. Folglich besitzen diese auch mehrere Enterprise-Architekturen. Ein Enterprise, in dem hier verwendeten Sinn, kann aber auch ein sogenanntes extended Enterprise sein, dieses beinhaltet dann, neben dem eigentlichen Kernunternehmen, auch alle Partner, Lieferanten und Kunden des eigentlichen Unternehmens.

Der Einsatz einer Enterprise-Architektur unterstützt jedes Unternehmen, welches auf Informationstechnologie angewiesen ist, in hohem Maße. Innerhalb einer Enterprise-Architektur gibt es keine effektiven Grenzen bezüglich der Fähigkeit zum Informationsaustausch zwischen verschieden Unternehmensteilen. Eine Enterprise-Architektur erhöht den Wert der akkumulierten Daten, da jetzt verschiedene Datenbestände abgeglichen werden können. Die Enterprise-Architektur wird zur Roadmap, von der sich alle zukünftigen IT-Investitionen leiten lassen können, und schließt die Lücke zwischen den Geschäftsprozessanforderungen und der IT-Infrastruktur. Zusätzliche Gemeinsamkeiten in Bezug auf Sicherheit und Ausbildung der Mitarbeiter in der Enterprise-Architektur schaffen einen Mehrwert für den Einsatz einer Enterprise-Architektur. Jedoch sollte auch klar sein, dass die Einführung und Implementation einer Enterprise-Architektur eine hohe Investitionsleistung in einem Unternehmen darstellt. Die meisten Unternehmen haben nicht die nötigen Ressourcen um eine neue Enterprise-Architektur komplett neu aus eigener Kraft, quasi durch Schaffung auf der grünen Wiese, zu erzeugen. Von daher ist die Migration und Koexistenz die einzig valide Alternative im normalen Alltag, da stets eine große Menge von Applikationen innerhalb des Unternehmens schon vorhanden sind. Viele Entwickler betrachten Enterprise-Architekturen als einen Zwang, der sie in der Implementierung von Geschäftsprozessen oder Software einengt und deren Befolgung zusätzliche Projektkosten produzieren würde. Auf das einzelne Projekt bezogen mag dies in Ausnahmefällen sogar korrekt sein, projektübergreifend jedoch erzeugen die Gemeinsamkeiten innerhalb der Enterprise-Architekturen ein hohes Einsparpotenzial. Dieses ist nicht unbedingt innerhalb der Entwicklung, sondern immer im Bereich der Bereitstellung und Nutzung von Informationen geschäftsbereichsübergreifend vorzufinden. Die Nutzung bekannter und gemeinsamer Enterprise-Architekturen ermöglicht Skaleneffekte und limitiert die Projektrisiken, erhöht den Projekterfolg und kann auch die Vergleichbarkeit von Angeboten über zu erwerbende Software unterstützen, insofern auch das Interesse von Unternehmen, die nur Standardsoftware einsetzen, an einer Enterprise-Architektur.

Bei einem recht komplexen und technischen Thema, wie dem von Enterprise-Architekturen, stellt sich rasch die Frage: Was sind die treibenden Kräfte, welche hinter einer Enterprise-Architektur stehen? Bevor man diese Frage beantworten kann, sollte man jedoch noch einen kleinen Unterschied klären: den zwischen einer Softwarearchitektur und einer Enterprise-Architektur. Eine Softwarearchitektur zeigt auf, in welche logische Teile ein in sich geschlossenes Softwarepaket zerlegt werden kann. Die Enterprise-Architektur stellt die Summe aller Softwarepakete und ihrer Verteilung innerhalb eines Unternehmens dar. Beide Architekturen haben notwendigerweise gegenseitige Abhängig- und Gemeinsamkeiten. Zur Beurteilung einer Enterprise-Architektur ist es jedoch nicht unbedingt nötig, die einzelne Softwarearchitektur en detail zu kennen. Am besten lässt sich dies mit einem Hochhaus vergleichen. Die Enterprise-Architektur zeigt das Haus als ganzes, während die Softwarearchitektur die Gliederung des einzelnen Stockwerkes beschreibt. Diese Parallele trägt noch weiter: So wie ein ungewöhnliches Stockwerk innerhalb eines Hochhauses das Empfinden des Gesamtbauwerkes stört, so stört auch eine abweichende Softwarearchitektur, zumindest lokal, die Enterprise-Architektur. Was sind nun die treibenden Kräfte hinter einer Enterprise-Architektur? Wie nicht anders zu erwarten, liegen sie alle außerhalb der eigentlichen technischen Domäne. Sie sind im Bereich der Ökonomie sowie der Geschäftsprozesse des Unternehmens vorzufinden. Zu diesen Kräften zählen neben der Wirtschaftlichkeit und Effizienz die Lebensdauer der Applikationen, Flexibilität, Skalierbarkeit, Offenheit, Interoperabilität, Modularität, Wartbarkeit und Zukunftssicherheit sowie das allgemeine Problem des Outsourcings. Alle diese Kräfte und Zwänge wirken auf ein Unternehmen ein und bestimmen die Notwendigkeit einer Enterprise-Architektur.

Innerhalb des letzten Jahrzehnts haben Architekturen in großen Softwaresystemen immer mehr an Bedeutung erhalten. Dieser Trend liegt darin begründet, dass die einzelne Applikation eine geringere Lebensdauer im Vergleich zu früher hat. Mitte der 1970er-Jahre konnte man von einer mittleren Lebenserwartung von etwa 10 bis 15 Jahren für eine große Applikation, bspw. ein Buchhaltungssystem ausgehen. Heute ist diese Lebenserwartung für Buchhaltungssysteme auf fünf Jahre geschrumpft. Einzelne Applikationen mögen durchaus noch länger einsetzbar sein, im Mittel jedoch geht der Trend eindeutig zu immer kürzeren Zeiten. Der Schlüsselfaktor für diese Entwicklung ist direkt sowie indirekt unsere Wirtschaft. Der zunehmende technische Fortschritt speziell sowohl im Bereich Informationstechnologie als auch der Telekommunikation bzw. seit Anfang der neunziger Jahren Internettechnologie, zwingen die Hard- und Softwarehersteller zu immer kürzeren Produkt- und Releasezeiten. Diese Entwicklung übt massiven Druck auf die bestehende IT-Landschaft jedes Unternehmens aus. Auf dem PC-Sektor sind die Hardwarezeiten auf etwa 18 Monate gesunken, d. h. alle 18 Monate kann mit einer neuen Chipgeneration mit neuen Treibern und Eigenschaften gerechnet werden. Umgekehrt werden alte Systeme und Treiber mit fast der gleichen Geschwindigkeit vom Markt genommen. Zwar werden, speziell von größeren Unternehmen, immer wieder Forderungen laut, bestehende Systeme länger zu unterstützen, aber auf Dauer ist der ökonomische Druck auf die Hersteller zu hoch. Manche großen IT-Dienstleister gehen sogar soweit, sich an dem Hersteller ihrer Hardware finanziell zu beteiligen, aber selbst diese Einzelfälle zögern das Ende nur etwas hinaus, da diese Strategie sich für keinen der Beteiligten betriebswirtschaftlich rechnet. Diese Form der freiwilligen Solidarität hat sich, in der Vergangenheit, noch nie als effektiv herausgestellt. Aber nicht nur die Hardware beeinflusst die Lebensdauer der IT-Landschaft eines Unternehmens.

Auch die darunterliegenden Betriebssystemplattformen, Datenbanken und Middleware haben direkte Auswirkungen auf die Qualität und Stabilität der eingesetzten Applikationen. Betrachtet man die Releasezyklen und damit die Releasedauer von Datenbanken und Middleware, so scheint sie sich heute auf etwa drei Jahre einzupendeln. Auf dem Gebiet der Betriebssysteme ist es noch drastischer, die Marktdominanz von *Microsoft* resultiert in einem neuen Betriebssystem alle 24 Monate. Diverse Linux-Derivate sind nicht besser, in manchen Distributionen liegt die Releasedauer unter 12 Monaten, d. h. alle 12 Monate gibt es einen neuen Major Release. Die Releasedauer, d. h. die Zeit von einem Releasewechsel zu dem nächsten, führt zu einer Lebenserwartung von etwa der zwei- bis dreifachen Releasedauer für das Herstellersystem. Kein ökonomisch denkender Softwarehersteller wird eine größere Zahl von verschiedenen miteinander konkurrierenden Betriebssystemen aus dem gleichen Haus lange unterstützen. Auf Dauer werden die für ihn veralteten Systeme vom Markt genommen, folglich erhält der Kunde weder Pflege noch Support für die nun veralteten Softwareteile. Sowohl die heute eingesetzten verteilten Systeme mit diversen Serverplattformen als auch eine gewissen Anzahl von unterschiedliche Clients verstärken das Problem noch um einen Faktor, da sich die Hersteller der unterschiedlichen Plattformen nicht bezüglich ihrer jeweiligen Releasezyklen absprechen. Insofern hat Verteilung nicht zur Lösung des Lebensdauerproblems direkt beigetragen. Wir werden jedoch später sehen, dass Verteilung von Systemen die Gesamtstabilität durchaus erhöhen kann. Die zweite große treibende Kraft bei der Reduktion der Lebenserwartung einer Applikation ist der Mitbewerber für das gleiche Marktsegment, in dem die jeweilige IT-Landschaft Unterstützung leistet. Informationstechnologie ist in Unternehmen nie Selbstzweck sondern immer ein Mittel zum Zweck. Informationstechnologie stellt immer ein mögliches Mittel zur Umsetzung und Unterstützung von Geschäftsprozessen dar. Je besser der Prozess und die Produkte durch die IT-Landschaft unterstützt werden, desto wettbewerbsfähiger ist ein Unternehmen. Neben den rein betriebswirtschaftlichen Faktoren eines IT-Systems ist dessen Adaptivität extrem wichtig. Im Rahmen von immer kürzer werdenden Produktzyklen ist neben der Veränderung der Produkte auch eine möglichst kleine Time-to-Market-Zeit für die Konkurrenzfähigkeit eines Unternehmens auf dem Markt ausschlaggebend. Diese Zwänge gelten aber nicht nur für das Unternehmen selbst, sondern auch für die Hersteller der Applikationen. Im Fall von Individualsoftware ist es das Unternehmen selbst, im Falle von Standardsoftware der Lieferant, der möglichst rasch neue Produkte auf den Markt bringen und konsequenterweise alte vom Markt nehmen muss. Neue oder drastisch veränderte Produkte sind aber nicht immer mit den bestehenden Applikationen abzudecken. Die Folge: diese Applikationen müssen ersetzt oder durch neue ergänzt werden. Dieser Ersatz führt zum sofortigen Ende der vorhergehenden Applikation. Folglich sinkt die Lebensdauer der alten Applikation und damit auch die durchschnittliche Lebenserwartung aller Applikationen innerhalb der IT-Landschaft. Gleichgültig ob Individual- oder Standardsoftware, die Ersetzung findet statt und die Lebenserwartung ist effektiv drastisch gesunken. An dieser Stelle wird oft argumentiert, dass Individualsoftware länger lebt als Standardsoftware. Diese Vermutung erweist sich in der Praxis als falsch. Eine der treibenden Kräfte hinter der Veränderung, nämlich der Wechsel im

Bereich Betriebs- und Datenbanksysteme, trifft auf beide Softwareformen zu. Da Individualsoftware im Gegensatz zu Standardsoftware in der Praxis eine sehr geringe Pflegbarkeit aufweist, ist der Aufwand, sie lebensfähig zu halten, sehr viel höher als bei der Standardsoftware, wo der Lieferant über eine Skalenökonomie die Veränderungen wirtschaftlich verkraften kann. Extrapoliert man diese Erfahrungen aus den letzten Jahrzehnten, so ist zu vermuten, dass sich diese Entwicklung nicht verlangsamen wird, folglich muss man sich darauf einstellen, dass innerhalb großer IT-Landschaften die durchschnittliche Lebensdauer einer Applikation etwa vier Jahre beträgt. Heutige große IT-Dienstleister haben oft mehrere hundert Applikationen in ihrer Gesamtlandschaft vorhanden. Selbst bei einer konservativen Schätzung von 200 Applikationen müssen in dem Gesamtsystem im Durchschnitt vier Applikationen pro Monat ausgetauscht werden. Allein diese Zahlen sagen uns klar und deutlich, dass die einzelne Applikation nicht der stabilisierende Faktor innerhalb der IT-Landschaft sein kann. Einzig die von der einzelnen Applikation, dem einzelnen Produkt losgelöste Gemeinsamkeit, die Enterprise-Architektur, bleibt unverändert und damit der stabilisierende Faktor.

Eine Enterprise-Architektur im ausgedehnten Sinne besteht in ihrer Ganzheit aus vier separaten Teilbereichen:

- Geschäftsprozessarchitektur,
- Applikationsarchitektur,
- Datenarchitektur,
- Systemarchitektur.

Die oben angesprochene Analogie zwischen der Enterprise-Architektur und einem Gebäude trägt noch weiter. Die Architektur eines großen Gebäudes ist mehr als eine Anhäufung von Blaupausen. Holzmodelle und Außenansichten erklären die Grundzüge der Bauarchitektur dem Auftraggeber, damit dieser sich entscheiden kann, ob die Architektur seinen Bedürfnissen gerecht werden kann. Detailzeichnungen zeigen jeweils das Fundament, die Stockwerke und das Dach. Diese einzelnen Teile müssen sinnvollerweise immer im Kontext der anderen Teile entwickelt werden. Das Fundament muss die notwendige Stärke und Stabilität besitzen um das gesamte Gebäude zu unterstützen. Je nach Anzahl der Stockwerke muss das Fundament umso stabiler ausfallen. Größere elektrische Anlagen benötigen stärkere Leitungen usw. Der Bau eines Gebäudes benötigt eine Reihe von Blaupausen, eine für die elektrischen Leitungen, eine für die Wasserversorgung, eine für die Heizungsanlage, eine für die Klimatisierung. Im Endeffekt aber müssen alle Blaupausen ein gemeinsames Bild für die Architektur bilden. Die Situation ist für eine Enterprise-Architektur ähnlich. Ein Stapel von Dokumenten ist noch lange keine Enterprise-Architektur. Damit alle zusammen einen gemeinsamen Wert haben, müssen sie integriert werden. Die so entstandene integrierte Gesamtmenge mit all ihren Querbezügen und Referenzen bildet dann eine Enterprise-Architektur. Genauso wie die Blaupause eines Gebäudes dem jeweiligen Investor als Entscheidungsgrundlage dient, liefert die Enterprise-Architektur die Entscheidungsgrundlage für die jeweilige Unternehmensleitung. Die Enterprise-Architektur ermöglicht es dem Management eines Unternehmens über das Unternehmen als Ganzes zu denken. Die obige Analogie trägt noch weiter. Ein Gebäude hat mehr als einen Nutzer. Die unterschiedlichen Nutzer haben z. T. völlig verschiedene Erwartungen an die Struktur des Gebäudes. Außerdem ist ein solches Gebäude aus verschiedenen Baumaterialien, z. T. auch durch Fertigprodukte, aufgebaut, je nach struktureller Notwendigkeit oder ökonomischem Zwang. Die Wahl der Materialien und des Bodens bestimmt Stabilität, Performanz und Kosten des Gebäudes und muss beim Bau des Gebäudes berücksichtigt werden. Ähnlich ist auch ein Unternehmen aufgebaut. Auch hier entscheidet letztlich die Qualität des Materials, sprich der IT-Produkte, über die Stabilität und Performanz der IT-Landschaft.

Literaturverzeichnis

Abowd GL et al. (1997) Recommended Best Industrial Practice for Software Architecture Evaluation, CMU/SEI-96-TR-025

Albert I (2005) Qualitätsmerkmale von Kontextinformationen. Dissertation, LMU, München

Bachmann F (2005) Variability Reasoning Frameworks for Product Line Architectures. CMU/SEI-2005-TR012

Bachmann F et al. (2003) Deriving Architectural Tactics: A Step Toward Methodical Architectural Design. CMU/SEI-2003-TR-004

Barbacci MR et al. (1996) Principles for Evaluating the Quality Attributes of a Software Architecture. CMU/SEI-96-TR-036

Bass L et al. (2003) Software Architecture in Practice, 2nd edn. Addison-Wesley

Bass L et al. (2005) Reasoning Frameworks. CMU/SEI-2005-TR-007

Bass L et al. (2006) Risk Themes Discovered Through Architecture Evaluations. CMU/SEI-2006-TR-012

Bass L et al. (2008) Models for Evaluating and Improving Architecture Competence. CMU/SEI-2008-TN-006

Bianco P et al. (2007) Evaluating a Service-Oriented Architecture. CMU/SEI-2007-TN-015

Bengtson P et al. (2003) Architecture-level modifiabilty analysis (ALMA). J Syst Softw 69:129–147

de Boer RC et al. (2007) Architectural knowlegde: Getting to the core. Proc 3rd Intern Conf Qual Softw Arch (QoSA 2007). LNCS-4880:197–214

Brown A (2005) IS Evaluation in Practice. El J Inf Syst Eval 8(3):169–178

Chastek G, Ferguson R (2006) Toward Measures for Software Architectures. CMU/SEI-2006-TN-013

Dieckmann J (2005) Einführung in die Systemtheorie. Wilhelm Fink Verlag

Fagan ME (1986) Advances in software inspections. IEEE Transact Softw Eng 12(2):744–751

Farenhorst R, de Boer RC (2006) Core Concepts of an Ontology of Architectural Design Decisions. Technical Report IR-IMSE-002, vrije Universiteit, Amsterdam

Firesmith D et al. (2006) QUASAR: A Method for the **Qu**ality **A**ssessment of Software-Intensive **S**ystem **Ar**chitecture. CMU/SEI-2006-HB-001

Foucault M (1974) Die Ordnung der Dinge. Suhrkamp

Jansen A et al. (2008) Documenting after the fact: recovering architectural design decisions. J Syst Softw 81(4):536–557

Kazman R et al. (2002) Making Architecture Design Decisions: An Economic Approach. CMU/SEI-2002-TR-035

Kazman R et al. (2003) Architecture Reconstruction Guidelines, 3rd edn. CMU/SEI-2002-TR034

Kruchten P (2004) An Ontology of Architectural Design Decisions in Software-Intensive Systems, 2nd Groningen Workshop Softw Var Manag. Groningen, NL

Levingwell D, Widrig D (2000) Managing software requirements: A unified approach. Addison Wesley

Lopez M (2000) An Evaluation Theory Perspective of the Architecture Tradeoff Analysis Method (ATAM). CMU/SEI-2000-TR-012

Nord RL et al. (2004) Integrating Software-Architecture-Centric Methods into Extreme Programming (XP). CMU/SEI-2004-TN-036

O'Brien L et al. (2002) Software Architecture Reconstruction: Practice Needs and Current Approaches. CMU/SEI-2002-TR-024

Ozkaya I et al. (2007) Quality-Attribute-Based Economic Valuation of Architectural Patterns. CMU/SEI-2007-TR-003

Riva C (2002) Architecture Reconstruction in Practice. Proc 3rd Work IEEE/IFIP Conf Softw Arch. Montreal, Canada

Reddy ARM et al. (2007) An Integrated approach of Analytical Hierarchy Process Model and Goal Model (AHP-GP Model) for Selection of Software Architecture. Int J Comput Sci Netw Secur 7(10):108–117

Shaw M et al. (2005) In Search of a Unified Theory for Early Predictive Design Evaluation for Software. CMU-CS-05-139/CMU-ISRI-05-114

Schekkerman J (2006) Enterprise Architecture Assessment Guide V2.2. Institute For Enterprise Architecture Developments

Shinkawa Y (2000) A Formal Approach to Software Composition in Component Based Software Development. PhD Thesis, University of Tsukuba

Stoermer C et al. (2003) SACAM: The Software Architecture Comparison Analysis Method. CMU/SEI-2003-TR-006

Stoermer C. et al. (2005) Model-centric software architecture reconstruction. Softw Pract Exp 36(4):333–363

Taylor RN et al. (2009) Software Architecture: Foundations, Theory and Practice. John Wiley & Sons

TOGAF: 2009, The Open Group Architecture Framework (TOGAF), Version 9, ISBN: 978-90-8753-230-7, The Open Group

Visscher BF (2005) Exploring Complexity in Software Systems. PhD Thesis, University of Portsmouth, UK

Wiegers KE (2002) Peer reviews in software: a practical guide. Addison-Wesley

Wiegers KE (2006) More about Software Requirements. Microsoft Press

Wong YK (2006) Modern Software Review: Techniques and Technologies. IRM-Press

Yan H et al. (2004) Discovering Architectures from Running Systems: Lessons Learned. CMU/SEI-2004-TR-016

Zaidman A (2007) Scalability Solutions for Program Comprehension Through Dynamic Analysis. PhD Thesis, Universiteit Antwerpen

Sachverzeichnis